U0605185

本书系

江苏高校优势学科建设工程资助项目研究成果

翻译理论与文学译介研究文丛　总主编　许钧

翻译批评研究之路：理论、方法与途径

主编　刘云虹　许钧

南京大学出版社

目录

下编 专题探讨

　　翻译历史悠久，涉及人类精神生活、社会发展与文化交流的方方面面，并在其中产生着深远的影响。跨文化交流离不开翻译，我们的时代更对翻译有着越来越广泛而深刻的需求。有翻译就必然有翻译批评，作为翻译活动健康开展的重要监督和保障、作为翻译理论的积极建构力量，翻译批评日益凸显出重要的理论价值和现实意义。深化翻译批评研究、推动翻译批评实践不仅是翻译学科建设的内在需要，也是规范和引导翻译活动，进而促使翻译的价值得以最大程度体现的必然诉求。

　　今天，翻译学作为独立的学科存在已是毋庸置疑的事实，国内翻译研究半个世纪以来的进步和发展有目共睹，而回顾当代翻译批评的历史，我们可以清晰地看到一个高潮与低谷交织的曲折进程。20 世纪50 年代初期，随着我国的翻译事业开始逐步走向繁荣，翻译批评进入了一个蓬勃发展的时期，当时最重要的翻译探讨和研究阵地《翻译通报》杂志在四五年间陆续刊登了七八十篇有关翻译批评的学术论文。然而，由于历史的原因，1954 年《翻译通报》停刊后，翻译批评进入了一段漫长的停滞期。此后，自改革开放起，翻译批评经历了缓慢发展的"恢复期"，翻译批评文章数量有明显增加，但总体来看，以"挑错式"和"感想式"的评论居多，无论是批评的范围和对象，还是批评的形式、方法，都非常有限，更缺乏对翻译批评的理论探讨和系统化研究。20世纪90年代，由于翻译理论研究的日益深化以及由此开启的从经验到科学、从规定到描述、从语言到文化的翻译研究之路，人们对翻译活动的复杂性与丰富性有了更深入的理解和认识，从而为翻译批评开阔了视野，拓展了空间，促使翻译批评对自身的研究对象和研究内容有了更明确、更深入的认识，翻译批评因此得以逐步脱离经验主义的桎梏，开始以理性的目光来看待和评价翻译。在这样的背景下，国内开始出现较为系统的翻译批评研究，1992年出版的《文学翻译批评研究》被译学界普遍视为国内文学翻译批评研究的开山之作。从首部理论著作问世，到新世纪以来杨晓荣、文军、王宏印、温秀颖、吕俊、肖维青等学者撰写的翻译批评研究专著出版，从1995年的《红与黑》汉译大讨论，到围绕《堂吉诃德》杨绛译本的争论、关于村上春树作品汉译的讨论等近期颇具代表性的翻译批评个案，我国的翻译批评可以说在理论与实践两个层面都取得了进展。

　　二十多年以来，翻译批评的发展离不开翻译理论研究的深化，同样，翻译批评也对翻译理论的建构发挥了重要作用。通过关注翻译实践、反思翻译问题或现象，翻译批评揭示出翻译过程中的种种复杂现象，并发掘出现象背后隐含的更深刻的问题，从而加深对翻译活动的理解，提高对翻译根本问题的认识，丰富翻译的可能性，拓展翻译理论建构的空间。以关于《红与黑》汉译的大讨论为例，作为我国翻译批评史上最为重要的事件之一，这场讨论在丰富对文学翻译与翻译批评的认识、深化对翻译基本问题的探讨、拓展文学翻译批评的形式、促进翻译理论与实践的互动等诸多方面都对加强翻译理论意识和深化翻译理论研究产生了积极的影响，而讨论中对译者作为翻译主体在翻译过程中的能动作用的认识和思考更是直接开启了翻译理论界对"翻译主体"问题深入而全面的探索与反思。从当代翻译理论研究史的角度来看,确立译者在翻译活动中的中心地位、探究译者在翻译过程中的主导作用,并由此对翻译动态过程加以系统的描述和诠释,这应该说是翻译研究走向理性与成熟的关键之途,这其中,《红与黑》汉译大讨论中展现出的翻译批评的探索与建构力量无疑是重要的推动因素之一。不仅如此,在《红与黑》汉译讨论结束的十几年后,对于这一事件的相关思考仍然在延续,《外语教学理论与实践》2011年第2期专门设立"学术争鸣:《红与黑》汉译大讨论再思考"专栏,对这场讨论的意义与影响以及讨论中所涉及的翻译方法、翻译立场、翻译的可能性等翻译的根本问题进行再度审视。从事件的理论探索诉求本身到译学界的关注与反思,翻译批评对翻译理论研究的推动与建构作用得到了充分体现,正如专栏编者按中所指出的,"从历史到现实,从事件到理论,不同观点的交锋,拓展了人们对翻译思考的空间,丰富了对翻译理论探索的途径"。

翻译批评对促进翻译理论研究的深化具有积极意义,同样,它作为一种重要的反思与警示力量,在健康、理性的翻译环境的建构中也是不可或缺的。在这一点上,2002年前后《光明日报》围绕翻译质量问题展开的系列报道和批评应该说是一个很好的例证。从2001年12月13日起,《光明日报》以"构建与世界的通道"为主题,用半年多的时间就翻译质量问题进行了一系列报道,并以整版篇幅特别对那一时期北京燕山出版社出版的"世界文学文库"及"中学生课外名著阅读推荐图书"中的某些劣质译作进行了揭露,对其中存在的错译、误译、漏译、加译、乱译以及抄袭、剽窃等不容忽视的质量问题给予严厉的批评与谴责。此外,许钧、何其莘、叶兆言、文舒、刘杲、陈应年、李景端等著名学者、作家、出版人还分别从翻译学科建设、翻译教学、翻译道德、翻译出版机制、翻译图书质量管理等方面指出翻译质量问题的症结所在并提出解决的途径与办法。可以看到,这场有组织、有重点、有目标的集体批评在揭示文学名著复译危机、呼吁加强译风译德建设、呼吁加强翻译出版管理等方面都针对当时翻译界凸显出的种种不良倾向发挥了有力的反思和警示作用,进而在建构理性的翻译环境、促进翻译事业的健康发展中凸显了翻译批评应有的价值。

翻译批评在理论和实践上的深化与丰富无疑既是译学界坚定信念、执着追求的结果,也是学者们不懈探求、不断积累的结果。在关注翻译和翻译批评的现实问题,进一步推进翻译批评理论与实践的发展的同时,对翻译批评开始走向理性和系统化研究以来的二十多年历史有意识地进行回顾与检视,进而在梳理、总结与传承的基础上对翻译批评的过去和现在有更加清醒的认识,对翻译批评未来的发展做出积极而有效的探索,我们认为,这是十分必要的。作为"连接翻译理论与翻译实践的一条重要纽带",翻译批评不仅具有显著的实践性与主体性,而且对理论化和科学性有着本质的诉求,而理性化与实践性的结合也正是翻译研究应具有的根本特征。基于这样的理解,这部《翻译批评研究之路:理论、方法与途径》包括上、中、下编三个部分的内容,即"理论研究""文本批评"和"专题探讨"。

上编"理论研究"着重翻译批评的理性思考与翻译批评基础理论的建构。我们在该部分选编的论文中既有对翻译批评的总体思考,如孙致礼的《谈新时期的翻译批评》、郑海凌的《谈翻译批评的基本理论问题》等,有对翻译批评的本质、对象、主体、标准等不同要素的重点探讨,如范东生的《翻译的本质与翻译批评的根本性任务》、杨晓荣的《翻译批评标准的传统思路和现代视野》和《关于翻译批评的主体》、赵巍与薄振杰的《论翻译批评的对象与性质》等,也有从历史和文化维度对翻译批评进行的考察,如胡德香的《文化语境下的翻译批评:现状与反思》、段自力的《翻译批评的社会文化思考》等,还有对各种翻译批评途径的探索,如司显柱的《论功能语言学视角下的翻译质量评估模式研究》、吕俊的《价值哲学与翻译批评学》、杨平的《读者反应批评——文学翻译批评新视角》等。以上种种论述不仅注重对翻译批评的整体观照,而且涵盖了翻译批评的基本问题以及理论要素、方法与途径,可以说大体上勾勒了翻译批评理论建构的基本框架,也展现了近年来翻译批评研究中十分重要的几个方面。此外,该部分还着意对翻译批评在中国文学对外译介这一新的历史语境下面临的重大现实问题加以探讨,对翻译遭遇的危机与挑战以及翻译批评在如此形势下应该如何应对、如何肩负起应尽的责任进行思考。

中编"文本批评"立足于翻译文本,着重关注翻译批评实践,探寻翻译批评在实践中的价值与作用。正如我们在上文中提到的,理性化和实践性是翻译批评兼而有之的根本特征,而两者的结合与互动更是翻译批评应积极追求的目标,因此,我们在选编该部分论文时力求体现以下三个基本原则与考量。一是,以文学经典文本为分析和批评对象,涵盖中译外与外译中两个翻译方向,主要涉及的文本包括外译中的《约翰·克利斯朵夫》《不能承受的生命之轻》《飘》《傲慢与偏见》等,以及中译外的《论语》《红楼梦》《水浒传》等重要文化典籍和莫言的《生死疲劳》、王安忆的《长恨歌》等颇具代表性的当代作品。作为一种评价行为、一种对象化的活动,文学翻译批评首先应在关注对象上有明确的选择与立场,通过对经典文本译介的批评,力求实现批评实践的双重价值:既延伸和拓展文学经典在新的文化语境中的生命力,同时又促进翻译文学经典在本土文化中的形成与确立。二是,通过文本批评折射翻译活动所涉及的根本问题,进而促进对翻译根本问题的深入探讨或重新审视并形成新的思考，如徐珺的《汉文化经典误读误译现象解析——以威利〈论语〉译本为例》、吴赟的《中国当代文学译介伦理探讨——以白睿文、陈毓贤英译〈长恨歌〉为例》等。无论翻译策略、伦理价值取向，还是中国文化经典的误读，都是翻译活动，尤其是目前身处中国文化"走出去"时代背景下的翻译活动中具有根本性的问题，通过理性的文本分析与评价揭示并反思这些问题，这无疑是翻译批评的力量与价值所在。三是，依据不同的理论途径与方法对翻译文本进行分析和批评，主要涉及的批评理论途径有功能主义理论、后殖民理论以及近年兴起的基于语料库的翻译批评等。当然，这些仅仅是翻译批评的可能途径中的一小部分，如果说翻译研究的跨学科性质无可辩驳，那么"建立在有关语言、文本和翻译的明晰的理论之上"的翻译批评方法论也理应呈现出多元、开放与动态的特征。并且，由于翻译批评研究的不同理论途径实际上是从不同层面关注并揭示翻译过程中蕴含的丰富内容与复杂关系，不同理论途径之间应被视为具有相互补充、深化或丰富等内在关系。

下编"专题探讨"选取了我国翻译批评史上两个颇有代表性的翻译批评个案，即关于《红与黑》汉译的讨论和围绕《堂吉诃德》杨绛译本的争论，目的在于通过对实际发生的翻译批评实践的考察，反思翻译批评的必要性与建设性。需要说明的是，鉴于译学界对 1995 年的《红与黑》汉译大讨论的总结性成果《文字·文学·文化——〈红与黑〉汉译研究》一书已有相当广泛的阅读和了解，我们此次选编的论文集中在 2012 年前后翻译界围绕该事件的后续探讨和再度反思。这两个文学翻译批评个案尽管缘起、背景和所处的语境各异，关注的问题和焦点不尽相同，表现出的特点也各有侧重，但从根本上来看却共同彰显了翻译批评在理论研究和实践开展中值得思考和探究的重要问题。通过这样的翻译批评事件,我们可以看到翻译批评的建构力量:充分认识翻译活动的复杂性,发挥批评的争鸣与讨论作用,关注翻译实践中出现的根本翻译问题和重大翻译现象,既重视实践引导,又注重以理论构建为目标指向,加强翻译理论与实践的互动与结合。

在译学界的不懈努力下,也得益于国内翻译研究环境二十多年间的显著改观,翻译批评,尤其是翻译批评理论的建构取得了有理由令人为之欣喜的进展,但我们也不能不看到,相对于翻译基础理论研究和翻译史研究而言,翻译批评由于起步较晚以及自身合法地位的缺失等原因,其必要性与迫切性在很长时间里没有得到译学界足够的重视,因而发展也较为缓慢,目前仍然是一个亟待译学界给予更多关注与重视的学科研究领域。进一步推动翻译批评的发展,首先应对翻译批评的对象——翻译活动——有理性而深入的认识,要彻底摈弃把翻译看作从文本到文本的静态结果的片面观念,而将翻译视为涉及了从翻译选择到翻译接受的诸多方面、涵盖了文本内部与外部的诸多要素的动态过程。进一步推动翻译批评的发展,其次应坚持历史观和文化观,从历史发展与文化交流的高度去理解和看待翻译活动以及其中涉及的译本选择、翻译策略、翻译标准、文化立场和价值重构等重要问题。进一步推动翻译批评的发展,还应以在场者的姿态树立并坚持求"真"的精神,凸显批评的主体意识、独立意识和科学意识,为我们时代的翻译活动营造良好的社会环境和精神氛围,从而真正发挥翻译批评的监督、引导和建设功能。

我们这个以跨文化交流为鲜明特征的时代需要翻译,而肩负着伟大使命的翻译事业呼唤批评,无论在理论层面还是实践层面,今后的翻译批评都可谓任重而道远。这部《翻译批评研究之路:理论、方法与途径》不仅是对翻译批评历史之路的回顾,也是对翻译批评未来之路的探寻,我们愿意相信,在不断的反思与不懈的探寻中,翻译批评必然能够真正承担起应尽的职责,发挥应有的作用。

刘云虹

2014 年 7 月

上编　理论研究

关于文学翻译批评的思考

许　钧

　　有翻译，就会有翻译批评，这应该是必然的事。只是批评是否合理，有价值，有启发意义，那就不是必然的了。若原则、方法、视角、价值取向不一，对同一翻译作品的评价也各有异。近来引起译界、读书界，乃至社会关注的《红与黑》汉译本的讨论及对傅雷译品的评价就是例证：视角迥异，原则相左，层次不一，对译文的评价自然不可能统一，或贬或褒，这是不可避免的。但是，若具体到一个文学翻译作品，它毕竟是一个相对自足的符号系统(但不可忽视影响这一符号系统的多方面的因素)，是有其价值的客观存在，如何对其进行较为科学、客观、合理的评价，不能不说是当今的文学翻译批评中一个值得思考与探索，并亟待解决的问题。

一

　　若留心一下我国的文学翻译批评的现状，也许会发现两个值得注意的倾向：一是"过死"，二是"太活"。前者只处于翻译批评的基本层次，也可以说是最低层次，无需理论的指导，只要对照原文与译文，挑出其中的错误（往往是逻辑意义层次的错误），也就罢了；后者则超越这一最基本的层次，纯粹是感想式的，一册译文在手，不及细读，凭着自己的主观印象，以及自己的好恶，对译文做出结论式的评价。

评价一部译作的成功或失败，可取或不可取，自然不能不仔细阅读原文，与原作进行对照分析。但是，现代的翻译批评，仅仅满足于两者的对照，是远远不够的。近十年来，随着翻译理论研究的进一步深入，人们越来越注意接受者因素（读者）对翻译活动所起的积极作用。一个成功的翻译，不再是原文与译文之间的封闭性转换，而应考虑到文化因素、读者审美习惯等诸因素对翻译的制约与影响。译者往往自觉地跳出原文与译文的语言逻辑意义等值这一层次要求的束缚，从文化角度去追求更高层次的意义近似。这样一来，仅仅局限于原文与译文语言对比而发现的错误，也许正是译者为追求更理想的翻译效果所做的一种积极的尝试。就拿傅雷的译文为例吧：

> Ils (les gardiens) sortent d'un taillis qu'ils nomment *maquis*, armés jusqu'aux dents, se font payer leurs bêtes et se moquent de vous.[①]

傅雷先生的译文为：

> 他们（牧人）全副武装的从小树林——他们叫做绿林——中

---

① Mérimée, Prosper, *Colomba*. Paris：Gallimard，1964，p.139.

钻出来,要你赔偿他们的牲口,还把你取笑一阵。[①]

有人曾经对这段译文提出不同看法,认为傅雷先生的译文有时大而化之,如把"armés jusqu'aux dents"(武装到牙齿)的形象淡化,译为"全副武装",有时则掺入自己的主观色彩,把"maquis"(丛林、密林)译为蕴含意义极浓的"绿林"。初一看,这种批评不无道理,但若考虑到全句表达效果的和谐(法文中的"armés jusqu'aux dents"不一定有贬义,而汉语的"武装到牙齿"则有很强烈的贬义),并考虑到"maquis"这一词在原文中以斜体标出,具有特定的含义,那么,傅雷先生的翻译也许反会给你得体和富于表现力的感觉。确实,由于语言与文化差异的客观存在,为了传达原文的意义(不仅仅是逻辑意义)与效果(如诗歌翻译),有时译者不可避免地要在原文基础上重新组织(甚或改造)语义或审美价值。如在《追忆似水年华》卷四中有这么一句话:

Seulement, est-ce que vous ne voulez pas pour vous remonter un peu du vin vieux dont j'ai en bas une bourrique (sans doute pour barrique)...? [②]

句中的"bourrique"一词的原意为"母驴",俗语中也常用来指"警察",但在译者的笔下,"une bourrique"(一只母驴)则成了"满满一堂",这岂不是谬误? 但是,如果再做进一步分析,则可能做出完全不同的

---

① 傅雷,《傅雷译文集》(第十三卷),合肥,安徽人民出版社,1983 年,第 85 页。

② Proust, Marcel, *A la recherche du temps perdu*. Paris: Gallimard, 1954, p.1990.

评价。原文是巴尔贝克大饭店经理说的一句话,此君毫无语言天赋,"随着他不断学习新的语言,过去学的讲得越来越糟",尤其容易把两个发音相似但意义上毫无关联的词混淆起来,如把"隙缝"说成"吸缝",把"炸鱼"说成"炸芋"。上面的那句话中,饭店经理又将"une barrique"(一坛)说成了"une bourrique"(一头母驴),因音似而混淆,造成意义上风马牛不相及,令人感到滑稽可笑。若不顾效果的传达需要,只注意字与字的对应,那汉语读者读了肯定会不知所云,原文的滑稽效果也会荡然无存。正是基于这两方面的考虑,根据原文因音似而产生混淆的特点,译者将"母驴"改换成"一堂":

> 不过,您是否想喝点陈酒提提精神? 我楼下有满满一'堂'(无疑想说"满满一坛")……①

相反,与原文字句的意义一一对应,无错可挑的译文,若从整体效果、风格传达等层次去加以分析,则可能不甚理想。还是以傅雷先生的译文为例,下面是从傅译《高老头》和《高龙巴》中摘下的几个句子:

> ① 倘若对你有些作用的话,你可以想到保卫你的好天使在念着你。
> ② 倘若警察碰到你,问你上哪儿去,你……
> ③ 倘若我是个流氓,是个小人,是个骗子,那只要张开褡裢,

----

① 普鲁斯特,《追忆似水年华》(Ⅳ),许钧、杨松河译,南京,译林出版社,1990年,第106页。

洋钱就会像潮水般地滚进来。

④ 倘若你马上要做工很好的漂亮衬衫,我们得立刻赶做……

这四个句子的开头一词均为"倘若",法文也一样,每句都由"si"引出。孤立地看,以"倘若"译"si"是可以的,没有什么不妥。但是,一旦考虑到说话人或对话者的地位、年龄等因素,就会发现译文尚有可商榷之处。第一句话,出自贵族小姐丽第亚之口,"倘若"一次用得是贴切的;第二句是退役中尉奥索对一位只有十来岁的穷丫头契里娜说的话,用"倘若"似乎没有考虑谈话对象;第三句出自大盗勃朗陶拉岜之口,此人虽然受过高等教育,但入绿林之后,因受环境影响,语言已十分粗俗,因此"倘若"不如改为"要是";最后一句是一位毫无文化修养的乡姑给她哥哥拉斯蒂涅写的信中说的,"倘若"用在这句话的开头,显得不太协调。从这例子不难看出,评价一篇译文,有不同的角度和层次(且不谈理论与原则),如何从整体效果这个高度去选择一个较为客观可取的视角,是我们在翻译批评中应该注意的。

与只满足于原文与译文的语句对照这一封闭性批评方式相反的,是纯粹感想式的批评形态。如果说前者在一定程度上,还能为提醒译者注意理解原文,避免不必要的错误而起到积极作用的话,那么,后者则既不能给译者以启发,又无助于文学翻译事业的健康发展。

纯感想式的翻译批评,往往缺乏严肃的科学态度,缺乏对原文的仔细揣摩与深刻分析,凭自己的主观印象与初步感觉,就对译文进行天马行空式的议论;或者只抓住译文中个别的现象,不加以全面的衡量与验证,便笼而统之地下结论。近年来,这类的批评文章似乎越来越多。最近,友人示我一篇评论译文的文字,作者评价译文的依据竟然是他在三十年前读过一遍的原著,说"凭我的印象",译文"风格比较接近原文",等等。文学翻译是项创造性的艺术活动,任何理论都不可能为它硬性规定度量的标准,却可提供可以参考并供不同环境选择的相对标准。文学翻译批评也应当有一定的标准,仅凭自己的感觉、好恶,进行浅表性的评说,便不可避免地会得出有失客观的结论。这样的结论,如果是肯定性的,有可能被人视作"吹捧";如果是否定性的,则会被误解成"攻击"。这样一来,非但达不到通过批评切磋技艺、提高翻译水平、繁荣翻译事业的目的,反而会造成译坛的混乱,助长不良风气的滋长。

二

　　实践的偏差或混乱,往往源自理论的贫乏或谬误。进行文学翻译批评,恐怕得有个范围,也不能不遵循一定的理论、原则、标准与方法。令人遗憾的是,我国的文学翻译批评还没有建立一套相对完善且行之有效的理论。近十年来,我国翻译理论的探索与研究取得了可喜的成果,但在与文学翻译批评有着密切关系的文学翻译标准的探讨方面,却仍然难以达成比较统一的意见。既然翻译标准都未能统一,那该如何去正确而又富于说服力地评价译文的质量呢? 标准的不统一,势必造成评价的殊异。从这个意义上说,文学翻译批评的开展还有赖于文学翻译理论的完善与相对统一的翻译批评标准的建立。

　　从广义上讲,文学翻译批评不仅仅局限于对译文本身的评价,译者对原著的选择,译者的价值取向与翻译道德、态度,等等,都属于批评的范畴。去年八月在京举行的"文学翻译批评研讨会"强调了这一方向性问题的重要性，无疑具有积极的理论与实践意义，这里就不赘言了。笔者仅想结合目前文学翻译批评的现状和一些带有倾向性的问题，谈谈自己的一些想法。

1. 文学翻译批评不仅要对翻译的结果进行正误性的判别，更应重视翻译过程的深刻剖析

翻译一词，有两层意义：一是动态的意义，指的是将出发语转换成目的语的整个操作过程；另一层是静态的意义，即经过转换之后的结果，亦即译文。上文所说的"翻译是一个相对自足的符号系统"，就是指翻译的静态意义而言的。毋庸置疑，对翻译的结果进行分析对比，应该是翻译批评的一个重要方面。但是，如果只囿于此，忽视对翻译过程的剖析，则容易陷入从文本到文本的封闭性批评窠臼，使翻译批评显得单调而缺乏活力。注意翻译过程的剖析，不仅能够帮助阐发翻译活动本身的规律与价值，赋予翻译批评指导性的意义，而且有助于拓展评论者的视野，在世界—作者（原作）—译者（译作）—读者这个各因素相互影响的大系统中去考察翻译的可行性与译者的取舍依据，将译者的主观意图、具体转换过程与客观存在的翻译结果进行统一辩证的评价，由此得出结论也许要全面些，更能切近批评的客体，为批评的合理性提供可能，避免单一的或片面性的评价。

2. 文学翻译批评要突破感觉的体味，注重理性的检验

感觉形态的批评文章，如上文所说，有一个比较普遍的现象，那就是显得比较空泛，总是游离于批评客体的表层与外围，结论也往往只限于"感想式的"，主观性较强，因而说服力不强。就翻译的结果（译文)的批评而言,应该避免隔山观景、隔靴搔痒的做法。一般来说,翻译一部作品,译者往往从原文提供的符号入手,经过分析与感悟,揣摩、捕捉到原文符号的形式价值、语义价值和美学价值等,然后再用汉语符号体系的组合规律与表达手段,将这些价值尽可能完满地传达出来。要捕捉、领会这些价值,感悟是绝对不够的,有时是不可靠的。对文学翻译批评来说,亦是同样的道理,如果一味依赖自己的感觉去评价译文的优劣,可信性自然就低。从某种意义上说,现代翻译理论为文学翻译提供了可资借鉴的科学方法与手段。无论是翻译思维的研究、语际转换理论的探讨,还是翻译美学的开拓,对我们科学地进行译文评价,把感受性的体悟与理性的检验有机地结合起来,都是很有指导与启发意义的。如逻辑的验证方法、语义对比分析、翻译层次评析等,都不失为文学翻译批评可借鉴的一些行之有效的方法。近年来,还出现了一些开拓性的批评尝试,如将模糊数学理论引入翻译评价,为我们评价译文提供了新的方法,富于启迪性。应该说,这些以现代语言学、符号学、接受美学、思维科学乃至模糊数学理论为依据的批评手段,无论对丰富翻译评论方法,还是对提高翻译理论批评的科学性,都具有不可忽视的积极意义。

3. 文学翻译批评应该将局部的、微观的批评与整体的、宏观的评价有机地结合起来

评价一篇翻译,自然不可能面面俱到,总要有一定的侧重,如对译文的语义传达、形象再现等进行分类性的评价。但是,无论是对翻译的专题评价,还是局部的批评,都不能忽视对整体的把握。如我们评价一句译文的处理,就离不开上下文,离不开对句段的制约因素的分析。巴尔胡达罗夫在其《语言与翻译》一书中强调指出了翻译中必须遵循的一项原则,那就是各个成分必须服从整体,低层次的语言单位要服从高层次的语言单位,①奈达在其《翻译理论探索》中也一再强调这一问题。如在一篇文学作品中,出现了"se jeter dans la gueule du loup"(投入狼口)的说法,出于汉语表达习惯的考虑,有位译者将"狼"改为"虎",成了"投入虎口"。如果仅就这一句子而言,这一改也许不无道理。可不料几页后,又出现了"loup affamé"(饿狼)的形象。为了照顾文学形象的统一,从整体效果考虑,前面的"虎口"自然应该还原于"狼口",尽管汉语中很少这么说。这样的例子在文学翻译中比比皆是,译者往往从整体效果出发,考虑某些局部成分的取舍。这也就给文学翻译批评提出了一个值得注意的问题:如何在进行局部的评价时,注意到整体的衡量与把握。四年前,笔者曾比较认真地比较分析过《红与黑》的两个汉译本(分别由罗玉君和郝运译,当时闻家驷先生的译本尚未问世),发现了罗译中有一个比较有趣的现象,即同一部译文中(出自同一位译者之手),某些段落译笔流畅,表达质朴而自然,某些段落却又不太连贯,文字艰涩,失却了原文那种自然、简约的风格特征。这样一来,从局部看,有的译文可视为上品,可从整体考虑,译笔的不连贯,突出了译文之间的不和谐,损坏了原著风格的整体美。说到这里,想到《追忆似水年华》的翻译。不少同行甚至读者提出了一个值得研究的问题:一部作品,由十五位译者共同翻译,风格能统一吗?若要回答这一问题,对译文做出实事求是的评价,就不能不将局部与整体结合起来,进行有机的分析。

---

① 巴尔胡达罗夫,《语言与翻译》,北京,中国对外翻译出版社,1985年,第10页。

4. 文学翻译批评应该注意发挥积极的导向作用，建立起新的批评者与被批评者之间的关系

说到翻译批评的积极作用，自然离不开批评者的出发点和被批评者的态度，前一段时间，翻译评论界都强调指出了开展"严肃的、科学的、与人为善的"批评的重要性，因为只有这样，才"有利于切磋技艺，提高翻译水平"。如一个提出善意的、科学的批评，另一个乐于接受，从中得到启发，提高技艺，这样，翻译批评也就起到了应有的作用，批评者与被批评者之间也就有了互相启发、共同提高的基础。去年11月，译林出版社在京举办了《追忆似水年华》首发式暨普鲁斯特学术讨论会。会议气氛热烈而坦诚，围绕着翻译问题展开了有益的批评与探讨。李恒基先生是卷一的译者之一，有着丰富的译事经验，读者很喜爱他的译文，称赞他的译文"富有动感，给人以视觉美"。确实，这是他翻译的一个显著特点，他总是探求在不损害原文意义的前提下，尽量照顾到汉语读者的欣赏习惯。正是基于这一考虑，他将《追忆似水年华》卷一第14—15页中一个长达56行的长句切割成三个段落。在会上，有人提出了不同看法，认为"这个共计222个音义单位的长句是普鲁斯特为表达连绵、复杂的意识流动过程而刻意创造的，具有内容与形式的和谐统一的独特风格"。况且，这个长句很有代表性，法国乃至西方世界的不少文学批评专著提到它，进行过方法不一的分析，将它分成三段，虽然给读者阅读提供了方便，但损坏了原文的风格，不利于读者理解与欣赏普鲁斯特风格中最具特征的长河式句子的风貌与气势。当有人问到李恒基先生，权衡全句处理的得与失，是否应该保留原句语式、结构特点时，李先生很诚恳地回答说："现在看来，还是保留为妥"。这个例子生动地说明了建立健康的批评者与被批评者之间的关系，开展科学的批评，对交流技艺，进而促进翻译质量的提高，是多么重要。关于导向,自然有个政治方向的引导问题。这里想着重指出的是,翻译批评应该为积极倡导良好的译德与译风起到应有的作用。1990 年 11 月在宁举行的首届中青年翻译家笔会上,老一辈翻译家就语重心长地向中青年译者提出了这个问题。对译界近年来一些带有倾向性的不良风气,如"借创造为名,行偏离之实""粗制滥造"等进行严肃的批评,无疑有助于一个良好译风的形成,对繁荣我国翻译事业具有积极的作用。

关于文学翻译批评,涉的问题是多方面的,限于篇幅,不可能一一论及。除了上述几点,还有不少问题有待探讨。如对译文的评价,还应注意时代的因素,一部 20 年代产生的译作,如用今天的标准与目光去进行判别,自然会有不少值得商榷的地方。又如翻译批评,不仅仅是同行间的事,还有个读者参与的问题,等等。最重要的一点,恐怕也是当务之急,文学翻译批评需要理论指导,近几十年来,文学批评领域可谓百花齐放,各种理论应运而生,诸如形式批评、符号批评、本体批评等,令人眼花缭乱,目不暇接,可具有艺术创造活动特征的文学翻译的批评,却尚未确立其范畴、原则、标准与方法。我们期待专家同仁关注文学翻译批评事业,在实践中共同总结出一套确实可行的理论来,用以指导我们以后的批评实践,使翻译批评具有科学性、指导性和穿透力,发挥其真正有效的作用。

(原载《中国翻译》1992 年第 4 期)

译事繁荣需评论——论翻译评论

桂乾元

过去的一些批评大多侧重于指摘字句的误译,而很少就译本作本质的全面的批评。指摘字句的误译,当然也是需要的,但这是不够的。批评工作还必须比这更进一步。我们希望今后的批评更注意从译文本质的问题上,从译者对原作的理解上,从译本传达原作的精神、风格的正确性上,从译本语言的运用上,以及译者劳动态度与修养水平上,来作全面的深入的批评。这样,才可以逐渐地树立起严肃、认真、刻苦钻研的作风,达到逐渐提高翻译质量的目的。

——茅盾,《为发展文学翻译事业和提高翻译质量而奋斗》

1954 年 8 月 19 日

一个时期以来,我国译界劣作频出,甚至达到泛滥的地步,这不仅是整个社会有目共睹的事实,而且也是关心我国翻译事业发展、繁荣的有识之士的忧患之一。究其原因,除开某些出版、印刷部门片面追求速度、利润,工作失责,校对不力等因素之外,主要是在商品经济大潮的冲击下,译者抢时间,争读者,不负责任,粗制滥造;有水平的、合格的译者因关系等原因,得不到翻译出版的机会,而不合格的、水平低下的译者却屡有这种机会;翻译评论若有若无,没有发挥其应有的监督译作出版和促进译事健康、迅速发展的作用。

在一个长期闭关自守,几与外界隔绝,而又是短时间内迅速、全面开放的社会,在一个计划经济几十年,而又突然要在几年时间内向市场经济转变的商品社会,译作、翻译工作本身,甚至翻译评论,都刻上了商品的烙印。我以为,这是无法避免的,但是是不正常的。包括翻译评论在内的翻译事业的社会功能,不仅仅是解决从事翻译事业的一切人员的温饱问题,甚至小康问题,首先的和主要的功能是加强世界各国人民之间的交往,促进社会的发展。为了使翻译事业又快又好地发挥其应有的社会功能,为了繁荣我国的翻译事业,我们要大声疾呼:大力加强翻译评论工作,充分发挥其监督和促进作用,使我国的翻译事业迅速、健康地发展。

一、关于“翻译评论”与“翻译批评”

在我国翻译理论史及翻译研究史上,大多数译家及翻译理论家用的是“翻译批评”这个概念。比如,我国无产阶级文学的先驱鲁迅先生在他的许多有关翻译的杂文和书信中,多次使用“翻译批评”这个概念。新中国成立后,茅盾先生等老一辈译家、翻译研究家,也曾多次在讲话中,在有关论著中,对翻译批评问题提出了许多意见和看法。那么我为什么要用“翻译评论”这个概念呢?

其一,据《现代汉语词典》,“批评”① 指“指出优点和缺点,使优点发扬,缺点能克服”,② 专指对缺点和错误提出意见。而在一般使用习惯上,大多用的是第②义。"评论"分指批评或议论。从以上释义看,我认为用"翻译评论"较合适,因为翻译评论文章不仅仅包括对译作优缺点的评说,而且也不可缺少评论者对如何译好原作的议论意见。另外,用"翻译评论"比"翻译批评"更易为译者所接受。

其二,国外翻译评论界使用的是"translations critism"(英语),"Übersetzungskritik"(德语),"critique de traduction"(法语)。这几个词都可以有两种理解和译法,即"翻译批评"或"翻译评论"。

其三,我国译界早就有人使用"翻译评论"这个概念,如《翻译与评论》(许渊冲,1985),又如 1992 年《中国翻译》特辟"翻译评论"专栏,刊登了数篇论述翻译评论的文章。

二、我国翻译评论现状

我们目前翻译评论的状况究竟如何? 我想用四个字来概括。

(1)"少"——数量上少。近几年来,在我国有关翻译或翻译研究的报刊文章中,极少涉及翻译评论和评论译作,而质量上乘的翻译评论文章更是凤毛麟角。

(2)"偏"——指导思想上"偏"。不少评论是"捧"字当头,不乏好话、假话、空话。我称之为"交易型"评论。也有少数人的评论,以"报私仇、泄私愤"为主要目的,磨刀霍霍,杀气腾腾。我称之为"交战型"评论。

(3)"死"——方法上"死"。从我所读到的评论看,大多存在评论方法上的问题,把全面的评论变成了单纯的"抓错捉病",没有从译文本质的问题上，从译作传达原作的精神、风格上，从译作的效果上，从整体上对译作进行辩证的、实事求是的评论。

（4）"差"——效果上差。没有达到翻译评论应有的监督译作和促进译事发展的效果。有的评论甚至"好话孬说"，"真话假说"，意在产生"负效应"，招徕读者，达到名利双收之目的。

造成这种状况的原因很多，择其要者列出。

（1）翻译标准若有若无。翻译评论的主要依据是翻译标准，翻译标准一直议而不定，当然很难进行评论。这叫"无法可依"。

（2）没有一支专业翻译评论队伍。文学界、戏剧界都有一支评论队伍（尽管人数不多），唯独翻译界没有。这与全国拥有几十万译者大军的状况是极不适应的。这叫"没有队伍"。

（3）评论者水平偏低。具体表现为：站得不高，看得不远；以经济效益为唯一目标；缺乏客观性、公正性；没有掌握全面的、科学的评论方法等。这叫"水平限制"。

（4）没有全盘规划，没有计划性。不错，翻译工作、翻译评论也应该市场化，以适应市场经济的结构体制。但市场化不是不要计划性，不是放任自流，而是应该，而且也确实需要进行宏观调控和干预，只有这样，才能使"市场"成熟，变盲目为清醒，变被动为主动。这叫"盲目被动"。

三、翻译评论的目的和作用

为什么要进行翻译评论？翻译评论能发挥哪些作用？以我之见，

翻译评论至少有六个作用,亦即翻译评论者想达到的六个目的:

(1)帮助——帮助译者提高翻译水平,甚至可以帮助译者具体提高某些基本功,帮助译者提高翻译理论修养;

(2)限制——限制粗制滥造、质量低劣的译作泛滥,甚至出版问世;

(3)扩大——扩大优秀译作的影响,促进译事的繁荣;

(4)鼓励——鼓励译者不断努力,译出优秀的作品;

(5)监督——监督译者工作,促进他们认真负责地工作;

(6)促进——促进翻译事业健康、迅速地发展。

概括地说,翻译评论有监督和促进两大作用。

四、翻译评论的出发点和依据

应该根据什么来评论一篇译文、一本译作的优劣好坏呢?这是翻译评论研究中首先需要解决的,也是最重要的问题。从根本上来说,翻译评论的出发点有三个。

一是社会的需求。实践告诉我们,一个改革开放的社会,需要质量好、数量多的译作,以适应社会不断扩大的对外交往,以及国内建设和发展的需要。这是翻译事业的社会性决定的。

二是读者的需求。从理论上讲,社会需求与读者需求应该是一致的,但实际上是有所不同的。社会需求是总的概念,往往是抽象的概念;而读者需求是社会需求的具体化,往往是完全实际的、具体的概念。读者要求褒扬优秀译作,针砭劣作。

三是原作者的权利。原作者有权要求译者忠于原作,如何评判译者是否忠于原作,以及忠实程度如何,只能通过翻译评论。所以,翻译评论家也是译作与原作之间的"法官"。

根据上述三个出发点,得出翻译评论的三个依据,或者说三个标准。

(1)同值——译作要与原作同值,即译作之意与原作相同。这是翻译标准之"忠"的问题。

(2)同神——译作要与原作同神,即译作要传达原作之风格、特色、身材等"虚"的东西。这是翻译标准之"传神"的问题。

(3)同效——译作要与原作同效,即译作要具有原作的效果。这是翻译、译作的根本,这是译作遵循"忠""顺""传神"等翻译标准之后必然达到的境界。

这里,必须指出的是:原作的"值""神""效"都是"活性的",不同的译者和评论者,会有不同的理解,但对其大的、基本的东西,则应有原则相同的理解;而对译作是否与原作同值,同神,同效,不同的评论者也会有不同的判断,但我认为在其大的、主要的内容上,应该有基本一致的看法。

另外,还必须说明的是:我上文所列的翻译三标准"忠""顺""传神",仅是我根据国内外的翻译标准观及自己多年翻译实践的体会归纳出来的,并非译界一致公认的,或是被广大译者和读者所认可的翻译标准。

五、翻译评论的规范和内容

翻译评论需要有个规范，即基本模式及主要内容。对此，我用下图简示。

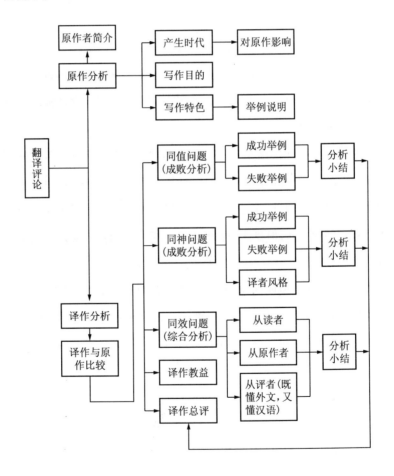

几点说明：

（1）上述规范只是一个标准模式、一般模式，并非所有翻译评论都必须照搬这个模式。不同的原作，不同的译者，不同的评者，可以有所不同，无论是在先后的次序上，还是在侧重点上，都须根据不同情况进行变化，甚至可以根据需要，或减或加内容。但上述模式中的主要内容，如原作分析、原作者简介、译作与原作是否做到和做好"三个相同"的分析及对译作的总评价，我想是每篇翻译评论都必须论及的。

（2）"译作教益"是对译事、对译者本人及其他译者在翻译方法、过程、标准掌握等方面的成功经验及失败教训的归纳、总结。这是翻译评论无可推诿的责任。

（3）在对译作与原文进行分析比较，即分析译作是否做到、做好与原作"同值""同神""同效"的过程中，评论者必须全面，深入，辩证。这是说不能：攻其一点，不及其余；只说"芝麻"，丢开"西瓜"；轻描淡写，避重就轻；泛泛而谈，空话、废话、套话、假话连篇；不涉及本质，不评论重大内容；片面极端，好的好得一无瑕疵，坏的坏得一无是处。

（4）在对译作的总评中，不能忘记对译者的总体水平，即翻译基本功问题，以及译者的工作态度进行或详或简的评论。表扬、肯定也好，批评、否定也好，都必须以事实为根据，实事求是，使人心服口服；都必须以惩前毖后，治病求人为目的，使人有所收益，有所启发。

（5）在从外语到汉语的翻译作品的评论中，如何分析、评价译者的汉语水平、汉语运用能力？我觉得，这方面的评论必须结合"三个相同"的分析、评论进行，无须，实际上也是无法脱离这"三个相同"的分析、评论而独立进行。在这方面，尤其应注意对年轻译者的帮助、鼓励；当头棒喝，无限上纲上线是要不得的。

（6）我们这里说的翻译评论，实际上主要是指文学译作的评论。

如何分析、评论文学译作的"等效"与否,是翻译评论中最难掌握、最令人头疼的问题。我以为,一可对读者(选择部分作为代表)进行调查、询问;二可从销售数量及读者层次来了解;三可从懂外语与汉语的"内行读者"或译评同行那里了解;四可从评论者本人阅读译作后的感受、收获来评书译作的效果问题。总之,译作的效果不能仅仅看出版和销售数量,而主要看译作是否像原作那样"译活"了人物、情节,再现了原作的神采、风格、特色,语言上达到了应有的水平。

六、翻译评论为什么难?

翻译难,翻译评论更难。此话并不是危言耸听。翻译评论究竟难在哪里?

(1)一般来说,评论者要高于译者。这不仅指外语水平、汉语水平及翻译基本功方面,而且也包括翻译技巧、对翻译标准的掌握和运用。总之,译评者必须首先是个高明的译者,然后又要是个"明察秋毫""秉公而断"的"法官"。这两者是很难做到的,更难做好。

(2)全面、正确地代表译作读者难。评论者是读者的代表,或代言人,说说容易做做难。因为很难全面、正确地了解读者对译作的看法和意见。如果说个别的读者的意见和看法是可以通过询问、调查收集得到的,但要从中"提炼"出正确的、有代表性的,那就难了。收集越多越全面,越正确,但其难度也越大。

(3)公正、客观评论难。理论上说,翻译评论必须公正,客观,就像法官一样。但在实际上，评论者很难做到完全的公正、客观，往往无可避免地、或多或少地掺杂着个人的喜厌好恶的情感因素。更何况，对一篇评论的公正、客观与否，不同的人也会有不同的看法。总之，翻译评论的公正、客观性没有一个明确的标准、尺度，很难掌握，而且个人的情感因素又妨碍了对它的掌握。

（4）同时做到鼓励与鞭策难。翻译评论理应既鞭策又鼓励译者，不管其译作是优是劣。但在评论实践中，很难使两者和谐地统一起来，往往会偏向一方。这是目前不少翻译评论失之偏颇，好则全好、差则全坏的客观原因之一。

（5）译作效果很难评判。这在上文也已讲到。这是译作效果的抽象性、复杂性、虚假性造成的。所谓抽象性，就是看不见，摸不着；所谓复杂性，就是"众口难调"，"千人千言"，"真假难辨"；所谓虚假性，就是说得多的，响的，不一定是典型的，有代表性的，反映本质的。

（6）翻译标准无定论，翻译评论失却了权威性依据，翻译评论必然也少有权威性，必然增加难度，减弱其应有的效果。

（7）翻译评论是一仆三主：除了原作者和译文读者，还有译者，都是评论的"主人"。一仆二主难，一仆三主当然更难。

七、翻译评论的方法

我们说，要科学地、全面地、深入地进行翻译评论。这是说，翻译评论的方法要科学，全面，深入。具体地说，就是：

（一）分析的方法——立论、判断要以仔细、严格的分析为基础，不可含糊其辞，不可空谈泛论，不可"虎头蛇尾"。

（二）说理的方法——不管译作是好是坏，评者都得以理服人，使人心服口服，不可乱扣帽子，乱打棍子；更不可哗众取宠，真话假说，变态地追求"负效应"。

（三）一分为二的方法——这是分析方法中的重要内容。任何译作，除开那些出版部门与译者串通一气，昧着良知人性，只图赚钱，极不负责地粗制滥译出笼的译作，都是有所长，有所短的。特别是那些世界文学明珠的译作，都是经过译者、编者辛勤劳动的结果。评论者就要用一分为二的犀利目光，指出译作的长短之处，褒长贬短，启迪译者与他人。

（四）理论与实际相结合的方法——评论者要站得高，看得远，从具体译作中的具体问题，总结出经验教训来，再进行理论升华；或者用已经升华了的一般理论，来分析、评书译作中的具体问题。这样做，既是为了使评论生动活泼，也是为了以理服人，增强评论的效果，更是为了推动翻译和翻译理论研究，促进译事发展和译学研究的繁荣。

在具体评论工作中，评论者必须注意以下几点。

（1）明确目的——以发扬优秀译作，针砭劣作，繁荣翻译事业为根本目的，不能掺杂任何的私心。

（2）地位平等——评论者要把自己放在与译者平等的地位，不能一副判官架子，盛气凌人，出言不逊，自以为高人一筹。这样的评论才会收到应有的效果。

（3）言辞恳切——目的明确了，地位平等了，说话还得注意分寸，切莫无意伤人。评论者即使对劣质译作，也得从惩前毖后、治病救人出发，晓之以理，动之以情，言之恳切，劝之动听。否则，再对的理，再有理的话,译者听不进或不愿听,还谈什么效果和作用。

(4)分清主次——对译作中的问题,既不能主次不分,大小一把抓,该着力的不着力,也不能捡了芝麻,丢了西瓜,主次倒置,本末不分,"杀鸡用牛刀",白费力气做无用功。评论者要抓原则性的大问题,对非原则性的小问题要敢于"放任自流"。这叫"得饶人处且饶人"。

(5)心怀四情——评论者要心怀四个情,方能把翻译批评工作做好,方能使评论收到预期的效果。

① 要毫不留情。对错译、误译,对不负责任的工作态度,要毫不留情地进行批评。

② 要满腔热情。严厉的批评,对事不对人。对译者要有"菩萨心肠",满腔热情,循循善诱,苦口婆心,以理服人,以情感人。

③ 要不徇私情。不管是否认识或熟悉译者,不管译者是否有名,评论者应一视同仁,"秉公而断",不徇私情,客观、公正地进行实事求是的评论。

④ 要手下留情。对于非原则性的问题,对于小错小误,即使出现较多,也不要小题大做,"轮番轰炸",更不能无限上纲上线,攻其一点,不及其余。这既是评论的方法是否科学的问题,又是评论者是否与人为善的问题。

八、必须大力加强翻译评论

大力加强翻译评论工作,充分发挥翻译评论的监督与促进作用,不仅是改革开放、加快国家建设、丰富人民生活的需要，而且也是翻译事业本身健康、迅速发展的需要，更是大部分译者提高翻译理论修养、提高翻译水平的需要。为此，我建议从五个方面着手，促进翻译评论工作的迅速发展。

第一，尽快制定翻译标准。上文已有所述，翻译标准是翻译评论的主要依据。鉴于制定标准的复杂性、困难性，不妨先就翻译标准做几点几条的暂定规定，归纳出几个字的简单明了的提法。在实践中，在使用中再做修改补充。

第二，尽快培养一支翻译评论队伍。要大力加强翻译评论工作，最关键的是要有一支愿为翻译评论献身的专业队伍。限于目前的物力、财力和精力，可以先将有志于此的译者、译评者组织起来，形成一支业余评论队伍。

第三，尽快筹备出版翻译评论刊物。只有翻译评论队伍还不行，还得有他们发表评论和意见的喉舌——专门发表有关翻译评论的刊物。没有这么一个刊物，就没有了专业论坛，也就保不住翻译评论队伍，当然就谈不上繁荣翻译评论工作了。

第四，尽快制定翻译评论的规范。所谓规范，就是一般的、标准的模式，就是包括翻译评论准则和主要内容的翻译评论的模式。有了这样的模式，才有可能健康、迅速地发展翻译评论。否则，以粗制滥评去治理粗制滥译，不仅不能发挥监督促进作用，反而会帮倒忙，促进粗制滥译的问世。

第五，尽快制定翻译评论的规划。有了队伍，有了刊物，有了规范，还必须有规划。有规划就有是有计划、有重点、有系统；有规划才能将有限的人力、物力、财力用在刀口上，才能迅速取得效果，才能迅速改变翻译评论的落后面貌。

我相信,只要发挥全国乃至各地的翻译工作者协会的组织牵头作用,只要动员、组织有志于翻译评论的有识之士积极工作,只要做好舆论宣传工作,使我国译界,乃至整个社会重视翻译评论工作,翻译评论的繁荣、兴旺和翻译地位的提高,就是能够做到的,就是指日可待的。

(原载《外国语》1994 年第 2 期)

谈新时期的翻译批评

孙致礼

　　新中国成立以来,我国的翻译事业先后出现过两次高潮。一次是从建国初期到"文革"之前,屈指算来十七年,实际上真正繁荣的也就是五十年代。那十来年的翻译工作,重点放在译介东西方的文学作品上,所译作品的数量虽然远远比不上今天,但由于组织领导比较得力,狠抓了计划译书和提高翻译质量两个环节,因而译文质量普遍较高,涌现出一大批名著名译。从七十年代末开始的、至今仍方兴未艾的第二次翻译高潮,无论从规模上看还是从影响上看,都大大超过了五十年代。如今,我国的翻译队伍已不是那时候的数以千计,而是形成了一支浩浩荡荡的数十万大军,他们所投身的翻译领域已不是文学艺术"一花独放",而是社科、科技、军事、外交、经贸、法律、文教、卫生等领域"全面开花",在世界文化史上堪称首屈一指,从而大大地推动了我国的现代化建设事业。然而,我们在肯定成绩的同时,也应该看到,我们的翻译工作还存在不少问题,其中一个十分突出的问题,就是翻译水平参差不齐,既涌现了一大批新的佳译,也冒出了为数不少的低劣译品,甚至出现了剽窃、"抄译"的恶劣行径,已到了令人忍无可忍、非纠不可的地步。

　　新时期的翻译工作所以出现这样的局面,从客观上看,一方面是因为某些译者水平不高，态度不严肃，甚至缺乏应有的道德，另一方面则是因为某些出版单位受利益驱动，抢译赶译，组织不当，审稿不严。但是，这种局面之所以屡禁不止，甚至颇有愈演愈烈的趋势，笔者认为，一个重要的原因，就是多年以来，翻译界未能开展积极的翻译批评，致使某些译者、某些出版单位得以有恃无恐地制造伪劣译品。

基于这样的考虑，笔者准备针对当前翻译界的现状，结合五十年代的经验，谈一谈新时期应该如何加强翻译批评。

一、对于低劣译品和不良译风，要敢于揭露，决不姑息

新中国建国初期，翻译工作处于无政府无组织的状态，抢译乱译现象相当普遍，致使粗制滥造的译品充斥市场。为了克服粗制滥造，提高我国的翻译水平，在党中央和中央政府的关怀和领导下，有关部门和翻译界拿起了翻译批评的武器，无情地揭露和抨击低劣的译品和恶劣的译风。而打响"第一炮"的，就是中央的机关报《人民日报》。1950 年 3 月 26 日，该报以《用严肃的态度对待翻译工作》为题，发表了3 篇翻译批评文章，虽然批评的都是苏联文学译作，但在整个翻译界引起了热烈的反响。在《人民日报》的带动下，当时全国翻译工作者唯一的专业刊物《翻译通报》，也接二连三地发表文章，对不负责任、粗制滥造的译作进行严肃的揭露和批判。例如，《通报》1952 年 4 月号发表了方今、狄夫的《评韦丛芜先生的译品》一文，十分尖锐地批评了知名翻译家韦丛芜的工作作风。在建国后两年的时间里，韦丛芜先生以令人

不可思议的速度,翻译了 12 部苏、美文学作品。其中,《库斯尼兹克地方》印出来是一部 422 页的厚书,译者仅仅用了一个月便翻译完毕;《从白金国来的艾素丹》的中译本为 225 页,译者只用了 26 天便译完……为了贪快,译者连字典都顾不上查,因而经常犯一些荒唐错误。文章作者认为,韦丛芜先生所以会制造出如此"恶劣"的译品,完全是"单纯追求数量、追求稿费的唯利是图"思想在作怪,要求译者"在'三反'运动中深刻地检讨自己,彻底地整肃自己的工作作风"。《通报》同一期还发表了李路的《评杜秉正译"拜伦选集"》一文。跟韦丛芜一样,杜秉正先生也是一位从译多年的知名译者,曾在建国初期出版过拜伦的《海盗》《可林斯的围攻》《该隐》3 个译本。李文通过实例说明,杜先生的每一个译本"都充斥着典型的'硬译'文字",这样的译文,"既对不起诗人,也对不起读者,同时也粗暴地伤害了祖国语文的纯洁健康!杜先生应该虚心谨慎地检查一下自己的译诗。出版这样粗制滥造的译品的文化工作社,也应该彻底地检讨自己的工作"。后来,在《通报》1952 年 6 月号上,韦丛芜先生对自己追求稿费、唯利是图的思想,抢译、滥译、粗制滥造的作风,做了公开的检讨。与此同时,文化工作社由于接连出版了韦、杜二人的低劣译品,也公开做了检讨,除表示以后要"严守审稿制度"外,还声明"对错误严重的书决不再版"。五十年代,像这种批评者敢于大胆提出批评,被批评者诚恳接受意见的事例,可谓举不胜举。正是在翻译批评的鞭策和引导下,翻译工作者增强了责任心,提高了翻译水平,基本上制止了粗制滥造现象。①

　　但是,令人遗憾的是,自改革开放以来,特别是近十多年来,我国

---

　　① 读者若想了解五十年代我国开展翻译批评的更多情况,可参阅拙著《1949—1966:我国英美文学翻译概论》,南京,译林出版社,1996 年,第三编第十章。

翻译出版界似乎很难看到五十年代形成的那种良好风气,某部译作问世,往往是赞美者多,批评者少,假冒伪劣甚至剽窃盗版现象很少受到曝光。据笔者所知,许多世界文学名著都出现了相当低劣的译本,而诸如《红与黑》等名著还出现了不止一种抄袭之作。这种有悖于翻译神圣使命的恶劣行径,本应受到道德的谴责和法律的惩治,可一直得不到严肃的揭露和批判,反而是那些伪劣译品的制造者打着"世界名著翻译家"的旗号,到处招摇撞骗。为什么会出现这种情况呢?在此,笔者想借助自己所了解的一个实例,对这一现象略做剖析。1984年,南方某人民出版社出版了奥斯丁的一部小说译作,译者就是该社译文处的两位编辑,其中一位还是该处的资深负责人。为了掩盖自出自家作品的不磊落举动,两位译者取两人姓氏的谐音,构成一个可以遮人耳目的笔名,签在书上。由于译文质量实在低劣,有人撰写批评文章投到《中国翻译》的前身《翻译通讯》。这篇文章引起了该编辑部的重视,他们觉得对如此低劣的译品进行批判,不仅可以给两位译者敲个警钟,而且其他译者也可引以为戒。于是,编辑部决定发表这篇评论。为了妥善起见,编辑部负责人向那家出版社打了个招呼,不想这一下可惹来了麻烦。该社一再要求《翻译通讯》不要发表那篇文章,他们将对译文做认真修订,然后再版。后来,《翻译通讯》编辑部出于无奈,终于压下了那篇稿件,而那家出版社也神速地再版了那本书,虽然外观装潢得更加精美,但内中不计其数的错误却基本没有修订。

这,就是我们翻译界面临的严酷现实:假冒伪劣译品和剽窃盗版现象肆意泛滥,谁想给我曝光,我就跟谁纠缠不休。这无疑给我们的翻译批评带来了很大的困难。但是,困难再大,我们也要迎难而上,在翻译界开展一场"打假"活动。否则,想要"洁身自好",保持沉默,就等于鼓励和纵容粗制滥造和侵权行径。再说,五十年代已给我们提供了宝贵的经验。如今,只要翻译界上上下下齐心协力,积极支持翻译期刊乃至新闻媒体大力开展翻译批评,让求告者无空可钻,不良风气就一定能压下去,我们的翻译事业就一定能健康地向前发展。

二、对于好的译品,既要肯定成绩,又要指出不足,提出建设性意见

翻译批评除了严肃批判伪劣译品和不良译风之外,还应大力宣扬优秀译品和优良作风,以便使认真工作的人得到鼓励,初学翻译的人得到指引。但是,从近年来的表扬和推荐文章来看,似乎存在一个比较普遍的倾向,就是不少文章只唱赞歌,溢美之词触目皆是,通篇见不到一点美中不足,更谈不上什么建设性意见。以张谷若翻译的《苔丝》为例,这确实是我国翻译文学中一部难得的佳作,受到海内外几代学人和读者的交口称誉。该书的第一篇评论发表在《西方语文》1958年2月号上,作者为吴国瑞先生。近20年来,新发表了十多篇对该书的专评,都是清一色的颂扬文章,几乎见不到一点指点不足的文字。而值得注意的是,偏偏是吴国瑞先生的第一篇评论在充分肯定成绩之后,认真地指出了译文的两个缺陷:过多使用四字结构,引起语言堆砌;用山东土话对译英国威塞克斯方言,给人一种“虚假的印象”。这一事例说明,比起五十年代来,今天的批评风气有所退步。

其实,这种现象也有悖翻译批评的常理。英国翻译理论家纽马克

说过:"翻译是永无止境的。"①也就是说,天下绝不存在完美无缺的译作,即使再好的译文也难免会有这样那样的缺陷。这个道理本是人人皆懂的,可在翻译批评中为何有那么多的人光摆"长"不道"短"呢?究其原因,译评者可能主要有这样几个思想障碍:其一,有相当数量的颂扬文章可能是为"友情"而做,受赞扬者或是好友,或是师长,因而只宜讲好话,不便谈不足;其二,大多数译评者都有这样一个心理,如今的社会就是这样的风气,还是好话中听,也容易说出口,评头论足难免有伤和气;其三,有些译评者尚是初出茅庐的年轻人,要给造诣较深的译者指点不足,还觉得有些"资本"不足。

如果再回顾一下五十年代我国翻译界在这方面的一些做法,我们就会发现,如今译评者的这些顾虑不仅是多余的,而且不利于我国翻译水平的提高。1957 年 6 月,《西方语文》在其创刊号上,接连发表了3 篇译评文章:一是杨周翰评方重译《坎特伯雷故事集》和《特罗勒斯与克丽西德》,二是吴兴华评戴镏龄译《浮士德博士的悲剧》,三是巫宁坤评卞之琳译《哈姆雷特》。这 3 篇文章都是出自著名学者之手,所评译者也都是作者的好友,可这些作者在评论中,一方面充分肯定译作的优点和成就,另一方面又认真指出其缺点和不足,堪称茅盾所说的"友谊的建设性的批评"。以杨周翰的评论为例。杨文先以主要篇幅肯定了方译的长处,认为它传达了原作所特有的古趣和幽默,"总的说来极其忠实,而且能够达到'雅'的地步",然后就一些疑问和意见,一条条提出来和译者商榷。后来,方译再版时,译者就吸取了杨先生的某些正确意见,对译文做了修订。该学刊 1958 年 3 月号上刊登了周珏良

---

① Newmark, Peter, *Approaches to Translation*. Oxford: Pergamon Press, 1982, p.17.

对曹庸译《白鲸——莫比·迪克》的评论。周文首先肯定曹庸能把一部"十分难译的书"译了出来，"而且整个说来是清楚可读的，这便是译者的功绩"。接着，周文也提出了几个问题来与译者商榷，例如原著中有关捕鲸、鲸类学、鲸鱼的生理及形态等章节，以及正文前的"语源"和"选录"，本来都很有助于对整个作品的理解，译者将其略去不译，不免破坏了作品的完整性。后来，跟方译乔叟的作品一样，《白鲸》再版时，译者采纳了周先生的意见，将初版略去未译的章节和正文前的"语源""选录"等，统统补译出来，并在前言中提醒读者：这些文字对于理解全书有着举足轻重的意义，阅读时切莫忽略过去。我们可以设想一下：假如杨周翰、周珏良等学者在译评中只讲优点和成绩，而不指出缺点和不足，不提出建设性意见，方重、曹庸等译家能认识到自己译作中的问题，并在再版时做出修订吗？事实证明，积极的批评和自我批评确实可以提高我们的翻译水平。五十年代，我国有不少名著中译本，初版时还存在这样那样的问题，后来译者虚心地听取了评家和读者的意见，悉心修订，这些译本才不断改善，成为名著名译的。

李文俊先生说："为了使中国的文学翻译水平再提高一个层次，不应回避以高水平的译家、译品为批评的对象。相反，应该有那么一些有心人，除了总结他们的成功经验之外，也应该着重指出尚可改进之处，并且最好能有较深入细致的分析。"①笔者完全赞同李先生的观点。其实，就价值而言，翻译批评应该以具有一定水平和一定影响的译本为主要对象，特别是那些世界名著的严肃译本或复译本，尤其应该引起翻译批评者的研究兴趣。对于这种译品的评论，一定要坚持"一分为二"的原则，既肯定成绩又指出不足，这是对译者的真正爱护，也是

---

① 杨自俭、刘学云编，《翻译新论》，武汉，湖北教育出版社，1994年，第626页。

对翻译事业真正负责的表现。为此,我们的译者也应抱有豁达大度的胸怀,对于别人提出的善意批评,不仅不应产生抵触情绪,而且应"闻过则喜",从中得到启迪和教益。当然,我们说的指出不足,绝不是吹毛求疵,而是实事求是地评价,提出富有建设性的见解。为了做好这一工作,我们希望译界的专家学者也能像五十年代的专家学者那样,付出点心力撰写几篇批评文章,以便带动后学。同时,我们的年轻人也要打消顾虑,大胆抒发己见,在实践中增长才干。

三、切实提高翻译批评的水平,促进翻译事业的迅速发展

以上,我们扼要地分析了我国翻译批评目前存在的两个偏向。其实,我们的问题还远不止这两方面。多年来,有些翻译批评者,或者由于态度随便,或者由于水平所限,撰写了一些不负责任、有失水准的批评文章,引起了被批评者的不服,甚至不满。这样的翻译批评,不仅对翻译实践起不到指导作用,还导致了批评者和被批评者之间的尴尬对立。要改变这一局面,笔者认为,关键的问题,还是批评者要注意提高自己的全面素养和批评水平。

首先,批评者要抱着认真负责的态度,对自己评论的译作务必仔细研读,进而做出全面的、客观的评价。我们之所以首先提出这个问题,乃是因为态度这个问题确实至关重要,而在实践中,某些翻译批评者确实采取了不负责任的态度,有时拿到一册译文,未经细读与比较,便凭自己的主观印象,随意评判一番。更有甚者,有的人可能带着一

定的偏见,采取"以点代面"的方法,抽样抓住几个错译或不当的译句,就断定某本书有惊人的错误。这样的批评怎么能令人信服,怎么能起到应有的作用呢? 我们认为,翻译批评是一项十分严肃的工作,批评者应该坚持宏观分析与微观分析相结合的原则,对译文做出科学的、全面的、客观的评价。所谓的宏观分析,可以借用茅盾的话,就是"从译文本质的问题上,从译者对原作的理解上,从译本传达原作精神、风格的正确性上,从译本的语言的运用上,以及译者劳动态度与修养水平上"①,来做全面的深入的审视。在这个整体的把握之下,才能对细节的语义转换乃至形象再现做出恰当的评析。无论是宏观分析还是微观分析,都要建筑在对原作的仔细研读上。对于批评者来说,研读译作,最好能对照原文从头读到尾,如果确有困难,"抽样"也是可以的,但应有一定的覆盖面,并具有一定的代表性。另外,译评者还要注意摆正自己的位置,认识到自己的责任在于"评点",而不是"指点",评论工作一定要防止简单化。译评者不仅要仔细分析译者的译文,还要认真分析译者为什么要这样译,他采取了什么样的翻译原则和方法,切不可因为不合自己的胃口就急于批评,急于提出"正确"的译文——要知道,翻译批评并不要求译者非要提供正确的译文,硬要这样做,有时难免产生适得其反的效果。

其次,批评者应努力提高自己的语言修养和感悟力,以防在评论中出现正与误的低级误判。所谓的"低级误判",大体有两种:一是译文明明有误,译评却当作"佳译"加以颂扬;二是译文本来没有译错,译评却断为误译加以批评。如果说前一种误判仅仅起到令译者"执迷不

---

① 《翻译通讯》编辑部编,《翻译研究论文集(1949—1983)》,北京,外语教学与研究出版社,1984 年,第 14 页。

悟"的作用,后一种误判则有引起感情对立的危险。请试想一下:如果你译的某一句话,明明是正确的,妥当的,却被某一评论判为"误译",你会有什么感受呢? 你还会心平气和地接受对方的见解吗? 最近,笔者阅读批评文章,多次见到令人哭笑不得的误判。例如,有一位作者从语义场的概念出发,批评两位译者对《傲慢与偏见》中一句话译得"不妥":

Miss Bingley began abusing her as soon as she was out of the room. Her manners were pronounced to be very bad indeed, a mixture of pride and impertinence, she had no conversation, no style, no taste, no beauty.

译文:她一走出饭厅,宾利小姐就开始诽谤她,说她太没有规矩,真是既傲慢又无礼;说她寡言少语,仪态粗俗,情趣索然,模样难看。

那位评者认为,译者将"manners"译为"规矩"不妥,因为"'规矩'仅指态度涵养,与长相无关",没有把"no beauty"译出来。所以,他借用另一位评家的意见,认为应把"manners"译成"样儿"①。我们实难接受这样的修改,因为就词义而言,"manners"本身只有"举止、态度、规矩"的意思,绝不包括"长相"美不美,也不包括有没有"风度""情趣"等。显然,"her manners"的"语义场"只延续到"impertinence",后面的四个"no"结构,实属宾利小姐诽谤女主角的另一层内容。为了确凿起见,笔者查对了该书的牛津版,发现"impertinence"后面点的是分号

---

① 吴义诚,《英语语篇的词汇衔接手段与翻译》,载萧立明主编,《英汉语比较研究》,长沙,湖南人民出版社,1998年,第265页。

（译者也点了分号），而不是译评者所用的逗号，越发说明原译译得不错，而是译评者做了误判。

这仅是笔者所见到的多起误判中的一例。两位译评者所以做出误判，恐怕主要还是语言素养问题，由曲解"manners"的词义，发展到错划语义场，到头来，有关"语义场"的整节论述也就失去了意义。可见译评者多么需要提高自己的语言修养，培养自己的鉴别力。

第三，批评者要建立自主的理论体系，在自主理论的指导下开展翻译批评。早在五十年代初，董秋斯就指出，翻译批评应该有一定的理论体系加以制约。1954年，茅盾提出翻译批评不应停留在一字一句的挑错上，而应对译文的"本质"问题，做出全面的深入的评价。到了改革开放时期，虽然翻译批评出现了一些令人担忧的问题，但在翻译批评研究上，也取得了一些令人可喜的成果。如1992年，许钧先生出版了国内第一本文学翻译批评的理论著作《文学翻译批评研究》。该书就文学翻译批评的原则、方法做了较为详尽的阐述，并以《追忆似水年华》一书的翻译为理论部分的实证，涉及了文学翻译中许多基本问题。1995年，我们翻译界围绕《红与黑》的翻译展开了一场大辩论，众多的译家、理论家、批评家和读者，就"忠实与再创造""异国情调与归化""作者风格与译者风格"等一系列问题进行了针锋相对的阐述，可以说是我国翻译史上第一次在理论指导下，关于文学翻译批评的系统讨论，对我国的翻译批评起到了积极的推动作用。

纽马克说："好的翻译批评是历史的、辩证的、马克思主义的。"①在我国翻译界，也出现了一些堪称"历史的、辩证的、马克思主义的"好的

---

① Newmark, Peter, *A Textbook of Translation*. New York: Prentice Hall, 1988, p.185.

批评文章,例如钱钟书的《林纾的翻译》、王佐良的《严复的用心》等,就很值得翻译批评者学习和借鉴。他们在文中既阐述了自己的译论原则,又分析了译者的翻译原则,尽管双方的原则存在较大差异,但作者并未因此全盘否定译者的翻译,而是在指出译者有悖翻译原则的同时,仔细分析了译者的"用心",进而肯定了译作的历史功绩。我们在前面说过,翻译批评的主要功能不是提供唯一"正确"的方案,而是对译文做出科学的、客观的分析:如果译文是成功的,译评者要"依据自己的理论基础指出成功的根本原因,并指出在或然的历史条件下别的成功可能";如果译文是不成功的,译评者则要依据自己的理论基础指出其失误的基本原因,从而为成功的翻译做好理论上的准备。[①]

现在,我们可以欣慰地看到,在我国翻译界,"随感式""应景性"的批评文章比例下降,以理论为指导的批评文章日见其多,这无疑是个良好的开端。我们希望翻译理论工作者再接再厉,逐步建立起自主的翻译理论体系,用以指导自己的翻译批评实践,以使翻译批评切实起到指导翻译实践的作用,成为翻译工作者的良师益友。

翻译事业要发展,要繁荣,永远离不开翻译批评的鞭策和推动。我们的翻译工作者一定要明确自己的责任和使命,认认真真、扎扎实实地做好自己的工作,迎接二十一世纪更大翻译高潮的到来。

(原载《中国翻译》1999 年第 3 期)

---

① 许钧、袁筱一,《试论翻译批评》,载香港中文大学翻译系《翻译学报》创刊号,1997 年 12 月,第 10 页。

谈翻译批评的基本理论问题

郑海凌

　　翻译批评是文学翻译学研究的范畴之一。翻译批评是以翻译艺术的欣赏为基础，对译本或者翻译理论问题做出科学的分析和评价，以便指导翻译实践和翻译艺术的欣赏活动。严格说来，翻译批评是一种学术活动，它涉及批评的主体、批评的标准、批评的方法等范畴。从我国当前的翻译批评现状来看，人们对翻译批评的性质、标准、方法以及批评者应具备的修养等问题，还存在不同的认识。有的学者对翻译批评的概念理解得较为狭窄，误认为翻译"批评"就是专门对付低劣译品和不良译风；有的批评者缺乏应有的理论素养，往往跟着自己的感觉走，其批评的目光仅仅停留在挑错儿上，把翻译批评简单化了。可见，有必要对翻译批评的基本理论问题做一番澄清。

一、翻译批评的性质

　　什么是翻译批评？这是一个看似简单却又容易引起误解的问题。

有的学者对"批评"一词产生了误解,仅仅把它理解为对错误的思想、言论以及行为的否定,或者专门对缺点错误提出意见。其实,"翻译批评"是文学翻译学里的一个概念。翻译批评的核心是"批评",而"批评"一词是从文艺学里借用的,在我国传统文论里称为"品""评""点"。"批评"作为一个专门术语来自西方,在古希腊文里是"判断"的意思。因此,从广义上说,批评就是一种"判断"。这个词汇进入文艺学之后,又被赋予特定的含义,有了各种不同的理解和界说。《不列颠百科全书》里"文学批评"条目解释说:"广义而论,文学批评是对文学作品和文艺问题的理论思考。作为一个术语,它对于任何有关文学的论证,不论它们是否分析了作品,都同样适用。"美国当代文艺学家艾略特指出:"我说的批评,意思当然指的是用文字所表达的对于艺术作品的评价和解释。"我们使用的"翻译批评"这个概念,其含义与文学批评十分相似。翻译批评是一种具有一定的实践手段和理论目标的精神活动,是从一定的价值观念出发,对具体的翻译现象(包括译作和译论)进行分析和评价的学术活动,是审美评价与科学判断的有机统一。概括地说,翻译批评是按照文学翻译的审美原则,根据一定的批评标准,对具体的翻译现象(译本或者译论)进行的科学的评价活动。我们可以从以下三个方面来认识翻译批评的性质。

首先,翻译批评是一种审美评价活动,是批评者对翻译现象的审美理解,具有审美性。就一部译作来说,批评者不论从哪一个角度去评价它,也不论他采取什么方法去评价它,其评价活动本身是摆脱不了审美活动的客观规律的。以审美的态度来对待产品,是人类劳动的一个基本特征。即便是简单化的翻译批评,也离不开批评者的审美心理活动。批评者见小忘大,以个别的误译来判断译作的质量,当然不可能得出正确的结论,但批评者心中也自有审美的尺度,尽管他的尺度实际上只是对翻译批评标准的误解。这就是说,翻译批评的审美性是客观存在的。

其次,翻译批评是一种较为完整、系统的学术研究活动,具有科学性。翻译批评是按照一定的标准和方法进行的,是根据文学翻译活动的艺术规律,对译本进行有序的解析和还原,从中判断译者的审美追求和艺术上达到的高度。就翻译批评活动本身而言,科学性主要表现在逻辑的谨严、判断的正确性和结论的客观性。

再次,翻译批评是批评者的个体行为,不可避免地带有批评者的主观色彩,因而具有主体性。翻译批评既然是一种审美评价活动,批评者在对译本的优劣做出判断时,就难免加入个人主观的因素,即所谓仁者见仁,智者见智。翻译批评的主体性也恰恰体现在这里。对于同一个译本,不同的批评者会有不同的理解、不同的评价。

除了上述特性之外,翻译批评还具有时代性和民族性。不同的时代和民族,对文学翻译提出不同的要求,具有不同的审美观念和批评标准。

二、翻译批评的对象和任务

翻译批评的对象是什么? 这也是一个存在争议的问题。简单化的翻译批评,往往把译本中的讹错当成批评对象,拿字句的误译来否定一个译本乃至一个译者。我国著名翻译家李文俊先生曾指出:"有些批评文章的作者把这方面的问题看得高于一切,以至在他们看来,名译中只要出现一些这样的问题,便'余俱无足论'矣"。这类批评者多半不懂得翻译家是画家而不是摄影师这个道理。当然,对于译本中的讹错,不是不可以批评,关键是采取什么样的态度,要达到什么样的目的。我们认为,挑错儿是一件好事情。从文学翻译的艺术规律来看,译本中的误译是难以避免的,即便是举世公认的大翻译家也免不了出现个别误译。一般的译者,出错更是难免的。细心的读者,如果有时间,有耐心,把译本对照原文细读,就会多少发现一些问题。读者或者译界同行发现译本中的错误,最好能直接向译者本人指出来。如果译者觉得意见提得对,在译本再版时改过来就行了,不必为了几个误译而诉讼纷纭,因为字句的误译并不具有理论上的指导意义和学术价值。而对于那些粗制滥造的译文或者抄袭的译文,应该敢于揭露,决不姑息,必要时还可以诉诸法律,但这些东西毕竟不是翻译批评的对象。以往的翻译批评,有时把挑错儿、打击伪劣假冒的译文和正常的翻译批评混为一谈,造成批评理论上的混乱和批评实践上的失误。这也是翻译批评长期开展不起来的原因之一。我们认为,要开展健康的有益的翻译批评,就必须明确翻译批评的对象和任务。为此,首先要明确"译本"这个概念。译本是严肃的译者的艺术再创造的成果,是译者的审美追求的具体体现,是译者的作品。在确定翻译批评的对象时,首先要弄清楚它是译本,还是伪劣假冒的东西。前者属于翻译批评的范畴,而后者则属于揭露和打击的对象。

广义而言,翻译批评的对象是翻译现象,即外国文学的译本或翻译理论问题。那么具体到一个译本,翻译批评的对象是什么呢?早在五十年代,著名作家兼翻译家茅盾就指出,翻译批评不应该停留在"指摘字句的误译"上,而应该"从译文本质的问题上,从译者对原作的理解上,从译本传达原作的精神、风格的正确性上,译本的语言的运用上,以及从译者劳动态度与修养水平上,来做全面的深入的批评"。我们认为,就一个译本来说,翻译批评的具体对象是译本的艺术价值和不足。这里所说的艺术价值,是就翻译艺术而言的,是指译者在翻译过程中的艺术再创造的程度。批评者批评一个译本,就要深入译者和原作者共同创造的艺术世界,透视译者的艺术技巧,并且对译者的再创造所达到的艺术高度和不足做出评价。

概括地说,翻译批评的任务是以科学的方法对译本(或者翻译理论问题)的艺术价值和不足进行理论上的鉴别和判断,从中探索译者的艺术技巧和审美境界,以引导和提高读者的鉴别能力。

三、翻译批评的标准和方法

任何批评都离不开一定的原则和标准作为依据和支撑。翻译批评的标准与文学翻译的审美标准是一致的。我们认为,文学翻译的审美标准是"和谐"。和谐性是文学翻译活动中客观存在的艺术规律。"和谐"作为翻译批评的标准,与传统的"信达雅""神似"等标准并不矛盾。辜正坤教授提倡翻译标准的"多元互补论",对于翻译批评具有指导意义。批评者可以从不同的角度和侧面去把握译本的艺术价值,当然可以采取不同的翻译标准去衡量译本的优劣。以往的翻译批评实践,把文学翻译混同于非文学翻译,把批评的视点集中在字句的对应上,铢称寸量而见小忘大。"和谐"作为翻译批评的标准,恰恰可以弥补这方面的不足。

首先，"和谐"标准是从审美的角度来把握一个译本，批评者关注的是译本的"隔"与"不隔"，是译者的审美追求和艺术技巧。"和谐"以适中与得当（即翻译的正确性和准确度）为核心精神，注重的是译者在理解和表达上把握分寸的能力。平庸的译者往往在"过"与"不及"两个极端之间摇摆，高明的译者以其敏锐的分寸感把握适中，在"隔"与"不隔"、"过"与"不及"的矛盾对立中保持平衡，即为"和谐"。批评者衡量一部译作的价值，要看译者在不可译与再创造、保持异国情调和归化、传达原作的风格与译者的自我流露之间保持平衡的能力。

其次，"和谐"标准强调翻译的整体性原则。从实践的角度来看，翻译是一种选择、一种把握，即选择最佳表达方式和把握分寸。批评者在批评一个译本时，同样需要从整体着眼，考察译者的表达是否适中，是否把握了分寸。批评者要做出判断，就离不开整体。我们判断一部译作的艺术价值和不足，要看它在整体上与原作是否有"隔"，包括语言上的"隔"、文化上的"隔"、风格上的"隔"、艺术传达上的"隔"，等等，看它自身是不是一个和谐的有机整体。

第三，"和谐"标准强调译者的创造性。一个译本的生成，不是原作的复制，而是一个新的文本的创生。译本的价值，在于译者与原作者的共同创造，也可以说，是译者在原作基础上的"再创造"。文学翻译是在矛盾的对立和统一中发展的，原作的抗译性往往给译者设置许多天然的"隔"。翻译的艺术就是因难见巧，在不和谐中创造和谐。批评者在批评一个译本时，主要看译者化"隔"为"透"的能力和技巧，也就是看那些抗译性较强的地方译得怎么样，因为这些地方是最见译者功力的，译本的艺术价值也体现在这些地方。

第四，"和谐"作为翻译批评的标准，讲究辩证法。批评者应清醒地意识到，和谐只是相对的，不和谐才是绝对的。从翻译的实际效果看来,完全彻底的"不隔"是不可能做到的。拿译作与原作相对照,人们不难发现,译作只能得原作的近似。另一方面,译者的再创造也是有限的,译者不能像诗人和作家那样随心所欲地表现"自我"。批评者在评价一个译本时,须意识到,译本的质量只有较好,而没有最好,说一部译作达到了"化境"是不切实际的。一部译作可能整体上很和谐,但难免在细节上有一些不和谐。

对于翻译批评来说,重要的是批评者对标准的适度的把握。批评者把握的适度,一方面取决于自身的素质,另一方面取决于批评标准是否具有科学性和可操作性。在具体的翻译批评的实践中,批评者可以鉴别和选择较为适用的批评标准。对于不同体裁的译作来说,批评的标准也有一定的差别。例如,诗歌具有较强的抗译性,译作与原作之间往往有较大的差距,按照传统的翻译批评标准,很难衡量译作是否达到了"信达雅"的要求。从审美心理的角度来看,翻译的批评与欣赏在某种程度上有认同性,也就是我们常说的"先入为主"。例如,鲁迅引用过的殷夫翻译的裴多菲的小诗:"生命诚可贵,爱情价更高,若为自由故,两者皆可抛。"从翻译学的角度来看,这首译诗在形式上与原作差别较大,原作是六行的自由体,译作是四行的五言诗,原作的语气和修辞色彩在译作里丧失殆尽,原诗的韵味在译文里也有所流失。然而,这首不甚成功的译诗,却因为充满革命情调,在形式上符合中国人的审美趣味,易于上口,一度在进步青年中流传甚广,甚至至今有人认为它是"离形得神"的优秀译作。

翻译批评是一项多角度多层次的审美评价活动。翻译批评的方法应该是一个综合的体系,大致可分为以下几种。

(一)解读还原。这一方法是运用解读学的有关原理,对译本的整体和局部进行全面的解析,在此基础上对其艺术价值做出科学的评价。解读就其实质而言是一种审美的透视,是对译本的艺术价值的理解。所谓"还原",是指翻译批评活动是对照原作对译本的审美价值做合乎逻辑的还原。作为批评对象的译本是一个艺术整体,批评者通过分析译者的语言、艺术创造的手段和它所产生的审美效果对译本做整体的把握,从而对译本的艺术价值和译者的审美能力与艺术表现力做出评价。翻译批评所使用的解读还原法,不同于一般的文本解读。文艺学里的文本解读要求读者融入文本,其过程是以自身体验对象的感悟,注重对作品本体的理解、解释和建构;而翻译批评则是通过对译本和原作的对照解读,达到对译本的"和谐性"的认知。

(二)语言分析。我们这里所指的语言分析,是以二十世纪以来西方兴起的语言论美学为依据的翻译批评方法。二十世纪以来,西方人文科学领域里出现了一个新的诗学现象:语言学的若干认知模式和方法论,引起了文学、哲学、人类学等学科的研究方法的重大变革,形成一股强大的诗学潮流,通称为语言论美学。这一诗学流派以语言为中心,以探索语言为理想途径的诗学理论,基本上抛弃了语言是传达意义的工具这一传统观念,转向语言创造并构成意义的新立场。从这种观点来看,文学翻译的语言既是构成译作的艺术美和意义美的唯一手段,也是我们开展翻译批评的理想途径。这就是说,翻译批评要以语言形式为基础,对译本进行多层次多角度的解析活动。

(三)文化批评。我国传统译论和当代的"神似说""化境说",都是从文艺学和美学的角度来揭示文学翻译的本质特征。文化批评作为翻译批评的主要方法之一,关注的焦点是翻译过程中文化信息的传达。文学翻译活动是不同民族的文化之间的对话,而文化本身具有很强的抗译性和免译力,所以文化差异为这种对话设置了无形的障碍。从文化批评的角度来看,译本的审美价值在于正确并最大限度地传达原作所包含的文化信息,正确处理文化对话中的种种关系,令人信服地解决文化差异所造成的种种困难,巧妙地表达异国的成语俗语和风习。文化信息的传达,是文学翻译过程中的关键问题之一,直接关系着原作的风格和意境的传达。批评家从文化对话的角度来考察一个译本,对它的审美价值做出判断和评价,有助于提高译文质量和促进翻译事业的发展。

（四）译本比较。比较研究是人文科学领域里常见的方法之一。在我国,外国文学名著一般都具有两个以上的译本,旧译本的更新、大量的重译本的出现、翻译质量的参差不齐,都需要翻译批评的介入和干预,所以译本的比较批评具有现实意义。鲁迅先生提倡复译,认为译本的更新会促进翻译质量的提高。从目前译本批评的现状看来,不少新译本缺乏创新精神,译者没有发挥应有的艺术创造。译本比较可分为平行比较和复译比较。平行比较是把同时出现的两个以上的译本,放在一起进行对比研究,分析不同译者的审美境界与成败得失。复译比较批评关注的是新译是否在艺术创造上超过了旧译。衡量一个新译本的优劣,要看它有无新的创造。

四、批评家的修养

翻译批评作为一种审美评价活动,其性质、对象和任务给批评家提出了非同寻常的要求。批评家是翻译批评的主体,他的品格和修养直接影响批评的水平。那么,批评家应该具备什么样的品格和修养呢?

首先,批评家应具有较高的理论修养。简单化的随意的翻译批评,往往是因为批评者批评意识薄弱,缺乏必备的理论基础,没有形成科学的批评观念。翻译界有一种实践与理论脱节的现象,从事翻译实践的往往不大看重理论,而研究理论的大都不从事翻译实践。这种现象在其他学科领域里也不同程度地存在。但是,如果说从事翻译实践的不必拥有雄厚的理论基础,那从事翻译批评就不能脱离理论了,因为批评理论是从事批评的依据。批评家不但要掌握翻译理论,而且要熟悉相关学科的理论。文学翻译是一门接缘性较强的学科,它处在文艺学、美学、语言学、心理学等学科的交叉点上。批评家不具备一定的理论基础和思辨能力,是无法对译本的审美境界和艺术价值做出客观的正确的判断和评价的。

其次,批评家应具有克己功夫。在作为审美对象的译本面前,批评家要尽量克制自己的主观情感,做一个超然的裁判。莫泊桑曾对批评家提出这样的要求:"一个真正名副其实的批评家,就应该是一个无倾向、无偏爱、无私见的分析者,像绘画的鉴赏家一样,仅仅欣赏人家请他评论的艺术品的艺术价值。"批评家的克己功夫,实际上是一种稳定的、不受外界因素和个人主观因素干扰的心理素质。在翻译批评活动中,有时会有各种因素影响到批评家的心理。例如,名人效应就是易于对批评家构成心理影响的因素之一。人们往往会主观地认为某某大作家的译本是最好的译本,某个不知名的译者的东西不堪卒读。其实,大作家的小说写得好,译作不一定就是最好的,不知名的译者也不见得一定译不好。

第三,批评家应具有翻译经验和艺术眼光。文学翻译是一门实践性很强的学问。批评家自己缺乏翻译经验,则很难把握译作的艺术价值。文学翻译是审美的翻译、艺术化的翻译,译者的艺术创造往往凭经验和直感,既是很客观的,有时又带有很强的主观色彩,有些东西很难从理论上说清楚。所以,批评家要洞察译者的审美创造,要真正理解译者的良苦用心,必须具有与译者同等敏锐的艺术眼光,而这种艺术眼光则是在长期的大量的翻译实践中形成的。批评家的艺术眼光,包括他对审美对象的识别能力、对艺术价值的把握能力,以及他在做出判断和评价时的分寸感,具有这种艺术眼光,他在批评译本的艺术价值时才能做出恰如其分的评价。

文学翻译的批评理论是一个复杂的体系,本文仅揭示其中的单个环节,且有待深入探索,恳请译界同行给予批评。

(原载《中国翻译》2000 年第 2 期)

翻译的本质与翻译批评的根本性任务

范东生

我们所见的相当一些翻译批评文章仅是孤立地对所评译文中的某些字、词、句的理解和表达提出异议，然后给出一段所谓"试改译"，却没有深入分析原译文为什么会是那样，也不讨论其他译者能够怎样借鉴。由于这些文章没有提出具有一般理论意义的思想，无法在更广大的范围内发挥作用，其意义也就十分有限。其实，就译文在技术层面上选字组句的恰当与否进行批评远不是翻译批评任务的全部，甚至不是翻译批评的主要任务。然而翻译批评的根本任务到底是什么，在翻译界似乎还没有形成一个广泛的共识。对于这样一个重要的基础性话题，有必要做一番努力，理出一个清晰的思路来，否则无从提高翻译批评的质量，翻译实践的整体质量也就无法保证。

翻译批评以翻译实践作为自己的观照对象，讨论翻译批评的根本任务，当然要先对翻译活动本身有一个基本的认识。由于有关翻译的本质任务是什么一直是一个见仁见智的话题，因此本文将先论证翻译活动的本质是实现跨文化的交际，然后讨论翻译批评的根本任务在于检视翻译实践的跨文化交际效果这样一个命题。

一、翻译的本质是实现跨文化的交际

语言作为一种符号，是人们借以传达他们在一定社会生活中需要交流的各种内容的工具。这些内容既反映人们的生产活动，也反映人们的思想情感。把这些生产活动和思想情感放在一定的社会里，就形成了一定社会的文化。语言作为文化结构中的一个重要成分，承载了一个文化的大量信息。因此当一种语言和另一种语言进行交流时，实际发生的是不同文化之间的交流。交流时语言和语言之间并不直接相通，必须借助翻译。所以说，翻译的任务在本质上就是实现不同文化之间所进行的交际。

考察翻译要在文化的大环境里进行。

1. 文化的含义

关于文化，Stuart Hall 做过这样的描述："文化现象是人们在长期历史条件下，通过不断应付身边的各种情况而逐渐形成的。文化作为一种手段、一种价值，主要通过一定的社会阶级逐渐发展成形。"[①] Fisher 曾提出过一个较有代表性的说法："文化是一种共同的行为。这种行为之所以重要，是因为它将人们的所作所为纳入一定的体系范

---

① Dahl, Stephan, *Communications and Culture Transformation*: *Cultural Diversity*, *Globalization and Cultural Convergence*, Projet presented to the European University, Internet, 1998.

围,不致造成认识上的混乱,以有利于人们进行合作,去完成单个人所不可能完成的事情。这种行为规范是通过对集体内成员的惩罚与奖励而逐渐强化形成起来的。"根据以上说法,我们可以这样认识:文化是一定社会中人们通过长期的共同生活而形成的基本信仰、价值判断,以及由此生成的思想和行为的规范体系,同时包括由这些思想和行为而生成的结果。不同的人类集体,由于生活的环境不同,历史发展的道路各异,生成了不同的价值标准和行为方式,构成了我们人类今天丰富多彩的世界。语言是人们在一定的自然与社会环境中通过长期交往而发展起来的交际工具,属于文化的一个部分。

2. 文化的不同层面以及语言在其中的地位

文化是由不同层次的内容组成的。将文化的各种内容划出层次来,有助于我们看清语言在一个文化圈内的位置、语言与其他文化内容的关系,从而有助于我们理解翻译和翻译批评的地位和作用。西班牙学者 Stephan Dahl 最近向巴塞罗那的欧洲大学递交了一份项目报告,名为《交际与文化转型——文化的多样性、全球化以及文化的聚合》(*Communications and Culture Transformation*:*Cultural Diversity*,*Globalization and Cultural Convergence*)。在该报告中,Dahl 将文化分成这样三个层次。

表层:人类的各种产品。这里包含所有属于文化范畴的最直观的内容,如语言、饮食、建筑以及各种艺术品等。

中层:规范与价值观。规范与价值观决定了人们在共同的生活中关于孰好孰坏的认同。人们交往中的行为举止、待人接物的方式等,都直接受到规范与价值观的影响。

内层:基本判断。人们对于生活是什么,如何看待日常生活中出现的各种问题,包括什么是美,都有一个基本判断。这些基本判断是在生活中长期地、无意识形成的,很多已成了生活中不言自明的东西。①

如果将 Dahl 的文化层次说画出图来,应该是这样的:

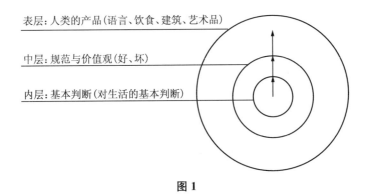

表层:人类的产品(语言、饮食、建筑、艺术品)

中层:规范与价值观(好、坏)

内层:基本判断(对生活的基本判断)

图 1

由图 1 可见,文化的三个层次的关系是由里向外,由内层向最外层辐射的。对生活的基本判断导致了规范与价值观的形成,包括审美观的形成,进而导致了人类各种产品(包括人类的行为方式等)的出现。反过来说,人们生产制作了什么就反映他们有怎样的价值观,而他们价值观的形成来源于他们对生活的基本判断。

人类的生存环境(自然的与社会的)对语言的形成具有重要影响。全球各地的生存环境各有不同,在不同生存环境中的人们形成了适应自己条件的社会集体,在这个过程中也形成了适合自己条件的语言体系。正是这些特定生存环境下形成的社会集体,包括其特定的语言体系,构成了特定的文化体系。所以说,语言是一种特殊的人类产品,它

---

① Dahl, Stephan, *Communications and Culture Transformation*: *Cultural Diversity*, *Globalization and Cultural Convergence*, Projet presented to the European University, Internet, 1998.

是人类基于自身特有的构造语言的能力，在自然与社会的综合作用下发展出来的思维工具和交际工具。一般而言，语言表达的是思考的内容。既然思考，当然离不开一定的意识形态。也就是说，思考什么和怎样思考都与一定的价值观、生活观相联系。这里应该看到，虽然说是特定文化内的价值观和审美观孕育了该文化的语言体系，即这个语言在一定程度上反映了这个民族的思想风格、思维习惯以及审美情趣，但重要的是，语言本身并不是某个特定文化对价值的判断、对生活的认识。它既传达人们对价值观、对生活基本判断的认识（文化中层、深层内容的交流），也完成在产品生产过程中操作意义上的交流（即文化表层内容的交流）。它只是一种工具（虽然是特殊的工具），因此语言是属于文化表层的东西。

3. 不同层面文化的交流——翻译的层次性

语言可以承载自己所属文化的绝大部分内容，不同文化间的交流主要是通过语言进行的。那么不同语言之间是怎么交流的呢？请看下图。

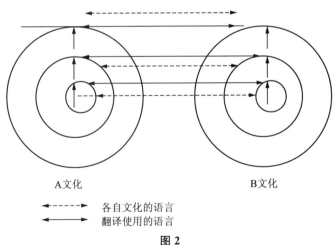

图 2

图 2 显示，各有不同内涵的两个文化圈要进行交流，必须借助语言。不同文化圈内产生的语言分别可以表达本文化不同层次的各种内容，并且在多数情况下可在另一文化中的相应层次找到相应的话题，从而获得进行交际的前提。但作为各个不同文化内一部分的各种语言本身，却无法直接与另一文化进行交际，它必须借助翻译活动才能完成跨文化的交际。离开翻译，一切就只能是虚的了。

既然文化是有层次的，反映文化内容的语言，以及帮助语言实现跨文化交际的翻译当然也有层次之分。不同层次的翻译有不同的着重点。我们可以把翻译的层次简单分为横向移植（transfer/rendering）和具有深层文化蕴含的翻译（translation/interpretation）。

所谓横向移植，指仅在符号层面进行转换的翻译（如何选字、组织句子等），它属于文化表层的交流。这种翻译只是把承载一定纯物质内容的一种语言形式转换为另一种语言形式，很少或几乎不涉及人文、心理、深层无意识价值观等因素。因此，当原文本身不表达中层或深层文化内涵时，两种语言之间的转换仅是表层的移植而已。生产活动中的许多交流，如商务函电、生产说明书、科技资料等的翻译，还有近几年引进的许多域外产品的"本地化"，如 WIN98 的中文版等，都属于这样一种移植。因此这个层次翻译的着重点主要是文化表层内容的转换，多数时候仅表现为语言形式的转换。当然，在一个文化圈内，由一个文化的思想行为规范熏陶而产生出来的产品，不可能一点都没有这个文化所特有的价值观、审美观等因素的痕迹，只不过相对于其他层次而言，痕迹要淡得多，后面谈到翻译批评时对此将做较详细讨论。

所谓具有深层文化蕴含的翻译，可以这样理解：一个文化中长期形成的价值观和对生活的基本判断，随时随地都会表现出来。不管什么文体,都有可能通过语言流露出其所属文化的一些中层或深层的价值判断。这种情况在文学作品中最为典型。许多作品中含有大量反映源语文化的价值观和生活观的内容,而这个文化在长期的历史发展过程中早就赋予了一些文字丰富的含义,因而在一定的语言环境中,相当多的字词和典故,带有很清楚的连带含义,其意义在母语文化中已经是不言自明的了。如汉语中的"东施效颦",人们都熟悉这个典故后,在形容某些不顾客观条件,盲目效法别人的现象时就简单表述为"有'效颦'之嫌"。另如"夕阳红""阿Q精神"等短语,中国人一见到,大脑中立刻就会产生清晰的连带含义。如何在翻译过程中既传达意义,又表现出原文的文化渊源与文化色彩,特别是将源语中那些暗含的文化价值观念等表现出来,使译文读者也能领会,这确实是翻译者的一个重要任务。很多时候,一种语言里不言自明的东西到了另一种语言里会变得非常复杂难懂,译文的成功与否就取决于译者的跨文化交际意识和跨文化交际能力了。

在一定文化圈内产生的制成品、价值观念,以及对生活的基本判断,不论处于什么层次,都是属于该文化的内容,与不同文化交流时都会显现出本文化的色彩特征,只是深浅轻重不同而已。因此,尽管有不同层次的翻译,但所有翻译的基本功能是一致的,那就是实现不同文化之间的跨文化交际。

二、翻译批评的根本性任务是检视跨文化交际的效果

1. 翻译批评之于翻译

前文曾讨论了翻译的基本功能,有了对翻译基本功能的认识,对于什么样的译文是好的译文也就有了衡量的标准,即,看其是否成功地实现了跨文化的交际。翻译批评是以翻译实践为自己存在的依凭的,因此翻译实践最关心的事情自然也应该是翻译批评最关心的事情。只有当翻译批评积极地参与对翻译活动的评价和批评而使翻译最终成功地完成自己的使命时,才可以说我们的翻译批评是有成效的。反之,虽然翻译批评的文章层出不穷,但就是不讨论翻译作品在跨文化交际中的成败得失,那将无助于翻译实践去更有效地完成跨文化交际任务,也有负于翻译批评的基本使命。

一个成功的翻译作品为什么成功?不同译文之间为什么会产生冲突?如果一篇译文很糟糕,那么糟糕在什么地方,怎样防止类似现象发生?这是翻译批评经常要面对的话题。应该看到,成功的译文一定是成功地实现了跨文化交际的,否则再漂亮的翻译也不能算是成功的。不同译法之间的冲突也多在于对能否实现真正意义上的跨文化交际意见不一,而糟糕的译文,一定表现为跨文化交际上的失败。可见,不管从哪个角度对译文进行批评和议论,最终都是将立脚点落在译文的跨文化交际效果上。所以我们说,翻译批评的根本性任务就是检视翻译实践的跨文化交际效果。

2. 不同层次上的翻译批评

如前所述,文化是有层次的,反映文化内容的翻译是在文化的不同层次上展开的,因此翻译批评也应该在不同层次上检视翻译活动。也就是说,翻译批评也应该在横向移植式的翻译和具有文化蕴含的翻译这样两个层次上对翻译活动加以观照。

先讨论横向移植式的翻译。横向移植式翻译所涉及的多为文化表层的内容。由于内容的客观性(如科技文章等),这种翻译主要表现为语言符号的转换。这个层次如果有问题,较多的还是单纯的语言转换问题。这是一个比较普遍的认识,事实也确乎如此。可是正因为如此,这个层次上的跨文化交际问题也往往是最容易被忽视的。须知生产领域也是人类社会文化的一个部分,人们生产什么和怎样生产在一定程度上会反映出该文化所特有的价值观、审美观。因此,不同文化之间在生产领域进行的交际,也是跨文化交际的一部分,不能忽视。

近年有数篇文章提到计算机术语"firewall"和"gopher"的翻译。[①]"firewall"在英语文化中给人生动诙谐的联想感受,"gopher"给原文读者以形象生动的联想。可是几篇文章都建议,应将这两个术语分别译成"网络安全通路"和"通路诱导系统",因为原文那样的表述"不科学","不严肃"。

从能指与所指的对应上来判断,译成"网络安全通路"和"通路诱导系统"当然是正确的,一般的翻译批评似乎对其也无可挑剔。但是从跨文化交际效果这个角度加以检视,就会发现它们其实是有缺陷

---

① 张政,《计算机英语词汇特征》,载《外语与外语教学》,1999 年第 6 期,第 20 页;丁一,《防火墙和地鼠》,载《中国翻译》,1998 年第 5 期;张政,《计算机英语词汇特征》,载《外语与外语教学》,1999 年第 6 期,第 43 页。

的。首先，这两个改译不仅没有了原文形象生动的连带效果，而且由于译文有 6 个音节，和原文的 2 个音节相比，念起来要吃力得多。对于一般的中文读者（了解一些计算机知识，却并非专业人士）来说，这两个术语既生硬又难记，无形中拉大了人们与计算机的距离。两种语言在表达效果上的差距之大显而易见，真不如照搬原文的形象与短小，译成"防火墙"和"地鼠"。虽然开始时中文读者会有些生疏感，但一回生，二回熟，一旦生疏感消失，其表达的生动与简洁的优势就突显出来了。因此从语感上讲，"防火墙"与"地鼠"比之"网络安全通路"与"通路诱导系统"，具有明显的优越性。

问题还不仅在于此。当我们将"firewall"译成"网络安全通路"，将"gopher"译成"通路诱导系统"时，我们的译文读者会以为英文的原文作者就是这么说话的，因而会无形中以为全世界的人（中国人和西方人）都是这样一板一眼、学究气十足地跟计算机打交道的，完全不知道另一个文化的科学家们在给最新科技成果命名时还有这样的幽默感。如果说中文读者第一次见到它会不知所云，那只是因为原文读者第一眼见到它也不知所云的缘故。一如我们现在已经非常熟悉的"Menu"（菜单）、"Windows"（窗口）、"Modem"（猫），还有我们即将熟悉的"Net Ants"（网络蚂蚁）、"Net Vampire"（网络吸血鬼）等一套计算机术语，这同一风格的命名已经成了英语文化中一个独特的语言现象。如果不引进西方文化的这一特色，中文读者就失去了一个很有意义的与另一个文化交际的机会。翻译批评应该在此刻适时地介入，从跨文化交际的角度对上述译法加以议论和批评，否则会造成跨文化交际的一个缺憾。

再看具有深刻文化蕴含的翻译。由于文学作品较为集中地反映一个文化中特有的思想情感、审美观、价值观以及对生活的基本态度等,因此有必要先考察一下文学作品译介方面的翻译批评。

毛泽东诗词《为女民兵题照》中"中华儿女多奇志,不爱红装爱武装"一句,曾出现过这样四种译法:

（1）Strong-minded with lofty aspirations are all China's daughters.

They preferably cherish military uniforms rather than red array.①

（2）You China's daughters, have unusual aims in view,

You've scorn for flashy dress, but love your war array.②

（3）Most Chinese daughters have a desire strong,

To be battle-dressed and not rosy gowned.③

（4）To face the powder and not to powder the face.④

四种译法,至少从字面上看,意思与原文对应,句式工整优美,英语读者看得懂,能欣赏,从语言角度讲没有问题。但是从文化的审美观、价值观来看,却颇有讲究。四种译法中的主要着眼点在于对"红装"的理解与翻译上。按一般中文读者理解,"红装"当然指女儿装,它与军装对应,表现中华民族的女儿们敢于走出家门,拿起武器,和男人一样,拿起枪杆能打仗,扛起锄头能种田的豪迈气派。因此把"红装"

---

① 许渊冲,《谈"翻译-文化竞赛论"》,载《外语与翻译》,1998 年第 2 期,第 11—14 页。

② 同上。

③ 同上。

④ 同上。

按字面意思译成"red array"，或稍加夸张，译成"flashy dress"，是对应得很好的译文了。

但是许渊冲教授评论说，"这句诗中的'红装'二字，因为历史上用得很多，就不止是'红色服装'的意思，而取得了文化内容"，(1)"把'红装'译成 red array，只译了词，而没译文化内容"，(2)"译成 flashy dress，有华而不实的意思，歪曲了原作的文化内容"。①

另外，许渊冲说，有人认为"'武装'指'军装'、'军服'；而在我看来，武装还有上战场的文化内容"，"再说，喜欢军装而不喜欢红色的衣服或瞧不起华而不实的服装，这能算什么奇志呢？可见，'红装'指的是装饰打扮，'武装'指的是上战场"。(3)和(4)就是许渊冲按照这个逻辑提出的译文。

实际上，这里讨论的正是怎样才能将某个词语在原文化中连带的价值观以及其他一些历史文化方面的隐含意义在译语中体现出来，最终实现跨文化的交际。这就涉及两个文化交流中深层次的一些内容了。如果没有这样一番批评，或者翻译批评只说"red array"译得粗心了，"flashy dress"译得华而不实，然后给出(3)、(4)两个改译，那么翻译批评的存在还有什么意义呢？

哲学社会科学的文献中也常会出现反映某一文化中独特的价值观和生活观的表述。

辜正坤在《外来术语翻译与中国学术问题》一文中提到，一本颇为严肃的著作，开篇就提出一个惊世骇俗的论点："中国人自古不讲人

---

① 许渊冲，《谈"翻译-文化竞赛论"》，载《外语与翻译》，1998 年第 2 期，第 11—14 页。

格。"①按照普通中国人的理解，"人格"即"人的品格"也，说中国人不讲道德品格不是离事实太远了吗？原文作者解释说，他的"人格"二字来于英语的"personality"。而据《简明不列颠百科全书》解释，"personality"意为"每个人所特有的心理-生理性状（或特征）的有机结合，包括遗传和后天获得的成分。人格使一个人区别于他人，并且通过他与社会群体的关系表现出来"。显然，这里的"人格"根本不是汉语文化中人们所意识到的人格。也就是说，"personality"与"人格"并无一致之处，将"personality"翻译成"人格"会造成（某种程度上已经造成）极大的文化误解，给人们带来困惑，也给社会科学的研究带来困难。同时我们也看到，西方文化中的"personality"在汉语中难于找到对应词，这正好反映了不同文化中的价值判断不完全对应这一现象。

辜先生所说的造成极大的文化误解，给人们带来困惑，一言以蔽之，就是跨文化交际上的失败。尽管文字很好，转换完成了，跨文化交际的效果却是负面的。要不是翻译批评从这个角度看问题，是很难把问题说清楚的。有了这样的翻译批评，其他译者就会在社科翻译方面仔细考虑如何处理涉及不同文化价值观念的交流的问题了。

翻译批评在检视翻译活动的跨文化交际效果的时候，应该着重对具体作品进行分析、讨论和批评，从中找出带有规律性的、具有普遍意义的东西来。通过对译文的分析，将译者翻译时在大脑中起指导作用的潜在的翻译理论加以明晰化，这种经过理性分析得出的思想，可以供大家进行客观的讨论，并抽象出一些具有普遍意义的规律来。合理的、正确的翻译思想或原则就可以指导一般译者去学习优秀的翻译方

---

① 辜正坤，《外来术语翻译与中国学术问题》，载《中国翻译》，1998 年第 6 期，第 16—24 页。

法;有问题、不够科学的翻译原则一经明晰化,就可以使其他译者避免再犯类似的错误。至于批评中是否要针对原译文给出"正确译文",我认为,有个参考译文当然比没有好些,但是必须指出,给出一个漂亮译文已不是批评家的主要任务。一方面,从外部孤零零地给一个参考译文不见得与原译者一气呵成的译文(尽管有错误)刚好严丝合缝,水乳相融,因而并不解决实际问题;另一方面,就批评所产生的意义而言,针对某一个具体现象给一个译文远不能与提出一个具有普遍意义的翻译规律或理论相提并论。因此说它不是翻译批评的主要任务。

结　语

翻译作品的大量产生亟须依靠翻译批评来对作品的质量进行议论与批评。翻译批评的对象可以很广,从原著的选择,到译者的译风、译笔、翻译技巧的运用,等等,但如果我们能认识到翻译的本质任务其实是实现跨文化交际的话,我们就应将翻译批评的最根本性任务定为检视翻译实践的跨文化交际效果。从这个立脚点出发,翻译批评可以在跨文化交际的不同层次有所作为:在表层,着重考察语言形式转换中的跨文化交际效果;在较深层次的翻译中,考察文化内涵的传递效果。同时,由译文的跨文化交际效果追溯到翻译过程中体现的翻译思想和翻译方法,总结出带有规律性的东西来,从而推动整个翻译事业的发展。

(原载《中国翻译》2000 年第 4 期)

翻译批评标准的传统思路和现代视野

杨晓荣

引　言

　　我国传统译论的内容十分丰富,但在翻译标准问题的讨论中却存在一种单向度、简单化的思维定势,翻译批评标准也以此为基础。此外,传统译学中的翻译标准大都以文学翻译为默认对象。近年来,这一状况已开始发生变化,其主要动因包括:① 翻译活动的多样化已远远超出了文学翻译的领域;② 活跃而迅速的文化交流对读者接受从观念上到语言上都产生了多方面的影响;③ 国外当代翻译理论自 20 世纪 70 年代以来有了长足的发展并逐渐为我国翻译界所了解。在这种形势下,越来越多的人认识到,由于对翻译活动发生影响的各种因素非常复杂,传统的单向度静态翻译标准在解释力方面存在不少问题,而当代译学新理论在翻译批评标准问题上可以给我们很多积极的启示。

一、对传统译学如何看

在研读我国传统译论文献的时候,笔者常常感到,对于我国传统译学,如果认识不够全面,不够准确,就会影响到我们对其存在问题的把握。其实,现代译学里的很多焦点问题,如读者接受,如语境的作用,如不同译本的不同功能,如社会文化因素,如译者的重要作用,我国翻译界的许多人早就谈过了,只不过因为多是就事论事,没有比较系统的思路,没有共同的结论,所以看起来仍是一片散论。后人设法挖掘和整理时,或因无法兼及,或因见仁见智,有时就不免把前人的丰富思考变得简单化了。前人的讨论相对常青,许多内容在今天看来也不失新鲜,有的甚至相当"超前"①,我们的理论继承却有变成灰色的危险。

另一方面,我国传统译论不仅在一些核心思想上,而且在学术方法上都是与古代文论一脉相承的,这类方法自有其独特之处,如直观感悟方式对事物本质的直接把握,但也留下不少"后遗症"。如不重立论,因此形不成系统的论题和结论,许多论题、论点"重复开发";又如宏观上大而化之,微观上不求其"解"(包括理解和解释),一切诉诸悟性,表达方式含蓄,模糊,非术语化,由此造成多种理解,形成许多无谓

---

① 如林语堂对"寻常作文之心理程序"的分析,见罗新璋,《翻译论集》,北京,商务印书馆,1984年,第427—428页。

争论。此外,翻译批评方法过于感性化,过于零散,缺乏理论支持,使得批评的质量和说服力系于批评者的语言修养这一发之上,一失皆失,且极易流于见仁见智,难以形成对翻译实践的有效指导和监督,也无法对翻译史上的许多现象做出透彻而准确的解释。由于这种种原因,我们传统译论的文献不少,但结果不多,亦不甚明确,苏格拉底和孔子式的"述而不作",留下的要么是"半部《论语》治天下"的满足,要么是经学式的无尽注释,讨论归讨论,问题还是问题。当更为实际、解释力也更强的各种现代译学理论进入我国的时候,传统译论在方法和理论上的这些弱点就显得尤为突出了。

二、传统译学中的翻译标准

对于我国传统译学中的翻译标准,罗新璋先生归纳为"案本—求信—神似—化境"①这条线索,刘靖之先生的归纳是"重神似不重形似"②,最后目标也是达到"化境"。钱钟书先生对"化境"的解释是"既能不因语文习惯的差异而露出生硬牵强的痕迹,又能完全保存原有的风味"③。这里包含的意思并不只是对原文的忠实,克服语言障碍、适应译语习惯,就是另一个方向的考虑。而且,"原有的风味"里如果还包括了原有的语言风味,问题就更复杂。"信达雅"也是如此,内在的

---

① 罗新璋,《翻译论集》,北京,商务印书馆,1984 年,第 19 页。
② 刘靖之,《翻译论集》,香港,三联书店,1981 年,第 14 页。
③ 罗新璋,《翻译论集》,北京,商务印书馆,1984 年,第 696 页。

考虑角度是很多的。正因为要兼顾的方面多，所以翻译才难。对于这诸多因素之间的关系，论者却又往往是语焉不详。因此，除了以忠实于原文为一个总的倾向以外，更重要的也更不容易说清楚的还是如何认识和协调各种关系。

在我们对 30 年代那场大讨论的了解中，鲁迅和瞿秋白之间的争论吸引了大量的注意力，也在翻译界造成了一些错觉，加深了信/顺、直译/意译这些二元对立的印象。如鲁迅著名的"宁信而不顺"历来被认为是对立中的一个极端。然而除了特定的针对性以外，按照鲁迅自己的说法，"宁信而不顺"也只是译给"很受了教育"的那种读者的，除了这些人，还有仅"略能识字的"，鲁迅认为对他们"还不能用翻译，至少是改作，最好还是创作"，这又是哪一个极端呢？① 鲁迅的说话方式是很有些语不惊人死不休的，有时甚至还有点抬杠，研究者注意的自然应是其完整的内容。

又如，我国传统译论在讨论翻译标准时的确经常以文学翻译为默认对象，但即便是对"信达雅"这样雄踞王者地位的标准，也存在针对不同文本的不同诠释。如陈康 1942 年为柏拉图《巴曼尼得斯篇》所做译序中对哲学著作翻译中"信达雅"的阐释，认为"信"是翻译的天经地义，"达""只相对于一部分人，即这篇翻译的理想读者"，而"'雅'可目为哲学著作翻译中的脂粉"，② 又如陈西滢 1929 年说："非文学的翻译，只要能信能达，便尽了译书者的能事。"③ 这里的文体意识是显而易见的，陈康所论中对读者的选择也体现了对译文功能的重视。

毋庸置疑，我国多年以来形成了一些翻译标准上的基本倾向或主

---

① 罗新璋，《翻译论集》，北京，商务印书馆，1984 年，第 275 页。
② 同上，第 443 页。
③ 同上，第 401 页。

流观念，如"忠实"的牢固地位，如对文学翻译批评的格外重视。这些观念成为主流是我国翻译界多年实践和研究的结果，对指导翻译实践和规范翻译市场起到了积极的作用，体现了翻译标准及其研究的规定性的一面。但是，基本倾向或主流不应也不能淹没其他方面的存在，翻译毕竟是十分复杂的一种人类活动，翻译标准研究还应有描写性的一面，既体现多样性，也为翻译标准的发展留出余地。细看以往的翻译批评，真正内行且严肃的批评者在对具体译作的分析多是比较全面的，考虑到了译者做出选择的种种原因，并没有画地为牢，削足适履。如钱钟书评林纾翻译的文章，合情合理，善意周全，罗、刘二位的《翻译论集》都收入了。

然而或许是由于理论研究的无力，尽管传统译论具有如此丰富的内容，在翻译标准问题上，还是出现了某种思维定势，主要表现是批评标准的简单化。比如，似乎以原文为取向的"忠实"是硬指标，无可怀疑，相比之下，以译入语为取向的指标就软得多，对译文语言和接受者的研究主观色彩都比较浓。又如在标准问题上，有意无意地总是以寻找一个最高的、唯一正确的标准为终极追求。再有就是以套模式的方法来评价翻译技巧的使用。这种简单化的表现至今仍然存在，笔者见到的一本近年刚出版的翻译技巧类教材里，就还是有不少这方面的例子，尽管书中提到的理论并不少。一是在上下文不明的情况下，一个句子仍是只有一种译法，不考虑其他可能性，许多例句因此而缺乏说服力，况且有的译文并不像编著者认为的那样"精彩"；二是在一些问题上理解偏狭，如谈翻译语言的再创造，以一篇英译汉短文中的小标题为例，说用了四字结构的译法才显示了魅力和风采，如果用较直白的译法，"标题应有的美感和精当便荡然无存"。然而细看文章，原文只是一般的说明性散文，语言平实，并不夸张，从小标题下的内容来看,有些译为四字结构的小标题也显得分量过重。如"Air the details"和"Give a nod to fate"这两个小标题,依编著者的意见,要分别译为"一五一十道个明白"和"力所不及惟有认命",而不是更能体现原文简洁的语言特色、更贴近文章内容的"说明详情"和"承认命运"。至于这样做的原因,书中并没有说明为了什么特别的目的,只不过是要"令原文逊色"而已,然而翻译教师都知道,"令原文逊色"恐怕也是有一定适用范围的。可见,在翻译标准问题上思维方式的简单化、绝对化还是有市场的,这里有本文第一节所说"一失皆失"的问题,而观念陈旧、对翻译理论浅尝辄止也是一个重要原因。理论思考缺乏,就只能生搬硬套技巧了。怪的是,许多早已作古的翻译界前辈,他们的观念却并不像有些今人这般陈旧。如果在严复之后便不敢再越雷池一步,那么连"神似""化境"都不可能出现了,严复本人也不见得喜欢这种局面。

三、新思路,新视角

1. 多元和动态的观念

新时期以来,辜正坤于 1989 年提出的"多元互补论"体现了一种多维度的、动态的新思路:翻译可以依据不同情况设置不同的多个标准,这些标准可以根据不同情况、在不同时期发生各种变化,作为一个总的原则,翻译标准应是距离原文的"最佳近似度"。但是,在这一理论中,原文作为最高尺度这一观念并未受到质疑,相反,原文被认为是翻译的"绝对标准"。按照这种取向对翻译史上的一些著名事件做出评判,如林译小说,如严译《天演论》,如殷夫译裴多菲诗《格言》①,所得出的评价只能是负面的而不会是正面的,因为就算它们达到了文学作品和社科作品不同的具体标准,但毕竟离那个"绝对标准"——原文——都比较远。所以,连论者自己也强调:"我们一定要记住,最佳近似度也是一个抽象的概念,很难把握,没有什么实用意义。"整个一套标准体系的基础于是成了泥足,有用的只是"在这个特定历史时期强调具体标准的重要性"②,即多元、多维度。笔者曾指出,由于缺乏维系这些具体标准的线索,辜氏此论确有如他自己所担心的使翻译标准虚无化或标准泛滥的危险,但从打破一个标准一统天下这个意义上说,这一"论"还是很有价值的。③

---

① 据鲁迅《为了忘却的记念》(1933)一文所记,此诗系殷夫(本名徐白,笔名白莽)译自德文,译文为:"生命诚宝贵,爱情价更高;若为自由故,二者皆可抛!"德文原诗未见到,网上查得由 John Bowring 不知自何种语言译为英文的译诗如下:

Motto

by Sandor Petofi

All other things above

Are liberty and love;

Life would I gladly tender

For love;yet joyfully

Would love itself surrender

For liberty.

因欧洲语言之间的差异比任一语言与汉语之间的差异要小得多,此译或离原意不远。试仿殷夫笔调将英译原意译出如下:"爱情诚宝贵,自由价亦高;为爱能赴死,为伊爱可抛!"

② 杨自俭、刘学云,《翻译新论》,武汉,湖北教育出版社,1994 年,第 473 页。着重号为原作者所加。

③ 杨晓荣,《二元对立与第三种状态——关于翻译标准问题的哲学思考》,载《外国语》,1999 年第 3 期,第 57—62 页。

2. 对接受者的明确重视

80 年代引进我国的几种较有影响的国外翻译理论中，Nida 的理论对翻译标准研究具有特殊的意义，这种意义不仅在于他所提出的"功能对等"这一翻译标准，更在于这一标准所开启的新的思维方式和新的视角：(1) 翻译标准的动态观念(早期表述为"动态对等")；(2) 对接受者明确无疑的重视。[①]

我国传统译论中对接受者其实也是很重视的，从支谦的"其传经者，当令易晓，勿失厥义，是则为善"，到钱钟书的"译文达而不信者有之矣，未有不达而能信者也"，甚至于到曾虚白的"其实'达'不'达'完全靠读者内心的弦线而定，不应该叫作者去负责的"，[②]虽然意见并不统一，但对接受者谁也不敢忽视。尽管如此，传统译学在理论上却从来没有给接受者一个明确的地位，可说是始终处于一种"引而不发"的状态，这就使得已成为主流的一些翻译标准在解释力上出现了空缺。我们可以用一个简单的例子来验证一下：傅东华 1940 年译《飘》中的人名"白瑞德"(Rhett Butler)、"郝思嘉"(Scarlett O'Hara)显然不是"形似"，那么是"神似"？ 但"似"的却不是美国人名，而是中国人名。从看不出语言差异痕迹这一点来说，这种译名或可称为入了"化境"，也就是达到了高标准(?)，那么为什么 90 年代的两个新译本[③]都不约而同地放弃了这种译法，舍"高"就"低"呢？ 原因其实很简单，社会发

---

① 详见：Nida, Eugene A., *Toward a Science of Translating*. Leiden：E. J. Brill，1964；Nida, Eugene A., *Language*, *Culture and Translating*. Shanghai：Shanghai Foreign Language Education Press，1993.

② 罗新璋，《翻译论集》，北京，商务印书馆，1984 年，第 22、23、414 页。

③ 上海译文出版社 1990 年 5 月，外国文学出版社 1990 年 8 月。

展了，读者的欣赏趣味不同了，翻译标准也要随之变化。传统译论文献中对读者需求、社会历史因素等虽然也有提及，但那声音还是微弱而分散的，不足以登堂入室，与"神似"等并肩作为一个重要指标对以上现象做出解释。

与我国传统译论对接受者这种含含糊糊的重视相比，Nida 的理论由于以信息论、符号学为理论基础，又有接受美学、文学阐释学这种更为广阔的学术背景与之呼应，因此具备了强有力的理论支持。但 Nida 的"功能"指的是原作在原语文化中的功能，由于文化差异的存在，这一功能何以能在译语文化中充分保留，使接受者因得到同样的感受而满意，却形成了一个难解的"扣"，Nida 因此而饱受诟病。事实上，Nida 理论体现了翻译标准从发出者移向接受者的一个过程，这一标准的实际位置是在二者之间，这一点与我国传统译论其实是相去不远的，陷于如此两难境地不难理解。比 Nida 稍晚一些发展起来的国外几个新的学派，如下文提到的翻译文化批评学派和翻译功能主义学派的目的论，将这一标准毫不含糊地移向接受者一方，甚至直接以翻译目的即译文在译语中的功能为出发点，[①]用各种有效手段使原文在译语文化中具有意义，获得生命，这就至少在理论上把这个"扣"解开了。事实上，Nida 的思想中已经含有目的论的影子[②]，这既是实事求是的结果，也是逻辑的结果。

相比之下，香港地区的翻译研究由于受不同的文化气氛和社会环

---

① Nord，Christiane，*Text Analysis in Translation*. Amsterdam-Atlanta，GA：Rodopi B. V.，1991，p.4；陈小慰，《语言·功能·翻译——汉英翻译理论与实践》，福州，福建教育出版社，1998 年，第 9 页。

② Nord，Christiane，*Translating as a Purposeful Activity*：*Functionalist Approaches Explained*. Shanghai：Shanghai Foreign Language Education Press，2001，p.5.

境的影响,对翻译标准的多元化和接受者的重要性认识更为实际而坦率:"自从翻译理论在二十世纪中期引进现代语言科学研究成果之后,译评工作者纷纷明白到'忠实'这个概念的复杂性,改为采用多元的标准来理解翻译的成果。大家不但质问'译文是否"忠信",还进一步问:"忠"于什么?'、'在哪个层面求"信"?'、'为什么如此要求?'。……翻译评论的标准则可能是(1)译文本身作为艺术品的价值,例如译出来的诗有没有'诗味'、译出来的戏剧作为脚本在舞台上演出行不行,也可能是(2)译文使用者的期望是否得以满足。"①这与功能主义目的论的观点是基本一致的。

3. 对译者作用及译语文化因素作用的重视

同样在 80 年代介绍进来的翻译理论中,G. Steiner 以阐释学为基础提出的"理解也是翻译"这一观点,通过对理解的历史性所做的大量论证,说明了译者阐释对翻译过程所具有的重要意义,译者的作用因此而开始获得理论说明。② 相比之下,我国传统译论对翻译过程中的"理解"虽然同样是非常重视的,各种文献、教材中与此有关的内容非常多,但一个共同的问题就是只限于就事论事,说不清内在的道理,而且在对译者作用的认识上,囿于对译者地位的成见,或许还出于习惯性的对"人"的漠视,又一次表现出理论上的疲软,止于随感、杂谈而不前,译者的主观能动性因无所依附而底气不足。

近些年来,70 年代起在国外逐渐发展起来的一些当代新译论逐渐

---

① 周兆祥,《译评:理论与实践》,载黎翠珍,《翻译评赏》,香港,商务印书馆,1996年,第 8、10 页。

② Steiner, George, *After Babel：Aspects of Language and Translation.* Oxford：Oxford University Press, 1975, chapter 1.

进入我国,其中以"多元体系论"为代表的翻译文化批评学派和以目的论为代表的功能主义翻译学派,在为翻译批评标准提供新的思路和新的视角方面具有重要的启示性意义。

以 I. Even-Zohar、G. Toury、A. Lefevere、T. Hermans、S. Bassnett 等人为代表的翻译文化批评学派认为:文学所涉及的是一个社会内部相互联系的文学及超文学整体结构(即"多元体系"),其内部各因素之间彼此作用,因此翻译始终处于社会文化诸因素的制约之中,翻译于是成为一种操控(manipulation)或重写(rewriting)。[1] 这种观点特别重视社会因素对翻译的制约,并提出了相应的翻译规范或标准(norm)。[2] 这一派理论自身也存在一些适用范围方面的问题,如某种泛文化倾向,又如与翻译中具体问题的解决策略联系不直接,较为宏观,等等,但是,它为翻译批评提供了一个很有效而且符合实际的角度,这一点是值得肯定的。

K. Reiss、H. J. Vermeer 和 C. Nord 的翻译功能主义目的论认为:翻译是一种目的性很强的活动,翻译标准实际上是受翻译目的所控制的。与传统翻译标准重视原语文本功能不同,这一派重视的是译语文本在译语环境中的功能,并且提出了基于目的论的翻译原则。[3] 尤其值得一提的是,Reiss 早在 1971 年用德文写成的《翻译批评的可能性

---

① Lefevere, André, *Translation, Rewriting, and the Manipulation of Literary Fame*. London and New York: Routledge, 1992, p. vii; Shuttleworth, Mark & Cowie, Moira, *Dictionary of Translation Studies*. Manchester: St. Jerome Publishing, 1997, p. 101;谢天振,《译介学》,上海,上海外语教出版社,1999 年,第 98—100 页。

② 详见:廖七一,《当代西方翻译理论探索》,南京,译林出版社,2000 年;廖七一,《当代英国翻译理论》,武汉,湖北教育出版社,2001 年。

③ 廖七一,《当代西方翻译理论探索》,南京,译林出版社,2000 年,第 296—300 页。

和局限性》①一书中就指出，采用建立在等值论基础上的批评方法，有很多现象不能解释，因此他提出建立在功能主义基础上、以目标为导向的、更为客观的批评方法（objective approach to translation criticism）②。这至少说明，目的论的起源本来就是与翻译批评有着密切关系的。

合乎逻辑，这两个学派都非常重视译者的作用。译者不再被视为应该居于"隐身"的状态，而是可以理直气壮地根据译作在译语文化中将要发挥的预期功能来制定翻译策略。译者的主观能动性于是找到了根据。它们的理论观点典型地体现了"二十年来新翻译理论"的特征：① 译者的能动介入；② 重心从"意义"转移到产生意义的"场所"，翻译成为一种"文化消化"。③ 翻译标准因此而摆脱"唯一"和"最高"，成为一种多向度的动态系统，翻译批评也因此而摆脱桎梏，得以在社会文化诸因素的相互作用中对翻译文本做出准确而合理的解释与评价。

以上这些新的视角和新的思路对翻译批评具有重要的理论意义：在对译作做出评价时，与原文的接近程度不再是唯一的或最高的衡量标准，译者为适应译入语社会的需要甚至为服务于特定目的而做出的种种调整具有了合法地位，对接受者的重视也包含其中；批评者可以更充分地理解、更准确地解释译作与原作之间的各种差异，并揭示其背后社会文化历史因素所起的作用。这样一来，一些曾被认为不能

---

① 这本书的英文版已由 St. Jerome Publishing Company 于 2000 年出版，《上海科技翻译》2001 年第 2 期有张春柏教授的介绍。

② Nord, Christiane, *Translating as a Purposeful Activity：Functionalist Approaches Explained*. Shanghai：Shanghai Foreign Language Education Press，2001，p.9.

③ 徐贲，《第三文化》，载《读书》，1998 年第 5 期，第 92—97 页。

入翻译"清流"的译作,其"乖戾"之处终于可以得到合理的解释,这些作品于是不仅可以享有感性的赞赏,而且可以得到理论上的理解。翻译批评于是变得多元而宽容。

如,由于诗歌丰厚的内涵、富于美感的形式和读者对其极具主观性的体验方式,诗歌翻译历来最不容易找到什么共同标准的,至多是对译诗与原诗之间的联系(或称相似性)有一些大体的共识,如要像诗,要有美感,等等。传统的翻译批评标准在此有些束手无策:"等值论"只能从"值"的内涵上去发掘;"神似"首先要对"神"这个比较玄的概念做出解释,然后就得说明"似"到什么程度才算合适。然而从现代译学重视接受者和社会文化因素对翻译过程的控制这些观点出发就会看到,诗歌翻译中的很多现象其实都是合情合理的。从欣赏的角度看,接受者完全可以依自己的兴趣、心境各取所需;从评论的角度看,不同译者处于不同目的和不同背景,大可按自己的标准去译,以获得心灵愉悦或满足其他方面的精神需要(如殷夫译诗,见第71页注释①),批评者则可以提出自己对译诗标准的看法,以理解的心态,对译诗中的种种来龙去脉进行清楚的分析,依自己的标准对译诗与原诗之间的异同予以描写和评论。

4. 相关因素的协调:翻译批评标准的中和之道

虽然翻译研究者总是希望能找到一种适用于各种情况的翻译标准,虽然迄今为止的种种翻译标准都表现出一定的倾向性,但正如本文第二节所说,更重要的也更不容易说清楚的还是如何认识和协调各种关系。在现实中也是如此,即使是在纯文学翻译中,译者所做的工作也主要是在各种相关因素之间寻求协调与平衡。因此,翻译标准探讨中经常出现的原作与接受者这两极之间的对立在事实上并非完全如此。译者所追求的其实始终是位于两极或多极之间的一种与各种相关因素都能协调得恰到好处的和谐状态。中国传统哲学思想中的"中和""中庸"应是对这一状态的最佳诠释。辩证的对立统一规律强调的是运动和转化,体现了相关因素之间的复杂关系,但其前提和结果也都是相依相存的统一和协调。因此,翻译标准探讨的中心应是这种协调得以产生的条件,即对翻译标准起不同程度制约作用的各种相关因素以及这些相关因素的作用方式。

国外当代翻译理论对接受者、译者以及社会文化因素的重视,体现了在传统译论千百年来对原作及原作者给予了充分重视的基础上,当代人对其他方向上的相关因素的深入研究。除此以外,当代译论同样注意到了翻译的综合性和多种相关因素之间的复杂关系。M. Snell-Hornby 在对自己建立翻译研究的跨学科、综合性途径(an integrated approach)做出说明时谈到,这种途径势必带来思维方式上的变革,首要的就是:传统的二元对立思维模式和过于机械、僵硬的类比思维模式(如对等模式)要让位于体现整体性的、渐变式、格式塔式随具体情况而定的思维方式。① 我国学者在这方面的研究包括:田菱于1992 年提出要建立翻译学的辩证逻辑学派②,郑海凌提出以"和谐"作为文学翻译的标准③,孙致礼提出要处理好翻译中若干对矛盾之间的辩证关系④,方梦之提出要以唯物辩证法作为译学方法论的基础⑤,以

---

① Snell-Hornby, Mary, *Translation Studies: An Integrated Approach*. Amsterdam: John Benjamins, 1988, pp.1 - 2.
② 杨自俭、刘学云,《翻译新论》,武汉,湖北教育出版社,1994 年,第 375—386 页。
③ 郑海凌,《翻译标准新说:和谐论》,载《中国翻译》,1999 年第 4 期,第 2—4 页。
④ 孙致礼,《翻译:理论与实践探索》,南京,译林出版社,1999 年。
⑤ 方梦之,《翻译新论与实践》,青岛,青岛出版社,1999 年。

及笔者对此所做的一些研究①。

由于翻译活动的复杂性,单一学科途径虽然在某些方面能使研究更为深入,但在翻译标准探讨上确实有它的局限性,我们希望能够从哲学的角度对翻译标准问题进行深入而系统的研究,形成一种重视相关制约因素、重视协调与平衡的翻译标准思想。这种思想或许能够更为准确地反映翻译实践中的实际情况,并因此而使翻译标准更具有可操作性。在此基础上的翻译批评标准,其基本特点应是:多维度、综合性、描写与规范相结合。

四、结语

在近 20 年翻译界不断探索的启迪之下,翻译批评标准的新视角、新思路事实上已是不少研究者的共识。这些新的思想,无论是国外的还是国内的,与传统都有着千丝万缕的联系,但无不是对传统积极继承、努力开拓的结果。我国目前对国外当代译学新理论已有不少介绍,但了解尚不充分,如何将其运用于促进我国自己的翻译理论建设仍是一个有待开拓的领域。本文即以翻译批评标准研究为切入点,试图将这些新的观念融进对我国传统译论的深入理解之中,以充实我们

---

① 杨晓荣,《二元对立与第三种状态——关于翻译标准问题的哲学思考》,载《外国语》,1999 年;杨晓荣,《翻译标准的依据:条件》,载《外国语》,2001 年第 4 期,第 70—76 页。

对当代翻译批评标准的认识。当代译学新理论为翻译批评带来的是一种更为宽容、更符合实际的理论氛围，相信这方面的研究不仅对我国的翻译理论建设，而且对翻译批评、翻译实践以及翻译教学都是有意义的。

（原载《中国翻译》2001 年第 6 期）

关于翻译批评的主体

杨晓荣

一、翻译批评的视角

翻译批评怎样进行与批评主体处于一个怎样的位置有关，不同位置体现不同的视角，这种视角直接影响批评者对翻译作品的评价。

下图显示翻译、阅读、批评这一系列活动所涉及的几个要素以及它们之间的相互作用关系：

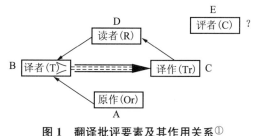

图1　翻译批评要素及其作用关系①

---

① 说明：(1)实线表示直接作用，虚线表示间接作用；(2)方框外字母 A→B→C→D 的自然顺序表现一个典型的翻译、阅读过程，其间作用关系形成一个"场"，里面大致有两条主要的作用链，即 A→B→C 和 D→B→C，后者加上 C→D 这个阅读过程，可以形成一个"环"，所有这些都直接或间接地作用于 C，即对译作的形成产生影响，批评者不是这个过程中的必要部分，他的位置是可变的(见下节)；(3)C＝Critic，R＝Reader，T＝Translator，Or＝Original，Tr＝Translation。

二、批评的主体：谁来批评？

1. 由不同批评主体形成的三种批评类型

在图 1 里面，批评者(C)旁边有一个问号，表示：

（1）在翻译批评中，批评者的位置是游移的，他可以站在不同的位置上，从不同的角度审视批评的对象：他可以站在 D(读者)的位置上，也可以站在 B(译者)的位置上，还可以置身局外或身兼 D、B 二职，即处于 E 的位置上；反过来，翻译产出和接受过程中的两个主要参与者，即译者(T)和读者(R)，甚至隐身于原作(Or)后面的原作者，也都可以以批评者的身份出现进行批评，成为翻译批评的主体。

（2）在作用关系上，批评者的视野中可以包括以上所有这些要素，他的批评也可以在不同程度上以不同方式对除原作以外的所有要素（对译者、读者以及间接地对译作）都发生影响。由此产生以下三种批评类型。

A. 双语专家式——通过译文和原文的严格比较进行评论。即

$$Tr(\rightarrow T)$$

$$C \rightarrow \updownarrow$$

$$Or$$

这种批评在翻译批评中居于主流地位，一般认为所谓严格的、学术性的翻译批评即指此类。大体说来，这类批评所关注的主要是译文相对于原文的情况以及造成这些情况的原因，关注的焦点是二者之间

的关系,如译文与原文之间在内容和形式上的"相似程度",也就是按专业的翻译标准来衡量和评价译文。

B. 读者反应式——不对照原文,只是通过自己在阅读中的理解和感受对译作进行评论。即

$$R \to Tr(\to T)$$

这类批评中反应最直接也最常见的是对译文语言表达的评论。由于不与原文比对,内容方面的负面批评一般只限于明显的逻辑和常识错误。

C. 译者互评式——也属于双语对比评论。即

$$Tr(\to T)$$

$$T' \to \uparrow\downarrow$$

$$Or$$

在翻译批评中,就某一部具体的译作而言,批评者由于以第三者的身份超然于翻译过程之外,对很多现象可以比当局者看得更清楚一些,这是批评客观、公正的一个有利条件,但有时也需要站在译者的位置上,设身处地考察翻译过程中的一些具体情况,即在批评中加进自己对译者的观察和思考,以避免因置身局外或居高临下而可能产生的主观性和片面性,这是第一种情况。

译者互评式的第二种情况,就是自己有译作的译者对其他译者的译作进行评论。如果是同一部作品不同译本的译者之间相互进行评论,则应是最名副其实的"译者互评"。

在以上三类批评中,第一种是最常见的,也是最"正宗"的;第二种,即读者反应式,比较少见,近年来看到一些,多散见于非专业报刊上,常作为读者对翻译质量的批评出现;译者互评式的两种情况里面,前一种作为专家式批评的一种方法也比较常见,后一种情况,即由翻

译家来评别人的译作,和读者反应式一样,也比较少见。之所以如此,主要还是由于翻译界对批评主体的一些认识和观念在起作用。这些认识和观念总体上看并非没有道理,但其中也有一些不甚合理,另外,还有一些道理上讲得通,实践中却无法实行。

2. 以读者为批评主体的情况

(1) 读者批评也决定作品的生存

长期以来,翻译界对翻译批评者"资格"的认定非双语专家莫属。这种认定基于对"翻译"本质的常规认识:既然译文是从属于原文的,不与原文对照,凭什么说译文是"对"的? 译文再吸引读者,脱离了原文就不是翻译而是创作了,既然不是翻译,就谈不上译得"好"与"不好"。以这种观念来看,自然是唯有双语专家才有资格评价译作,这可以说是我国翻译界的主流认识。然而,除了双语专家的专业化批评以外,在涉及对翻译作品尤其是文学翻译作品的评价时,我们还常看到超出这个认定范围的情况,即读者对译作的评价是如何地不以专业批评的意志为转移而直接影响译作实现其价值。翻译批评界对此不能视而不见:如果它合理,就理应使之合法,至少是给它一个适当的位置。

20 多年前,在翻译文学凋零的年代,曾偶然见到一本旧版的高尔基《母亲》中译本,久慕盛名,立即捧读起来,却怎么也读不下去,那生硬古怪的语言,很难让人产生阅读的兴趣,于是有些愕然:这就是名著吗? 直到今年,见到了《母亲》的新译本①,才终于读完,并且透过语言体会到了这本书之所以成为名著的那种内在力量。也是在第一次读

---

① 高尔基,《母亲》,南凯译,北京,人民文学出版社,1973 年。

《母亲》的那个时期，另一件印象深刻的事是读《普希金文集》，译文的流畅优美使笔者深深陶醉于普希金笔下俄罗斯文学世界的魅力，对笔者后来的文学审美情趣产生了很大的影响，也多少理解了为什么普希金在俄语文学中有那样崇高的地位。由于眼界所限，当时并没有想到要看看译者的姓名，至今仍引以为憾。

作为一个不懂俄语的读者，这两本书的阅读经验使我深刻地认识到这样一个事实：即便是名著，没有读者的认可也等于零。使名著在公众心目中"恢复"为名著的是译者，译者没有起到这个作用，就等于毁灭了名著，而对此做出"终审判决"的，是读者。换句话说，译者自己感觉再好，专家再推崇，读者也可以不买账，这就等于否定了译作作为原作的"替身"所应具有的名著价值，或者说是否定了译作作为名著的生存资格。

（2）读者批评对专家批评有重要的参考意义

那么，如果专家和读者的反应不相符合，谁说了算？应该说，这首先与批评的目的和侧重点有关：有些批评并不以读者的反应为考察重点，如对汉语古代典籍英译文的很多评论，主要考察的是译得"对不对"。其次，这与具体翻译行为的目的也有关：有些译作是可以不考虑一般读者感受的，如译者处于自娱或研究的目的而译出的作品。然而就绝大多数大量出版的、一般的翻译作品而言，对读者的声音听而不闻是不行的，毕竟作品是给他们看的。按照接受美学的观点，读者介入了作品的创作过程，没有读者的接受，作品的价值就无法实现，作品也就没有"完成"。因此，作为翻译"产品"接受者的读者完全有资格说话，专家至少要将其作为一种重要的参考意见来听。

近十几年来，在当代翻译理论的影响下，我国翻译界对读者作用的认识从感性走向理性，有了实质性的提高，有组织的译作读者调查逐渐成为一种有力的论证手段,如金隄对李白诗译文的调查①,姜秋霞、张柏然关于文学翻译语言倾向的调查②,许钧等人对《红与黑》译本的调查③。这些调查的结果都在不同程度上对专家意见有所修正,丰富了对翻译的认识,拓宽了研究的思路。

仍以普希金的作品为例。当年在读《别尔金小说集》中《村姑小姐》这一篇时,女主人公那件"蓝色沙拉方"给笔者留下了深刻的印象。据注释,"沙拉方"是俄罗斯民间女子穿的一种无袖长裙。回想起来,这个音译名带有一种颇具异国情调的美感,就像印度的"纱丽"。在后来看到的一些译本中,这个词多半被"归化"为"长罩衫"或"无袖长裙",读起来感觉平淡无奇,好像成了一种中国也有的东西,没有了那种俄罗斯式的美丽。这是一种先入为主的阅读惯性,还是一种阅读需求的失落?文化词语的译法研究或许可以从中得到某种启示。

又如,译文的语言要不要保留原语特色这个问题。一般认为原作者的语言风格是要尽力保留的,但涉及原语语言形式本身的一些特点时,翻译界的看法存在分歧,于是有了上述姜秋霞、张柏然的调查。笔者闲时爱看日本的推理小说,但所看到的译本中,语言多带有日语的痕迹,尤其是句式和惯用语,有时甚至可以想象出原句的形态。看得多了,就以为日译汉要摆脱原文的形式可能是一件很难的事,因为日语和汉语太接近了,现代汉语对生硬句式又是如此宽容,令人无奈。同时,译者可能也是有意识地不愿做太大的变动。笔者曾就这一问题当面请教过有关的译者,回答是:希望尽量多地保留日语中那些微妙

① 金隄,《等效翻译探索》,北京,中国对外翻译出版公司,1989年,第48—56页。
② 张柏然、许钧,《译学论集》,南京,译林出版社,1997年,第155—162页。
③ 许钧,《文字·文学·文化——〈红与黑〉汉译研究》,南京,南京大学出版社,1996年,第79—100页。

的表达方式所传达的意思。此外,对于以情节取胜的作品来说,语言上的这种生硬或许也不是十分关键的问题。在这种阅读心理的预期之下,看到了村上春树《挪威的森林》《青春的舞步》等几部作品的译本,眼前一亮:这些作品的语言流畅自然,毫无生硬之态,娓娓道来的叙述令人感到作品语言的美和蕴含于其中的精辟哲理。村上春树的作品近年来十分流行,深受我国读者喜爱,译者林少华功不可没。无论事实如何,在一般读者看来,译本中的语言就是村上春树的语言,这正是许多译者所期望达到的效果:译者隐去(至少不要造成障碍),让原作者现身,而这一点也是通过读者的认可实现的。迄今为止,笔者所看到的村上春树作品全部都是林少华译的,说明了出版社选择译者时对译文语言把握的取向。由于出版社一向十分重视读者反应,因此这种选择也间接地反映出读者的普遍取向。这对于翻译界探讨文学翻译的创造性和翻译腔等由原语语言特点所形成的问题不无参考价值。

(3) 读者批评与专家批评有互补关系

对于读者接受,专家当然可以有自己的感受作为参考,同时也负有引导的责任,但引导不是越俎代庖,不是代替,不能等同于读者反应,毕竟双方视角不同,思维定势不同,期望不同,阅读目的也不同。有些名著的译本,特别是中国文学作品的英译本,非常明显地出现了专家评价与读者反应相去甚远的现象:翻译界推崇备至,赞赏不绝于耳,然而在这些译本真正所要面对的英语族读者群中却没有得到相应的反响。

毋庸讳言,以精通双语为资格背景的专家批评中也不是没有水分的。同一部名著,两种译本,译者都是名人,名气稍小一些的,译作出来后就比较寂寞,好评的数量和真正的质量之间就像价格和价值一样,关系已经比较模糊了。或者不如说,对权威的盲目崇拜已经让我们有些看不清事实了。杨宪益夫妇对中国文学作品英译所做出的贡献有目共睹,我们看看杨先生自己说的一段话:

> 不幸的是,我俩实际上只是受雇的翻译匠而已,该翻译什么不由我们做主,而负责选定的往往是对中国文学所知不多的几位年轻的中国编辑,中选的作品又必须适应当时的政治气候和一时的口味,我们翻译的很多这类作品并不值得我们为它浪费时间。①

杨先生说的是选材问题,但这种特定历史条件下无奈的"翻译匠"心态和那种恨不能把自己变成原作者的翻译热情相比,对翻译质量的影响可想而知。反观我们大量的译作赏析中对杨氏夫妇那段时间里一些译作的评价,作为翻译批评灵魂的"真实"二字是多么可贵。

总之,仅有专家是不够的,读者有权说话。在专家"失语"的情况下,读者批评对真实反映作品状况具有不可替代的弥补作用。对文学作品来说,如果说专家评论关系到译作作为翻译作品的价值,那么,读者评论所关系到的就是译作作为文学作品的价值。从这个意义上看,读者对译作是操有相当程度的"生杀大权"的。换言之,读者的接受状态可以决定译作作为接受语文化中的一个成员的生存价值。另一方面,就翻译过程本身而言,读者的意见又通过译者之手决定着译作作为一种文化产品或文学产品的生存状态。正是在这一认识的基础上,产生了当代西方翻译理论中翻译文化学派的许多基本思想,如多元体

---

① 转引自孔慧怡,《重写翻译史》,《二十一世纪》网络版,2002 年。

系论对接受语文化影响翻译过程的重视和与此相关的众多研究成果。①

3. 以译者作为批评主体的情况

无论是理论上还是现实中，翻译界对富有经验的译者作为批评主体的资格认定都是最无争议的，不少人明确表示，只有翻译家才有权说话。然而，或许也正是翻译家最不愿意说话。笔者曾当面询问过几位译作颇丰的翻译家，为什么不对其他人的译作发表评论，回答都差不多：我挑别人的毛病，别人挑我的毛病怎么办？看来是只能说好话了。我们当然可以说，这表现了宽以待人、严以责己的君子风度；我们还可以说，这样想不对，应该不怕别人挑自己的毛病。但不管对不对，这就是现实，设身处地来看，不能说他们的顾虑没道理。几千年的文化史和几十年的斗争史，已经使国人承受批评的能力变得非常之脆弱，何况是自己去"招惹"批评！

于是我们看到这样一种情景：翻译作品大量产生，同时也造就着大量的成熟译者，但即使是在气氛稍微宽松一些的时期，被认为最有资格进行翻译批评的优秀翻译家里面，真正敢于直言不讳地评论别人的也为数不多。当今依然活跃的翻译家中能这样做的仍寥寥无几。其余的人，即使是有过一些翻译经验，也被认为缺乏批评别人的资格。

4. 专家批坪、读者批评、译者互评，一个都不能少

不懂原文的读者没资格说，翻译家不愿说，于是就只剩下了专家

---

① 廖七一，《当代西方翻译理论探索》，南京：译林出版社，2000 年，第 59—72 页；Gentzler, Edwin, *Contemporary Translation Theories*, second revised edition. Celevedon：Multilingual Matters Ltd., 2001, pp.106 - 144.

这一种声音,而不管是读者、译者还是专家,人人担心惹麻烦,除了所谓"权威"以外,这是我们所愿意看见的吗?"资格"或者"权威"是从什么意义上说的呢? 应该说,作为翻译批评的主体,专家、读者、译者这三类人关注的重点不同,起的作用不同,理论意义也不同:以角色特征为限,专家批评侧重综合性的全面分析和比较深入的理论探讨;读者批评侧重效果检验或称接受状况检验,主要是一种结果分析;译者批评侧重于以经验为基础的过程分析或结果分析。就翻译批评整体而言,三者的作用是互补的。

重视读者接受已不是很新鲜的理论潮流了,而它的实践意义却始终存在。我国评论界素来缺乏宽松的气氛,以致殃及"诚实",在这种情况下,把翻译批评锁进清高的象牙塔并无益处,客观上只能起到为渊驱鱼、为丛驱雀的负面作用,不利于推动翻译批评的健康发展。翻译批评的总体目标是提高翻译质量,一些原始积累式的商业化社会因素已经对翻译质量从外部形成了不利的制约,如果翻译批评本身不能摆脱一些陈旧片面的观念,那么从翻译界内部对翻译质量的监督也就很难正常化了。

(原载《四川外语学院学报》2003 年第 2 期)

翻译批评的社会文化思考

段自力

一、引言

翻译批评因为翻译活动的存在而存在，而且随着翻译活动的发展而不断发展。传统的翻译批评主要从语言的角度进行译文与原文之间的文本比较，看译文是否忠实地传达了原文的语言意义，是否与原文等值。这是一种微观分析、语言分析。随着翻译理论的发展，翻译研究的对象也不再局限于语言方面。研究者开始研究源语文化与译语文化的关系：在翻译活动发生时，哪一种文化处于优势地位，哪一种文化处于弱势地位，处于不同地位的两种文化对译者的翻译决策有何影响；社会文化因素如意识形态、文学传统和规范、文化价值观、审美心理在翻译中起何作用。翻译研究视角的扩大引起翻译批评的微观分析与宏观分析相结合、语言分析与文化分析相结合。译评者在评价一个译本时，不但应在整体性原则下，按照忠实标准，评价译者是否正确地、最大限度地传译了原作的意境、艺术价值、审美价值、文化信息、风格和意义,而且也应该分析、研究译者为什么要采取这样或那样的翻译原则和方法。在语言因素背后,有没有其他因素制约着译者的原则和方法的选择?本文认为,翻译批评者评价译作时,不仅要全面考虑译作和原作文本间的忠实和正确传译,还要考虑文本以外的客观文化因素对译者的影响。这样综合考虑,才能全面地、客观地、辩证地、科学地、历史地评价一个译本。

二、译者的双重文化身份

译者是原文文本和译语读者交流、交际的桥梁,即原文作者→原语文本→译者→译语文本→译语读者。在这一跨语言、跨文化的交际活动中,译者首先是原语文本的读者,但和一般的读者不同,他必须透彻、完整、深刻地理解原文文本,吃透字里行间的意蕴和文化信息,然后用符合译入语的语言将其翻译出来。要达到此目的,译者必须精通两种语言,了解两种文化,熟悉作者的语言风格、写作特点、艺术观点,了解作者和其作品所属时代的社会、历史、文化乃至民风民俗。这一点在文学翻译中特别重要,唯其如此,译者才能准确并最大限度地传达原作者在文本中所表达的意义。译者的翻译活动受制于原文的内容,受制于原文的特点和风格及社会文化背景等。实际上,译者在翻译过程中处于两种不同的社会文化背景之中,一方面他要尽可能地完全融入原作所呈现的社会文化背景,另一方面他又得面对译入语语言的社会文化背景。作为一个特殊的读者,他对原作的理解不可避免地会受到他所属的语言、社会文化语境对其翻译活动的影响,尽管一个优秀的译者会尽最大努力减少自己所属的社会文化语境的影响。这是因为,首先,译者长期浸淫在译语的社会文化语境之中,意识形态、价值观、审美取向、文学规范和传统在他的知识结构和期待视野中打下了深深的烙印;其次,译本的读者对象是译语中的读者,读者的知识结构、审美期待、期待视野也无不受到上述各种社会文化语境的影响,读者的需求会在一定程度上制约译者的决策。传统的翻译理论要求译者克服译语的历史、价值观及其他社会文化因素的影响,抛弃自己的信仰和期望,完全融入原文文本的世界,使自己在一个与译语的社会文化语境完全隔绝的"真空"中从事翻译。与此相联系,翻译批评者们在对译本进行评价时也往往只对译本和原文进行文本间的比较和对照,而忽视社会文化因素对翻译活动、对译者的制约和影响。事实上,译者并不是在"真空"中工作的,而是在客观因素的影响下进行翻译的。译者所属的译语文化语境的各种客观因素直接或间接地制约着译者的翻译活动,而这与译者的个人偏好无甚关系。译文文本中的变化,如果有的话,可以说,受到译语的社会文化因素的制约,正如根茨勒所说,"译者希望译文得到译语文化的认可,因此译者操纵原语文本以使译作与现有的译语文化条件相符合而且提供新的信息"[①]。译语社会文化语境对译者的影响突出表现在两种文明交流的初期和两种差异较大的文化的交流中。因此,译评者在评价时必须将译语的社会文化因素纳入评价体系,以做出更全面、科学、辩证的翻译批评。

---

① Gentzler, Edwin, *Contemporary Translation Theories*. London and New York: Routledge, 1993, p.134.

三、翻译批评应考虑的社会文化因素

翻译批评是对译作进行全方位的评价,因此译评者在评价译作时要考虑的社会文化因素也就是影响和制约译者的译语社会文化因素。社会文化因素很多,但影响译者的是那些通过长期发展为特定历史时期大多数人所接受的并居于主导地位的意识形态、诗学、文学传统和规范、审美取向和文化价值等因素。

1. 意识形态

勒费维尔指出:翻译和文学批评、传记、文集及编辑都是重写,不论意图如何,重写都反映了某种意识形态和诗学以此操纵文本,以特定的方式在特定的社会历史时期产生作用。[①] 那么什么是意识形态?卢卡奇在《社会存在本体论》第二卷中说:"意识形态从根本上说是对现实的思想描述形式,它的目的是使人的社会实践变得有意识和有活力。这种观念的普遍性和必然性的出现,为的是克服社会存在的冲突,在这一意义上,每一种意识形态都有它的社会的同质的存在(soziales gerade so sein):它是以直接的必然的方式从当下此刻在社会

---

① Lefevere, André, *Translation*, *Rewriting*: *The Manipulation of Literary Fame*. London and New York: Routeledge, 1992, preface, p.5.

中以社会的方式行动着的人们中产生的。"①由此可以看出，意识形态的普遍性和必然性对人们的社会实践活动有巨大的影响和制约作用。翻译是译者的一种社会实践活动，必然受到意识形态的制约，勒费维尔认为在翻译过程中的任何层面上"如果语言学方面的考虑与意识形态和/或诗学方面的考虑发生冲突，后者总是获胜"②。从翻译的实践和历史看，我们不难发现意识形态确实影响了译文文本的生产。意识形态对译者的影响表现在：一，对原作内容做较大的取舍，增删；二，对原作中某些词汇增加译语的意识形态的内容，或者对词汇做中性化或弱化处理。前者如 19 世纪末 20 世纪初，中国译者对西方社会科学著作和小说的翻译。严复在翻译《天演论》时，把一本原本旨在反对社会达尔文主义的著作翻成一本宣扬社会达尔文主义的译作，宣传"物竞天择""适者生存"的进化论思想。这样的删节改变，如果不考虑当时的意识形态，译评家们很难说那是好的翻译。同样，出于对当时意识形态的考虑，蟠溪子在译哈葛德的小说《迦茵小传》时，有意删去了迦茵与亨利相遇登塔取雏的浪漫故事，迦茵与亨利相爱私孕的情节以及亨利为了爱情不顾父母反对而与迦茵自由恋爱的内容。这都是为了迎合当时的中国传统礼教，符合当时读者的期待视野和社会意识形态。意识形态的不同影响着译者对整个作品的理解，如《红与黑》，海峡两岸对它的认识迥然不同，一个注重阶级斗争内容的分析，一个着

---

① 转引自王晓元，《意识形态与文学翻译的互动关系》，载《中国翻译》，1999 年第 2 期。

② Lefevere，André，"Translation：Its Genealogy in the West"，in Susan Bassnett and André（eds.）Lefevere，*Translation*，*History* & *Culture*，London：Cassell，1990，p.24.

重纯心理分析。①《红与黑》的汉译文中有一段描写于连在市长面前夸夸其谈时，于连对瓦尔诺产生了极其厌恶的感情。翻译家罗玉君在 20 世纪 50 年代翻译时在该段译文中把原文中"啊，这些恶魔！恶魔！"译成了"啊，社会的贼啊！杀人不眨眼的刽子手！"，这些具有强烈批评色彩的字眼的增加与当时特殊的政治气候和意识形态有相当密切的关系。德国译者许茨在将《安妮日记》译成德语时，将书中与当时德国意识形态相冲突的词语进行了弱化或中性化处理，有时甚至删节不译。这些例子说明社会意识形态、政治意识形态会极大地影响译本的生产。申丹在《文学文体学与小说翻译》一书中指出了传统的翻译批评所忽视的四个具体问题，其中第二个问题就是与"译者相悖的意识形态、对立的宗教信仰和其它社会政治分歧所持的态度会影响他对译文的措辞"②。所以从历史的、辩证的观点看，翻译批评时应考虑意识形态的影响，把它作为评价体系中的一个因素。

2. 诗学、文学传统和规范

诗学、文学传统和规范对翻译的影响也是不可忽视的。例如在 19 世纪，外国诗歌英译时，英译诗歌必须押韵，即使原诗并不押韵。这是因为当时翻译诗学有此要求。如果翻译诗歌要得到认同，得到广大读者的接受，翻译时就必须采用韵律和韵脚。

19 世纪末 20 世纪初，中国译者翻译了大量的外国小说，多数汉译外国小说穿上了章回小说的外衣，如周桂笙译《毒蛇圈》，梁启超译《十

①　许钧主编，《文字·文学·文化——〈红与黑〉汉译研究》，南京，南京大学出版社，1996 年，第 231 页。
②　封宗信，《文学文体学——文学翻译批评的试金石——评价〈文学文体学与小说翻译〉》，载《中国翻译》，1999 年第 5 期。

五小豪杰》,苏曼殊、陈独秀合译《惨世界》,商务印书馆译《小仙源》等。这些翻译小说都具有明显的章回小说特征,即具有章回标题,也具有章回小说的开篇和结尾的语篇标志,如"话说……","欲知后事如何,且听下回分解"。为什么译者要给翻译小说打上章回小说的烙印呢?当时,章回小说这一传统的文学体裁深入人心,文学名著《红楼梦》、《三国演义》、《水浒传》、"三言"、"两拍",都采用章回体的形式。在小说汉译的初期,两种文学形式的冲突可想而知,最终,本土的文学传统和规范占了上风,译者把汉译外国小说改造成章回小说,一方面它符合译语的文学传统,另一方面它符合当时中国读者的阅读习惯和期待视野。另外,汉译外国作品的叙事人称也常常被改成第三人称,尤其是外国小说的汉译,因为在清末民初中国小说创作的传统中,叙述者叙事的方式通常仅见单一的第三人称。① 由于中国传统小说中人物心理描写较少见,傅东华先生在《飘》的翻译过程中整段删节一些与情节发展没多大关系且使读者厌倦的冗长的心理描写和分析②,让读者享受轻松愉快的阅读。

以上翻译实例告诉我们,译入语的文学传统和规范、诗学对翻译的影响不可谓不大。虽然这种影响随着文学交流、文化交流的不断深入而逐渐减少,但是我们在评价翻译作品时不能忽略它的存在。在翻译批评的理论体系中,译语文学传统和规范对翻译的影响应占有一席之地。

3. 文化价值观

文化有表层、中层和内层三个层次,语言是表层文化的内容之一,

---

① 刘树森,《论中国近代外国小说翻译的叙事语态特征》,载《外国语》,1997 年第 5 期。

② 见《飘》傅译本序。

价值观属于文化的中层,基本判断是在文化的内层。价值观和基本判断是一个文化通过长期的无意识形成的。价值观直接影响人们的行为举止,它们通过语言表现出来。文化深层次的价值观往往是其他文化中所没有的,这就给翻译原文中那些表现文化价值观念的词语带来了极大的障碍。在一种语言文化里不言自明的价值观往往在另一种语言文化里变得难懂甚至不可接受,理想的翻译标准和批评标准要求译者将原文中蕴含的文化价值观和其他一些具有历史文化方面的隐含意义的词语在译语中完全体现出来。当然,优秀的译者应尽可能地去实现这一目标,将原语文化中有而译语文化中无的东西生动地表达出来,让译语读者了解和认识原语文化,实现文化间的交流和理解。事实上,在一定的历史时期,一种文化特有的价值观在另一文化中不被接受时,译者会采取不同的理解和解释方法,有时甚至出现“误读”“误译”,用译语文化的价值观阐释原语文化中蕴含文化价值观的词语。如翻译家朱生豪在翻译莎士比亚著作《李尔王》时,“就多次用‘孝’这一汉文化独特的儒家伦理概念去译原文中表现本性和亲子关系的 nature 和 love 及其同义词”①。在文化交流的初期,译者有时会把译语文化中的价值观强加在原文词语身上,如翻译家严复在《天演论》的《天刑第五》一节中有这样一段译文:“罕木勒特②,孝子也,以父仇之故,不得不杀其季父,辱其亲母,而自割刃于胸。”这里严复把孝子这一儒家价值观念加到哈姆雷特身上说明两个问题:一是译语的文化价值观对译者的影响;二是出于对译语读者的考虑,让读者更好理解文本。

---

① 王东风,《论翻译过程中的文化介入》,载《中国翻译》,1998 年第 5 期。
② 即哈姆雷特——引者。

由于中国传统文化的伦理价值观对赤裸裸的性描写无法容忍,所以严肃的译者在汉译西方文学作品中赤裸裸的性描写时,往往会考虑到译语文化居主导地位的伦理价值观,而采取中性化处理,或删去不译。

总之,文化价值的无处不在和对翻译根深蒂固的影响说明翻译批评的理论体系中应有文化价值观的一席之地。

四、结语

由于译者的双重文化身份,译语文化的意识形态、文化传统和规范、文化价值观不可避免地影响译者对原文文本的理解和阐释,这种影响在一定历史时期还相当大。随着历史的演变和文化交流的加强,意识形态、文学传统和规范、文化价值观等社会文化的客观因素对翻译的影响在不同的历史时期也不同。由于不同文化的差异性,上述文化因素对翻译和译者的影响是存在的,因此翻译批评不应仅仅考查文本之间的语言转换是否准确,只有这样,我们才能客观全面地评价译品。在此笔者借纽马克的一句话来结束本文,"好的翻译批评是历史的、辩证的、马克思主义的"①。

(原载《四川师范大学学报》2003 年第 2 期)

---

① Newmark, Peter, *A Textbook of Translation*. London: Prentice Hall International (UK) Ltd., 1988, p.185.

试论文学翻译批评的背景变量

王宏印

    翻译不是在真空状态下发生的,它必然发生在一定的社会文化背景下,依托一定的社会历史潮流和时代演进特点,服务于人类一定民族的物质生产与文明传播的任务。所有这一切就构成翻译过程中所谓的背景变量(background variable)。作为外部因素,这些背景变量往往是和翻译本身的内在因素(inner factor),如特定翻译活动中的主客体关系和文本互动关系相比较而言的,同时也是通过这些内在关系而起到对翻译的影响作用的。以科学研究的一般因果关系而论,背景变量属于独立变量(independent variable),而内在因素则属于依赖变量(dependent variable)。对于二者之间的关系的不同认识,可以构成翻译研究中的各种工作假设。

    但是,翻译中的背景变量并不是铁板一块,不可分析的。翻译作为跨文化的交流和交际活动,它发生在中外文化的交互影响的过程中并以之为情境(situation)或语境(context),这就涉及原语文化和译语文化之间的力量对比、跨文化的交流方式以及民族心理或知识分子的文化心态等问题。这些因素在进行交互作用的时候,都是作为可变因素即本来意义上的变量而起作用的,因此,必须作为翻译批评研究的一部分加以个别的独立的考察,以便获得某种理论性的基本的认识。

大体说来,要讨论文学翻译批评中的背景变量,就需要考虑下列几个方面的问题。

一、文化态势(encountering)

文化态势其实就是交流中的文化双方所处的相对位置(position)和所采取的策略态势(posture)。它首先取决于双方的势力(power)和对自己相对于对方势力的理解。现在学界一般所谓的强势文化(strong position)和弱势文化(weak position)的提法,实际上不仅是含混的相对的概念,而且一定要能够变成分析性概念才能进入理论思考。另一方面,由于这些术语在来源上不可避免地带有西方文化的价值观和西方文明中心论的影响,由此引起的一些认识上的混乱也需要予以学术的思想的澄清。

首先,笔者以为,所谓强势文化,必须符合以下条件之三种或至少两种,否则不能视为强势文化。

1. 历史渊源(heritage):历史渊源必须久远,悠久的历史和丰厚的文化资源,保证了一种文化气脉生动有力,影响持久深远,例如印度文明、希罗西欧文明和中华文明,都是具有悠久历史和丰厚传统的文明。

2. 综合实力(power):在当下的交际和交流过程中显示出强盛的综合国力和持久的影响力,例如西欧和北美发达国家所产生的近代文明,使其在世界事务中始终处于主动地位和积极态势,并在对外文化交流中具有重大影响。

3. 心理认同(identity)：处于交往状态的主体在文化心理上要有明确的认同感和较强的凝聚力，对于自己民族的文化价值观和信念系统抱有信心，同时也要尊重他人的文化价值观与生存方式、思维方式及交际方式等。

以上三个概念结合起来统一认识，则可以在理论上避免许多误解。例如，国内不少学者不加思考地把中华文化一概视为"弱势文化"，和西方的"强势文化"相对应，试图说明中西文化交流问题。他们研究中国翻译史和中西文化交流史的时候，总是企图得出西方学者所期望的结论，或者努力使得自己的论证符合西方人的交往理论模式。这是有问题的。我们认为文化态势应是包括历史渊源、综合实力（当前势力）和心理认同的统一体，这样就在交往理论上避免了看问题的片面性和只认势力不看精神与资源的势利观点与庸俗观点。简而言之，我们提倡综合考察和具体分析的研究方法，反对盲目追随和人云亦云的不良倾向。

以下关于美国文化交流态势的概要陈述，或许可以作为"强势文化"综合考察的一个分析例证。

美国方面素来以它的文化渊源、综合势力及文化战略上的实用主义态度而著名。作为后起的多民族国家，美国在很长的时期内不重视翻译外来文化的资料，这同它资本主义的高度发达以及在国际事务中的突出地位——得益于地理资源、政治制度和外交战略——有关。其文化渊源虽远涉希罗近取英伦，与土著印第安文化则远未融合，中间机制相对比较缺乏。及至后来重视文化交流中的翻译，说明它意识到自己文化资源的不足，至少是意识到尊重对方是双方交流的一种需要，但其哲学上的实用主义态度使其不可能平等对待一切外来文化，而是把文化交流视为"文化冲突"认识基础上的全球文化战略之一翼。

这一基本分析可以作为了解美国翻译理论强调势力和效果的一贯做法的认识基础，也可作为研究美国跨文化交际过程中的翻译行为和社会作用的认识基础。

二、互动方式（interaction）

互动方式就是交流方式，但是在这里我们并不一定要把各种具体的交流过程和交际技巧罗列无遗，而是主要看双方在交流中的信息流向和所取的态度。显然，上面所说的文化态势只有在一定的互动过程中才能进入交际角色，也才能起作用。在互动方式中以下因素可能具有关键性。

1. 流向（direction）：所谓流向是指交流中信息给出的源泉、传播的方向和接受影响的情况。这一般涉及具体的局部的交流项目，可以按照相对的强弱和流向将其分为顺向和逆向两类。当然，其中总体上的强项和局部的弱项也可能会起作用。例如，佛法东来，在古代东方两个强势文化之间进行交流，但从印度到中国的流向是弥补了中国文化宗教一维的不足，就属于顺向交流。相反则是逆向交流，例如，近代中国向西方学习瓷器制作的工艺，进口有关技术，则是非主流的。必须指出，在一定的条件下，逆向交流也是必要的，而且是有益的。

2. 态度（attitude）：态度包括主位（本土文化）对于客位（外来文化）的接纳或拒斥态度，或者无所谓的容忍态度。例如，严复对于西方社会伦理文化的有意译介，就表明一种积极的接纳态度，由此解释他翻译《天演论》的综合方法和比照策略,就是很合适的(至于在潜意识中对于本土文化深层价值观的坚持则是另一问题)。又如,基督教的入侵伴随着西方列强的武力征服和商业入侵,所以引起中国人的拒斥态度。由此可以解释何以当时的西方传教士要采用适合中国士大夫趣味的迎合性《圣经》翻译策略来达到自己的目的,同时可以说明在基督教传入中国文化的时候,中国文化至少在宗教传统和心理能量上已不能全然视为弱势文化(唯其政治的军事的地位处于劣势而已)。

3. 平衡(balance):没有哪一种文化在一切方面、在一切交流中都永远是强势文化,所谓强势弱势始终是相对的,文化交流的最终结果趋于平衡和稳定(包括实质的和精神的)。例如,中国古典小说有很强的势力和久远的文学传统资源,但和西方现代小说有很大的不同甚至差距,例如叙事模式和表达方式上的差距。这样,当晚清中国社会需要以小说革命动员民众的时候,大量西方社会政治小说的翻译就采用了归化的策略。由于中国文化和文学传统有足够的勇气和能量消化和吸收外来文化,由此取得的平衡就是现代小说的形成和中国古典小说的终结。另外一个典型的中外科学交流史上的平衡态势,就是中西医学在当代中国医学界的并存和互补所达到的一种平衡或均衡,而非在总体上实现了有效的科学的结合。

跨文化交流中的强势文化或弱势文化,不仅是一个固定的具体概念和交流中的稳定状态,而且是相对而言的一种综合估计。一种文化参与其中,作为一个交际单元或一方,是否是强势文化,只能在具体的文化交流过程中,在双方互动影响的交锋中才能看出,也才能得以说明。例如,佛经翻译经过了一千多年的渗透和适应机制,但在开始时中印两个文明古国都是传统悠久、实力雄厚的,仅在宗教领域形成了印度强于中国的相对优势,而中国文化的心理认同又十分强大,这就造成佛经翻译早期用儒道语言附会佛经概念的翻译方法,后来才有了大量佛经概念的汉译渗入汉语词汇,于是某种程度的平衡得以达成。后来基督教文化进入时,西方列强在国力(政治、经济、军事)上要大大强于中国,而中国人的心理认同则有所减弱,但是,此时道教和佛教已经占据了宗教的位置,需要减少,反差不大(而在自然科学领域则适成对照),加之西方列强的军事入侵和商业贸易引起抵抗情绪,实际上造成了势均力敌之对抗态势。基督教《圣经》的翻译采取了适应策略,却仍然受到顽强抵抗,接受较为缓慢,影响也远不及佛教深远而广大。另一方面,在这两种情况下,中国人宗教经典的淡化(如禅宗文化)和宗教生活的世俗化(如居士现象)倾向,作为中国文化特有的认识倾向和融合机制,也始终影响着宗教翻译活动的观念、方式、变异、均衡及消解机制。

这里需要指出一点:尽管文化传播的自觉在任何民族的文化交流史上都有时效性和先进性的表现,何况任何民族的国民性认识和民族性格的塑造都在某种程度上依赖于这种文化交流的机制和认识,然而,一些形成中的或形成了的认识仍然可能具有永久的经典性的参考价值。故而这里摘引一段鲁迅先生关于文化传播与国民性建设的重要观点,以供参考:

> 明哲之士,必洞达世界之大势,权衡较量,去其偏颇,得其神明,施之国中,翕合无间。外之既不后于世界之思潮,内之仍弗失固有之血脉,取今复古,别立新宗,人生意义,致之深邃,则国人之自觉至,个性张,沙聚之邦,由是转为人国。人国既建,乃始雄厉

无前,屹然独见于天下,更何有于肤浅凡庸之事物哉?[1]

三、介入机制(intervention)

文化的介入机制依存于介入方式,这是很显然的。一般说来,与政策法律和官方修史的有意为之相比,文学的介入意识形态是软性的,弱性的,甚至是惰性的,不知不觉的,潜移默化的。在大多数情况下,除了有组织的官方活动以外——例如历史上的汉代乐府采风和五十年代毛泽东发动的《红楼梦》批判运动——国内的文学源头影响往往来自民间和下层社会,其介入是非政治的,非功利的,甚至并非是非介入不可的。但是,与民族文学的同质而异端的传统性质不同,文学的跨国交流,无论是外来文学的译介进来,还是国内文学的译介出去,文学翻译都是一种异类的介入,因而更具有某种"非请莫入"的外来者的性质。这里列举出几种常见的介入方式,以便为文学翻译批评提供观察和评价的角度和尺度。

1. 外国文学的译入

外国文学的译入有国人译介和外国人译介两种情况,大多数属于第一种情况。其中常见的现象和问题可能是:(1)意识形态对于有些作品来源的控制,例如现代派文学长期以来得不到允许和鼓励,因而

---

① 鲁迅,《坟·文化偏至论》。

其发展受到影响;(2) 译者对于所译作品有意识的评介态度,例如一面介绍和翻译,一面又提醒读者注意不要受其影响;(3) 当然还有翻译策略与方法上的不同处理,其中有些是有意识的翻译策略,有些则是无意间的行文习惯使然,如此等等。至于外国人的翻译,主要是外国作家自己翻译介绍自己作品,或者委托国外有关人士翻译介绍,为数极少,影响也不大。值得关注的是港台地区翻译的外国作品流入大陆市场,除了作家和翻译家个人的理解等因素以外,其译品中的语言问题应当引起重视。例如,最值得重视的是梁实秋先生翻译的《莎士比亚全集》,很有特色,有和大陆诸译本(例如朱生豪译本和方平译本)进行比较研究的必要。

2. 中国文学的译出

中国文学的对外翻译,特别是古典文学名著的翻译,可以说自外国人始,已有相当规模和成就,并且出现中国人自己翻译出版并发行到国内外的可喜局面。在这些作品中,属于哲学宗教类的老庄孔孟禅宗等理论性作品,在国外长盛不衰且带来一些研究性成果,其中海外新儒家在译介儒家经典和发挥儒家要义方面的贡献,不容忽视。而《诗经》、《离骚》、唐诗宋词、元曲和明清小说的翻译,则有中国人和外国人两种译文并存的情况,近年尤盛,令人感慨。翻译策略之不同,翻译效果之差距,早已应当进行专门研究和评论了。然而其中反映出的许多问题,还是没有解决,这应当引起重视。例如,对于外国人的翻译,尤其是涉及古典小说和诗歌的翻译,我们微词较多,反而比较容易认可国人自己的译本,认为可靠忠实,这其实很不公平。别的姑且不论,如何在评论中摆脱中国文化本位论,破除民族文学的语言的偏见,仍然是一个没有认真解决的问题。只要认真参阅一下宇文所安翻译的中国古典文论，就可以看出并非西方人的翻译就一定不如国人，而其西方文论的视野对我们的深刻启示，就更加重要了。

3. 民族文学的移植

民族文学，这里专指中国少数民族文学，是汉语言文学主流和汉族主流文化的重要补充，也是中国文学文化全景的重要组成部分，舍此则中国文学是残缺不全的。例如汉民族所缺乏的史诗形式，在流传于中国、蒙古和俄罗斯境内的蒙古族英雄史诗《江格尔》那里得到了补足，将它翻译为汉语和其他少数民族语言，在国内进行交流，进行相互影响，是繁荣中国文学的一个重要方面。另一方面，译成外国语，流播国外，使之成为世界文学的一部分，更是关系重大。而外国文学的少数民族语言的翻译和评介，也应当引起重视。将中国汉族和汉语文学译成少数民族语言同样十分重要，例如清代哈斯宝翻译的蒙古文版《红楼梦》（节本）和今人赛音巴雅尔等人翻译的蒙古文《红楼梦》（全译本），都是值得推荐和评论的优秀译本。可惜这些重大的研究课题，长期以来被边缘化，未得到特别的对待，甚至至今还没有作为中国翻译学建设的一项任务正式提出来。这方面的薄弱和落后，由此可以想见。作为中国翻译学建设的一个分支，民族文学移植离文学翻译批评的要求，相差还十分遥远。

以上几类译介均不能包括的还有一些真正的异类，那就是一些处于文化边缘或前沿的边际文化人。他们可以用双语自由地进行创作和翻译，有的还兼有社会活动家的重要角色；他们的作品有的也由专业的译者翻译出版，或者远销异国他乡，行遍世界各地，或者返回祖国本土，有惠于炎黄子孙。值得重视的例证如林语堂，其作品以中英文出版发行于国内外，其中有的是别人从英文翻译为中文的，如《京华烟云》。他自己也翻译中国古代圣贤的书成英文,如《孔子的智慧》,在西方世界引起持久而密切的关注和一些专门研究,国内译界和学界也需要予以特别的注意才行。

4. 往复翻译——文化反哺的特例

在讲到文化介入方式的时候,不能不涉及近年来中西文化交流史上一种非常奇怪的翻译现象。这种现象,虽然不属于上述几种现象之一种,但又和民族文化的输出与返回机制具有重要的联系,因此留待最后在这里进行讨论。先看这样一段文字:

> 近些年来,中、英文之间围绕中国传统典籍的"往复翻译",似乎成为某种值得注意的现象。这里所谓"往复翻译"是指这样一种情况:一种典籍被翻译成英文,并附上了翻译者大量的注释,这些注释不仅涉及到某些具体的历史知识,文化背景,更涉及到作者对于典籍的理解与诠释,也常常会涉及到典籍翻译本身,诸如说明此一段或此一句何以要如此翻译,等等。如果此一类著述再被翻译为中文刊行,差不多是经历了"中文→英文→中文"的往复循环,在较为宽泛的意义上,则可以理解为两种语言之间的"往复翻译"。[①]

我们之所以没有把"往复翻译"和按照翻译方向(translation direction)所归纳的转译、复译、重译,顺译、逆译、回译列在一起进行讨论,

---

① 安乐哲、罗思文,《〈论语〉的哲学诠释》,余瑾译,北京,中国社会科学出版社,2003 年,第 325 页。

就是因为"往复翻译"作为一种特殊的翻译现象，具有下面几个不可忽视的特点。

（1）复译、重译、转译是同一文本的反复翻译，甚至是朝着不同方向的反复翻译，但不涉及对于这一文本的文化层面上的改编，而"往复翻译"却涉及对文本进行大量的注释和说明，因而在学术添加的意义上具有独特价值。

（2）顺译、逆译和回译涉及的是译者的语言能力和翻译习惯问题，更多关心的是文本本身翻译的难度和质量问题，而"往复翻译"则涉及对于文本的理解和阐释，更多关心的是原文的思想价值在跨文化层面上的认识和接受的变异与可能。

（3）对于中国文化本身而言，"往复翻译"具有文化反哺的意味和文化返销的意义。它的独特价值在于经过文化输出之后，中国典籍在异域文化中得到检验和评价，甚至经过重新包装和改编，再度返回本土，于是就有了文化上重新认同的价值，也就是说，有了在异质文化观照下的新的文化因素的介入和评价尺度的映照。所以，"往复翻译"的学术思想价值与文化运作方式别具一格，是前面几种文化介入途径所不能替代的。

考虑到"往复翻译"的译介操作问题，以及更加明确的异域文化的介入和影响机制，我们不妨再引录一段文字：

> "往复翻译"体现了另一种"西方"（"西方汉学"）的影响。这里，"中文→英文→中文"的往复循环之所以必要，是因为在"中→英"的转译中增加了一些东西，增加的部分不妨笼统的称之为"注释"，可以广泛的包括英译者的前言、导语、简介、评述、译注、后记、附录，等等。按照一般通行的理解和处理方式，此一类英文著

述再被翻译为中文,典籍部分只是一种"还原"的工作,《论语》还是《论语》,《孟子》还是《孟子》,真正需要翻译的只是"注释"部分。①

有趣的是,这里所谓的典籍翻译中的"还原",就是回译,而且是百分之百意义上的回译。也就说,从典籍本身来说,是完全返回原作语言状态而无需任何加工也不允许有任何哪怕是字面上的改动的回译,即"原文复现"。这种意义上的回译,显然不同于我们原先意义上的回译,即与顺译、逆译相提并论的回译,检验型与研究型意义上的回译。也就是说,对于翻译研究而言,这种不需要费脑子同时也不允许有任何改变的"原文复现",除了印刷实践上的必要性以外,不具有任何理论和认识的价值。

所以余下的问题,只是要翻译原译中增加的部分,也就是文本(text)以外的副文本(subtext),而这一部分,正是原译在翻译以外的创造,或曰创造性阐释。它的翻译回来,是一种文化的输入,体现的是西方主流文化以外的另一种西方文化,即对于汉语和汉学的西方文化眼光的关注或关注视野,也就是所谓西方汉学的学术与评价视野。但是,这种视野,只是一种评价视野,而不是越俎代庖,即在翻译策略上按照"西方哲学范畴和问题框架"裁剪中国传统典籍(即所谓的归化策略)。

由此可以得出"往复翻译"对于中国文化典籍、传统文化以及翻译学的独特的认识价值。

---

① 安乐哲、罗思文,《〈论语〉的哲学诠释》,余瑾译,北京,中国社会科学出版社,2003 年,第 325 页。

（1）没有经过异域文化审视和评价的中国文化典籍只是对于自己本民族的原有认识而言才有价值，而经过文化反哺的典籍文化则有了西方文化的视野观照，从而获得了立体与多元的品质。即便是典籍原件，在不改变语言形式的前提下，在往复翻译过程中，也会焕发出新的智慧的光芒。

（2）传统文化在经过自己的典籍输出和评价之后，进入了一个异域的和现代化的新视野，这一部分国粹不再是古董，而是活了起来，成为可以转化为现代精神的那一部分文化产品和普遍的价值来源，为本民族和全人类所共同享用。

（3）对于翻译学来说，在对文化典籍进行阐释的时候，如何一方面保持原有理论形态、义理框架及表述方式（异化策略），而同时又能够具有异域视野的添加内容和评论角度（归化倾向），值得讨论。如此则有希望在认识和实践上超越归化/异化的对立模式，形成翻译学上创造性转化的两翼，促进人类跨文化的交际与交流事业。

本文将文化交流背景下的文化典籍翻译作为独立的问题提出来进行讨论，旨在引起学界对这一问题的特殊关注并望有助于纠正时下某些偏颇的观点。其中关于文化态势、互动方式、介入机制三个问题并未完全展开的讨论，既是概念上的和理论上的，又是联系了有关社会现象和实践问题而进行的评述，实际上是一个更大的学术思想背景下作者所关注的一个具体的学术问题。关于这一问题的讨论，望能引起学界的兴趣，进而对于典籍翻译、翻译批评和翻译学的建设起到一定的推动作用。

（原载《中国翻译》2004 年第 2 期）

文化语境下的翻译批评:现状与反思

胡德香

随着跨文化交际活动的日益频繁,翻译成为关注的焦点,翻译质量也逐渐成为热门话题,而目前的翻译批评却仍是翻译研究中的薄弱环节。本文从翻译与批评的现状出发,分析我国翻译批评存在的问题,探讨产生问题的原因,并对今后的研究提出一些看法。

一、翻译与批评的现状

袁元在评论社会科学名著《开放社会及其敌人》一书的翻译时指出:"这部巨著的译文质量如此之低,但在其问世后的半年多来,只听到一片叫好声,读书界或学术界却未曾有人直言不讳地提出批评。"①他列举的众多实例使我们不得不相信该书质量的确存在问题。作者

---

① 袁元,《岂能如此亵渎经典——〈开放社会及其敌人〉中译本指瑕》,载《学术界》,2001 年第 1 期,第 133 页。

对评论界是如此感慨，失望，以至发出"莫非大家都未细读过这本译作"的怀疑。言外之意，任何读过这本书的人都不会对其中的翻译问题置若罔闻，译评界怎么可以如此冷漠？

严肃的学术著作翻译质量尚且如此，其他领域的翻译呢？不知何时，竟出现了"翻译枪手"一词。据 2003 年 9 月 23 日《文汇报》上的一篇文章介绍，有位翻译"枪手"一周完成 10 部外国文学名著的翻译，获取高额报酬；某些出版单位居然"创造"出 3 个月内翻译 100 部"世界名著"的"记录"。

翻译质量堪忧，从某种意义上说是因为批评的"失语"，那么批评界在做什么呢？翻译批评又是如何开展的？综观近几十年的翻译批评研究，从影响较大的罗新璋的《翻译论集》，到杨自俭、刘学云的《翻译新论》，再到 2002 年出版的《译学新探》，有关翻译批评的著作总数不超过 10 部。《中国翻译》1990—1999 年 10 年间发表的与翻译评论有关的文章，总共也只有 110 篇，即每年仅 10 篇左右，其中还包括"译著评析""争鸣与商榷""佳译赏析""译文比较"等各种栏目中的文章，多数文章并非对译作的完整评价，而是属于赏析类，真正的翻译批评尚未开展。

二、翻译批评的模式

当下我国翻译批评存在几种固定的模式。第一种是文字校对式，即对照原文找错误。如《学术界》2003 年第 1 期上刊登的《翻译教材中的翻译问题》一文,对高等教育自学考试英语专业本科阶段翻译课程指定教材《英汉翻译教程》及其同步辅导用书进行了评价,主要是挑两本书中的翻译错误,作者将这些错误归纳为"自由翻译""理解错误""倍数的错误翻译"和"误译"。例如下面一句:

"Would this man receive them as fellow countrymen, or would he treat them with cold suspicion and question them cautiously about their past careers as militarists?"

作者认为《教程》译文漏译了"cold"一词,对"cautiously"的翻译也不准确,把原译文的"会不会疑虑重重,详细询问"改为"会不会态度冷淡,心存疑虑,谨慎地盘问"。另外,"Chou was a quiet and thoughtful man, even a little shy as he welcomed his visitors, urged them to be seated and to tell how he could help them"这句话中,把原译文的"周恩来举止优雅,待人体贴,在招呼他们坐下,询问有何见教的时候,甚至还有些腼腆"改为"周恩来举止沉稳,待人体贴,在热情地招呼他们坐下并询问有何见教的时候甚至还有些腼腆"。改动的理由是译文对"urged"一词的翻译"没有把周恩来待人热情的高尚品格传达出来",其实,该词已在"招呼"中体现出来了,加上"热情"二字究竟有何区别?"quiet"的翻译也只是细枝末节的问题,即使不改,也无伤大雅。如果翻译批评都是这样找"错误",那么,恐怕大多数经典之作都会被改得体无完肤。

类似的翻译批评并不少见,所挑出来的"错误"要么是"理解不当",要么是"表达欠妥"。不可否认,有些理解上的问题确有改正的必要,但这并非翻译批评的全部任务。这种类似于"语言测验"的翻译评论,只适用于译员培训的课堂练习,让学生们给名家翻译找找错误,也是很有帮助的;对那些影响效果的实用翻译,指出其错误无异于帮助提高产品质量，也是很有必要的。真正比这些严重得多的翻译质量问题却并未引起足够的重视，更何况翻译批评还远不止这方面的工作。

第二种是价值判断式，通过评价译作树立译者的形象或权威。虽然也有贬低打击某些译者的情况，但总的来说是锦上添花的多，雪中送炭的少，美言的多，挑刺的少。这种批评的特点是针对名家名译，文章结构也有其固定的模式：通常是"三段论"，即由"深刻理解""准确表达""瑕不掩瑜"三部分组成；或从词语、句式结构和风格意境三个层次描述译作，每个部分分别找出几个翻译实例加以证明，然后在充分肯定优点的基础上提出一两个需要改进的地方。这类文章常用的术语是"语言优美""生动传神""流利明快""切合原文风格""善用四字结构"，等等，明显属于赏析类评论，多是主观价值判断，并非真正学术意义上的翻译批评。这里译者名气、评者的个人爱好及欣赏水平等因素起了很大作用，并无严格的评价标准，如果评价公允，言之有理，尚还说得过去，可是一旦偏离，却更容易把人引入歧途，危害会更严重。

以中诗英译为例。很多人致力于把中国古典诗词翻译成英语，此举多数是赢得一片赞扬声。但是，究竟英译汉诗的成就如何，行家又是如何评价的呢？有时候跟一般人的评价大相径庭。我国译者在翻译中国古典诗词时倾向于保留原文的格律和韵脚，可是在精通英语的人士或西方读者眼中，这是行不通的，因此，有人费尽心机翻译出来的诗歌在别人眼里不过跟"打油诗"差不多①，其价值与在英语读者中的受欢迎程度便可想而知。孔慧怡举出很多被某文章评价为"优秀译作"的杜甫诗英译的例子，说明译者所刻意追求的目标并未成功实现，相反，连最基本的合乎文法都没有做到，更不用说流畅、自然或诗意

---

① 孔慧怡，《谈中诗英译与翻译批评》，载《外国语》1991 第 5 期，第 25 页。

了。如名句"烽火连三月,家书抵万金"被翻译成:"For three months the beacon fires soar and burn the skies. A family letter is worth ten thousand gold in price."孔慧怡指出,在英语里根本没有 worth ... in price 的说法,且"price"一词与原文"贵重"的意思差距很大,选择该词的唯一目的仅仅是为了与前句的"skies"押韵。

另外一例,"却思翻玉羽,随意点春苗"一句的译文是:"The day was when their snow-white feathers flapped, Over the spring seedlings the freely tapped."这里不合逻辑处在于,feathers 是不能 flap 的,能 flap 的是 wings(翅膀),同样,沙鸥的尖脚爪是不能 tap 任何东西的,更不用说"春苗"了。虽用英文翻译,却不像是英文。

还有,"堂前扑枣任西邻,无食无儿一妇人"被译成:"Let my west neighbour come to my cottage garden and beat // Dates down from the trees, since sonless, she has nothing to eat."译文居然造成妇人是个"吃人族"的印象,实在太滑稽了。①

译者和评论者都没有看出问题,不得不让人怀疑我们的翻译与批评能力了。正如孔慧怡指出的,"从事中诗英译的人应该有良好的中英语文基础,从事译评的人亦然"②。如果说"挑错式"的批评没有什么益处的话,它至少没有害处。而这种缺乏理性的主观判断则往往摆出一副高人一等的架势,用名家名译来吓唬人,确实是有弊而无利的。

第三种是理论印证式。有的学者受西方翻译理论的影响,学了某种理论,急于运用,便找来实践中的例子解释或证明某个理论的合理性。《山东外语教学》2003 年第 4 期上有篇题为《汉译英中政治文化成

---

① 孔慧怡,《翻译·文学·文化》,北京,北京大学出版社,1999,第 25 页。
② 同上。

分的转化:案例分析》的文章,在评论王蒙小说的英译时指出,译文把原文中的"黑帮""牛鬼蛇神""舍车马保将帅"等"政治、文化成分"做了删改,"明显淡化了原作的政治色彩",说明"译者政治意识的薄弱"。评论者显然受后殖民主义批评等理论的影响,认为译者翻译策略的选择(如删改政治词汇)是由其政治思想和文化意识形态决定的。可仔细分析一下译文,就会发现这种评价流于片面。

戴乃迭的译文中,"舍车马保将帅"的意思已经用"Victimized subordinates to save their own skin"和"to find a more highly placed scapegoat"表达出来了,如硬要保留原文的意象恐怕非常困难,且无此必要。以上那些词汇所表达的文化内涵是我国在"文革"这一特殊历史时期独有的,如果不对这些词汇做必要的改动,别说外国人不懂,就是没经历过"文革"的中国年轻一代也无法理解,更何况在英语中根本没有与"黑帮""牛鬼蛇神"相应的对等语,即便硬译出来,也需加上繁杂的解释才行。而且,文化色彩和政治成分是两个不同的概念,即使是上文作者也意识到,并非所有文化意义浓厚的语句都有深层的政治含义,更何况政治成分是否值得保留还有待商榷。所列"黑帮""牛鬼蛇神""舍车马保将帅"等语句究竟含有多少文化或政治成分?或许只是带有鲜明时代色彩而已。另外,译文究竟应在什么程度上忠实于原文,是因翻译目的和对象而异的。

我们发现,在很多英译的中国文学作品中,带有强烈文化色彩的语言都被或多或少地删改了,不仅如此,就连有些译者认为不便于表达或不重要的信息也被删除或简化了,这一点在杨宪益、戴乃迭为主要译者的汉英对照六卷本《中国文学经典》中可以找到很多例证。这或许是译者的选择,但他们的出发点并不完全是意识形态的,更不是因为他们政治意识淡薄,而是中英两种语言和文化的差异造成的。相反,很多译者(尤其是母语为中文的译者做汉译英)更注重传达中文的文化特色,正如批评者所说"中国文人的一大特色,便是解不开的政治情结和除不掉的忧患意识",即使译文中删改了原文的政治词汇,难道就能说他们是有意归化原文,迎合西方读者,体现了文化自卑感? 这么说显然失之公正,有意识形态"扩大论"之嫌。

三、存在的问题

从以上几种批评模式来看,我国目前的翻译批评仍存在很多问题,其中较突出的是:

1. 基本概念混淆,不分译者标准与评价或批评标准①,把译者所遵循的翻译原则和标准与评价译文的标准混为一谈。研究翻译批评,首先应该把译者标准和批评标准严格区分开来,尽管两者都可以笼统地称为"翻译标准",但实质上,翻译批评所涉及的标准是批评标准。

此前大多数人所讨论的翻译标准其实是译者遵循的原则,适用于译作的生产环节,由译者控制。无论哪个译者,只要是从事翻译,都不可避免地要面对原文,考虑如何忠实传达原文信息,应注重翻译原则、方法和标准等问题,这时候的原则和标准可以等同,因此,译者标准(或称原则)是静态的、不以时间为转移的、近乎永恒的规律,具有相对的稳定性,而批评标准则是动态的,适用于译作产生之后,由批评者掌

---

① 邵成军,《翻译批评管窥》,载《外语与外语教学》,2003 第 3 期,第 61 页。

握,是受译语社会及评论者个人的种种因素制约的。译作一旦产生,就是独立存在的个体,无论懂原文的还是不懂原文的读者都会对它做出一定评价,那种对照原文的"信、达、雅"或其他标准只适合双语评论者,仅看这类读者的评价,能否代表有着更大数量的非双语读者? 他们的评价能否完全反映作品的价值? 是否所有的双语读者都愿意对照原作去读译文? 这些都是很值得怀疑的问题。因此,要全面地评价译作,主要还得依赖广大的译语读者,而这类读者会持什么态度和标准去评价译作,又是因人和时代而异的,没有放之四海而皆准的通用标准。当然,这绝不意味着翻译批评无法可依,区分译者标准与批评标准的目的就在于进一步研究批评标准,使翻译评价有法可依。需要强调的是批评标准是涉及译文、译语社会、读者和评论者等多维世界的复杂体系,对此尚需更深入、系统的研究。

2. 批评视野狭窄,拘泥于文本和语言,不注重翻译的外部因素,如译作产生的原因、背景、在译语社会的作用和影响等。尽管对翻译标准的研究由来已久,并占据翻译理论研究的很大篇幅——90 年代以前翻译标准的文章数量占整个理论研究的 30%[①]——但这些研究终究还是对译者的要求,没有脱离语言分析层面。

产生于西方的多元系统理论及其他文化学派的理论主张从翻译的外部环境与所涉及的文化因素考察译作。Bassnett 指出,译者与理论研究者都不能只满足于翻译中的语言分析和文本对照而忽视文化因素的存在[②]。我国现有的翻译批评之所以失败,固然有评者个人能

---

① 方梦之,《20 世纪下半叶我国翻译研究的量化分析》,载《外语研究》,2003 第 3 期,第 51 页。

② Bassnett, Susan, *Translation Studies*. London and New York: Routledge, 1991, p.14.

力的问题，更体现了思维习惯和批评方法的问题。没有把译作放到社会和文化的大环境中，脱离文化语境的翻译批评，只凭个人趣味，对译文语言的成败得失进行浅层次主观评价，难免有些孤芳自赏，自以为是，起不到实际效果。结果是你批你的，他译他的，很难对翻译市场起到推动作用，更谈不上引导读者，促进文化交流与繁荣。

批评视野的狭窄还体现在批评对象的选择上。我国翻译批评界大多数评论者只对文学翻译中的名家名译感兴趣，而忽视数量更大的处于边缘地位的非主流翻译，如文学以外的各学科翻译、名不见经传的小人物的译作等，都很少纳入研究范围。多元系统论者反对以价值判断作为选择对象的标准①，翻译批评不应该只研究所谓的经典名著，更不能以上层或主流社会的价值观念对译文做出正确错误、优劣高下之类的简单判断。

3. 缺乏自觉的理论意识和系统的理论指导。多元系统理论强调要区分"研究"（research）与"批评"（criticism）两种活动，"前者是纯学术活动，目的在于描述、解释、预测客观现象，而后者属于应用研究，目的是要改造客观世界"②。翻译批评必须在理论研究的基础上进行，两者应是相互依赖、相互作用的关系。而我国批评界过分注重批评的实用性，很少有对整本译作的评价或对某个译者全部译作的研究，因而对译作的评价既不够全面、公正，得出的结论也往往"经验性"多于"理论性"和"研究性"③。真正的批评标准尚未建立，至今还没有系统的翻

---

① Even-Zohar, Itama, *Polysystem Theories* (revised version). Retrieved from：http://www.tau.ac.il/~itamarez, p.13.

② 转引自张南峰，《从边缘走向中心？从多元系统论的角度看中国翻译研究的过去与未来》，载《外国语》，2001 第 4 期，第 62 页。

③ 王宁，《文化研究语境中的翻译研究》，载《比较文学与当代文化批评——王宁文化学术批评文选之一》，北京，人民文学出版社，2000，第 317 页。

译批评理论专著出版。1999 年出版的《翻译批评论》虽说是专门研究翻译批评的著作,具有开先河意义,但该书 2/3 的篇幅是关于实际操作层面的,占 1/3 的"理论篇"也只是很多谈论翻译批评的文章集合。要掌握批评的原则、标准和具体操作的程序、方法,必须建立一套完整的理论体系,在理论指导下开展翻译批评。

在这一点上,西方翻译批评者有更加清醒的认识,在传统的以对等为核心的翻译评价模式基础上又产生出几种新的模式,主要有功能主义的,如 Honig 把翻译批评的目的分为四种,即用户、职业译者、译学研究和译员培训①,还有描述翻译学派、解构主义、关联理论的方法等②。学习西方翻译批评的经验和模式,对创立我们自己的批评体系非常有帮助。

四、对现状的反思

造成翻译批评现状的原因是多方面的,其中很重要的一点就是对翻译批评的认识不足,这源于翻译地位的不确定性,翻译仍处于边缘位置,它究竟属于源语文学,还是译语文学,或是独立的分支? 对此尚

---

① Honig, Hans G., "Positions, Power and Practice: Functionalist Approaches and Translation Quality Assessment", in Christina Schaffner (ed.), *Translation and Quality*. Clevedon: Multilingual Matters Ltd., 1998, p.15.

② House, J., *Translation Quality Assessment*, Tubingen: Gunter Narr Verlag, 1997, pp.1 - 27.

无定论,评论者只能从一种假想的优越地位对翻译发表看法,大多数批评只限于诊断错误,有些虽然提出了改进办法,但并不强调批评的学术意义。另外,翻译批评仍停留在价值判断的浅表层次,由于受传统思想的束缚,中国文人有根深蒂固的道德和学术优越感,对待翻译家(尤其是名家)有着潜意识的敬佩,在翻译批评上则表现为感情用事,盲目相信名家,尊重名家的选择,不敢超越权威,这无疑影响了理性的翻译批评风气的形成和学术发展。

随着全球化进程的加速,翻译已从文字转述逐步拓展为文化的阐释①,翻译所具有的文化交流意义日益受到重视,译本也从原来的可以由某个“定本”一统天下,转为多个译本共同存在的局面,在这种语境下,更应该强调翻译批评的目的和作用。在复译、重译之风盛行的情况下,难免鱼目混珠,翻译质量深受影响。无论是从社会、经济效益,还是从读者利益出发,都不可能让读者读完多个译本之后再做出选择,只有依靠理性的翻译批评作为借鉴。由此可见,翻译批评的任务非常艰巨。

我们认为,首先有必要进行概念上的重新界定,以免混淆。翻译批评所用的术语中最多的是“翻译标准”,而这个词语里的“翻译”在中文里既可以作名词,指译作,也可用作动词,指翻译活动本身或翻译过程。如果是前者,“翻译标准”就指对译文的评价标准;如果是后者,则是在翻译过程中译者所遵循的原则和方法,此时的“翻译标准”应等同于“翻译原则”或“翻译方法”。如笼统地说“翻译标准”,往往容易把译者所遵循的原则和标准与翻译批评当中的评价标准相混淆,因此建议使用“批评标准”或“评价标准”,以便跟“译者标准”区别开来。西方的

---

① 王宁,《全球化时代的文化研究和翻译研究》,载《超越后现代主义——王宁文化学术批评文选之四》,北京,人民文学出版社,2002,第 313 页。

术语则界线明确，他们在谈论翻译批评时很少使用"translation criteria"（翻译标准）的概念，而是说"evaluation criteria"（评价标准），或代之以"standard/criteria of quality"（质量标准）、"criteria of assessment/evaluation"（评估标准）等。

其次，对待翻译中的所谓"误译"，尤其是有些貌似错误的"伪译"和"创译"，应从理论上进行分析论证，而不是凭感觉主观判断。正如王东风指出的，"中国传统翻译理论注重标准的厘定和对标准的遵守"，而那些"伪译""创译"和"伪作"则"更是被视为洪水猛兽，完全被翻译的道学家们排斥在译学领域之外"。① 其实，这些所谓的"伪译""创译"和"伪作""都是出自社会的精英分子。他们的行为，或合乎正道，或偏离正轨，都是一定的意识形态使然，绝非偶然"②。如被人批评的严复等人的"不忠"翻译，是有其强烈的政治目的的，也许这正是翻译批评应该研究的课题。

西方则不然，"外国评论家的本事在于能够揭示出所研究国家的社会生活中蕴涵着的思想方面的东西"③，他们从社会的政治、经济和文化等各个方面研究翻译现状，尤其是对有意识"偏离正轨"的翻译现象做出解释。Bassnett 在研究了图里关于"伪译"的论点后指出："与其把翻译看作一个单独的种类，不如把它看作作者与读者之间形成共谋的一组文本实践。"④后殖民翻译理论家研究印度作家的书写时也发现

---

① 王东风，《一只看不见的手——论意识形态对翻译实践的操纵》，载《中国翻译》，2003 第 5 期，第 16 页。

② 同上，第 18 页。

③ 同上，第 21 页。

④ Bassnett, Susan, "When is Translation not a Translation?", in Susan Bassnett & André Lefevere（eds.）, *Constructing Cultures：Essays on Literary Translation*. Shanghai：Shanghai Foreign Language Education Press，2001，p.39.

类似情况，有些作家有意识让自己的作品读起来像翻译，以此表现他们为自己的目的而翻译的权力。① 如果运用西方理论家的这些研究，则严复、林纾等人的翻译现象可以得到合理的解释，这说明我国的翻译批评没有西方那么深入。

第三，借鉴西方理论和我国其他学科的研究成果。为提高翻译质量，必须加强翻译批评的研究，建立批评标准体系。翻译批评是一项复杂的系统工程，牵涉到文本之外的各种因素，不仅是语言问题，也是社会、文化的问题，批评标准是由各种成分组成的多元系统，对该系统的研究必须从不同的角度和层次进行。王宁提出从翻译的语言层面、比较文学、文化研究三个层次进行翻译研究。翻译批评也可以从这三个方面，尤其是从文化层面开展，建立文化批评模式，更多探讨翻译的外部环境，如政治、经济、思维方式、意识形态等文化因素是如何影响翻译质量的。前文提到的翻译"枪手"问题最好地证明了外部研究的重要性。

随着翻译研究的深入，翻译批评也将进一步深化，并延伸到跨文化交流的其他领域，有人甚至把翻译中的问题提到了意识形态与政治批判的高度。鉴于我国翻译批评存在的问题，我们应强化理论意识，结合我国翻译实践，掌握批评的原则、标准和具体操作方法，建立一套比较全面、科学的翻译批评理论体系。

（原载《解放军外国语学院学报》2004 年第 6 期）

---

① Bassnett，Susan & Harish Trivedi（eds.），*Post-colonial Translation*：*Theory and Practice*. London and New York：Routledge，1999，p.14.

论功能语言学视角下的翻译质量评估模式研究

司显柱

一、系统功能语言学述介

如果说形式主义与功能主义是语言研究的两大传统的话，那么当代语言学家 Chomsky 创立的转换生成语法（Transformational-generative Grammar）无疑是前者的杰出代表，而后者则集中体现于 Halliday 等建立和发展的系统功能语言学（语法）（Systemic-functional Linguistics）。作为当今最有影响的语言学理论之一，系统功能语言学渊源于 Protagoras 和 Plato 等以人类学为本的语言研究传统，着眼于语言的人本性、社会性一面，师承 Firth 倡导的以意义而非形式为语言研究的方针，秉承 Malinowski 关于语言研究中的语境思想，继承 Hjemslev 的语符学和布拉格学派的语言功能思想，因而始终把语言的实际使用——语言在一定情景下的应用，即情景中的语篇（text-in-the-situation）——确立为语言探索的对象，始终把语言在实际情景语境中表达的意义,即语言发挥的功能作为语言研究的主要关怀,始终把语言交际视为一种社会人(social man)所从事的社会行为(social behavior),而这种行为是在包含着情景、语言(形式)、功能这样三个系统的行为框架(behavioral framework)里运行,因此把对情景、语言(形式)、功能等系统的描写及其彼此之间关系的阐述(如:语言形式与情景之间的建构和限定,即一定的语言形式建构一定的情景语境,而一定的语境又决定了选择一定的语言形式;意义[功能]与措辞[wording]之间的选择与体现,即意义与语言形式即措辞间的选择范围、形式对功能的体现关系)作为其语言研究的出发点和归宿。

就其语言哲学观而言,顾名思义,系统功能语言学集中表现在对语言系统的重视和对语言功能的关注,并自身相应地分为系统语言学和功能语言学两块。就前者即系统语言学而言,它视语言本身为一个庞大而复杂的由许多子系统构成的符号系统(semiotic system),这些符号并不是一组记号,而是一套系统化的意义潜势(meaning potential),客观而全面地描写语言系统的构成和运作,研究人们如何通过使用语言交换和表达意义,自是其研究的应有之题和主要任务。[①]具体一点说,系统(功能)语言学对言语的探索(而不是对抽象的、剥离语境和语用的语言系统的描写)首先是建立在把语言交际置于前述包含语言、功能、情景的行为框架(系统)里予以阐述的基础上,为此必然对语言、功能、情景三大系统及其各自的支系统和支系统里的子系统,即系统的系统进行描写(如对功能支系统里的概念功能、人际功能、成篇功能子系统,语言[形式]支系统里的及物性、作格、语气、情态和主

---

① 朱永生、严世清,《系统功能语言学多维思考》,上海,上海外语教育出版社,2001年,第7页。

述位、信息等子系统,以及情景支系统里的文化语境和情景语境即语域等子系统的描写和阐释)。概言之,语言的系统思想贯穿于其语言研究的始终。就后者(即功能语言学)来讲,其语言哲学规则是语言研究的功能思想,以语言在实际情景语境中所发挥的功能为探索的中心。它在研究、甄别和梳理语言的各种具体用途、功能(如祝愿、庆贺、批评、表扬、警告、说服、安慰等)后,将其概括和抽象为语言的三大元功能(meta-function),即前述的概念、人际和成篇功能。概念功能指的是人们用语言来谈论对世界的经验(包括内心世界),用语言来描述周围发生的事件或情形。从功能与形式体现关系的角度看,概念功能主要体现于以谓语动词为中心的及物性(transitivity)系统。人际功能指的是人们用语言来和其他人交往以建立和保持人际关系,用语言来影响别人(观点、行为等),也包括用语言来表达发话人对世界的看法甚至改变外在世界等,它主要体现在小句的语气(mood)和情态(modality)系统里。成篇功能指的是人们在使用语言时组织信息,体现信息之间的关系,另外它也显示信息的传递与发送者所处的交际语境之间的关系等,它主要体现在小句的主述位结构、信息结构和各种衔接关系上。换言之,概念功能作用于主体与客体,人际功能作用于主体之间,而成篇功能则担当对语言表达的概念与人际功能/意义的组织,辅助上述两种功能/意义的实现。[①] 三者虽角色、侧重点不同,但都是对于言语之间基于一定的目的围绕某个"内容"借助语篇这个载体进行的交际行为的描述。所以,归纳起来,我们认为系统功能语言学对语言的研究是意义/功能为本,语用为本,语篇为本。

---

① Halliday, M. A. K., *An Introduction to Functional Grammar* (*2nd edition*). London: Arnold/Beijing: Foreign Language Teaching and Research Press, 1994, pp.37 - 161.

二、功能语言学翻译研究述评

　　翻译,作为语言交际(语言应用)的一种形式,也自然以意义为本,在语篇的层面上展开。① 在论述功能语言学为何对语篇、话语情有独钟,将其作为本学派语言研究的基本单位时,Halliday 说:"对一个语言学家来说,只描写语言而不考虑语篇是得不出结果的,只描写语篇而不结合语言则是不实际的"②。那么该如何对语篇予以描写和阐释呢?朱永生转述道:"当我们接触语篇时,可以把它看作是一个过程,分析讲话者作出了哪些选择,放弃了哪些可能性,为什么作这样的选择;也可以把它看作是一个结果,分析语篇内各个部分具有何种功能,不同组成部分之间有哪些意义上的联系,通篇在修辞上有哪些特点等。"③以此观之,我们不妨给翻译下这样一个描写性定义:翻译,从过程看,就是译者对原语文本所包含意义的发掘、所发挥功能的识别,然后,在综合考虑文本类型、目的语语言特征、文化环境、翻译目的和读者对象等各种因素的基础上,围绕再现原文语篇的功能,(译者)制定翻译策

---

　　① 司显柱,《论语篇为翻译的基本单位》,载《中国翻译》,1999 年第 2 期;司显柱,《语篇翻译再探》,载《翻译季刊》,2003 年第 2 期;黄国文、张美芳,《从语篇分析角度看翻译单位的确定》,载《翻译季刊》,2003 年第 4 期。

　　② Halliday, M. A. K., "Systemic Background", in W. S. Greaves & J. D. Benson (eds.), *Systemic Perspectives in Discourse*, 1983.

　　③ 朱永生、严世清,《系统功能语言学多维思考》,上海,上海外语教育出版社,2001 年,第 10 页。

略并选择翻译方法，最后表现为在语篇的层面上对目的语系统里的词汇-语法资源的有意识选择和操纵；从结果看，就是以（译文）语篇属性或特征的形式反映此过程而呈现出来的具有自身特色的翻译文本。由此可见，功能语言学对我们从社会符号学的角度研究翻译具有理论指导和借鉴意义，成为研究翻译、建构翻译理论的思想依托和源泉。事实也的确如此。功能语言学从其滥觞到发展、成熟，就一直对翻译研究产生着影响，当代不少翻译理论家都直接或间接地从该理论中汲取营养，指导自己的翻译研究，并因此取得了丰硕的成果，推动了译学研究向前发展。举其要者，在西方有 Mona Baker[①]、Roger Bell[②]、Basil Hatim 和 Ian Manson[③]、Basil Hatim[④]、Jeremy Munday[⑤] 等，在国内，则有胡壮麟等[⑥]、杨信彰[⑦]、张美芳[⑧]、萧立明[⑨]等。因此，一定程度上说，在翻译理论界已初步形成了一个事实上的翻译研究的韩礼德功能语言学派。但是，另一方面，当我们梳理和审视已有研究文献时，又不

---

① Baker, M., *In Other Words：A Coursebook on Translation*. London：Routledge/Beijing：Foreign Language Teaching and Research Press，1992/2000.

② Bell，R. T.，*Translation and Translating：Theory and Practice*. London：Longman/Beijing：Foreign Language Teaching and Research Press，1991/2001.

③ Hatim，B. and Mason. I.，*Discourse and the Translator. London*：Longman/Shanghai：Shanghai Foreign Language Education Press，1990/2001.

④ Hatim，B.，*Communication Across Culture：Translation Theory and Contrastive Text Linguistics*. Exeter：University of Exeter Press/Shanghai：Shanghai Foreign Language Education Press，1998/2001.

⑤ Munday，J.，*Introducing Translation Studies*. London：Routledge，2001.

⑥ 胡壮麟、朱永生、张德禄，《系统功能语法概论》，长沙，湖南教育出版社，1989年，第188—189页。

⑦ 杨信彰，《从主位看英汉翻译中的对等》，载《解放军外国语学院学报》，1996年第1期。

⑧ 张美芳，《意图与语篇制作策略》，载《外国语》，2001年第2期。

⑨ 萧立明，《新译学论稿》，北京，中国对外翻译出版公司，2001年，第21—48页。

难发现目前的研究还处于"初始"阶段,这表现在迄今尚未提出一个系统的、基于功能语言学的翻译理论框架,缺乏运用功能语言学理论全面探索翻译问题的扛鼎之作。目前人们更多地只是应用该理论的一些原理、概念来阐释翻译中的一些具体问题,比较零散。如胡壮麟等[①]和 Roger Bell[②] 等都运用功能语言学关于语言的三大元功能的论述对翻译研究的重要概念"对等"的内涵做了深入挖掘和剖析,却并未建构出基于功能语言学的翻译研究框架,也未写出从功能语言学的视角系统地探索翻译问题的研究著作。因此,我们说,一方面功能语言学之用于翻译研究表现出广阔的前景,但是,另一方面,显而易见,作为一个博大精深的理论体系,功能语言学对翻译研究的作用当然不应止于对翻译中个别问题的阐述,翻译研究学者和功能主义语言学家还应在这一方面做进一步探索,以拓展功能语言学视角的翻译研究。这无疑将推动包括翻译批评、翻译评估在内的翻译理论研究的深化和创新,同时也将促进功能语言学自身的发展。

三、翻译批评研究述评

按照 Holmes 对翻译研究分类的论述,翻译研究包括描写、理论、

---

① 胡壮麟、朱永生、张德禄,《系统功能语法概论》,长沙,湖南教育出版社,1989年。

② Bell, R. T., *Translation and Translating*: *Theory and Practice*. London: Longman/Beijing: Foreign Language Teaching and Research Press,1991/2001.

应用三大模块,而翻译批评无疑属于译学研究中的应用领域范畴。不过,无论国内还是国外,在谈论翻译批评时,人们常常对与此概念相关的几个术语即翻译批评(translation criticism)、翻译评估(translation assessment)和翻译评价(translation evaluation)不加定义,不做区分,互相换用。

但是,根据对这几个概念的考察和理解,从逻辑学关于概念的"属""种"论述的角度,笔者认为翻译批评统摄了翻译评价和翻译评估,即翻译批评是"种",翻译评估和评价是"属"。换用语言学的说法,翻译批评是上义词,它既包括对文本的批评,还涵盖翻译批评理论和对翻译理论的评述,而对文本的批评也更多地从社会、文化的形而上层面展开,如钱钟书的《林纾的翻译》;而翻译评估和评价都是下义词,它不仅基本限于对翻译文本质量的判断,而且更多地是从文本本身的角度评估译文质量,当然也不排斥从文本外的因素考察文本的语言特征和翻译质量。为了方便讨论,这里不再对评估(translation assess-ment)和评价(translation evaluation)做出区分,而统一用翻译评估指称对译文质量的价值判断。显然,翻译评估是翻译批评的组成部分。在下文的讨论中,除非必要,我们在使用翻译批评术语时,是包含翻译评估的。

众所周知,只要有翻译,就会有译评,可以说它与翻译活动本身相伴而生。其实道理很简单:有了翻译,就必然会有对翻译的阅读,会有人试图对涉及翻译的种种现象和因素做出评价,因此翻译批评实乃必然。翻译批评不仅必然,而且必要,因为具有理论意识的翻译批评势必追求翻译批评对翻译实践的指导作用,试图通过翻译批评影响翻译,引导翻译实践向健康的方向发展,所以翻译批评是联结翻译理论与实践的一条重要纽带①,是翻译研究的重要一维。但是通过对已有翻译批评研究文献的梳理和分析,可发现长期以来国内的翻译批评却处于这样的一个尴尬地位:"一方面,批评理所当然地赋予自己评点江山的使命,颐指气使地指责译本犯有这样或者那样的错误;另一方面,它们却几乎对译者影响不大,无法达到有利于提高翻译质量的目的,更遑论有助于翻译理论自身的建设"②。究其根源,就在于当下的大多数翻译批评都是一种非科学意义上的批评,缺乏一种较为科学、客观和系统的翻译批评模式,在翻译批评实践中,对翻译文本的批评往往呈现一种感悟式的点评或挑错式的指正,缺少理论指导,主观而缺乏系统性。"绝大部分的译评都是漫谈式的经验分享,或是资深译员用较为权威的态度口吻评弹功过;这些文章固然大有启发和鼓励的作用,而且往往读来趣味盎然,可是它们通常没有按既定的方法进行,更谈不上系统性的理论架构"③。

当然,随着 20 世纪下半叶各种与翻译研究有直接、间接关系的学科诸如语言学、人类学、语言哲学、符号学、社会语言学、心理语言学、文学批评、跨文化交际学等的蓬勃发展,西方致力于翻译研究的学者有意识地运用这些学科的成果来建构有深度的翻译理论,从而极大地推动了翻译研究的发展。"新的观点和流派层出不穷,异彩纷呈,如翻译等值论,多元系统论,目的论,还有后殖民主义,后结构主义,解构主义,女性主义翻译理论等等,呈现出一幅色彩斑斓的多元化

---

① Newmark, Peter, *A Textbook of Translation*. New York: Prentice Hall, 1988, p.184.

② 许钧、袁筱一,《试论翻译批评》,载《翻译学报》,1997 年第 1 期。

③ 周兆祥:《译评:理论与实践》,载黎翠针主编,《翻译评赏》,香港,商务印书馆,1996 年,第 3 页。

翻译理论景观"①。同样,在翻译批评领域,人们也开始借助于现代哲学、语言学等理论从事翻译批评,而非按个人主观尺度来评点,科学意义的翻译批评理论建构初显端倪,如在国内有许钧的《文学翻译批评研究》②,周仪、罗平合著的《翻译与批评》③,姜治文、文军编著的《翻译批评论》④等。

在国外,首先要举的是 Gideon Toury 的描写译学理论(Descriptive Translation Studies)对翻译批评的主张和贡献。依据描写译学进行的翻译研究的视角在于翻译文本所赖以生成的目的语语言文化、社会历史条件及思想观念等,翻译批评则合乎逻辑地必须以目的语的历史性语言文化宽容度为衡量得失的标准。具体来说,Toury 提出了"准则"(norms)的观念。他认为如同任何一种行为活动,翻译必然受到一系列类型各异、程度不同的"限制",而准则主要表现为某一社会共同体所普遍承认的价值观:选择什么样的作品翻译,翻译最终以什么样的形式出现和存在,以及这种存在的合理程度,都是这类准则作用的结果。在翻译批评研究专著方面,令人称道的主要是两位德国女学者的作品。其一是 Juliane House 的《翻译质量评估模式》⑤和其修订版《翻译质量评估修正模式》⑥。该书综合运用言语行为理论,功能、语境语

---

① 李红满,《回眸二十世纪西方翻译理论发展的百年历程》,载《中国翻译》,2001年第5期。

② 许钧,《文学翻译批评研究》,南京,译林出版社,1992年。

③ 周仪、罗平,《翻译与批评》,武汉,湖北教育出版社,1999年。

④ 姜治文、文军,《翻译批评论》,重庆,重庆大学出版社,1999年。

⑤ House, J., *A Model for Translation Quality Assessment*. Tingen: Gunter Narr, 1977.

⑥ House, J., *A Model for Translation Quality Assessment: A Model Revised*. Tingen: Gunter Narr, 1997.

言观以及语篇理论,从八个方面(即三个涉及语言使用者的地点、社会阶层和所处时代参数,以及五个语言应用参数如媒介、介入度、社会角色关系、社会态度和领域)对原文和译本进行语言-情景分析、解构,以此判断和解释译本是否与原文在概念或/和人际功能两个方面上"对等"或"偏离",因而提出了一个较为系统、全面的翻译质量评价模式。但是,它只是列出了从哪几个方面对文本进行语言-情景分析并据此判断译本对原文在概念和/或人际功能方面是否对等或偏离,在到底如何较为客观、系统地对文本的概念、人际功能予以识别和把握方面却未能提供一个可资依赖的分析工具,因而批评家在判断翻译文本在意义或功能上是否和多大程度上与原文对等或偏离时无参数可依,在提取/解读文本(原文和译本)意义(概念、人际功能)时缺乏系统性,各取所长,又必然各有所失(当然理解的历史性意义的解读因人而别,不过这是从解构哲学的视角论述,而且主要是针对如文学一类的文本中的某些晦涩部分,与通常意义上语言与意义之间的透明性及意义的相对客观性不容混淆)。另一自觉地运用语言学理论指导翻译批评研究并取得丰硕成果的是 Katharina Reiss 的经典之作《翻译批评——潜能与局限性》[①]。该书对翻译研究的主要贡献在于,作者根据德国哲学家(和语言学家)卡尔·布勒(Karl Bühler)关于语言功能的理论,建立了一个文本类型(typology of text)的模式,并在此基础上提出了每种文本的翻译原则和评判标准,因而较为系统。但其主要缺点则是:(1) 它只是从文本类型和语篇功能的宏观层面提出建立翻译批评的标准,却没有阐述如何在具体方法上解决翻译与翻译批评的问题,故而缺乏可

---

① Reiss, K., *Translation Criticism: The Potentials & Limitations*. Manchester: St. Jerome Publishing Company, 2000.

操作性;(2) 在阐述原文与译本的差异时对文化因素对翻译的影响关注不够,故而显得解释力不足;(3) 与 House 的模式一样,它建立在英、德语言和文化之间,众所周知,英、德语言及其背后的盎格鲁-撒克逊和日耳曼文化之间的共性与英、汉语言及其背后的文化之间的情形不可同日而语,所以这一模式如要用于对涉及英、汉语言的翻译批评还得进行一定程度的调整。

至于运用韩氏的功能语言学进行翻译批评研究,据我们的检索,国外的研究文献目前尚未见这方面探索的记录,但在国内,黄国文将 Halliday 关于语言的三种元功能(概念功能、人际功能和成篇功能)及其体现(及物性系统,语气、情态系统和主、述位及信息系统)应用于中国古典诗词英译批评,做出了有益的探索。[①] 由此看来,功能语言学之用于翻译批评研究同样表现出广阔的前景,但是,毋庸讳言,目前的研究同样处于"初始"阶段,尚有待于翻译研究者和功能语言学家做进一步探索,以拓展功能语言学视角下的翻译批评研究。

四、功能语言学视角下的翻译质量
评估模式的建构思路与涵盖内容

包括翻译形式在内的实际语言活动既然在语篇层面上进行,要对

[①] 黄国文,《〈清明〉一诗英译文的人际功能探索》,载《外语教学》,2002 年第 5 期;黄国文,《〈清明〉英译文的经验功能分析》,载《外语与外语教学》,2002 年第 5 期。

翻译现象做出合乎实际的描写和阐释自然宜以语篇为视角。同理,立足于文本/语篇层面,关注译本是否与原文意义/功能对等的功能语言学翻译质量评估模式,其指标参数的确定同样须以语篇为轴。具体地说,本研究的基本思路和方法如下。

首先在微观层面上,对构成整体语篇的基本单元,对本研究来说,就是小句层面,依据功能语言学关于语言元功能及其体现的词汇-语法系统对原、译文语篇里的小句进行及物性和语气、情态分析,以揭示和描写它们的概念与人际意义以及译文对原文是否或哪里发生了"偏离"。其次,在宏观层面上,站在整个语篇的高度,从语言、功能、情景互动的角度,从反映翻译情景的目的语特征、社会文化环境,以及语篇类别和文本功能等方面,对前述所描写的各种偏离予以分类梳理并做出价值判断;同时,引入语篇类型概念以确定不同类型的意义/功能偏离(经验、人际)对不同体裁语篇译文质量影响的权重。最后,对第一步所发现的所有偏离个案进行统计,根据第二步对译文质量的价值判断再对统计数量做出修正;依据所译语篇的体裁类别,又将两类不同类型(经验、人际)偏离对译文质量影响的大小乘以权重,如此进行加减乘法运算出的偏离值就是判定译文是否和多大程度上和原文"对等"或者说"忠实"的依据(而对不同译文的评价,则是看它们分别依循上述同一方法与步骤算出的偏离值之间的"差")。不难看出,在研究方法上,本研究是定性与定量互用,描写与解释并举,"自上而下"(top-down)和"自下而上"(bottom-up)结合。

本研究依据的路径、方法、翻译质量评估模式参数的设定及权重的确定,以及背后的理据和思想简述如下。

1. 强调翻译研究的语篇视角与我们深入其内部开展对小句的分析、描写并不矛盾。翻译虽然以语篇为活动平台,但实际翻译操作却是在整体语篇的有机组成即小句、句群上进行,不过这种微观小句层面的操作实际上是微观与宏观相结合的反映,因为对具体小句的翻译是建立在对其所处语篇的整体把握的基础上的。翻译评估亦如此。先是在微观层面上,从语言、功能、情景间的互动,具体地说,从反映情景语境的语域-语场、语旨和语式对小句三种意义-经验、人际和语篇的直接作用以及这三种意义分别体现在语言的及物性、语气和主位等语法系统的事实出发,对原、译文语篇里的小句进行形式、意义和情景分析,以发现和描写译本对原文在概念和人际意义上的偏离情形。然后,在宏观层面即整个语篇的高度上,同样从语言、功能、情景间的互动,从反映语境对措辞影响的言语交际所涉因素及其在语篇上的表现即成篇属性,从反映文化语境的篇章体裁(genre)的纲要式结构(schematic structure)与体现样式(realization pattern)在译文语篇中的三种情况观察以下三点。(1)同一体裁的篇章结构在译入语环境里呈现不同的构造(不同的互文性),所以译文重构时需在语篇纲要式结构层面对原文做出必要的调整,因而带来译文里一些小句相对于原文的功能/意义偏离。(2)虽然原文的篇章纲要式结构在译文语篇里无须做出改变,但其体现样式却表现出不同于原文的情形,从语言对功能体现的角度看,原文的一些小句也往往表现出与原文意义/功能的偏离。显而易见,以上两种微观层面的小句功能偏离都是译文语篇为了译入语情景在宏观上(纲要式结构和体现样式)实现总体语篇功能对等目标而做的调整引起的,因此,这种偏离从整体语篇翻译的角度看,对译文质量是起正面促进作用的,从译文整体质量评估的角度看,应从偏离案例中剔除。(3)原文的语篇纲要式结构与体现样式在译文里都无须变化,在此情形下,小句层面的功能偏离既在微观上,也必然在语篇宏观上对译文质量造成伤害,故其与译文质量的关系是负相关。对前述微观层面所描写的各种偏离个案分类梳理,即对小句功能偏离对译文质量的正负面影响做出价值判断——排除从宏观视野看对译文质量未造成伤害的偏离个案。在对原文、译文及不同译文里的小句层面上的意义/功能偏离情形进行如此描写、归类和统计时还可能出现的一种情况是:设定不同译文的功能偏离总数不相上下,那么,甲译文可能在概念功能上的偏离多于乙译文,而在人际功能上又少于对方。此种情况下,为对两种译文质量的相对高低做出评判,则必须根据所译语篇的类型,即视其重在传达概念意义(如科研论文),还是着眼于人际功能(比如说广告语篇),而对两种不同类别的功能偏离对译文语篇整体功效影响的大小设定权重系数。

2. 虽然 Halliday 归纳了语言的三种元功能(概念、人际和成篇),但我们在考察与描写译文是否与原文功能对应或偏离时只设定了经验与人际功能两个参数。这是因为,语言的成篇功能,如 Halliday 和其他功能语言学家所阐述的那样,系对信息的组织,这里的信息即概念与人际功能/意义所代表的内容,因此,它是一种言内功能,其作用是辅助语言表达的概念与人际功能/意义的实现,与之并非处于同一层面上。从语言表达言外内容的角度看,任一语篇、话语及其组成小句一般只有两种功能。基于此,在开展翻译质量评估时,在微观即小句层面上,只需对原文与译文做概念与人际功能/意义分析,从语言与功能互动的角度看,即通过考察分别体现概念与人际意义的及物性与语气等系统来发掘原、译文语篇的概念与人际意义并判断译文对原文是否在这两个参数上发生了偏离。但是,站在整体语篇翻译的宏观高度上,从语篇的整体意义系对各组成小句意义的有机合成的认知出发,我们不能回避信息的组织问题。由于整体语篇层面的信息编织与前述文化因素如语篇结构密切相关——语篇结构是某一特定文化中组句成篇的特定方式，是一种约定俗成的、相对稳定的语言使用习惯，是文化因素在语言运用过程中长期积累的结果——故我们应在对所描写的偏离个案进行归类并做出价值判断这一阶段，结合包括体裁在内的文化因素对译文语篇编码的作用，讨论译文语篇的信息组织特征及其对译文质量（概念与人际意义）的影响。

五、结语

不难看出，本研究运用功能语言学理论拓展了对翻译批评的研究，即建构出一种较为系统、客观和具有较强操作性的翻译质量评估模式。需要指出的是，本模式用于翻译批评实践虽然在形式上与时下不少翻译批评的文章一样，表现在挑译文的缺陷或毛病，但两者的区别还是一目了然的：前者是按评价指标体系并依据其背后的理论而系统、全面地按照上下结合、微观宏观并举、定性和定量共用的程序审视译文，这样评价得出的结论自然较为客观，全面；而后者更多只是纠缠在具体文字层面的问题，如译文里一些词、句等的不当或错误，结论难免偏颇。同时，也应指出，对比语言学远未能对翻译所涉及的任两种语言/文化（尤其是对与翻译实践与批评都关系重大的两种相距甚远的语言/文化，如本研究关注和依赖的翻译语料涉及的英、汉语言/文化）里的各种语篇体裁的语篇结构和体现样式在翻译情形下所表现出的前述三种情况做出系统、充分的描写，在具体翻译中何时该对原文的篇章结构、体现样式在译文里做出上述某种情况的选择常常因人而异;同理,对之展开翻译批评,也往往由于评论家自身的语言、文化能力与修养的不同而表现出较大的差异性。看来,追求翻译质量评估模式之用于译文质量评估实践的百分之百的客观性可能是个难以企及的目标,本模式只能说是朝此目标迈进了一步。

(原载于《外语教学》2005 年第 4 期)

自建语料库与翻译批评

肖维青

一、引言

"翻译批评是翻译理论与实践之间的一条根本纽带。"①"它是一种具有一定实践手段和理论目标的精神活动,是从一定的价值观念出发,对具体的翻译现象进行分析和评价的学术活动,是审美评价和科学判断的有机统一。"②然而,20 年来的中国翻译批评现状表明,"翻译批评仍然是译学研究中最薄弱的一环"③。翻译标准不统一,或者说,对翻译标准理解不一致,翻译批评方法显得软弱无力,缺乏科学的批

---

① Newmark, P., *A Textbok of Tranlsation*. New York: Prentice Hall, 1988, p.184.

② 方梦之,《译学辞典》,上海,上海外语教育出版社,2004 年,第 346 页。

③ 周仪、罗平,《翻译与批评》,武汉,湖北教育出版社,1999 年,第 159 页。

评原则和整体评论的良好风气。[①]

　　风格批评被认为是评论文学作品翻译得失的最高层面，原作风格的再现程度也就成了评判文学翻译的重要准绳。以往对译作的研究、评论，涉及文体、风格的本来就不多，而且主要是经验、内省型的，因为对长篇译作很难进行文体风格的量化研究。在这方面，许钧教授归纳过客观、合理、公允和科学的五种批评方法[②]，也曾旗帜鲜明地倡导"树立科学的批评精神"[③]。本此宗旨，本文简要介绍自建语料库的翻译批评研究方向，权且作为科学的翻译批评方法的补充，并提出翻译批评的描述性转向。文中主要例证取材于上海外国语大学冯庆华教授开设的博士生课程"文体翻译研究"和"《红楼梦》翻译艺术"。

二、创建小型的专用平行语料库

　　随着计算机及其相关技术的飞速发展，语料库建设在技术上的障碍越来越少。扫描仪、电子出版物以及网上资源也为收集语料提供了极大便利。创建语料库已经不再是少数人的专利，语言研究者已经可以自行建立中小型语料库，进行与语言相关的研究，包括翻译研究。

　　根据用途，我们的自建语料库并不需要很大规模，因为研究对象

---

① 杜承南、文军，《中国当代翻译百论》，重庆，重庆大学出版社，1994 年，第 774 页。

② 许钧，《文学翻译批评研究》，南京，译林出版社，1992 年，第 43—45 页。

③ 许钧，《翻译论》，武汉，湖北教育出版社，2003 年，第 409 页。

不是一般的自然语言资源，也就是说，进行翻译批评研究的语料库是专用语料库。同时，与大多数现有语料库不同的是，自建翻译语料库是平行语料库，即把汉英两种语言中完全对应的文本输入计算机，并通过对比分析找出两者的对应关系。在实践中，研究者可以根据需要，确定适当的规模。如果只是研究篇幅较短的翻译作品，语料库的规模会相对较小；如果研究篇幅较长的翻译作品，如《红楼梦》英译本，或是研究某一特定译者的所有翻译作品，如杨宪益译作，语料库的规模就相对较大。当然，在语料库中还可以建立若干子库，比如研究杨宪益的译作，可以分成几个子库：小说、诗歌、戏剧和散文等。

三、建库前的预处理

在语料库建库之前，需要认真考虑语料的获得渠道和方式、语料的格式、文本编码格式以及索引软件。

进行翻译批评研究的语料与一般用途的自然语言相比有其特殊性：必须是具备同一内容的原作和译作，有时还要搜集重译和复译。翻译批评研究的对象许多是名著、名篇，而许多网站提供此类电子文本和免费的文本下载功能。例如中国的四大名著原文就可以从网上轻易下载（但须注意译本所据版本问题）。西方名著、名篇的原文除了免费在线资源外，还可以通过出售的名著光盘获得，如复旦大学出版社出版的《英文名著1000部》。有的译文语料也有现成的电子文本，可能来自在线资源。例如，可以在网上获得鲁迅小说的英语译文选集,包括《狂人日记》《孔乙己》《祝福》等 20 个重要篇目。然而还是有相当一部分语料需要手工输入或扫描,例如 David Hawkes 和 John Minford 翻译的《红楼梦》(*The Story of the Stone*,以下简称为霍克斯译本),洋洋洒洒 82 万言,光是扫描就花费相当人力物力,扫描之后的人工校对更是艰苦耗时,但电子文本相对于纸质文本在研究上具有诸多优势,付出劳动也是有所值的。

语料的格式指语料是公开发行的还是未出版的,是否需要获得作者或出版者的许可,也就是版权问题。一些未发表的译作,可以征求译者本人同意后收入。文本编码格式对语料处理的效率也很重要。如果把电子文本统一储存为纯文本格式或带分行符的 DOS 文本,建成的语料库对索引软件的适用性就比较强,语料处理准确度高。某些软件不能识别其他编码格式的文本,对一些特殊格式标识符号在读取中会出现乱码,因而影响处理结果。①

索引软件一般分为以下几种:(1)自由软件,可以从网上免费下载,个别软件要求注册或给作者发一封电子邮件,如 MicroConcord 等;(2)网上限用版,有些软件需要购买、注册后解密才能自由使用,但是提供网上使用授权,也就是说,每次处理文本或数据时,都必须登录该网站,而且分析结果被网站共享,如 Chinese Annotation Tools;(3)限期使用的软件,这种软件在网上免费下载后可获得一个注册号,该注册号在使用一定时间或次数后即失效,例如,Concordance 3.0 的免费使用限期是 30 天,如果仍想继续使用,每次需重新安装,才可获得连续三天的免费使用;(4)商业软件,需要购买才能使用,如 Mike Scott 设计开发的 WordSmith Tools。这个软件是基于 Windows 平台的索引

---

① 杨惠中,《语料库语言学导论》,上海,上海外语教育出版社,2002 年,第 77 页。

软件,一次处理的语料量几乎是无限的,是大型语料库研究的必备软件。如不购买,则只能观看其演示版,不能使用,其下载网址是http://www.oup.com/elt/catalogue/multimedia/WordSmithTools3.0。

四、TEC 与翻译研究

专为翻译研究而建立、对翻译的性质和特征进行描述的双语或多语语料库,国外始建于 20 世纪 90 年代中期。英国知名翻译学者 Mona Baker 教授是这一领域的开拓者之一。Baker 所在的翻译研究中心建成了世界上第一个翻译英语语料库 TEC(Translational English Corpus)。

TEC 收集了多位著名文学翻译家的译作,有同一译者对不同语言或不同原作者作品的翻译,也有不同译者对同一原作的多种译本。据此可以开展对某一译者的多译本分析,对某一原作的多译者的译本分析,对男女译者的译本分析,更可以根据大量语料对译者个人偏爱的语言表达形式(如词类/标记比率、句子长度、词频、句型、搭配方式、叙事结构等)加以分析,从中发现更有说服力的翻译风格表征。此外,该库还对语料进行了附码标注,并带有许多超语言信息的标注,如对译者情况(包括译者姓名、性别、民族、职业、翻译方向等)、翻译方式、翻译类型、源语、原书情况、出版社等均一一标注。这些都是考察文学翻译及翻译文体的重要信息,因为译者对所译文本类型的选择、对翻译策略的选择,以及在前言、后记、注释中的表述,都可能表现出译者的翻译动机、风格或取向。

Baker 选用了英国当代著名翻译家 Clark 和 Bush 的翻译作品进行研究,其中包括 Clark 翻译的 3 本小说和 Bush 翻译的 3 本小说、2 本传记。Baker 利用语料库调查译者的文体,对一些难以捉摸的、不引人注目的语言习惯进行描述、分析、比较和阐释,比较令人信服地说明译者的"烙印"确实存在。① 既然译者的烙印存在,就有必要研究、制定一种合理的方法去寻找和梳理这些烙印。

Baker 利用 TEC 所做的研究,其视角或方向是从内到外,即

文本内部→译者文体→外部的社会文化环境

这种研究主要的着眼点不是局限在语言的结构形态上,而是把语言形态、语言习惯与使用语言的译者、译者的思想、社会背景以及各种语境联系起来,了解译者的认知过程、翻译动机及其社会文化定位。显然,和抽象的随意性判断相比,这种基于实证的方法在说服力方面具有独特的优势。下文介绍的自建语料库翻译批评研究并不具备 TEC 的规模和实力,因此目前尚停留在文本分析的层面,但是随着语料库建设的发展,研究的范围也会适时向外部扩展。

---

① Baker, M., "Towards a Methodology for Investigating the Style of a Literary Translator", *Target*, 2000, 12(2), pp.241 - 266.

五、自建语料库在翻译批评中的实际应用

　　如果一般的翻译研究者都能利用类似 TEC 的语料库,他们的研究一定能有深入的发展。令人尴尬的是,目前除了少数语料库(如 COBUILD、TEC)能够提供在线索引外,大部分已建成的语料库只掌握在小群体的语料库开发者和研究者手中。即使是能够提供在线索引的几个语料库,功能也比较单一,几乎只起到演示作用。可见语料库资源的共享仍困难重重。

　　在这种情况下,自行建立符合自己研究方向的小型语料库就是一种选择。我们的自建语料库语料以电子文本形式储存,并且通过计算机自动处理或者人机互助加工,进行词汇密度、词频、句子长度、搭配模式、特定词汇的使用以及使用频率的比较研究等,致力于多维度、多层面的翻译批评工作,比如:考察原作和原作者的语言风格和模式,考察译文和译者的语言风格和模式,考察某种原语对译文模式的影响,考察不同翻译家对同一原文本的类似处理和不同把握,并在资料和数据充足的条件下,进行译者的认知过程和社会文化定位等问题的探索。

1. 平均句长(sentence length)

　　针对文体特征鲜明的原文,翻译批评需要考虑在翻译过程中文体特点是否得到了再现。简而言之,文体分析可以分为 4 个层次 2 句法

结构、词汇、语音和篇章结构。在此仅以句法层次的一个基本组成部分即句子的长度为例。Vermeer 认为,将歌德的作品翻译成现代拉丁语时,如果(1) 现代德语的句子平均长度为 12 个词,(2) 歌德作品中句子的平均长度为 24 个词,(3) 拉丁语文学作品句子的平均长度为 24 个词,那么,歌德作品的拉丁语译文句子的平均长度应该为 48 个词,只有这样,译文才能反映歌德对正常德语文本规范的偏移以及偏移的程度。①

例如,研究对象是培根的一篇短小精悍、含意隽永的散文"Of Studies"以及王佐良、曹明伦、高健、水天同等人的译文。倘若能够知道这几种译文各自的平均句长,对于译文的风格评析应会有一定的参考价值,因为长句和短句的文体作用不同:短句干脆利落,简洁明快;长句庄严肃穆,意蕴丰富。

平均句长的测量可以利用现代汉语文本预处理 V1.0(Text Pre-Processing)。这个程序有文本断句、句子排序、句子编号和句长统计等几个功能。我们对以上 4 种译文进行的统计得出:王佐良译文平均句长 36 字,曹明伦 63 字,高健 51 字,水天同 49 字。该程序不仅可以统计平均句子长度,而且可以统计不同句长的句子频度。比如,我们对曹明伦所译的培根五篇散文(《论读书》《论美》《论高位》《论结婚与独身》和《论真理》)做了统计,发现曹译文中出现频率最高的句子长度依次为 130、114、106、103、89 字。当然,统计平均句长并不一定需要

---

① Baker, M., "Corpora in Translation Studies: An Overview and Some Suggestions for Future Research", *Target*, 1995, 7(2), p.228.

特定的软件,常用的 Word 工具也可以解决①。

2. 词频(**word frequency**)

词频指各词形(word form)在文本中出现的频数,词频统计是语料库分析中一个基本的统计手段。词频统计可以用于教材设计、文本分析和计算语言学等,其结果也可以用于其他更为复杂的统计之中。在翻译研究中使用词频统计对原文的用词风格、译文的用词风格乃至文体进行研究也有一定的帮助。下文以《红楼梦》回目英译比较为例,简要介绍自建语料库进行的词语分布(parsing)和词频统计的研究。

在该项研究中可能需要的工具是 Edict Virtual Language Center 提供的在线 Word Frequency Text Profile②、Georgetown University 提供的在线 Web Frequency Indexer③ 和 Concordance 3.0 等。

首先,我们使用 Edict 的 profile 3,将杨宪益、戴乃迭译本(以下简称杨宪益译本)的回目译文粘贴在指定的方框内,文本分析软件会自动将输入的文本分别与英语中的最常用 2000 词表和学术词表做对比,结论如下:

(1) 文本中分布的总词数(total number of words parsed in this text)= 2187;

---

① 使用"编辑"的"替换"在"查找内容"中分别键入句号、感叹号和问号,"替换为"句号、感叹号或问号加上"特殊字符"的"段落标记"。通过记录计算机统计的替换次数,可以得出句子的总数,再使用"工具"的"字数统计"得出总字数,这样,两个数值相除就可算出平均句长。另外,经过"替换"后的文本,按照句子排列,一目了然,便于以后的操作。

② http://www.edict.com.hk/texranalyser。

③ http://www.georgetown.edu/faculty/ballc/webtools/web_freqs.html。

（2）分布在最常用 2000 词表中的总词数（number of words in the 2000 Most Frequent Word Family List）＝ 1502（占 68.68％）；

（3）分布在学术词表中的总词数（number of words in the Academic Word List）＝ 30（占 1.37％）；

（4）不属于上述两个词表的总词数（total number of words not in either list）＝ 655（29.95％）。

第二步，对霍克斯译本进行类似处理，得出的四项相关数据如下：（1）2608，（2）1800（69.02％），（3）75（2.88％），（4）733（28.11％）。

对照两个处理结果，有较显著差异（卡方值为 12.56）的项目是第三项，据此基本可以认为霍克斯的译文用词更学术化，行文更书面化。这样的结论比手工逐个回目进行比较分析更具有科学性和说服力，而且也很便捷。

除 profile 3 以外，Edict 还提供与最常用 2000 词表、次常用 3000 词表（由 Brown 语料库提供）对比的文本分析，即 profile 1，以及与学术英语中的最常用 1000 词表和次常用 1000 词表（由新西兰惠灵顿维多利亚大学提供）对比的文本分析，即 profile 2。

进行了词语分布的统计，还可以利用 Web Frequency Indexer 做词频统计。词频统计需要的实际上是一个简单的程序。词频统计一般可以产生三种词频表（word list），一种按照词的字母顺序排列（sort alphabetically），一种按照词的频率递减排列（sort most frequent words first），一种按照词的频率递增排列（sort least frequent words first）。这三种词频表各有所长，都可能是进一步研究所需要的。我们一般采用第二种列表，见下表：

杨宪益译本词频			霍克斯译本词频		
Word count:2156			Word count:2581		
05.705	123	a	05.811	150	a
04.591	99	the	05.346	138	and
02.551	55	of	05.230	135	the
02.504	54	to	03.796	98	of
02.365	51	in	02.595	67	to
01.901	41	her	01.937	50	in
01.669	36	and	01.627	42	an
01.623	35	is	01.549	40	is
01.298	28	an	01.356	35	her
01.020	22	Baoyu	01.201	31	Jia
00.974	21	by	00.968	25	by
00.974	21	his	00.929	24	for
00.881	19	Xifeng	00.813	21	with

（说明：第一列是％，第二列是频数，第三列是类符。①）

限于篇幅，上表仅为原始表格的极小一部分，但仅凭这一部分表格就可以发现不少问题。如，"and"一词在霍克斯译文中出现频率极高，计138次，而杨宪益译文只有36次。原因何在？原来霍克斯对于每一回目的两句话，基本上都采用了"and"来衔接，而杨译本则仅仅以分号来分割两句。这两种处理方法不一定有孰优孰劣之分，然而可以据此进一步讨论回目翻译的体例。又如，"of"在两种译文中出现的频数差异也比较明显，霍译比杨译多了43次，这是否可以又一次证明，霍译使用的语言更为复杂，因为书面语言或学术语言中"of"出现的频

---

① 在语料库统计中，每一个在语料库中首次单独出现的词形称为类符（type），而同一个词在语料库中出现的次数称为该词的频数，又称该词的形符（token）。

率一般仅次于"the"①。我们想通过这两个非常简单的例子来说明：词频表能在一定程度上使研究者从整体把握译文,发现一些局部的具体分析容易忽视或无法证明的问题。

3. 特色词汇

语料库可以在语法和词汇现象之间架起实验调查的通道,可以测试语言理论及其假设,借助于统计方法,找出语言特点和类型,为语言分析提供新视角。如上所述,语料库对翻译文本语体风格的量化研究也提供了各种条件。除以上介绍的对平均句长、词频、词语分布等的研究以外,还可以利用自建语料库做译文特色词汇的研究。

对译自同一原文的两种译文文本进行比较时,我们可能发现一个语言项目出现在一个文本中,而没有出现在另一个文本中,可能在一个文本中比在另一个文本中出现更频繁,也可能在两个文本中频率大致相同。如果某一项目(比如某个词)的密度在两个文本中大致相同,那么,对于这两个文本来说,它们是非标记性的,或中性的。如果某一项目的密度在两个文本中不同,该项目就有可能作为区分两个文本的重要语体特征(即语体标记)之一。密度不同的情况又可以再分为两类:(1)该语言项目在两个文本中均有出现,但是频度悬殊,如果是词汇,我们可以通过对词频统计的分析获得大致的印象;(2)该项目在一个文本中出现多次,而另一个文本一次也没有出现过,这种情况可以用 Concordance 3.0 进行处理。

本文以《红楼梦》正文中王熙凤个性化语言的译文为例。第一步

---

① 据 JDEST 学术英语语料库频率词表。JDEST 系上海交通大学语言文字工程研究所主建的学术英语语料库。

把收集了所有王熙凤语言的英文文本①保存为纯文本格式。如果要考察霍译(设置为 1.txt)中出现而杨译(设置为 2.txt)中没有出现的特色词汇，需要在霍译的开头键入任意一个中文字符，作为分隔两个文档的标记。启动 Concordance 的程序，在工具栏 file 的 make full concordance 中先加入文本(add files) 2.txt，随后加入 1.txt，Concordance 开始处理。几秒钟之后，结果按照字母升序/降序，或者词频升序/降序的默认顺序出现在页面的左方。然后，把结果的顺序改为 sort by order of occurrence，这样，表格中以前面步骤中键入的中文字符为分界线，后面部分就是霍译中出现了一次或多次(次数在表格中已显示)而杨译没有出现过的霍克斯译本特色词语。随后把所需结果(即特色词语部分和出现次数)拷贝到新的文档中，将文本转换为表格，以供研究之用。

显然，具有研究价值的特色词语应该是霍克斯译文中出现多次而并非偶然地出现一两次的词语，比如，"sir"出现 13 次，"nice"出现 12 次，"ah"出现 8 次，"penny"出现 7 次，等等。还可以在 Concordance 中快捷地查考这些特色词语出现的语境(在页面右方)，以便从句子层面分析用词的风格。如果考察的是杨译中的特色词语，在 Concordance 中加入文本的顺序就是先 1.txt 再 2.txt。总之，后加入的文本是关注的重点。

为了对不同译本或译文的语体做出较为详尽、客观、系统的分析描述，利用 Concordance 程序进行定量分析，找出特色词汇，确定词汇出现的语境，用客观的数据来反映语体风格，这是大多数简单化的定性分析所不能企及的。当然，在定量研究之后还需要对特色词汇产生

---

① 产生这两个文本需要相当繁琐的步骤，笔者拟另撰文讨论。

的根源、反映的语体风格做定性研究。定量和定性相结合的研究方法才是科学的方法。

4. 主题词(theme word)与关键词(key word)

所谓主题词指的是跟某一标准相比其频率显著偏高的词。通过提取和分析文本中具有超常频率的词,有助于确定文本的主题,进而研究作者(或译者)对某一主题的心理词符和知识表达问题[①]。就翻译批评而言,倘若能提取出原文中的主题词,并着重分析主题词在译文中的表达和处理,研究就比较有重点,有层次。仍旧以《红楼梦》回目翻译为例,经过词频统计,原文中"情"的频数是34,频率是1.7%,"玉"的频数是27,频率1.4%,"痴"的频数是11,频率为0.5%,而根据常识,这三个词在一般语料中出现的频率远远低于该文本中的状态,因此可以将它们推断为原文的主题词。如果主题词频率的偏高程度用 X^2 值[②]的方法计算,则更为准确可靠。提取了主题词之后,可以分别研究这三个词在两种译文中的移译情况。如"情"字,在多数情况下,译文中不见"情"字的痕迹,那么译者是如何传达"情"的意味的,就值得研究。

关键词是语料库用户在对某一词形或用法在语料库中进行检索时所键入的词形、词组或者带通配符的字母组合。用户通过关键词对词语索引进行控制,以获得期望的数据。某些词语索引分析软件也称

---

① 杨惠中,《语料库语言学导论》,上海,上海外语教育出版社,2002 年,第 335 页。

② 它涉及四个变量,即某词在文本中的频数 a,所在文本的长度 b,该词在参照语料库中的频数 c,参照语料库的长度 d。计算公式如下(N 是 a、b、c、d 的总和):

$$X^2 = \frac{(|ad-bc|-N/2)^2 \times N}{(a+b)(a+c)(b+d)(d+c)}$$

关键词为 search word，head word，node word 等。以关键词为中心，左右显示的词数构成该词的跨距（word span），跨距中的词构成关键词的微型语境。比如，有不少翻译研究者认为霍克斯的译文在宗教问题上归化的痕迹很重，把"阿弥陀佛"译为"God bless my soul"，其译文因而颇受诟病。事实上，如果采用关键词检索，我们会发现有关"阿弥陀佛""佛祖""佛"等词汇在霍译中并不是一成不变地归化，比如，我们键入"Buddha"进行索引，霍译中竟然出现了 70 次之多。经过整理，可以分析构成"Buddha"的微型语境和构成"God"的微型语境，看看到底在什么情况下霍克斯倾向于归化，什么情况下采取异化，而不是偶然找几个例子，就贸然定论。

六、结语

本文介绍了自建语料库进行翻译批评研究的方法和部分应用实例。由于本文主旨并不在于公布研究的结果，而是探索一种有别于主流研究方法的途径，同时也限于文章篇幅，所以文中大部分例证只是用于介绍研究的方法。这一研究只是小范围、试验性的尝试，但还是可以从中看到，自建语料库进行翻译批评在原则上是可行的，而且是很有意义的。利用语料库进行研究，有助于客观地把握原著的风格，有助于科学地分析译者的风格，也有助于原文、译文的全面对比分析。利用语料库进行研究，对一些难以捉摸的、不引人注目的语言习惯进行描述、分析、比较和阐释，能为翻译批评提供可靠的量化依据，能比较令人信服地说明问题。这样,翻译批评中基于文本分析的研究可以在一定程度上避免概念的演绎,或生搬各种艰深理论穿凿附会。同时,基于语料库的翻译批评对于翻译教学亦有裨益。数据驱动的学习(data-driven learning)将改变教师一言堂的状况,颠覆参考译文的绝对优越性,对培养学生利用资源、自主学习的能力很有帮助。

语料库不仅为翻译研究提供了新的工具,而且扩展了翻译的研究范围,提出了新的研究思路。一直以来,翻译研究,特别是翻译批评,完全围绕着译文和原文是否对等而展开。Toury 就曾警告说,仅仅评判翻译的得失是"消极的推理"(negative kind of reasoning),我们应该试图描述和理解翻译的原生态。① 基于语料库的翻译研究有助于规定性向描述性的转向,因为大量真实语料的获得可以激发归纳性的探索,寻求理论规定或者直觉感知之外的"规范"(norms)。语料库为翻译批评提供了诸多可能性,对这些可能性予以充分开发利用,有助于翻译批评的"审美评价"和"科学判断"跳出经验和直觉的内省桎梏,达到有机的统一。

我们的自建语料库翻译批评研究还有不少问题需要进一步探讨和探索。比如对索引软件的应用目前仅仅处于起步阶段,很多用途亟待开发。又如,除了平均句长、词频统计、特色词汇、主题词、关键词等方面,还可以进行译者用词变化状况的考察,也就是做类符、形符比研究(type/token ratio)②。此外,在语法结构、叙事结构方面的研究尚不

---

① Toury, Gideon, *Descriptive Translation Studies and Beyond*. Shanghai: Shanghai Foregin Language Education Press, 2001 (First edition in 1995 by John Benjaminss B. V.), p.84.

② 即借助语料库来分析或衡量作者/译者所用的词类范畴和种类。不同词类出现的次数与文本的总字数相比可以得出一个比率,低比率意味着作者/译者使用的词汇量较小,范围较窄,高比率则表示作者/译者所用的词汇范围较宽。

尽如人意。与此同时,不可忽视的一点是:做量化分析时不能孤立地依靠数据说明一切问题,对文本外部环境的考察仍应占据必要的位置。我们不能让语料库的优越性挡住了眼睛,看不见在翻译研究中,特别是在文学翻译研究中,质的分析往往比数量的分析更加重要[①],而语料库只是一种研究工具。总之,"正如语料库已经在使人们用新的视角来看待翻译一样,目前开展的翻译研究也会使人们用新的视角来看待语料库"[②]。

(原载《外语研究》2005 年第 4 期)

[①] 廖七一,《语料库与翻译研究》,载《外语教学与研究》,2000 年第 9 期,第 384 页。

[②] Kenny, D., "Corpora in Translation Studies", in M. Baker (ed.), *Routledge Encyclopedia of Translation Studies*. London and New York: Routledge, 1998, p.53.

翻译的危机与批评的缺席

许　钧

最近一个时期,翻译问题似乎引起了媒体的特别关注,"译风浮躁""译德沦丧""翻译质量下降"等批评文字不时见诸报刊。仅以《读书》2005年第7期为例,该期就有两篇文章涉及翻译问题,其中对我国翻译现状的担忧不能不引起我们的警觉。首先是张汝伦在《现代中国的理性主义》一文中开篇写道:

> 《意义之意义》的作者I.A.瑞恰兹尝谓将中国哲学概念译为英语可能是"宇宙演化产生的最复杂一类事情"。而以译书为自强"第一策"、"第一事"的中国人,似乎从来没有类似地想过,一个多世纪以来,译书劲头长盛不衰。早在清末,就已经"日本每一新书出,译者动辄数家"(梁启超语)。一百多年后的今天,译书热情有增无已。"大干快上"乃我国翻译事业的真实写照。

细读这段文字,不难看出作者对我国翻译事业的基本判断:中国人视翻译为易事,以译书为自强的第一策,百余年来译事昌盛,现如今,更是"大干快上"。凡是对我国"大跃进"的历史有点了解的人,对"大干快上"这4个字所蕴含的意义也许都不会陌生。译书的"大跃进"到底带来了怎样的结果呢？张汝伦对此并不乐观，在他看来，"每年上百种译著的推出，并不能掩盖我们对外国文化……没有完全摆脱梁启超当年所说的'稗贩、破碎、笼统、肤浅、错误诸弊'"①。张汝伦没有对时下翻译的质量提出直接的批评，却涉及翻译的根本问题之一：译为何？也就是说，翻译对我们而言，到底起了怎样的作用？

如果说张汝伦从翻译的现状和翻译的作用两个方面向我们提出了如何评价当今中国的翻译事业这个重要问题，那么柏桦的《回忆：一个时代的翻译和写作》一文，则从北岛的翻译和写作互动的经历出发，借用北岛的话，对我国目前的翻译，特别是诗歌翻译，表示了深深的担忧并提出了严厉的批评："我为中国的诗歌翻译界感到担忧。与戴望舒、冯至和陈敬容这些老前辈相比，目前的翻译水平是否非但没有进步，反而大大落后了？……而如今，眼见着一本本错误百出、佶屈聱牙的译诗集立在书架上，就无人为此汗颜吗？"面对北岛近乎痛心疾首的这声喝问，柏桦明确地表示了自己对目前翻译的看法："翻译在今天的确成为一个问题，这是一个如此粗暴而缺乏耐心的时代，许多译者是见谁译谁，对翻译的责任完全无知，当然更谈不上心怀虔敬了"②。

张汝伦和柏桦对当今翻译界的看法具有相当的代表性。他们的见解代表了中国学界相当一部分人的观点，他们所提出的问题值得我国翻译学界的深思。然而，令人遗憾的是，对传媒所反映的广大读者的呼声，对其他学科的学者提出的一些重要问题，国内译学界却很少加以深切的关注，更缺乏深刻的思考，翻译批评界几乎处于完全缺席的状态。

---

① 张汝伦，《现代中国的理性主义》，载《读书》，2005 年第 7 期，第 132 页。
② 柏桦，《回忆：一个时代的翻译和写作》，同上，第 154 页。

应该说,近 20 年来,中国译学界在译学理论研究方面取得了令人瞩目的成绩。翻译批评研究也已开始起步,出版了《翻译批评论》①和《翻译批评导论》②等一些较有理论价值的论著,从翻译批评的概念与范畴、翻译批评方法、译文质量评估、翻译批评观等各个角度对翻译批评进行了较为深入的理论探讨。然而,理论的探讨并不能代替批评的实践,更不能替代对中国翻译界当下重要问题的关注。

若留心一下我国目前的翻译状况,我们虽然不完全赞同张汝伦和柏桦对我国翻译事业的基本判断,但不容回避的事实是,在译事昌盛的背后,的确潜藏着重重危机。

危机之一:版权的盲目引进。从本质上讲,翻译是跨文化的交流活动。我们从事翻译工作,应该有明确的翻译目的,那就是通过翻译,吸收异域的文化精华,丰富我们的民族文化。在这个意义上,较之于如何译,译什么的问题便显得更为重要。从我国目前翻译出版界的现状看,问题主要表现在跟风、重复和轻率。所谓跟风,是唯外国的畅销排行榜是瞻,外国什么畅销,国内出版社便抢着引进。所谓重复,是国内各出版社之间处于一种竞争的关系,在市场经济条件下,一家出版社引进一种经济效益不错的选题,多家出版社便跟着引进类似的选题,在某种程度上造成了选题的大量重复。所谓轻率,是国内很多出版社不拥有外国图书的审读力量,对拟引进文本的价值缺乏判断,单凭某些版权公司或中间人寥寥数百字的简单介绍,便轻率地拍板引进。其结果是,不少引进的图书价值不高,有的甚至是毫无价值可言,造成了多重资源的浪费。

---

① 姜治文、文军,《翻译批评论》,重庆,重庆大学出版社,1999 年。

② 杨晓荣,《翻译批评导论》,北京,中国对外翻译出版公司,2005 年。

危机之二：翻译质量的多重失控。 眼下谈起翻译，几乎是众口一词，那就是翻译事业虽然轰轰烈烈，但翻译"总体水平下降了，翻译质量不如从前高了，倒退了"，而产生这一现状的根本原因，是译者水平太低。对这种评价，谢天振先生在《假设鲁迅带着译作来申报鲁迅文学奖——对第三届鲁迅文学奖优秀文学翻译奖的一点管见》[①]中表达了完全不同的看法。从我国目前的翻译状况看，新时期翻译的成绩应该是不容忽视的，翻译的整体力量和水平与"文化大革命"前相比，应该是提高了。但问题是，为什么市场上会出现为数不少的"错误百出""佶屈聱牙"的翻译图书呢？为什么在许多人看来根本不合格的翻译图书会堂而皇之地进入市场流通呢？关键在于如今的翻译出版部门，没有一个严密、严格、严肃和科学的翻译质量控制机制。从译者的选择，到译文质量的评价，再到译文的编辑把关和出版社领导对译文的审定，翻译的质量在许多出版社基本上处于失控的状态，得不到保证。这致使一些不合格的产品轻易地出版，流入图书市场，既造成了对原作者的伤害，也造成了对读者利益的损害，更是对文化交流事业的一种亵渎。在我们看来，翻译图书质量的下降，固然有译者的责任，但从根本上说，是翻译质量的多重失控造成的。缺乏严密的翻译质量的控制机制，应该是最重要的原因。

危机之三：译风的普遍浮躁。 "'大干快上'乃我国翻译事业的真实写照。"张汝伦的这一评价在有的人看来，恐怕有抹杀我国翻译事业的成绩之嫌，但在某种意义上可谓一语中的，一针见血。随着我国改革开放大业的不断发展，国际间的各种交流日益频繁，落在翻译头上

---

① 谢天振，《假设鲁迅带着译作来申报鲁迅文学奖——对第三届鲁迅文学奖优秀文学翻译奖的一点管见》，载《文汇读书报》，2005年7月8日第3版。

的任务也越来越多,越来越重,翻译事业确实遇到了一个"大显身手""大干一场"的好时代。然而,在大干的同时,"快上"似乎成了必然。我们这个时代,是一个求速度的年代,"速度"出效益。认认真真地论证选题,字斟句酌地慢慢翻译,一句一段地细心核对,需要时间,出版社等不起,市场也等不起。也是,从选题论证到翻译再到编辑,都要求快,因为要抢时间,抢市场。问题是,如今的翻译工作,特别是文学翻译和社科著作的翻译,机器还不能替代,若超越译者的能力一味求快,那么牺牲的必然是翻译的质量。在这种抢时间、抢市场、求效益的大环境下,译者也好,编者也罢,都普遍地缺乏"耐心",没有时间再像傅雷那样,在下手翻译之前,先读三五遍原著,更没有资本像严复那样,为立一名,慢慢斟酌上十天半个月了。为了快,为了出效益,不少译者没有明白就翻译,见到难点避着走,人名地名随手翻,附录索引随意删。加上责任编辑与出版社领导的放任甚或同谋,译风就这样一步步在浮躁中败坏下去,而译风普遍浮躁的结果,便是译本质量的普遍粗糙。

危机之四:翻译人才的青黄不接。祖国的改革开放大业需要翻译,中华民族的振兴需要翻译,世界文化多样性的维护也需要翻译。然而,当今的时代,国人对翻译的认识普遍不足,视翻译为雕虫小技的大有人在,仿佛学了一点外语就可以操刀翻译。严酷的现实情况是,翻译工作受到普遍的轻视甚至忽视,翻译人才得不到足够的重视,更谈不上对翻译人才的悉心培养了。从学科设置看,翻译目前还没有专业的学科地位;从管理体制看,全国没有一个翻译的主管部门;从社会评价看,一部翻译图书获得成功,全是原作者和出版社的功劳,译者除了苦劳就是"错";从经济效益看,精雕细琢、日译500字的翻译大家是千字60元,更不用谈业余从事翻译的高校教师特别寒心的"翻译不算成果"的学术评价惯例了。在这样的大环境下,翻译人才如何培养?如何解决国家的改革开放大业对大量高水平翻译人才的需求?"翻译人才匮乏"与"翻译人才断层",势必会影响国家的对外交流与文化建设,这一潜藏的危机理应引起国家有关主管部门、教育部门和全社会的足够重视。

上述的四重危机,都是有关翻译的一些重大的现实问题,它们所涉及的不仅仅是译者。早在上个世纪 30 年代,鲁迅就曾针对当时出现的一些翻译问题,说过这样一段话:"翻译的不行,大半的责任固然该在翻译家,但读书界和出版社,尤其是批评家,也应该分若干的责任。要救治这颓运,必须要有正确的批评,指出坏,奖励好,倘没有,则较好的也可以"①。翻译问题的普遍存在,其原因是复杂的,要解决这些问题,自然需要各方的共同努力,但鲁迅说得对,翻译批评界应该负起若干责任来。从理论上讲,翻译实践要健康发展,真正担负起它的历史责任,体现应有的价值,就应该是一种自觉的而不是盲目的活动。而自觉的实践,就离不开批评。季羡林先生曾经明确指出:"翻译事业要发展,要健康的发展,真正起到促进中华文明发展的作用,就不能没有翻译批评。现在批评很少,担负不起应有的职责来。这方面,必须大力加强才行。翻译的批评十分重要,不好的风气,不健康的翻译道德,如果不批评,任其泛滥,那怎么行? 在 20 世纪 30 年代,鲁迅说过,翻译出了问题,翻译出版出了问题,翻译批评界有很大的责任。所以,我呼吁,现在要加强翻译批评,发挥批评应有的作用"②。季老在几年前指出的问题,如今依然存在,"现在批评很少",几乎处于缺席的状

---

① 罗新璋,《翻译论集》,北京,商务印书馆,1984 年,第 292 页。
② 许钧等,《文学翻译的理论与实践——翻译对话录》,南京,译林出版社,2001 年,第 4—5 页。

态,确实"担负不起应有的职责来"。

翻译批评的缺席,首先表现在对翻译重大的现实问题的某种麻木性。目前翻译界问题多多,但如上文所述,根本的问题是"译什么"的问题。翻译对于文化交流与文化建设,可以起到积极的作用,也可以起到反作用。引进什么样的图书进行翻译,直接关系到我国文化的建设问题。在当今这个世界,随着经济的全球化进程的加快,文化多样性的维护问题显得越来越突出,而翻译在其中应该起到怎样的作用,是每一个翻译研究者或批评者必须深入思考的。对于我国翻译出版界在版权引进上出现的一些问题,翻译批评界应该克服某种麻木性,从文化交流和文化建设的高度加以认识,保持应有的警觉,对一些盲目引进的、价值不高甚至有害于我国文化建设的图书要细加分析,提出批评。

翻译批评的缺席,其次表现在对一些具有倾向性的热点翻译问题的失语。近几年来,翻译问题越来越引起广大读者的关注,而网络的便捷与广阔空间,更是为广大读者提供了发表自己观点的机会。如前一段时间网上对上海译文出版社昆德拉复译问题的广泛讨论,对译林出版社《魔戒》系列的翻译和人民文学出版社《哈利·波特》翻译质量问题的批评,凸现了目前翻译界存在的一些具有倾向性的问题。广大网民对翻译问题的关注,无疑是他们对翻译事业关心的具体体现。他们所提出的问题,有何深层意义?他们提出的一些激烈的批评意见,是否有合理的价值?译者、出版者和读者的互动,是否可以在某种意义上拓展翻译批评的领域和加强翻译批评的力量?对所有这些问题,译学界,特别是翻译批评界,基本没有加以关注,更没有表明自己的理论立场和态度。

翻译批评的缺席,还表现在对一些不良的翻译现象缺乏应有的批

评和斗争。几年前，翻译家李芒曾在与笔者的一次谈话中特别指出："多年来由于不正之风严重，很难正常地开展批评，一些粗制滥造、误译较多的赝品难被曝光，得不到社会舆论的监督，以致尚有愈演愈烈之势"①。我们应该看到，在目前的阶段，翻译出版界确实存在许多不良的现象，如复译风带来的抄译剽窃现象，抢市场造成的粗制滥造现象。对这些问题，《中华读书报》《文汇读书周报》与《光明日报》等几家重要媒体倒是发表了不少披露或批评的文章，但在国内翻译研究的专业刊物或外语研究刊物有关翻译的栏目上，却几乎看不到对这类不良现象的任何反应，更谈不上对产生这类现象的根源的深度分析和如何根治这类问题的理论探讨与建设性批评了。

面对昌盛的翻译事业背后潜藏的重重危机，翻译批评界对重大的现实问题缺乏应有的警觉，对译界不良风气少有批判，对翻译图书质量问题几乎不闻不问，从理论的高度上说，这是对翻译事业不负责任的表现。翻译批评的失语与缺席，对于翻译事业的健康发展无疑是不利的。在此，我们再次呼吁，翻译批评应该切实担负起对翻译实践的监督、批评与引导的责任来。我们相信，翻译批评的理性之光对于客服翻译实践的盲目性是不可或缺的，而翻译批评的伦理力量对于"不健康的翻译道德"而言，无疑是高悬着的一柄达摩克利斯之剑。加强了翻译批评，就能促进翻译实践向着健康方向发展，其根本目的，就是要保证翻译实践真正起到应有的作用。如季羡林先生所强调的那样，让中国的翻译事业，真正起到促进中华文明发展的作用。

（原载于《中国图书评论》2005 年第 9 期）

---

① 许钧等，《文学翻译的理论与实践——翻译对话录》，南京，译林出版社，2001年，第 41 页。

价值哲学与翻译批评学

吕　俊

一、翻译批评与翻译批评学

1. 翻译批评研究为什么是必需的

近年来,我国译界对翻译批评的问题给予了越来越多的关注。这是学科发展的必然趋势,也是翻译学的学科结构所提出的要求。从学科发展的必然趋势来说,当一个学科完成创生阶段而进入学科发展时期,建立该学科的评价理论体系是必然的。因为在学科的创生阶段其主要任务是学科理论准备、学科模式的选择以及学科方法论形成,而在学科发展阶段,其主要任务才是该学科评价指标体系的建立和评价理论的形成。只有评价的理论体系迅速建立起来,才能促进该学科健康发展,它不仅对该学科的理论与实践起到检验与评价作用,还起到正确引导作用。

翻译学作为独立的学科在上个世纪 80 年代已完成了其创生阶

段,这一点已为国内外学者所公认。自 90 年代以后它就进入了发展阶段,所以关于翻译批评的研究也自然会进入研究者的议事日程。

从学科结构来说,人文学科由三个部分组成,即理论研究、批评研究和史的研究,翻译学属于人文学科,也应由翻译理论、翻译批评和翻译史三部分组成。为什么人文学科必然需要批评研究,而自然科学的诸学科却不需要批评研究呢?这是由学科所研究的客体中有无主体的地位与意义以及主体的性质来决定的。自然科学的学科不需要批评理论,这是因为在自然科学的客体中没有主体的地位与意义。它们的客体是与主体脱离的,有独立于主体的独立性,有自身的规律性,因而不受主体差异性影响。对于自然科学的成果,人们可以通过实证的方法,如实验、计算、测量的方法,或以逻辑推理的方法来检验和验证,并且人人可以得到相同的结果,所以人们称这类学科为实证性科学。虽然在自然科学里也有主客体之分,但那只是因为自然科学也同样表现为一种人类活动,即它的存在也必须依赖于人类的认识,表征着人类的一种本质力量。我们都知道,这种主体性是一种类主体性,它力避主体的个性差异,即个体主体性。与自然科学的实证性不同,人文学科常被人们称为评价性科学。也就是说,人文科学必须有评价和评论,评价研究是这类科学结构的组成部分。这是因为,这些学科的客体是个体主体的精神产品,是不同个体主体的内心结构、意志、情感的表现,是它们的外化形式,它们都是以主体心性的自我追求与实现为内容的。所以在这种客体中主体性占据着重要的地位,有着明显的主体性意义。人们常用"主体化了的客体"与"客体化了的主体"来形容这种主客关系。因此,这些学科的客体是表现着主体差异性的,或者说是主观性的,这种客体中的主体性,正如皮亚杰所指出的,"以自身的感官或自己的行动为中心……是可能产生主观性歪曲和错觉的根源"①。由于这种个体主体的差异性很难用实证的方法加以解决，人们只能诉诸批评和评论来对它进行检验。因此，评价理论便应运而生，并成了人文学科的学科结构的必要组成部分。

社会科学虽然也需要批评与评论，但情况又有所不同。它居于自然科学与人文科学之间。这是因为在社会科学的客体中也包含主体性的地位与意义。但是这种主体性并不与个体主体相联结，而是群体主体的主体性。因为社会科学是以社会关系、社会结构和社会现象为客体的，说到底，社会关系、社会结构和社会现象也是人与人的关系和现象，所以主体性在客体中仍是有地位、有意义的。这一点与人文科学相近。但是，不同之处在于它是一种群体主体的主体性，而非个体主体的主体性，即这种客体不会因个性差异而受影响，也不受任何个体主体的左右和摆布，从而获得相对的独立性与规律性，这又与自然科学相近。所以尽管社会科学也需要批评与评论，但无论在侧重点与方法论上都不同于人文科学。翻译学属于人文科学，它是十分需要评论与批评的，因此评价理论是它的学科结构中不可或缺的组成部分。

2. 翻译批评学与翻译批评之不同

以往在谈论翻译批评时，我们对这一概念并无十分清晰的理解，通常的情况是混淆翻译批评与翻译批评学的区别。实际上，翻译批评学是对翻译批评的研究，即以翻译批评为客体的。它是对翻译批评的一般理论、原则与规律的研究，是一种理论性活动。而翻译批评则是一种实践性活动，它是以具体译文文本或具体翻译现象为客体的。这

---

① 皮亚杰，《人文科学认识论》，北京，中央编译出版社，1999年，第21页。

一点正如一些论者已经指出的,"翻译批评是指专门研究译语文本以及其他翻译问题的批评实践"[①]。对翻译批评研究较早地给予关注的许钧也指出翻译批评"是对这种转换活动的合理程度和转换结果的等值程度作出评价"[②]。这里他所说的"转换活动"是指翻译过程的"信息再现活动、语言转换活动、符号转换活动和内容传达活动"。显然,这也说明它是一种实践指向性的批评活动。在这里应予指出的是以实践为指向的翻译批评并非与理论无关,它同样需要理论的指导,正如纽马克所指出的,"Translation criticism is an essential link between translation theory and its practice"[③](翻译批评是翻译理论与翻译实践的纽带)。但是,翻译批评所涉及的理论是翻译理论,而翻译批评学的理论则是评价理论,评价理论是价值理论的一部分,它是以价值哲学为基础的(这一点在下文中有专述)。我们知道翻译理论是指翻译学形成过程中吸收和内化了相关学科的一些理论、原则与方法而形成的,或人们在长期翻译实践实验中总结和提炼出来的规律与原则。人们运用这些原则和规律去指导翻译批评实践,并不会改变翻译批评的实践指向性,因为它针对的客体对象仍是具体翻译文本和具体的翻译现象。而翻译批评学就不同了,它以包括翻译批评活动在内的翻译活动本身为客体进行理论思考,对翻译活动及翻译批评活动的本质、内在联系与发展的一般规律进行总体性和整体性的探讨,是为翻译批评活动提供一般性准则的理论活动。它不以具体译文文本或翻译现象

---

① 彭甄,《文学翻译批评:结构与功能》,载《北京大学学报》(外国语言文学专刊),1997 年,第 47 页。

② 张柏然、许钧,《译学论集》,南京,译林出版社,1997 年,第 97 页。

③ Newmark, Peter, *A Textbook of Translation*. Shanghai:Shanghai Foreign Language Education Press,2002,p.184.

为客体,而是对翻译这种人类活动对人的生存意义与社会发展的价值进行评价并做出引导,因此其理论依据已不再是翻译理论了。

翻译批评与翻译批评学的区分很有些像弗雷德里克·詹姆逊对评论与元评论所做的区分。詹姆逊在《元评论》一文中指出,"关于解释的任何真正有意义的讨论的出发点,绝不是解释的性质,而是最初对解释的需要。换句话说,最初需要解释的,不是我们应如何正确地解释一部作品,而是为什么我们必须这样做"①。用于翻译批评研究,我们可以理解为翻译批评只是指出应如何正确地进行翻译,而翻译批评学则是讨论为什么我们必须这样来翻译。

也许在文论中的另一种划分方法更能清楚地说明它们的这种区别,即理论性批评和应用性批评的区别。美国文论家阿伯拉姆在他所编写的《简明外国文学辞典》中这样写道:"理论批评的任务是在一般原则基础上建立一套研究和解释文学作品的前后一致的术语、区分标准、分类方法以及评论作家和作品的尺度(标准、准则)……实用批评或运用批评涉及的是特定的作品、作家的讨论。"②

综上所述,我们可以把翻译批评与翻译批评学的区分概括为如下几点:前者是实践指向的,后者是理论指向的;前者是应用性活动,后者是认识性活动;前者是具体性或个别性的,后者是总体性与整体性的;前者是以特定译文文本或翻译现象为客体对象的,后者是以前者为客体对象的;前者以翻译理想为指导,而后者以评价理论为指导。

从以上的区分来看,我们以往的翻译批评基本上属于实践性的,而不是翻译批评学的那种理论性的。对此,人们不禁会问,翻译活动

---

① 詹姆逊,《批评理论与叙事阐释》,北京,中国人民大学出版社,2004年,第4页。

② 阿伯拉姆,《简明外国文学词典》,长沙,湖南人民出版社,1987年,第71—72页。

十分古老,翻译批评活动也是几乎伴随着翻译实践同时产生,为什么翻译批评学却如此滞后呢？我认为,这可能会有不少原因,但其中有两个原因是主要的。其一是翻译学作为独立的学科形成得比较晚。人们长期以来只把翻译活动作为一种实践活动来看待,所以在理论发展方面,自然是受到限制的。翻译学创生就很迟,而在该学科的创生阶段,其主要任务又是关于翻译理论、翻译模式以及翻译方法方面的准备,而且翻译评价理论应包括对翻译理论本身的反思和批评,因此,在评价对象尚未真正形成之前,评价研究的迟延完全是可以理解的。

其二,翻译批评学同任何元批评一样,是一种评价理论。评价理论属于价值学的范畴,它的哲学基础是价值哲学。但是,价值哲学在所有哲学的基本理论中,是发展较晚的。即使在哲学发展较为先进的西方,价值哲学的真正诞生和发展也只是 19 世纪末、20 世纪初的事情,也正是 20 世纪价值哲学在西方的兴起带动了西方文学批评理论的飞跃发展,使得 20 世纪成为"批评的世纪",而在我国,可以说价值哲学在"文革"结束前都一直属于禁区,它的发展只是近 20 年的事情。由于价值学以及价值哲学发展的延迟,评价理论的发展自然也是落后的。加上第一个原因,即翻译学自身的原因,翻译批评学直到今天才开始进入研究者的视野,这也是很正常的。

二、翻译批评学与评价理论

1. 何为评价理论

前面已经提到,翻译批评虽然是一种实践指向的活动,它同样需要理论指导,但这种理论是翻译理论,是翻译学在形成过程中借用并内化了的相关学科的理论和原则。如人们可以通过文艺学的一些原则来评价一篇译文是否达到了原文的美学标准,也可以用语篇学原则来衡量译文是否做到了衔接与连贯,还可以从文化学的角度批评译文是否过于归化,等等。但是由于这些理论与原则分别来自不同的相关学科,它们之间是很缺乏内在关联性和一致性的,它们是离散的,是多学科和多元视角的。它们之所以行之有效并且彼此相安,不发生冲突,是因为翻译批评本身就是一种有具体所指的单向度性的活动,并不要求批评者对翻译活动给出全息性、总体性或整体性的研究,因此它们可以各自发挥作用。

但是,翻译批评学则不然,它是总体性的,是整体性的,它必须由一个系统性和一致性的理论来指导,那就是"评价理论"。所谓"评价",顾名思义,就是对价值的评论与评估。它是人把握客体对人的意义、价值的观念性活动。那么,什么又是价值呢?价值是一种客体与主体需要的关系,也就是说当客体满足了主体需要时,客体就对主体有价值,如果客体不能满足主体需要,它就没有价值,如果客体损害了主体的需要,它就有负价值,如果客体暂时不能满足主体需要,但在未来可能会满足,那它就有潜在价值。但是如何知道一个客体对人是否有价值或有意义呢?首先要凭借人们对客体的认识,但这种评价论的认识又不同于认识论的认识。在认识论中,认识的任务是以揭示客体的本质与内在规律为目的,而在评价论中的认识则不仅包括认识论的认识,还必须进一步揭示客体对人的意义与价值,即看它是否能满足人类自身的需要。例如,一种植物我们知道它的形态特征与生长规律只是一般的认识,但是我们一旦发现它对治疗某种疾病很有效用,这就是发现了它的价值,即满足人类治病的需要。评价正是要把人们的认识从一般认识论水平提升到价值论水平。哲学理论中的认识世界与改造世界的关系,也还是这个问题。所谓认识世界只是认识论的问题,而改造世界则是实践的问题,为了从事社会实践人们必须揭示客体的价值潜能以便让它向更好地服务于人类进步的方向发展。这里显然寓存着人类实践活动的目的性。这种认识是让我们在社会实践中达到一种合规律性与合目的性的高度统一。所以评价论的认识是把我们引向社会实践的重要一步,评价理论是对人类一切实践活动本质特征的揭示,也是指导社会实践活动的基本准则。因为人类一切社会活动都是有目的性的,那就是人的自我完善和社会的进步,而要达此目的,我们就必须对实践客体的本质与规律有所认识,并揭示出它能服务于这一目的的性质,进而使得两者统一起来。翻译活动是人类一项重要的社会实践活动,它同样是一项价值活动,同样需要评价理论的指导。翻译活动既是一种事实存在,又是一种价值存在,作为事实存在,它有它的本质特征和规律,而作为价值存在则表征着能满足人类进步与社会发展需要的性质。

翻译活动要实现其社会价值,它必须遵循自身的规律性,合规律是为了合目的,即产生更大的社会价值。翻译批评学正是运用评价理论揭示与认识翻译活动中合规律性与合目的性的统一关系。为了更好地认识这两者的关系，评价理论理所当然地应对这种活动的结构系统、中介系统、主体系统和场域系统进行研究。它的结构系统包括翻译过程中所涉及的各种要素以及它们的互动过程。中介系统是指社会实践，实践是一切评价活动的中介，它一头牵着客体，一头牵着主体的需要，在翻译中的实践就指翻译实践和翻译批评的实践，主体系统是指评价主体。虽然评价主体可以是个体主体、群体主体或社会主体，但作为社会评价来说一般是指社会主体，是以满足社会主体需要为评价标准的。即使一个译者是为了谋利而进行翻译活动，他的这种私人目的也不会成为我们评价的对象，因为从抽象的角度来看，任何个人都是一个社会人，他的目的性不可能脱离社会的需要，必须以社会赋予他的条件为前提条件，因此，他个人目的性行为结果也不可能完全是私人性的，必须带上社会性特征，即满足社会主体的需要，换句话说，他所译的作品一旦产生，就带来相应的社会价值。我们在评价他的作品时，也同样不会去问他是否是为了挣几个稿费而翻译的，而只能评价他的译作在哪些方面，又如何地满足了社会进步和发展的需要。所以，评价论中的主体具有社会主体性质，因为只有社会化了的人才能进行社会批评。

翻译批评学摆脱了翻译批评那种以特定文本或现象为评价对象的具体层面，就可以把原来无法进行比较的翻译活动放在一起比较了。如原来我们无法把《共产党宣言》的翻译同一本文学名著的翻译放在一起进行评论，甚至认为这不但是不可能的，而且是荒唐的。但是如果把两者均放在促进社会发展与进步的大目标下来看，它们的社会价值就显而易见了，一个是改造社会并带来人类社会翻天覆地变化的强大思想武器，而另一个给人们带来的仅是满足审美需要的愉悦感。若从审美需要的满足上来看,前者又无法同后者相比。但是在评价活动中,在不同类型的价值选择上是有一定的等级序列的,在这里,重大的社会进步价值当然远高于审美价值。在评价理论中,评价客体和评价主体之间的关系是复杂的,例如在同一客体中,也存在不同的价值,不同的评价主体也会有不同的价值取向,所以如果不以评价理论的原则来制约,人们对翻译活动的评价就会陷入混乱。例如,在译论界常有人把译作说得比原作更有价值,这实际上就是混淆了不同类型的价值,是把原作的原创性艺术价值同译作在译语世界的社会价值或使用价值混为一谈了。我们知道,艺术价值很大程度存在于原创性中,任何复制或仿作,无论如何与原作逼肖,也无法与之相比。这是因为艺术的价值在于独特性、始发性和不可重复性。正如凡·高的一幅原作可以价值连城,而仿作无论如何高妙,也无法卖出大价钱。你把肖邦的钢琴曲弹得再好,也不能成为肖邦。翻译虽然是一种再创作,但也只能是在模仿中的创造而不是始发性的创造,所以在艺术价值上,译作是无法同原作相比的。但由于时间差与地域差的原因,译作可能在译语世界发挥了比原作在原语世界中更大的作用,那是社会价值和使用价值问题,所以在评价活动中,我们必须对评价理论的一些基本概念与基本原则有所了解才能正确地评价翻译活动中的各种现象。

2. 评价理论的功能与翻译批评活动

评价理论是翻译批评学的基本理论,它对翻译批评活动具有总体性指导作用。而这种作用又是通过评价的功能来实现的。一般说来,评价有如下几种功能,即判断功能、选择功能、预测功能和导向功能。

所谓判断功能是指评价主体评价客体各种价值(如真理价值、道德价值、审美价值、功利价值)的判断的功能。判断功能决定着评价主体的价值取向,价值取向又决定了人们的实践方向。以林纾的翻译实践为例。他的早期翻译活动是以道德价值为主要取向的,如翻译《黑奴吁天录》,主要是揭露西方殖民者对黑奴的虐待与欺压,让国人通过了解黑奴的悲惨命运而间接了解华人在美的境况,呼唤民族觉醒与自强,让国人在哀黑种将亡的同时哀黄种之将亡。因此他的目的主要在于宣教启蒙。而到了后期,林纾开始以审美作为主要的价值取向,所以他后期翻译多为文字华美、艺术性强的文学作品,如《吟边燕语》等作品,这是因为他认为"政教两事与文章无属,政教既美,宜泽以文章,文章徒美,无益于政教"①。

我们从中可以看出价值的判断问题取决于评价主体的认识问题。如果人们认识不到客体中所存在的价值,人们也无从去评价。但对价值的认识也并非易事,因为价值并不是一种实体性存在,它是一种关系的存在,关系是抽象的,隐晦的,它是需要人们运用思维的能动性与创造性去揭示客体属性与满足主体需要之间的这种关系。评价的对象虽然与客体有关,但并不是客体本身,而是客体与主体需要的关系。评价活动就是对这种关系的认识与揭示。如果人们不能揭示这种关系,也就很难引发实践活动。例如,在明朝万历年间,西方传教士带来了我国七千余部反映西方科技成果的著作,试想,这是多么宝贵的财富!可是由于当时人们认识不到它们与我国强兵富国的需要有密切关系,亦即没有认识其价值所在,所以一直束之高阁长达二百余年,没有去翻译它们,这在一定程度上影响了我国科学的发展。

所以,判断功能是评价理论的最主要的功能,也是评价活动的基

---

① 林纾,《吟边燕语》,北京,商务印书馆,1987 年,序言,第 2 页。

础。没有它也不会有其他功能,选择功能就是以判断功能为基础的。

所谓选择功能,是指人们将同具价值的事物进行比较,排列出价值序列,然后择其重要者实践;或者在同一事物中将其不同价值进行利弊权衡,然后决定实践与否或进行实践策略选择。这在翻译活动中,也是十分重要的。前者如翻译方针或典律的制定、翻译计划的制作,后者如在翻译中根据拟译文本各种价值关系(如正价值与负价值的权衡,道德价值与审美价值的冲突)来制定选译、摘译、编译、内部发行或限定读者对象等策略。在我国改革开放前,在翻译领域一直有两条价值标准,一是政治价值标准,一是审美价值标准,而第一条总是占统治地位,当两条标准冲突时,以第一标准为主要标准。在改革开放后,后一条标准的地位已明显上升。这些都是由评价的选择功能实现的。

评价的预测功能实际上也是一种价值的判断功能,但它是一种超前性的价值判断,是对特定对象的未来状况将会如何做出的一种预测。它是具有期望性、设想性的观念建构。由于这种功能依赖于对已有现实的否定性评价,表达着一种对更美好未来的追求,因此它具有引导性、激励性以及规范性。这种功能对翻译学的理论发展具有重大意义。例如,正是由于对传统翻译理论强调神思与顿悟的神秘性与拒斥分析的研究范式的否定性判断,人们才很快从结构主义语言学那里获得灵感,把结构主义语言学的内容引进到译学研究中,形成一种新的研究范式。后来当人们对结构主义语言学范式的封闭性与静止性进行否定批判之后,又很自然地接受了解构主义诸多思想。这种发展与变化中蕴含着一种对未来的筹划与预谋,表现了对合理性的不断追求。这种功能同样对翻译实践与翻译批评活动具有指导性意义。例如,重译与复译的问题,对批评的再批评问题,等等,无不体现出对原有事物的否定而指向一种新的预测。

评价的导向性功能基于预测功能,但仍然以判断功能和选择功能为基础,它是评价理论的核心功能,是评价活动的最终目的。因为人们进行评价的目的并不在于对已有的、现存的事物的价值进行揭示和评估,而主要是通过对现存事物价值的揭示把人类的社会实践活动引向更高一级的合目的性与合规律性的统一,翻译活动也同其他人类活动一样,是在批评与评价中不断前进,不断发展,不断完善的。如果翻开翻译活动的历史,我们不难看到这样的事实,即无论从翻译理论的发展,还是翻译观念的更新的角度看,译文种类与数量的日益增多和质量的提高都是朝着不断满足人类发展和社会进步需要的方向发展的,这种结果出现的背后,是翻译评价活动在起作用,尤其是它的导向功能的作用。

三、价值哲学与翻译批评学

翻译批评学是以评价理论作为理论基础的,而评价理论是以价值哲学为哲学基础的,所以翻译批评学的哲学基础也应是价值哲学。

哲学界普遍认为哲学应有四个基本理论,即本体论、认识论、价值论以及方法论。本体论哲学解决的是世界是什么的问题,认识论哲学探讨的是人们如何认识世界的问题,而价值论是解决客体与主体需要的关系问题。价值哲学是关于价值的性质、构成、标准和评价的哲学理论,它从主体的需要和客体能满足主体需要以及如何满足需要的角度来考察和评价各种物质现象、精神现象以及个人的行为对个人、阶级、社会的意义。由此,我们不难发现只有价值哲学才真正把客观世界与人类主体联系在了一起,并带来社会实践的哲学思想。所以,价值哲学理应当受到重视。哲学界有人指出:"20 世纪末人类社会面临的危机和哲学危机,彰显了价值哲学理念的哲学变革意义。20 世纪末哲学开始了自语言学转向之后的新的哲学转向——价值哲学转向。"因为人类活动的本质是创造价值和享用价值,驱动人类实践活动的动力是人类对价值的追求:"价值是哲学的核心范畴。"①而评价论又是价值哲学中的重要内容,如有人指出当今价值哲学主要要解决的三大问题之首就是"深入进行价值活动论,特别是评价活动的研究"②。马克思曾批评过以往的哲学家"只是用不同的方式解释世界,问题在于改变世界"③。马克思强调"改变世界"实际上就是强调人类的社会实践。人们仅仅认识世界是远远不够的,因为客观世界不会直接地满足人类社会发展的需要,只有通过社会实践这一中介去改变和改造世界才能满足人类的自我完善以及社会不断进步的需要。可是,如何改变世界才能让它按人类物质与精神需要的方向发展呢?那就必须认识客观事物的属性,去发现它能够满足人类需要的那些性质,即发现它对人类的价值,然后再去开发它,改变它,改造它,让它服务于人的需要。由此可见,人类一切活动都是以价值的评价活动作为起点和行动指南的社会实践活动。翻译活动是人类一项重要的社会实践活动,人类从事这样一种实践正是因为翻译活动本身有其价值属性,即对人类社会

---

① 冯平,《哲学的价值论转向》,载《哲学动态》,2002 年第 10 期,第 6—10 页。

② 王玉樑,《21 世纪的价值哲学:从自发到自觉》,载《光明日报》,2001 年 9 月 11 日。

③ 马克思,《马克思恩格斯选集》(第一卷),北京,人民出版社,1995 年,第 57 页。

发展的需要有效用。如何更好地开展这一社会实践,评价活动是一个重要环节,所以翻译的评论与批评活动也离不开价值学和价值哲学的指导。

众所周知,哲学是时代的精华,是一切活动的思想指南。作为一种科学,它揭示了一切客观规律;作为意识形态,它揭示了世界对人的价值关系并确立人们正确的价值观。翻译活动是人们创造精神价值的活动,精神价值是指客体同人的精神文化需要的关系,可以包括知识价值、道德价值和审美价值。翻译批评学则主要是研究这些精神价值在翻译活动中的结构、规律和特点及它们之间的内在联系,并探讨它们是如何满足人的自我完善及社会发展需要的。

翻译活动,无论是科技作品、政论作品还是文学作品的翻译,都涉及上述三种精神价值,其中科技作品主要是知识价值,政论作品主要是道德价值,文学作品主要是审美价值。文学翻译从表面上看是审美的,但美的本质中是包括真与善的,没有真与善作为基础和前提,美是谈不上的。所以对文学作品翻译的评价是价值论研究的最复杂的对象,而以往在文学翻译中争议性最大,使它成为译学中许多争论的焦点的原因也盖出于此。学习价值哲学可以帮助我们了解审美价值系统的结构和特点,从而解决以往的许多争论不休、悬而不决的问题。

由于价值论的评价基本原则是合规律性与合目的性的统一,这给我们的翻译批评指出了明确的方向,也给我们翻译理论的发展指出了道路。合规律性是从客体角度出发的,而合目的性则是从人的需要主体角度出发的,而合目的性又是更主要的一个方面,是核心,即合规律性是为了更好地合目的性。用这一原则来重新审视,从结构主义语言学的翻译理论到解构主义翻译学理论都有怎样的问题就会更清楚了。结构主义语言学的翻译理论过分侧重于客体的构成规律,而完全忽视人的主体因素,甚至排除主体的目的性、活动的场域性,等等,因而走向静止与封闭,失去了对实践翻译活动的指导意义和应用价值。而解构主义的翻译理论又走向否定客体的规律性的极端,完全不顾客体规律的制约性以及翻译作为社会活动的社会主体需要的一致性方面,只强调个体合目的性,从而失去评价的社会客观标准,使翻译活动成为个人随心所欲的活动。这里涉及个体主体需要的多样性与社会需要的客观性的矛盾问题,即翻译到底有无客观的评价标准问题。对此,评价理论和价值学理论也同样给出了令人信服的答案(此问题另有专述)。

总之,富有实际指导意义的价值哲学为我们的翻译研究,尤其是翻译的批评研究提供了有力的思想武器,是它的理论基础。我们研究翻译批评,建立翻译批评学,价值哲学的思想是不可或缺的。

余 论

虽然翻译批评活动由来已久,有关的论述也颇为丰繁,但对翻译批评学这种作为学科结构构成的理论的探讨仍是刚刚起步,从价值论与价值哲学的角度来探讨它更是前所未有。因此翻译批评理论的真正建立仍是任重而道远的工作,是需要众人共同努力的,而笔者初涉此域,拙文尚有许多问题只是浮光掠影地点及,尚待细致深入的探讨,故不得要领或挂一漏万之处实难避免,欢迎译界同仁批评指正,更欢迎共同加入这一讨论。

(原载《外国语》2006 年第 1 期)

论翻译批评的对象和性质

赵　巍　薄振杰

学者们普遍认为,翻译研究和任何研究领域一样,由翻译史、翻译理论和翻译批评三大部分构成。翻译批评关注翻译实践中的具体翻译现象,面对问题,贴近实践,具有间接服务于翻译实践的目的和功能。另一方面,翻译批评是连接翻译实践和翻译理论的桥梁和纽带,属于应用翻译理论或应用翻译研究,是翻译研究中最活跃、最普遍的一个分支,也需要建立自己独立的理论体系。目前的翻译批评研究中出现了三种倾向:一是有人对基于文本的批评提出质疑,认为文本对照细读不能反映翻译活动的多层面特性,主张超越文本比较的"描述性"批评,甚至有以翻译理论代替翻译批评的倾向;二是急于改进现有翻译批评中的点评式、印象式、感性化方法,通过文体统计等量化手段,使翻译批评趋于规范和科学;三是出现了为翻译批评制定统一模式的愿望。这些问题涉及翻译批评的基本性质及其方法,需要用理论的方式从根本上加以解决。翻译批评是依据一定理论、原则或方法对翻译本品进行评判,其评判的结果、方式、信度、效果等不仅对翻译实践会起到引导作用,也会直接影响翻译理论,特别是应用翻译理论的建构。面对这些理论和实践中的关键问题和薄弱环节,只有首先搞清翻译批评的对象和性质等基本问题,才有可能更好地探讨翻译批评的原则、方法、模式等,这是研究翻译批评的基本态度。

一、翻译批评的主要对象——文本

翻译批评实践自有了翻译实践就已经存在,但最早的翻译批评并没有明显的理论自觉,和翻译史、翻译理论也没有明显的分界。观察国内外对早期翻译批评的梳理和总结,可以发现翻译批评基本上是等同于翻译标准或翻译理论的。随着翻译研究整体学科地位的提升,人们开始关注翻译研究内部结构的划分,才发现了翻译批评这一长期为人所忽略,也是意见最为分歧的相对独立的特殊领域。从人们对翻译批评的定义中可以看到,翻译批评的定义有广、狭之分。广义上的翻译批评是对整个翻译现象的批评,包括原作、译本、译者、翻译过程、读者、社会效果、文化接受,等等,似乎任何带有批评性质的翻译研究都可以理解为翻译批评。① 典型的广义翻译批评如系统-描述学派(图里、埃文-左哈尔等)和文学-文化翻译研究(巴斯奈特、勒菲韦尔等)。系统-描述学派有较为宏大的理论视野,倾向于把翻译活动放在人类社会的大系统中进行宏观考察,研究翻译活动对本国社会文化生活的影响,译本在目的语社会中的接受规律,等等,带有社会学翻译批评的

---

① 许钧,《文学翻译批评研究》,南京,译林出版社,1992年;郑海凌,《谈翻译批评的基本理论问题》,载《中国翻译》,2000年第2期;刘树森,"翻译批评"词条,载林煌天主编,《中国翻译词典》,武汉,湖北教育出版社,1997年;杨晓荣,《翻译批评导论》,北京,中国对外翻译出版公司,2005年。

特点。而文学-文化翻译研究以文化研究为重,注重结合文化思潮来观察翻译现象,研究翻译为促进文化交流、传承世界文明发挥了什么样的作用,有文化学翻译批评的性质。狭义上的翻译批评立足于原文译文的细读和比较①,特别是文学文本的比较分析,也是现在饱受非议的一类翻译批评。

《翻译批评:潜力与制约》在 30 年前就已经明确提出,翻译批评必然要越出文本的界限,进入文化以及其他超文本因素,否则不可能就译文得出正确的结论。② 由于翻译的跨文化性质,翻译批评要突破文本,进入文化乃至社会似乎已经成了共识。翻译研究对文化研究和社会学的借鉴是合理的,也是必要的。目前的翻译批评也确实已经超越了传统的以文学文本为中心的批评,开始关注文学背后的"文化",也开始注重翻译活动整体的规律性和普遍性。那么翻译批评的界限究竟在哪里? 文化学或社会学翻译批评中"翻译"的位置又在哪里?

一般来说,任何领域的研究对象过于明确就等于画地为牢,会限制本领域的拓宽和发展。另一方面,研究对象过于宽泛,就会有失去自我身份的危险。文学批评有许多模式,如马克思主义批评、新历史主义批评、原型批评,等等,似乎突破了文本,但它们只代表了批评切入的不同角度、视点,以及批评借鉴的不同方法、理论,或者批评侧重的某一方面,真正被批评的对象仍然是文学作品,所以才称为文学批评。就批评对象而言,翻译批评与文学批评有相似之处。翻译文本千

---

① 周仪、罗平,《翻译与批评》,武汉,湖北教育出版社,1999 年;华先发,《新实用英译汉翻译教程》,武汉,湖北教育出版社,2000 年;刘宓庆,《翻译与语言哲学》,北京,中国对外翻译出版公司,2001 年;王宏印,《文学翻译批评论稿》,上海,上海外语教育出版社,2006 年。

② Reiss, Katharine, *Translation Criticism: Potentials & Limitations*. Shanghai: Shanghai Foreign Language Education Press, 2004, p.66.

差万别，翻译方法不拘一格，影响翻译的历史、社会文化因素五花八门，但是透过这纷繁芜杂的翻译现象，我们发现翻译批评面对的虽然是一个庞杂的对象世界，但文本（包括原文和译文）才是最主要的批评对象。翻译之所以称为翻译，就是因为翻译文本的派生性质，即翻译文本是有本可据、有源可考的第二文本，翻译表达了和原文之间不同程度的相似关系，这是翻译文本不同于原创文本的"区别性特征"。这一点从翻译的各种定义中都可以找到证据。翻译批评自然应该关注意义从原文到译文的转换和由此引起的形式及文化变通，应该立足于原文和译文的异同比较和对照。所谓的过程研究实际上最终仍表现为原文和译文的异同。为了更好地进行文本对照而进行的相关研究，如译者研究、作者研究、社会文化背景研究、译本的接受研究等，都是为文本对照提供支持，或者增加文本比较的理论高度和学术品格，但并不能喧宾夺主，取代文本对照这一基本方法。具体的批评视野可能并不限于文本，但最终应该落实、回归到文本对照这一基本方法上来，要在文本的对照中得到验证，寻找支撑。翻译批评如果一味强调作者研究肯定是偏离了自身，而且和文学中的作者研究多有重复；如果仅关注译者研究、译文赏析，脱离了对比、对照，也许在批评理念上符合了眼下盛行的描述性翻译批评或者社会学、文化学翻译批评等，结果却可能使翻译批评混同于文学批评和社会学、文化学研究。翻译批评不是要以脱离文本对比为代价追求所谓的"提升"和"高度"。恰恰相反，翻译批评要使自己不同于文学批评或文化批评，只有突出自己的区别性特征——文本对照。

目前的翻译批评，如社会学和文化学的翻译批评，已经开始注重客观地陈述翻译事实，总结翻译活动整体的规律性和普遍性，似乎越来越接近翻译理论了。文学界 20 世纪 90 年代前后也出现过一个有趣的现象,即批评的理论化和理论的批评化并行不悖,这说明文艺批评和文艺理论之间的差别正在趋于模糊。但真正完善的学科有一个明显的特征,就是学科内部各个分支界限清楚,泾渭分明。在翻译学尚不成熟的阶段,过分强调翻译批评和翻译理论的共同点,而抹杀它们之间应有的差别,不利于翻译学的健康发展和整体建设。我们知道,翻译批评是翻译史和翻译理论的中介,但和翻译理论、翻译史还是有区别的:翻译批评针对具体文本,紧贴翻译实践;翻译理论是从诸多翻译现象中抽象出来的一般原理和普遍规律;翻译史研究翻译实践及理论产生发展和演化的历史,寻求它们前后传承、沿革嬗变的规律。也就是说,翻译批评和翻译理论、翻译史是互为表里,可以相互转化的。翻译批评向翻译理论和翻译史的过渡是从个别、特殊的认识向一般、普遍的认识过渡。而翻译理论和翻译史必须以具体文本的批评实践为依托,需要靠译本得到证实和具体化。这种相互转化、相互依赖既体现了翻译批评和翻译理论的联系,也说明了两者之间的差别。翻译批评作为应用翻译研究,可以从翻译理论研究中吸取养分,其研究结果也只能作为应用理论为理论研究提供借鉴,不可能也不必追求达到理论研究的高度。纽马克翻译批评模式的最大优点,就是它始终以文本为中心,并提出了一系列相关参数,基本上比较全面地涵盖了翻译批评的各个方面。翻译批评的真正问题不在于应不应该进行文本对照,而是如何进行文本对照,是文本比较的方法论问题。文本比较必须依据一定的原则进行,才能确保翻译批评的信度。

二、翻译批评的性质———艺术批评

衡量某一方法是否可行,一个重要的指标是该方法是不是适合具体对象。因为"科学研究的基本要求是按照对象的特点来把握对象"①。明确了翻译批评的主要对象是文本,接下来需要解决以下问题:(1) 由于翻译批评的主要对象是一个庞大而复杂的文本集合,各种文本之间的差别是什么性质的差别? (2) 文学翻译批评模式适用于非文学文本吗? (3) 翻译批评究竟是一种什么性质的批评?

从目前的论述来看,大部分学者对这一问题的态度都比较慎重,认为和文学批评有可比性的是文学翻译批评②。也就是说,只有文学翻译批评具有艺术批评的性质,而其他非文学的实用型文本不属于艺术批评。

要明确翻译批评的性质,首先需要明确翻译的性质,而翻译的性质又使我们回到了很多年以前争论不休的一个陈旧话题:翻译究竟是什么? 科学的? 艺术的? 还是两者兼备? 翻译是科学还是艺术之争最后因对"翻译"的概念界定不清而不了了之,但要明确翻译批评的性质,这又是一个无法回避的理论前提。如果明确了"翻译"是指翻译转换过程,而不是对翻译的理论研究,翻译的性质问题似乎不

---

① 欧阳康,《人文社会科学哲学》,武汉,武汉大学出版社,2001 年,第 336 页。

② 杨晓荣,《翻译批评导论》,北京,中国对外翻译出版公司,2005 年,第 5 页。

难解决。① 翻译的科学艺术之争历时长久，涉及面很广。就翻译过程本身来讲，说翻译是科学，强调的是翻译转换过程的规律性，而坚持翻译是艺术，突出的是翻译转换过程的创造性。② 要明确翻译批评的性质，这两种观点显然都是有意义的。因为翻译批评虽然无法直接面对翻译转换过程，但指向翻译过程的结果——文本，包括译文和原文。

《辞海》对"艺术"的定义是："人类以情感和想象为特性的把握世界的一种特殊方式。……具体说，它是人们现实生活和精神世界的形象反映，也是艺术家知觉、情感、理想、意念综合心理活动的有机产物"③。可见，艺术虽然是表现和反映现实世界的，但它同时也是人类主观情感和想象的产物，具有极强的个性色彩和感染力。它既包括艺术创作本身，也包括艺术创作的结果。翻译转换过程中的确存在不以语言文化为转移的普遍规律，但翻译的实践性本质决定了翻译总是具体的，翻译的普遍规律性在具体的翻译语境下不可能不带有个性色彩。翻译过程的规律不同于自然科学规律，不具有严格意义上的可验证性及可重复性，而只表现为大体的选择倾向。如词性转换、语序调整、增补、删减等是古今中外普遍的翻译规律，但具体到文本翻译之

---

① 按照《辞海》的定义，科学是"运用范畴、定理、定律等思维形式反映现实世界各种现象的本质和规律的知识体系"（1999，第 4953 页）。翻译研究以人类社会翻译现象及其规律为明确的研究对象，其知识体系尚不完善，但已初步形成了纯理论研究、应用理论研究、方法论、翻译史等研究领域，也出现了一整套特有的基本范畴，这些范畴之间已经有了某种固定的逻辑关系，就翻译的基本问题已经形成了一系列基本命题。因此翻译研究本身属于综合多学科的人文社会科学。

② 纽马克认为所谓的翻译科学包括对客观事实进行真伪鉴别，对语言错误进行正误判断。(Newmark, Peter, *A Textbook of Translation*. Shanghai: Shanghai Foreign Language Education Press, 2001, p.189.) 也有人认为，翻译科学主要是指译文不能违背原意。

③ 《辞海》，上海，上海辞书出版社，1999 年，第 1584 页。

中，又完全"运用之妙，存乎一心"，成了译者个人语言修养及艺术眼光的问题了。

　　其次，某种程度的规律性也是艺术的内在要求，艺术内在地包含着规律性，可以说，只有合规律性同时又合目的性的艺术才能成其为艺术。我国美学界一般认为，马克思关于美的规律包含了两个"尺度"即合规律性与合目的性的统一。艺术有艺术的共同规律，比如书法及绘画中强调的"知白守黑"或"计白当黑"，音乐艺术中的强弱对比，以及文论中经常提到的以虚为实等，就是对立统一这一根本规律在艺术领域中的具体运用。各艺术门类也都有各自的特殊规律。同是诉诸视觉的雕塑和绘画，都要遵守视觉的形式美规律，建筑和雕塑同样要求其造型的形体的外廓具备肯定、明晰、单纯的形式感。诗歌之所以区别于散文，是因为它不仅在形式上分行，而且要遵循严格细致的音韵规律。钱钟书说："盖艺之至者，从心所欲，而不逾矩，师天写实，而犁然有当于心；师心造境，而秩然勿倍于理。"[①]这极好地说明了艺术创作和客观规律之间的关系，即只有按照"美的规律来创造"，才能达到高超的艺术水平，"化境"就是这一艺术哲学在翻译批评领域的自然延伸。在文学翻译的创造过程中，译者的表现能力、表现技巧已经与被表现的对象（原文）融化为一体，没有距离了。翻译的客观转换规律已经内化为翻译主体的能力，最终外化为翻译艺术产品。译者须将自己投注于原作当中，将原作之美神会于心，又要按照翻译的基本规律和译文的语言规律重新创造，手段之精妙超凡、至善尽美，几乎让人看不出翻译的痕迹。极致的文学翻译既是译者匠心独运的结果，又是浑然天成的艺术极品。可见艺术创作不仅不排除规律性，而且恰恰是在遵

---

　　①　钱钟书，《谈艺录》，北京，中华书局，1984年，第61页。

守客观艺术规律的前提下自由创造的结果,处处闪烁着译者鲜活的生命情感、情绪体验、知识结构和价值观念。

最后,对文本类型加以区分只是为了研究的方便所做的一种粗略界定,实际使用中的文本往往同时兼有多种文本的特征。一味强调文学语言的特殊性,容易对语言引发丰富联想的普遍潜力估计不足。翻译是跨语际的意义转换活动,翻译批评既要比较跨语际的意义转换,也要比较为了意义转换而进行的形式变通。无论是形式还是意义,都具有无限丰富的人文性。即使严格的学术翻译也同样需要技巧,需要匠心,同样离不开意义的转换,离不开对文字的直觉和体验,这在文学文本和实用文本中并无二致。翻译转换本身的艺术性并不因文本类型的不同而不同,只是由于内容与形式在不同的文本类型中轻重主次有所不同,这种艺术性转换在程度上有差异而已。如果说非文学翻译仅涉及专业知识和信息,仅仅是现成对等词的机械替换,就大大低估了译者在翻译活动中的能动性和主体性,更无法解释非文学翻译中的个性化差别。这种个性化差别即包括对同一原文的不同理解,也包括基于同一理解的不同表达,乃至对原文内容的蓄意"背叛"。所以就整体而言,翻译批评主要是一种艺术批评,带有艺术批评的特点和性质,可以大胆地借鉴艺术批评的原则和方法。

三、结论

翻译是一种个性化很强、很复杂的艺术创造实践活动,翻译批评又不能流于感性化鉴赏,而这种复杂的艺术实践要进入知性把握层次,其难度可想而知。明确了翻译批评主要是一种艺术批评,接下来的问题就是如何保证艺术批评的科学性,也就是如何使翻译批评既有艺术批评的品格,又能有效克服现有批评的感性化、印象化、随意性的通病。当然考虑到文学翻译和非文学翻译的差别,在具体的翻译批评中可以有所侧重。

(原载《西安外国语大学学报》2008 年第 1 期)

翻译批评空间的构建

刘云虹

　　翻译是人类最古老的跨文化交流活动之一,有着悠久的历史,近年来更取得了蓬勃的发展。伴随着翻译活动的开展,必然出现对翻译作品、翻译现象和翻译事件的阐释与评价,产生我们通常所说的翻译批评,它的根本任务在于引导文学翻译向健康有益的方向发展,首要职责在于保证翻译的价值得以实现。有翻译就必然有翻译批评,翻译界对批评的关注也由来已久,不少翻译家和翻译研究者充分意识到翻译批评的重要性,早在 20 世纪 30 到 50 年代,鲁迅、茅盾、董秋斯、焦菊隐等人就曾呼吁要大力开展翻译批评。但"必然性"并不意味着"有效性"和"科学性",翻译批评长期以来流于经验之谈,处于非理性状态,无法摆脱诸如形与神、直译与意译、忠实与叛逆、归化与异化等种种经验主义的对立与矛盾,不能对翻译实践真正发挥应有的监督、指导和促进作用。在《翻译的危机与批评的缺席》一文中,许钧不无忧虑地指出了一个"不容回避的事实",那就是"在译事昌盛的背后,的确潜藏着重重危机",[①]包括版权的盲目引进、翻译质量的多重失控、译风的普遍

---

　　① 许钧,《翻译的危机与批评的缺席》,载《中国图书评论》,2005 年第 9 期,第 13 页。

浮躁以及翻译人才的青黄不接等。翻译危机的出现令人担忧,分析其原因固然是多重的,但翻译批评的不力恐怕是其中一个重要因素。对于翻译批评的责任,鲁迅早在 1933 年发表的《为翻译辩护》一文中就明确表示,"翻译的不行,大半的责任固然该在翻译家,但读书界和出版社,尤其是批评家,也应该分负若干的责任。要救治这颓运,必须要有正确的批评,指出坏,奖励好,倘没有,则较好的也可以"①。可见,对于翻译事业发展中出现的问题,翻译批评负有不可推卸的责任。

正如笔者在《复译重在超越与创新》一文中所指出的,"翻译的繁荣与批评的缺席似乎越来越成为一对矛盾,一方面,翻译事业理性、健康的发展离不开翻译批评,另一方面,翻译批评长期处于非理性状态,似乎陷入了一种尴尬的境地,对翻译实践中出现的重大问题常常以缺席者的姿态出现"②。那么,导致翻译批评的非理性和缺席状态的原因究竟是什么? 从总体上看,造成这一局面的根本原因之一在于翻译界尚未建立起积极、有效的批评空间,从而限制和束缚了翻译批评的开展,在很大程度上可以说,构建翻译批评空间,是促进翻译批评科学发展的首要任务。就其本质而言,翻译批评是一种评价行为,而评价"是人类实践-认知活动中的一种独特形式,即主体通过实践对于同自身种种欲求和需要有关的对象属性之判断或认知,也就是对价值的认识"。评价活动由三大要素构成:(1) 被评价的对象,(2) 具有一定价值观念或意识的评价主体,(3) 在实践中评价赖以实行的共同标准。③基于这样的认识,本文将立足于翻译批评的对象、主体和标准三大要

---

① 陈福康,《中国译学理论史稿》,上海,上海外语教育出版社,1992 年,第 306 页。
② 刘云虹,《复译重在超越与创新》,载《中国图书评论》,2005 年第 9 期,第 17 页。
③ 毛崇杰,《颠覆与重建——后批评中的价值体系》,北京,社会科学文献出版社,2002 年,第 59 页。

素,从翻译批评话语权的重构、批评精神的树立以及价值评价体系的建立等维度论述翻译批评空间的构建。

一、重构翻译批评失落的话语权

翻译批评话语权的失落,首先表现在对某些重大翻译问题和翻译现象的漠视,例如译本选择、网络翻译批评等。作为一项跨文化交际活动,翻译具有毋庸置疑的社会价值,对社会的发展与文化的交流起着不可估量的促进和推动作用。在这个意义上,"较之于如何译,译什么的问题便显得更为重要"①。也就是说,相对于就翻译方法、技巧等具体内容的探讨而言,选择什么样的原著进行翻译是翻译界首先要关注的问题,否则,书市充斥着大量价值不高甚至毫无价值的引进图书,遭受质疑的恐怕将不仅是翻译的质量,更是翻译自身的价值。然而,正如许钧所指出的,我国翻译出版界在版权引进上确实存在令人担忧的盲目性,其主要表现可以归纳为"跟风、重复和轻率":所谓跟风,指"外国什么畅销,国内出版社便抢着引进";所谓重复,指"在市场经济的条件下,一家出版社引进一种经济效益不错的选题,多家出版社便跟着引进类似的选题,在某种程度上造成了选题的大量重复";所谓轻率,指国内不少出版社"对拟引进文本的价值缺乏判断,单凭某些版权

---

① 许钧,《翻译的危机与批评的缺席》,载《中国图书评论》,2005 年第 9 期,第 13 页。

公司或中间人寥寥数百字的简单介绍，便轻率地拍板引进"。① 可见，翻译版权盲目引进的问题是客观存在、不容忽视的，但就目前来看，翻译批评界对此并没有表现出足够的重视，很少从社会发展和文化交流的层面对译本的选择与出版加以关注、监督，并在必要情况下予以批评和引导。

网络翻译批评是随着网络文化的发展，在网络的开放性和虚拟性背景下出现的一种新的翻译批评形式，具有自发性、敏感性和时代性等特征。网络翻译批评的主体是广大读者，他们有一定的趣味和鉴赏力，阅读翻译作品并发表评价只是为了获得精神上的满足和快乐。因此，网络翻译批评需要的不是学者日积月累的学识，而是迅速、敏感、热烈的反应，相比批评家们"缜密然而笨重的思考"，它更倾向于"有血有肉、有声有色的体味"，②使翻译作品"被一种现代的潮流、现代的新鲜感、现代的呼吸和现代的气氛所包围"③。然而，网络翻译批评也表现出任何"自发的批评"所不可避免的问题，往往缺乏客观性、深刻性和独立性，容易染上尖酸刻薄、党同伐异、人云亦云等毛病。作为一种新颖并具有强大生命力的批评形式，网络翻译批评的广泛开展本应引起翻译批评界的重视，对其价值和局限性进行深入的思考，但遗憾的是，翻译批评界对这一现象几乎没有给予必要的关注，也没有表明自己的立场和态度，翻译批评再一次放弃了自己的话语权。

翻译批评话语权的失落，其次表现在翻译理论建设的缺席，而这是由于其自身理论建设的不完善所造成的。对于"批评究竟是什么"

---

① 许钧，《翻译的危机与批评的缺席》，载《中国图书评论》，2005 年第 9 期，第 13 页。

② 蒂博代，《六说文学批评》，赵坚译，北京，三联书店，2002 年，第 5 页。

③ 同上，第 55 页。

的问题,弗莱在《批评之路》中这样阐述过自己的观点,他说:"我拒绝这样的看法:批评是文学的一个分支,因为那显然是无稽之谈。批评是文学的理论,而不是文学实践中的一个次要的和非基本的因素。"显然,在这段话中,弗莱要强调的是,批评不是文学的附属品,相反,它具有独立性与自主性,并对文学理论的建构起到指导作用。正如文学批评不应被视为文学的附属品一样,翻译批评,作为文学批评的特殊形式,也不应依附于翻译理论或翻译实践。在力图廓清翻译批评的概念,为翻译批评正名时,贝尔曼认为,科学的翻译批评是"一种自省的,能以其自身特点为批评主体的,产生自身方法论的评论方式;它不仅要产生出自身的方法论,而且还试图将该方法论建立在有关语言、文本及翻译的明确的理论基础之上"[①]。可以说,翻译批评的科学性在很大程度上立足于其理论体系的独立性和自主性,没有自主理论体系作为依托的翻译批评是非理性的,不仅不能履行自身的使命,还将阻碍翻译及翻译理论的发展。翻译批评不是翻译的附属品,也不能被简单视为应用翻译学的一个分支,而应该如纽马克所言,被理解为"将翻译理论和翻译实践连接在一起的一个重要环节"[②]。翻译批评的对象总是具体的翻译作品或翻译现象,这体现了它的实践性;同时,翻译批评的实践过程又必须以各种理论为基础,翻译批评原则、标准等重要规范的确立与各种翻译观密切相关,正如豪斯所指出的,"任何关于翻译作品的价值或质量的陈述都包含着关于翻译的性质与目标的理解,或

---

① Berman, A., *La traduction et la lettre ou l'auberge du lointain*. Paris: Editions du Seuil, 1999, p.45.

② 杨晓荣,《翻译批评导论》,北京,中国对外翻译出版公司,2005 年,第 7 页。

者说预设了一种理论"①,这体现了它的理论性。因此,翻译批评既是对翻译理论的实际应用,也通过实践反作用于翻译理论,对翻译理论进行检验、促进和指导。"给文学翻译一个方向",翻译批评承担的这一重大使命具有实践上和理论上的双重含义。在这个意义上,参与翻译理论的建构,这不仅是翻译批评的性质和价值所决定的,也是翻译批评的建设性应该具有的内涵之一。然而,"应该"与"是"之间向来是有距离的,由于自身理论体系的不完善以及我国重感悟轻论证的批评传统,翻译批评的理性化不高,系统性也不强,更遑论对翻译理论的发展起到应有的促进和指导作用,对翻译理论的建构在很大程度上处于失语和缺席状态。

因此,建立积极、有效的翻译批评空间,首先在于重构翻译批评失落的话语权,使翻译批评摆脱目前的失语和缺席状态,切实在理论与实践两方面履行应有的监督、引导和促进职责。只有如此,才能体现翻译批评自身的价值,才能促进翻译事业的健康、可持续发展。

二、树立科学的翻译批评精神

文学评论家谭旭东曾在《人民日报》发表题为《批评家缺乏责任感和艺术良知 文学批评呼唤实与真》的文章,指出当下文学批评正面临

---

① 豪斯,《翻译批评:分析与评价》,彭发胜译,载辜正坤、史忠义编,《国际翻译学新探》,天津,百花文艺出版社,2006年,第248页。

着既失去学界认同,又遭受作家和读者质疑的尴尬的生存处境,认为造成这一局面的重要原因之一是批评家自身的问题,概括而言,即批评家作风浮躁,缺乏求真务实的精神。① 诚然,我们不能说翻译批评也像文学批评一样,已经沦落到"无人喝彩"的境地,但不得不正视的事实是,在篇目众多的评论文章所营造的繁荣背后,翻译批评确实潜藏着危机,存在诸多亟待解决的问题。造成这一现实的重要原因之一也正是批评主体缺少客观、平等、宽容的批评精神,无论是文本比较批评,还是印象主义批评,无论是鼓吹式批评,还是挑错式批评,都是缺乏科学批评精神的表现。

翻译究竟是什么? 翻译活动远远不能被简单地视为一种语言的转换,它通过理解,通过译者与原文之间的对话,使原文的意义得以再生,从而使作品在新的历史空间得到交流、展现、完善与延续。而翻译主体,正如贝尔曼所说,"无论他在翻译外来作品时是否从某些批评书籍中汲取养分,都在各个层面上扮演着批评者的角色"②。翻译在本质上具有批评和对话的特性。那么,翻译批评的本质又是什么? 杜夫海纳曾说过,"无论我们是否是专家,我们都在以自己的方式作为批评家而存在,我们会毫不犹豫地评价呈现在我们眼前的东西"③。批评,无论是文学批评,还是翻译批评,都可以被理解为一种广义的阅读,这种阅读在读者与文本之间以一种普遍的"对话-理解"模式出现。因此,作为批评的批评、参与了对话的对话,翻译批评与翻译本身一样,也是

---

① 谭旭东,《批评家缺乏责任感和艺术良知 文学批评呼唤实与真》,载《人民日报》,2005 年 3 月 31 日。

② Berman, A., *La traduction et la lettre ou L'auberge du lointain*. Paris: Editions du Seuil, 1999, p.40.

③ 毛崇杰,《颠覆与重建——后批评中的价值体系》,北京,社会科学文献出版社,2002 年,第 3 页。

基于前理解并等待着后理解的理解循环中的一站。在整个批评过程中,批评者同样不可避免地首先作为解释者,基于自身的前理解对原文和译文进行阐明,并必然遭遇在此之后来自其他批评者的不同的理解和阐明。在这个意义上,批评家"又凭什么可以掌握最高权力呢"[①]?事实上,他并不具有某种凌驾于译者和译作之上的权威,翻译批评的任务也不仅仅局限于发展一种批评的方法或模式,而应以建设性为其根本属性。

首先,"建设性"意味着翻译批评要具有客观精神,不能仅凭主观印象和感受便妄下结论,导致所谓"印象主义的批评",让批评沦为"望远镜",[②]也不能仅仅立足于文本,以翻译的结果为唯一考察对象,导致所谓"文本比较批评",让批评沦为"显微镜",[③]而应在感性体味与理性分析相结合的基础上,对翻译活动进行客观的、实事求是的评判,既有对翻译文本的评价,又重视对翻译过程的剖析及对翻译主体的关注。翻译批评的客观性原则还要求批评者必须具有求真务实的精神,力求避免"鼓吹式"和"挑错式"的批评。在《六说文学批评》中,蒂博代指出,批评真正的高层次职能不是批改学生的作业,而"在于放弃那些毫无价值的作品,在于不仅要理解杰作,而且要理解这些杰作里面自由的创造冲动所包含的年轻和新生的东西"。[④]同样,鲁迅也说过,"批评家的职务不但是剪除恶草,还得灌溉佳花"。可以说,与文学批评一样,翻译批评若要真正实现其高层次功能,就应当既不一味地寻美,也

---

① 茨维坦・托多洛夫,《批评的批评——教育小说》,王东亮、王晨阳译,北京,三联书店,2002年,第56页。

② Barthes, R., *Œuvres complètes*, Tome 2. Paris: Editions du Seuil, 1994, p.961.

③ *Ibid*.

④ 蒂博代,《六说文学批评》,赵坚译,北京,三联书店,2002年,第126页。

不一味地求疵，而是在充分考虑历史、文化因素的基础上，通过实事求是的分析和全面客观的评判，完成批评的鉴赏、阐释和评论三重功能，真正促进翻译作品与普通读者之间的理解和心灵沟通，保证翻译的价值和批评自身的价值得以实现。

其次，"建设性"要求翻译批评应是善意、宽容的，批评者与被批评者之间应是平等的、相互理解和尊重的关系。建设性的反面是破坏性，破坏性的翻译批评往往依赖于某种僵化的批评原则，固守某个理想化的批评标准，对翻译作品进行一种求全责备的消极评判。十全十美的翻译本不存在，批评"首先是一种理解和同情的行为"①，这里的"同情"取"认同"之意，乔治·布莱也说过，"没有两个意识的遇合就没有真正的批评"②，而理解和认同正是在平等与尊重的基础上才有实现的可能。但"善意、宽容"和"理解、认同"不能被错误地理解为只说"好话"，不说"坏话"，杨晓荣在论述翻译批评的基本原则时指出，"翻译界这种只说好不说坏的风气不是一种孤立的现象"，并引用了语言学者姚小平的一段颇耐人寻味的话："我们语言学评论界有一种要不得的传统，就是多讲好话，多讲不偏不倚的话。对名家尤其如此。往往只有对故世的名家，才敢行批评之事。这跟西方评论界的传统，好像正相反。其实，只有当一个人在世时对他提出批评，才是对他的尊敬，而在他死后进行鞭挞，那才残忍得很。"③多表扬和吹捧而少深刻剖析和批评，这对任何形式的评价而言都是"要不得"的，而倘若这种表扬和吹捧不幸地沾染了某种"关系式"或"经济式"的色彩，使翻译批评变成批评者和被批评者间投桃报李、相互支持的工具，或沦为以经济利益

① 蒂博代，《六说文学批评》，赵坚译，北京，三联书店，2002年，第24页。
② 同上，第25页。
③ 杨晓荣，《翻译批评导论》，北京，中国对外翻译出版公司，2005年，第29页。

为最大目标的商业行为,那么,批评的生命和灵魂将无以依附。

可见,建立积极、有效的翻译批评空间,必须树立科学的翻译批评精神,凸显批评的建设性,强调批评主体的责任意识,遵循客观公正、平等宽容的批评原则。

三、建立科学的价值评价体系

建立积极、有效的翻译批评空间,除了必须在话语权的重构与批评精神的树立两方面有所作为之外,还应呼吁翻译界和出版界联合起来,共同建立科学的价值评价体系,从翻译标准的探讨和翻译出版机制的完善两方面保证翻译价值得以最大限度地体现。

《中国翻译词典》收录的"翻译批评"条目指出,"翻译批评即参照一定的标准,对翻译过程及其译作质量与价值进行全面的评价"[①]。因此,开展翻译批评,对翻译过程和翻译作品的质量与价值进行评价,就必须依据一定的标准。早在 50 年代,董秋斯在《翻译批评的标准和重点》一文中就提出,翻译批评的根本困难之一是"没有一个公认的客观标准"[②]。虽然,"公认的客观标准"从理论上来说是不可能成立的,"公认"只是翻译界美好的向往,"客观"也往往失落在主体的话语权中,但规范的标准对任何形式与目的的批评而言都是不可或缺的,翻译批评

---

① 林煌天主编,《中国翻译词典》,武汉,湖北教育出版社,1997 年,第 184 页。

② 陈福康,《中国译学理论史稿》,上海,上海外语教育出版社,1992 年,第 363 页。

当然也不例外，否则，评价将会失去方向，极有可能如同文学批评一样，面临既失去学界的认同，又遭受译者和读者质疑的尴尬境地。而批评之所以比鉴赏和阐释更具有专业性和社会性，其中一个重要原因就在于，批评更依赖于某种普遍的评价尺度和标准。因此，建立科学、有效的价值评价体系，**首先在于对翻译批评标准有正确的认识**。

就普遍意义而言，翻译的标准也就是批评的典律，翻译标准不仅是翻译主体在翻译实践中遵循的原则和努力的方向，也是批评主体用以鉴赏、阐释和评论译作的尺度，其重要性对整个翻译活动，包括理论的建设和实践的开展，都是不言而喻的。长期以来，"信达雅"被视为翻译的准则，也被当作衡量、评价翻译质量的重要标准。但随着翻译实践与理论的发展，不同的时代、不同的翻译观和翻译价值观造就了不同的翻译评价标准，"信达雅"标准虽然仍颇具现代意义，但已失去了其一统天下的地位。尤其是近二十多年来，翻译研究的深度和广度不断加强，人们对翻译的认识逐渐丰富，视野日益开阔，出现了"神似论""化境说""等值论""等效论""优势竞赛论""信达切""多元互补论""和谐说"以及其他林林总总没有"自成一派"的关于翻译标准的论述，对翻译的评价"也由传统的以'信'为基本准绳的单一标准走向多维度、多视角的多元标准"①。

然而，标准的多元化、相对化不能导致标准的随意性，在"颠覆经典"的同时，必须正确把握绝对与相对的辩证关系，这要求不仅打破绝对主义，也反对把相对主义绝对化，即否认相对中包含着一定的绝对。那么，在多元化语境中，翻译批评标准的规范性何以体现？这是在打破对"绝对标准"的依赖之后，翻译批评界应予以重视的问题。总体而

---

① 许钧，《翻译论》，武汉，湖北教育出版社，2003年，第413页。

言,对翻译批评标准应具有以下几点认识。

(1) 合理性。翻译批评标准的合理性包含两方面内容。其一,任何翻译评价标准都不是凭空产生的,而是一定翻译观和翻译价值观的体现。例如,鲁迅认为翻译的重要价值之一在于"'输入新的表现法',以改进中文的文法"①,正是基于这样的翻译价值观,他提出"直译""硬译"的翻译标准。又如,在许渊冲看来,文学翻译是一门艺术,其价值不仅在"求真",更在"求美",因此,"真"是文学翻译的低标准,"美"才是文学翻译的高标准,在这样的翻译观下,他所标举的"优势竞赛论"也就不难理解了。其二,不能把翻译的理想境界与翻译批评标准等同起来。设想出一个理想化的抽象标准,并以此标准去衡量、评价翻译作品,这样的翻译批评毫无科学性、合理性可言,相反,只能导致一种求全责备的错误批评态度,使得翻译批评在否定性,甚至是破坏性中无法发挥其建设性作用,也就失去了翻译批评存在的最大价值。因此,必须以理性的目光辩证地看待标准与理想之间的关系,充分关注翻译批评的科学性和可操作性,克服标准的虚无化和神秘化。

(2) 互补性。如前文所说,近二十多年来,翻译批评取得了长足发展,以"信"为单一标准的批评已经被多维度、多视角的批评所取代,翻译批评呈现出多元化特征和趋势,而翻译批评标准的多元化本身就意味着翻译批评标准的互补性,正如郑海凌所言,"不同的翻译标准代表了译作价值的各个方面,每个标准各自发挥自己功能的同时,其实也就是在和所有的标准相辅相成,起着弥补其它标准缺陷的作用"②。同时,互补性也意味着翻译批评标准的建立应全面考虑翻译目的、翻译

---

① 陈福康,《中国译学理论史稿》,上海,上海外语教育出版社,1992 年,第 301 页。
② 郑海凌,《文学翻译学》,郑州,文心出版社,2000 年,第 107 页。

的社会文化价值以及文本形式、译作的可接受性等多种因素。

（3）历史性。翻译批评要坚持历史观，无论对翻译现象、翻译事件的考察，还是对翻译作品的文本评价，都应从特定的历史环境出发，充分关注不同的历史文化因素，因此，翻译批评标准也具有历史性，试图脱离时代背景，好高骛远地制定出一套适用于任何时期、任何年代的标准是不切实际的，是违背批评活动的本质的。焦菊隐在《论翻译批评》一文中就翻译批评标准的厘定问题非常中肯地指出，"给翻译批评指出一个原则性的方向，决不是主观地订立一个过高或过低的标准，而是要在今天中国翻译界的一般水平上，从一般严肃的翻译工作者的集体经验中，归纳出一个切乎现阶段实际情况的标准，本着扩大翻译工作影响的目的，作为从普及的基础上提高翻译界现阶段水平的指南"①。焦菊隐的这段颇有见地的论述告诉我们，翻译批评标准并非"主观性"的产物，其建立的原则是"衡之事实"，不可"过高或过低"，其建立的关键在于通过"归纳"使之符合"现阶段实际情况"，而所谓"事实""实际情况"等总是与特定的时代背景、历史因素息息相关的。

（4）发展性。翻译批评标准不可能是永恒不变、静止不前的，而是处于不断修订、不断丰富、不断完善的动态发展过程中。不仅语言、意义（观）和审美观在发展②，对翻译活动的认识，对翻译价值的理解，对翻译社会功用的要求也处在不断的发展、变化之中，可以说，批评标准的发展性是翻译批评的本质所决定的。

其次，建立科学的价值评价体系，关键还在于翻译出版部门必须具有严格和科学的翻译质量控制机制。 董秋斯曾明确指出，翻译批评

---

① 陈福康，《中国译学理论史稿》，上海，上海外语教育出版社，1992年，第369页。

② 刘宓庆，《翻译与语言哲学》，北京，中国对外翻译出版公司，2001年，第521页。

的重点之一就是"翻译书出版者的作风"①。译者作为翻译主体固然对翻译质量负有主要责任,但出版部门作为翻译活动的重要参与者,对于保证翻译质量同样起着不容忽视的作用,也理应具有必要的责任意识。从翻译版权引进、译者选择到译文的审定、译本的编辑,出版者介入了影响翻译质量的各个环节,若缺乏严格、科学的监督与控制,导致价值不高、品质低劣的译作流入图书市场,"既造成了对原作者的伤害,也造成了对读者利益的损害,更是对文化交流事业的一种亵渎"②,后果可谓十分严重。因此,建立科学、有效的价值评价体系,促进翻译事业真正走向繁荣,这不仅是翻译界的责任,也是出版界不可推卸的义务。

四、结语

正如杜夫海纳所言,"无论是职业的批评家还是文艺短评捉刀者都不应放弃对当前整个艺术生产的价值判断,它有时会严重影响作品的命运"③。可以说,倘若翻译批评的现状在某种程度上总是被概括为"失语""缺席"或"失职",那么,遭受严重影响的将不仅是作品(原作和

---

① 陈福康,《中国译学理论史稿》,上海,上海外语教育出版社,1992年,第364页。
② 许钧,《翻译的危机与批评的缺席》,载《中国图书评论》,2005年第9期,第13页。
③ 毛崇杰,《颠覆与重建——后批评中的价值体系》,北京,社会科学文献出版社,2002年,第4页。

译作)的命运,还包括原作者、译者以及广大读者的利益,甚至,毫不夸张地说,整个翻译事业的健康和可持续发展也将面临质疑和危机。构建翻译批评的空间,促使翻译批评真正履行自身的职责,体现自身的价值,从而促进、指导翻译实践的科学发展,这应成为翻译界,尤其是翻译批评界,长期而艰巨的任务。希望我们的翻译界、批评界和出版界都能怀着真正的激情、勇气与评判力度,带着敏锐的思想和严格的操守去正视现实的危机,去捍卫"批评"这一伟大的字眼所蕴含的价值。

(原载《中国翻译》2008 年第 3 期)

读者反应批评

——文学翻译批评新视角

杨 平

一、引言

　　读者反应批评（Reader-Response Criticism）这一术语产生于美国文学批评，通常指所有以读者为中心的文学理论与批评；在欧洲也称接受美学批评（Reception-Aesthetics Criticism），兴起于 20 世纪 60 年代的德国，是以尧斯和伊瑟尔为代表的德国康斯坦茨学派在现象学和阐释学基础上建立起来的文学批评模式。该理论认为，文学史是读者接受作品并对作品进行再创造的历史，传统文学理论根本忽略了读者及其阅读接受对文学研究的意义，片面地把作家、文本当作文学研究的中心并认为作品的含义是固定不变的。但事实上，作家与作品在文学史上的地位，作品是否具有经久不衰的艺术生命力直接与读者的接受行为相关。尧斯指出，文学史应是作家、作品和读者三者之间关系的历史,尤其应当是作品被接受,并且产生效果的历史。① 伊瑟尔表明"文学作品是一种交流形式"②,尧斯还宣称"文学作品从根本上讲注定是为这种接受者而创作的"③。离开了读者的阅读,摆在桌上的《堂吉诃德》与摆在桌上的灯有什么两样呢? 今天的《堂吉诃德》与1000多年前的《堂吉诃德》有什么两样呢? 卡勒强调:"文学作品之所以有其结构的意义,是因为读者以一定的方式阅读它"。④ 文学作品的阐释是读者与文本互动和影响的结果,读者参与阅读过程并创造意义,文本分析的正确研究途径是考虑读者和文本,而不仅仅是孤立的文本。以读者为核心的文学批评观非常重视读者作为审美主体的自主性和创造性,以及接受活动对发掘文学作品意义与价值的作用。至此,西方文论建立了从读者理解与接受的角度研究文学的方法,实现了文学理论研究从所谓"作者中心"向"文本中心"再向"读者中心"的转向。反应到翻译研究上,翻译批评的重点也从原作、译者、译文转向读者反应研究上来。也就是说,当前翻译批评的一个重要转向,就是从作者中心和译者中心转向读者中心的讨论,落实到读者反应的基点上。⑤ 传统译论把作者和原文放在至高无上的地位,认为忠实于原作是处于从属地位的译者的最高追求。近代译论开始重视译者的主体性问题,强调译者的主观能动性。而最近盛行于翻译界的接受美学理论特别关注读者问题,注意分析和研究读者的反应,作为评判译品质量和译作效果的重要参考依据。

---

① 黄源深、周立人,《外国文学欣赏与批评》,上海,上海外语教育出版社,2003年,第211页。

② 伊瑟尔,《阅读行为》,长沙,湖南文艺出版社,1991年,第26页。

③ 尧斯,《接受美学与接受理论》,周宁等译,沈阳,辽宁人民出版社,1987年,第23页。

④ 盛宁,《二十世纪美国文论》,北京,北京大学出版社,1994年,第176页。

⑤ 王宏印,《文学翻译批评论稿》,上海,上海外语教育出版社,2006年,第37页。

二、重视读者反应批评的意义

1. 读者反应批评决定作品的生存和价值

传统的翻译批评标准认为翻译质量的高低依赖于译者的水平和能力,检验作品价值的是熟悉双语的专家和学者,但读者对译作的评价不以专业批评的意志为转移而直接影响译作实现其价值。杨晓荣从自己的亲身阅读经验中深刻地认识到这样一个事实:即使是名著,没有读者的认可也等于零。[①] 译者自己感觉再好,专家再推崇,读者也可以不买账,这就等于否定了译作作为原作的"替身"所应具有的名著价值,或者说是否定了译作作为名著的生存资格。接受美学理论认为,文学作品是注定为读者而创作的,读者是文学活动的能动主体。读者介入了作品的创作过程,没有读者的接受,作品的价值就不能实现。未被阅读的作品仅仅是一种"可能的存在",只有在阅读过程中才能转化为"现实的存在"。伽达默尔的作品存在论认为,作品显现的意义不是作者的意图而是读者所理解的作品的意义,作品的存在具体落实在作品意义的显现和读者理解的关联之上,所以对作品的存在而言,作者的创作已不重要,重要的是读者的理解,读者的理解使作品存在变成现实。文学作品不是一个摆在那儿恒定不变的客体,而是向未来的理解无限开放的意义过程或效果史,因此,作品是一种历史性存

[①] 杨晓荣,《翻译批评导论》,北京,中国对外翻译出版公司,2005 年,第 47 页。

在；文学作品的历史性存在取决于读者的理解，所以，读者的理解是作品历史性存在的关键。[①] 尧斯说："文学和读者间的关系，并不仅仅是每部作品都有其自己的特征，它历史地、社会性地决定了读者；每一个作者都依赖于他的读者的社会环境、观点和意识"[②]。读者的期待视域来源于他们对传统和习惯的了解和接受。例如，蒲柏的诗歌受到同时代的读者的高度评价，被认为是近乎完美的榜样，一方面是因为其诗歌的格律形式受到欢迎，另一方面是因为其作品反映了当时流行的诗学价值观即清晰、得体和智慧；而接下来一个世纪里读者的期待视域发生了变化，浪漫主义流派更加强调作品的内容而非形式，蒲伯的诗歌不再受到吹捧，甚至其诗人地位也受到怀疑。《包法利夫人》在19世纪中期问世时并没有得到好评，因为读者反对那种客观、冷静和自然的风格，反而欣赏一种热烈、伤感和华丽的叙事方法。视野的变化还可能让读者对经典作品产生敌对的反应。《哈克贝里·费恩历险记》在20世纪下半期受到了严厉的批评，甚至被从阅读书目中删掉或从书架上卸下，原因是小说里面包含了种族歧视的词汇和描写。同样，我们对"五四"时期一些作家、作品的评价也经历了很大变化，即使同一位作家在不同国度的评价也有很大的差异，这些都与读者反应的改变有关。译作的价值也只有与译文读者互动才会得以实现，只有那些经得起时间考验并得到历代读者认可和欣赏的作品才有长久生命力和影响力。

---

① 朱立元，《当代西方文艺理论》(第二版)，上海，华东师范大学出版社，2005年，第287页。

② 尧斯，《接受美学与接受理论》，周宁等译，沈阳，辽宁人民出版社，1987年，第32页。

2. 读者反应批评影响作品的意义和阐释

传统的文学理论和翻译批评把文本自身当成阐释的中心,认为作者是文本意义的唯一确定者,意义一旦确定就固定不变。读者反应理论认为文本只不过是一页纸上的一系列黑色标记,只有通过读者才能使作品具体化和语言意义化。[①] 读者反应批评反对一个文本只有一种意义且只有一种正确意义的新批评立场,宣称文本有许多可能的阐释,同时还提出文本意义的不确定性,认为文本既没有也不能自我阐释,一个文本并不能告诉读者一切,读者必须主动地参与阐释过程,填补这些"间隙"和"空白"并成为某种意义上的"共同作者"。寻求文本的意义就是读者与文本对话以达到双方"视域融合"的开放性过程,并给新的经验和新的解释提供可能性。读者的社会经历、时代背景、认识水平和价值观念不同,对同一作品的理解和评价就会出现差异。读者还会把自己的经历、观念和信仰等带进阅读理解过程之中,从而形成对文本新的阐释。读者不是被动的知识接受者而是文本意义创造的主动参与者,读者的期待视域和前阅读经验也影响着作品意义的生成。正是由于积极参与,读者才和文本一起创造意义,也正是这种文学经历才产生了意义。文本的阐释是读者和文本互动和交往的结果,读者、文本、意义的关系可以由公式表示为:读者+文本=意义[②]。因此,意义不仅来源于作品本身,而且也来源于读者的赋予,意义更多地存在于读者而不是文本之中,同一个文本可以被不同的读者以不同的

---

① Eagleton, Terry, *Literary Theory: An Introduction*. Beijing: Foreign Language Teaching and Research Press, 2004, p.66.

② Bressler, E. Charles, *Literary Criticism: An Introduction to Theory and Practice*. Beijing: Higher Education Press, 2004, p.61.

方式来阐释,意义也就变得多样和复杂了。反映到翻译上来,这带来文本的理解和阐释的多样化乃至翻译质量判断的多元化。翻译即阐释,文学翻译家既是阐释者又是接受者,文学翻译的全过程就是阐释、接受和再创造的过程。译者的前理解对于文本意义的实现有重要作用,译者带着自己的知识、信仰和观念去阅读、理解原文,就有可能对原文意义产生全面的理解,从而产生更加准确的译作。读者把自己的经历、感受和价值观融入译作,也可以形成更加深入的理解和完整的接受。译者在翻译中考虑读者并与读者的期待视域融合,才能达到理想的译作和完美的阐释。译者作为译作的读者在翻译过程中积极能动地参与和创造,原作和译作不是孤立静止的自足客体,译文不是客观地"再现"原文和"等值"原文。译者的翻译和阐释活动是一个主动、具体化的过程,包含着创造的因素。

3. 读者反应批评左右翻译的标准和判断

严格地说,读者反应不是标准,而是事后检验或评价翻译质量的一种参照因素,和事先规定的翻译标准有很大区别。[①] 但是读者反应可以作为翻译批评的一个重要工具来检验译文质量的高低。一部译作是好是坏,是对是错,最终是要看读者是如何理解和反应的。[②] 传统的翻译批评评判一部译作优劣的标准是与原文的忠实、对应或者等值程度,从读者反应理论和接受美学考虑,衡量一部译作成功与否,主要

[①] 王宏印,《文学翻译批评论稿》,上海,上海外语教育出版社,2006 年,第 189—190 页。

[②] Mundhenk, Norm, "The Subjectivity of Anachronism", in Black, Matthew & Samalley, William (eds.), *On Language*, *Culture and Religion*. The Hague: Mouton, 1974, p.260.

看它在读者中产生了什么样的影响,看译文读者对译作的理解和接受情况。译作的效果也同读者对译作的评价紧密相连,译作的好坏依赖于读者的发现和领悟,译作的价值存在于读者的反应和评判。某一具体翻译作品对某一或某些具体读者一时一地的阅读影响而言,即对具体读者对作品本身的阅读反应而言,一般表现为译作思想内容的交流作用、翻译语言的影响作用,以及异族文化的感化作用。[①] 一篇译作只有在这几个方面给读者带来了影响和反应,才算完成了翻译使命。同时接受美学还肯定了读者在接受过程中的能动作用,确定了读者在接受活动中的中心地位。读者的接受程度影响着翻译的策略,读者对译作的反应和评价促进了翻译批评的发展。无论是"信达雅",还是"善译""神似""化境",乃至"意美""音美""形美"等翻译标准无不涉及读者或接受者因素。基于读者的考虑,通顺流畅和可读性就成了翻译批评的重要标准,读者的期待和需求也成为评价译文的重要因素。翻译标准的确定与译者的目的相关,而译者的目的在很大程度上是由读者的认知和需求来决定的。每位译者在翻译中都应该有确定的读者对象,针对不同时代、不同类型的读者还应有不同的翻译标准。

4. 读者反应批评指导翻译的方法和策略

读者反应批评注重译作读者的接受性,译者在翻译过程中要考虑读者的接受能力并采取相应的翻译策略。严复提出"雅"的翻译标准并用汉以前字法、句法来翻译西洋作品,目的是为了吸引士大夫读者的注意。霍克斯翻译《红楼梦》多用意译或同化的方法也是为了适应

---

① 王宏印,《英汉翻译综合教程》,大连,辽宁师范大学出版社,2002 年,第 340—341 页。

英语读者的阅读理解需要。杨必使用流畅、地道的汉语再现《名利场》，生动幽默的风格在中国读者中大受欢迎。翻译中常见的增、删、改、注等现象与其说是译者受目的语文化的影响而进行的操纵行为，倒不如说是从意识形态、伦理道德等方面对读者接受心理的迎合。无论是直译还是意译、异化或是同化乃至尚文还是崇质的翻译策略往往都是从读者反应方面来考虑的。译者要把自己放在读者的位置上，充分考虑读者的文化、心理、习惯、兴趣和水平等方面的接受情况，采取各种翻译方法和技巧，既要准确充分地传达原作的意义，又要使读者真正理解和接受。译者总是在原文和读者之间协调，当读者的需求占上风时，译者的妥协就是部分地牺牲原作，采用不同的翻译手法去满足读者，在市场化的情况下尤其如此。①《圣经》翻译的历史也能说明这个问题。马丁·路德采用大众化的语言翻译出德语《圣经》，就是为了普通老百姓能够理解上帝的语言，从而推动了宗教改革的进程。尤金·奈达的动态对应翻译原则也是基于读者和接受方来定位，以达到传教的目的的。

三、如何进行读者反应批评

1. 对读者群进行比较研究

读者的种类和层次是多种多样的，既有源语读者和译入语读者，

---

① 黄忠廉，《变译理论》，北京，中国对外翻译出版公司，2002 年，第 228 页。

又有专业读者和普通读者,还有译者这个特殊的读者。不同的读者有不同的理解能力、鉴赏水平、期待视域以及评判标准,对同一作品所产生的反应有可能大不相同,正所谓有一百个读者就有一百个哈姆莱特。尧斯认为,读者通常带着一种期待视域去接受文本,期待视域包括既往的审美经验和生活经验,它既是阅读理解何以可能的基础,又受其限制,作品的理解过程就是读者的期待视域对象化的过程。衡量一部作品的审美尺度取决于"对它的第一读者的期待视野是满足、超越、失望或反驳"[①]。尧斯还提出所谓"真正意义上的读者"即接受美学意义上的读者,这种读者实质性地参与了作品的存在,甚至决定着作品的存在。[②] 伊瑟尔也提出"文本的隐含读者"即"理想读者"或"超验读者",它在文本的结构中是作为一种完全符合对阅读的期待来设想的,意味着文本之潜在的一切阅读的可能性,实际读者则始终是对文本中隐在读者的不充分的实现,实际阅读只是实现了阅读的一种可能性而已。[③] 茅盾把读者分为一般读者和文艺学徒,鲁迅提出"译书"应考虑三种层次的读者问题,翻译批评家们公认的原则是要区分普通读者和专业读者。译者应当更多地考虑读者的需求和接受水平,在翻译过程中不断地和译作的预设读者进行对话与交流。不同的读者需要不同的注评。翻译家必须决定他为何种读者翻译,一篇具有创作性的翻译需要一个有创作精神的读者,一个好的翻译需要一个聪明而又有

---

① 尧斯,《接受美学与接受理论》,周宁等译,沈阳,辽宁人民出版社,1987年,第31页。

② 朱立元,《当代西方文艺理论》(第二版),上海,华东师范大学出版社,2005年,第288页。

③ 同上,第295页。

洞察力的读者。① 在翻译批评时就要针对不同的读者对象采取不同的翻译标准和方法,同时还要在不同的读者期待中寻求平衡和妥协。

2. 读者调查

读者反应作为变量,可以进行量化分析,得出科学结论,其研究手段包括问卷调查、座谈访问、抽样分析、测量统计等多种形式。读者调查是一种最直接、最客观、最有效的读者反应研究方式,为准确、全面、公正地评价译作提供了很好的参照标准。调查对象既包括专业人士和评论家,也包括普通大众。调查内容既涉及对原作和译作的比较和评价,也涉及读者的期待和希望,还涉及读者的阅读心理和阅读过程。调查结果有助于客观评价作品的价值,改进译文质量,加强翻译理论建设和促进翻译批评发展。金隄对李白译文的调查②,姜秋霞、张柏然关于文学翻译语言倾向的调查③,许钧等人对《红与黑》译本的调查④,都在这个领域做出了开创性的努力。但是针对翻译批评这个大课题来说,读者调查方面所做的工作还远远不够,尤其是在汉译外的读者反应调查方面几乎还是空白。例如在《红楼梦》的英译方面,围绕杨宪益夫妇的异化为主的翻译以及霍克斯的归化为主的翻译,有过很多的分析比较,但并没有人从读者的角度进行调查研究,以了解不同的译本在英美读者当中到底产生什么效果和影响,这不能不说是一个很大

---

① 黄维梁、曹顺庆,《中国比较文学学科理论的垦拓》,北京,北京大学出版社,1998年,第42页。

② 金隄,《等效翻译探索》,北京,中国对外翻译出版公司,1989年,第48—56页。

③ 张柏然、许钧主编,《译学论集》,南京,译林出版社,1997年,第155—162页。

④ 许钧,《文字·文学·文化——〈红与黑〉汉译研究》,南京,南京大学出版社,1996年,第79—100页。

的遗憾和不足。

3. 阅读过程、阅读功能和阅读效果分析

读者反应批评所关心的问题可以简单地概括为：阅读过程是什么和发生了什么？[①] 为此既要分析读者、文本以及他们之间的关系，又要分析阅读的功能和效果。既然作品是在阅读中生成，阅读者参与作品意义的创造而成为创作者之一，就要对阅读过程进行全面的考察，了解读者的前理解如何填补文本的空白并产生新的意义。不同的文本具有不同的功能，不同的读者有不同的阅读目的，不同的译作也会产生不同的阅读效果。由于读者个性气质的差异、文化背景的不同、阅读心态的差别，文学作品的阅读在体现文学多功能的本质上也可能具有若干偏向和重点：认识功能优先的阅读、情感功能优先的阅读、感化功能优先的阅读、协作功能优先的阅读、元语言功能优先的阅读、审美功能优先的阅读。[②] 读者阅读的目的可能是寻求信息、学习知识、进行研究或得到娱乐等。瑞恰慈的细读法虽然是基于文本分析的新批评角度进行的，但这种阅读方法显然是读者反应的批评方法。充分考虑阅读的目的和读者的需求并研究阅读过程中意义生成的规律性，译者和批评家们在翻译标准的制定、翻译效果的评估和翻译策略的运用等方面就会更加全面和客观。

---

① Bressler, E. Charles, *Literary Criticism*: *An Introduction to Theory and Practice*. Beijing: Higher Education Press, 2004, p.62.

② 王宏印，《文学翻译批评论稿》，上海，上海外语教育出版社，2006 年，第 195—196 页。

四、结语：读者反应批评的贡献和不足

　　读者反应批评纠正了文学批评中的教条主义倾向，提出了文学阐释的丰富性、复杂性和多样性，可以预料，读者再也不会在意义的获得过程中遭到忽视①。接受美学理论反拨了被形式主义美学片面切断了的文学与社会、历史的联系，开拓了把作者、作品、读者作为一个完整动态系统来研究的新视野，为文学研究和翻译批评提供了一种新的思维范式，强调了读者在接受过程中的历史性和创造性，阐明了文学社会效果的重要性和必要性。但是过度地注重读者的接受作用或者把读者当成文学阐释的决定因素，忽视文本的自身特征和作家创作的个性以及译者的主观能动性，容易从一个极端陷入另一个极端，导致主观主义、相对主义、阅读中的无政府主义以及其他形式的批评误区。过分强调解释的多元化和读者的能动作用，不仅可能导致意义的复杂性和翻译标准的不确定性，还有可能出现以读者反应为借口篡改文本意义、用读者主体消解译者主体的倾向。总的说来，一部作品的意义还是更多地取决于作者意图和文本自身，理解和阐释应该更多地依靠原作。翻译批评要健康发展，就要全方位地重视和研究作者、原文、译者和读者，辩证地处理它们之间的关系并保持基本的动态的平衡态

---

　　① Guerin, W. L., Labor, E., Morgan, L., Reesman, J., & Willingham, J., *A Handbook of Critical Approaches to Literature*. Beijing: Foreign Language Teaching and Research Press, 2004, p.366.

势,充分认识和发挥各个因素的积极作用,客观评价翻译过程中的各种现象,以促进翻译理论和实践的进步。

(原载《北京第二外国语学院学报》2009 年第 8 期)

描述翻译学视野中的翻译批评

姚振军

　　1972 年，翻译研究学派创始人之一的霍尔姆斯(James Holmes)在于哥本哈根召开的第三届国际应用语言学会议上发表《翻译学的名与实》(The Name and Nature of Translation Studies)一文，正式提出描述翻译研究(Descriptive Translation Studies，简称为 DTS)的概念，并将其置于自己构想的翻译学框架中的纯翻译学分支之下。[①] 描述翻译研究对西方翻译学的建立与发展做出了巨大的贡献[②]，描述翻译研究的方法论对于翻译研究的规范化和学科化具有重要的指导意义，对中国的翻译研究有着诸多启示。本文旨在以图里(Gideon Toury)的《描述翻译学及其他》[③]中的理论和实证研究方法来探讨描述翻译学对于翻译批评研究的指导意义，并尝试总结描述翻译学视野中的翻译批评的研究特点。

---

　　① 参见：Toury, G., *Descriptive Translation Studies and Beyond*. Shanghai：Shanghai Foreign Language Education Press，2001；韩子满、刘芳，《描述翻译研究的成就与不足》，载《外语学刊》，2005 年第 3 期，第 98 页；王鹏，《描写翻译研究及其方法》，载《四川外语学院学报》，2008 年第 4 期，第 98 页。

　　② 韩子满、刘芳，《描述翻译研究的成就与不足》，载《外语学刊》，2005 年第 3 期，第 98 页。

　　③ Toury, G., *Descriptive Translation Studies and Beyond*. Shanghai：Shanghai Foreign Language Education Press，2001.

一、描述翻译学

1. 描述翻译学的内部结构

根据翻译研究涉及的不同方面,霍尔姆斯将其分为纯(pure)翻译研究和应用(applied)翻译研究两大类。前者可以包括理论翻译研究(translation theory)和描述翻译研究两个分支:理论翻译研究的目的在于"建立一般性原则,用以解释和预测翻译行为和作品等现象"[①];而描写翻译研究是一个以目标文本为取向的学科,它包括"对于定义清晰的语料库的精心研究",具体涉及翻译的抉择过程、翻译的规范、第三语码与翻译普遍特征之类的问题。描述和理论翻译研究之间互为作用,描述翻译研究"在翻译研究理论指导下进行,以最佳方式证明或驳斥,尤其是修改和修正了这一理论"[②]。应用翻译研究主要是指翻译规范在实践中的具体运用,它可以进一步被分为四个范畴:译者培训、提供翻译工具、制定翻译策略、翻译批评。[③]

描述翻译学(DTS)细分为三个小的分支:(1)"面向译本的描述翻译学"指的是对已有译作进行描述的翻译研究领域;(2)"面向功能的

---

① Holms, J. S., "The Name and Nature of Translation", in *Translated Papers on Literary Translation and Translation Studies*. Amsterdam: Rodop, 1988, p.71.

② Toury, G., *Descriptive Translation Studies and Beyond*. Shanghai: Shanghai Foreign Language Education Press, 2001, p.1.

③ 王鹏,《描写翻译研究及其方法》,载《四川外语学院学报》,2008 年第 4 期,第 96 页。

描述翻译学"主要研究译本在译语的社会文化环境中所发挥的作用；
(3)"面向过程的描述翻译学"主要研究译者在翻译时的思维运作方式。翻译理论,即利用描述翻译学的研究成果,加上相关学科及专业提供的资料,总结出一些原则、理论和模式,以解释和预测翻译的过程和成果。霍尔姆斯认为描述翻译研究和翻译理论同属纯研究性质[①]。另外,霍尔姆斯还在论文《翻译学的名与实》中补充指出,翻译学的三个分支中还有两个问题尚未提及:翻译史问题和翻译学里面使用什么方法和模式最好的问题。描述翻译研究的内部结构可以形象地表示为图1:

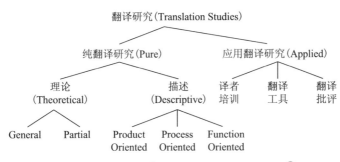

图 1 Holmes basic "map" of translation studies[②]

2. 描述翻译学的特点

根据图里等人的论述,可以看出描述翻译研究重视描述性的方法,考虑翻译和文化背景的结合,并且以译文为取向。这些特点又进一步决定了描述翻译研究应该以语料库为研究的基础。

---

① Holms, J. S., "The Name and Nature of Translation, in *Translated Papers on Literary Translation and Translation Studies*". Amsterdam: Rodop, 1988.

② Toury, G., *Descriptive Translation Studies and Beyond*. Shanghai: Shanghai Foreign Language Education Press, 2001, p.10.

图里认为,如果翻译研究不想再依靠语言学等其他学科,并自身成为一个独立的学科,那么它必须发展一种描述性方法。[①] 描述翻译研究不应该是翻译原文和译文的比较分析或例子分析的集合,它必须提供合理的研究方法、明确的调查过程,以便使单独的描述研究的结果可以概括整个翻译行为。也就是说,描述方法的研究结果虽然不是翻译行为的全部,但可以通过规范、明确的研究方法和实验过程等具体操作,使实验具有可重复性、可推广性、可预测性,进而在一定范围内代表某种翻译现象。所以,方法论是描述翻译的首要条件[②]。描述翻译研究因为有连贯的方法,所以才能够对翻译问题进行可以证实的理论概括。此外,描述翻译研究是容许各种研究方法和平共处、相辅相成的一种研究策略。它将微观上的每一种在一定规范指导下进行的翻译研究仅仅看作一种翻译研究,它坚信各种翻译研究方法之间应该是和平共处的关系。[③]

描述翻译研究认为所有个案研究必须遵循同一个指导原则,将每个问题都置于更高层次的上下文中加以研究,文本、行为方式和文化背景都应该考虑在内。[④] 也就是说,翻译要和文本以及当时当地的情况结合起来研究,翻译并不是可以脱离时代而独立存在的。另一方面,描述翻译研究注重文化、上下文对翻译的作用,但一刻也没有离开过文本研究。描述翻译研究对文化背景的重视并不意味着要离开翻

---

① Toury, G., *Descriptive Translation Studies and Beyond*. Shanghai: Shanghai Foreign Language Education Press, 2001, p.10.

② *Ibid.*, pp.21-112.

③ 参见林克难,《翻译的规范研究和描写研究》,载《中国外语》,2008 年第 1 期,第 89—92 页。

④ Toury, G., *Descriptive Translation Studies and Beyond*. Shanghai: Shanghai Foreign Language Education Press, 2001, pp.113-241.

译的本体。①

描述翻译研究是一种以译文为取向的学科。图里认为，"翻译就是在目的系统当中，表现为翻译或者被认为是翻译的任何一段目的语文本，不管所根据的理由是什么"②。描述翻译研究是后瞻式的，它是"从目标语出发，拿目标文本质量与源文质量做比较。通过对两者的比较，可以辨别生成目标文本的各种表达过程，并确定这些过程在多大程度上充分地实现了预期目标"③。可见描述翻译研究对目标文本的重视。

二、描述翻译学视野下的翻译理论

从霍尔姆斯的划分④来看，翻译理论是分层次的，而且这些层次还是比较复杂的。从他的划分还可看到，翻译理论体系是呈明显的金字塔状的，上层理论会分出下层理论的许多枝节。越是低层次的理论越与实践联系密切，并且对实践有直接的指导意义，而高层次的理论却与低层次理论紧密相连。倘若只知道该理论系统的一些小的分支而

---

① 林克难，《翻译的规范研究和描写研究》，载《中国外语》，2008 年第 1 期，第 89 页。

② 转引自林克难，《翻译的规范研究和描写研究》，载《中国外语》，2008 年第 1 期，第 89 页。

③ 转引自谭载喜，《翻译研究辞典》，北京，外语教学与研究出版社，2005 年，第 199 页。

④ Holms, J. S., "The Name and Nature of Translation", in *Translated Papers on Literary Translation and Translation Studies*. Amsterdam：Rodop，1988.

不了解其上层理论体系,则必然会使这些小的分支如无源之水一般而显得没有生命力。霍尔姆斯对翻译理论体系的划分因其层次性、清晰性而被广泛地接受。

DTS 和翻译理论之间的关系是双向的,互相依存的原则和功能优先的特点可以体现出这一关系的理论特性。翻译研究要彻底而系统地处理三方面的问题,并且这些问题分属不同的范畴和层面:(1) 原则上,翻译会涉及的问题;(2) 在不同的情况下,翻译确实涉及的问题以及这些问题的原因;(3) 在具体的条件下,翻译可能涉及的问题。

第一个层面的问题可以产生一个理论框架,但是从翻译理论的角度来说,这个框架非常基础。框架中包含了一系列的对等,使之能够涵盖所有跟翻译理论和实践相关的问题。第二个层面与 DTS 是对等的,但是这种研究的意义并不在于对现实的行为做出完备的描述和解释,更重要的是,它们有助于规范的产生。因此,大量在实践中获取的知识积累于层面(2),并且对包含于层面(1)的种种可能性做出限制,进而为在层面(3)中做出预测打下坚实的基础。由此可见,层面(3)应该属于理论分支。描述翻译学与翻译理论之间的关系可以表示为图 2。

描述研究中的所有发现都有助于形成一系列连贯的规则,这些规则可以显示出与翻译相关的各个变量之间的内在联系。这些规则的形成超出描述研究的范畴,因此可以体现翻译领域中理论层面的最终目的。但是,这些构想的规则并非绝对的,它们只是用来陈述在某种具体的条件下,某种现实行为或者表层实现能够出现。在缺少限定条件的情况下,这些规则不能够形成和实施。因此,形成这样的规则需要行为的规律(regularities of behavior)和对"功能、过程和译本"这三个参数的绝对控制。这些规则可以被视为部分理论(partial theory),

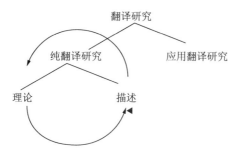

图 2　The relations between DTS and translation theory①

部分理论之间会存在很多重合,它们在经历了进化的过程之后会演变成为翻译学中的普遍理论(general theory)。这种普遍性理论中也必须包含各种参数,决定某种行为、现象和关系出现的可能性。

也是就是说,描述性翻译理论通过对译本、功能和过程的描述可以总结规律,发现本质,从而为普遍翻译理论的创立提供基础性的规则和模式。普遍翻译理论是一些具有本质性的规律,可以从宏观上指导实践活动,影响译者的整体决策,而且高层的翻译理论会直接影响与它相连的下层理论的建立和发展,从而通过间接方式指导翻译实践。

虽然不同层次的理论在翻译理论体系中的地位和作用有所不同,但这并不代表理论层次的作用有轻有重,而且描述翻译理论、普遍翻译理论和应用翻译理论并不是三个界限十分明显的分支,它们的关系也并不是单向的。事实上,这三者之间是一种辩证互动的关系,三者中任何一方都为其他两个方面提供素材,并利用它们的研究成果。霍尔姆斯在他的论文中指出,在进行翻译描述和应用翻译方面的工作

---

① Toury, G., *Descriptive Translation Studies and Beyond*. Shanghai: Shanghai Foreign Language Education Press, 2001, p.15.

时,要有理论假设作为行动的起点,而翻译理论也需要翻译描述和应用翻译研究提供充实的资料。[①]

三、描述翻译学与翻译批评

1. DTS 与翻译批评之间的关系

如上所述,在霍尔姆斯的基本图式(basic map)中,翻译学中的两大分支分别为纯理论研究和应用研究。这两大分支之间的关系、它们对诸多细小分支的影响以及细小分支之间的联系都应该得到足够的关注。图里曾经说过,"科学研究的根本目的不是要改变现实世界中的经验"[②],翻译研究的最终目标不是发现适当的翻译方法,正如语言学研究的最终目的并不是要确定适当的语言使用方式。但是,我们也不排除从实际行为中得出结论的可能,不论该结论的性质是回顾性的,还是前瞻性的。但是结论的得出者应该是实践者,而非理论家,因为前者同时也承担着结论的后果,因为当他们的实践由于错误的理论指导而出现失误时,他们应该承担责任,而不是去谴责错误的理论。这里所说的实践者指的是翻译批评家、翻译教师和翻译计划者等。

翻译学的纯理论分支包括理论翻译学和描述翻译学,而应用翻

① Holms, J. S., "The Name and Nature of Translation", in *Translated Papers on Literary Translation and Translation Studies*, Amsterdam: Rodop, 1988.

② Toury, G., *Descriptive Translation Studies and Beyond*. Shanghai: Shanghai Foreign Language Education Press, 2001, p.17.

学的各个分支则应该是规定性的。虽然很多专家和学者也试图使各个应用分支尽量接近现实,并且各个分支的多元性和包容性也在不断增强,但是它们还是不能涵盖各种现实行为的各种可能性。因此,应用研究的目的是有意识地确定规范,也就是告诉那些接受这些规范的人,他们应该做什么以及应该怎么做。DTS 与翻译批评在翻译研究的大学科中同属一个层面,但是它们分别隶属于不同的分支,前者属于纯翻译研究,而后者属于应用翻译研究。

如图 3 所示,DTS 和翻译批评之间不存在直接的联系,但是描述研究分支是翻译学中最基础也是最重要的分支,因为该分支的研究成果为理论研究和应用研究提供了具体的资料和依据。并且,基于本文第二部分的论述可以得出,描述翻译理论通过对译本、功能和过程的描述可以总结规律,发现本质,从而为普遍翻译理论的创立提供基础性的规则和模式。因此,翻译理论的得出是基于描述性的翻译分析。另一方面,翻译理论的研究成果将指导翻译的各个应用分支,其中也包括翻译批评。以翻译理论为媒介,翻译批评和翻译批评理论将间接受到描述翻译的影响。因此,基于描述翻译的翻译批评理论一定会具有描述性特点。笔者在此用图 3 表示。

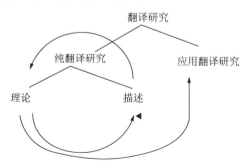

图 3　The relations between DTS and translation criticism

2. 描述翻译学视野下翻译批评理论的特点

规范性的翻译研究可以说历来占据着统治地位,探寻中外互译的规律、制定普遍适用的翻译标准一直是学者及译者关心的主要问题。事实证明,这样的研究过于狭隘,限制了我们的视野,给译学建设造成了很大的障碍。而描述翻译研究则突破了由单纯的文本构成的封闭空间,将翻译视为一种文化和历史现象,在目标语社会文化这个大环境中研究翻译,考察翻译与目标语文化的互动关系。其着重点不在于制定规范,做出价值判断,而在于客观地描述实际发生的翻译活动。

此外,以往的每一种翻译批评标准都是依据某一种翻译理论提出来的,这种批评标准体现了该理论的基本精神和原则,当这种翻译理论被另一种翻译理论批判或取代时,这种批评标准也会随之被否定和批判。因此,本文作者认为翻译批评的标准应该建立在描述性研究的基础之上,而描述翻译学视野下的翻译批评理论应该具有自身的特点。

(1) DTS 视野下的翻译批评理论中应该包含功能、过程和译本三个参数,并且它们之间应该是相互依存的。描述翻译研究中的译本、过程和功能三个方面均有各自的研究领域,同时它们又是互相依存的,这就是所谓的"相互依存原则"。"我们如果要了解翻译的复杂性,从该学科的整体角度看,就必须反映这三方面的相互关系。这样,每个单独的研究都必须具备两个特征:一是每个研究都是局部的行为,都是与整体密切相关的;二是每个研究都是整体尝试的分离,目的是解释面向产品的研究、面向过程的研究和面向功能的研究是怎样相互起决定作用的。"①因此,如果在翻译批评中把这三个方面看作各自独立的,这就意味着无论是翻译在文化中所占的地位、文本的翻译过程、源语言的表述,还是源语言与目标语在翻译语境下的关系,无意中都会被忽略,翻译的批评研究也就不具备解释性。

一方面,由于对功能、过程和译本三个参数的重视,DTS 视野下的翻译批评不再将原作视为翻译的中心和绝对标准,也不再将"忠实原作"看作翻译的唯一目标。传统翻译标准都是建立在翻译理想和主观审美之上,而没有认真考虑翻译现实的问题。事实上译者往往不会顾忌传统翻译标准对他们的约束,而是出于翻译的目的、自己的理解等使译文背离原作。这种情况使传统的规范性翻译研究处于一种尴尬的地位。传统译论和语言学翻译研究的局限性呼唤新的研究方法,正是在这种背景下,翻译描述发展起来。描述的方法使研究者得以客观全面地看待翻译,而不必拘泥于"忠实"理想,从而使翻译研究超越了传统译论的局限性,并获得了广阔的发展空间。

另一方面,DTS 视野下的翻译批评应该遵循"功能优先原则"。翻译在目标语文化里的地位是翻译文本重要的组成部分,因为翻译是为了满足某种需要,为填补某个空白而出现的,其结果是译者在某个文化中起到了为该文化利益服务的作用,所以译本可以赋予目标语文化新的功能。描述翻译研究注重的是意义,而不是语言形式。"翻译的功能,由于它的语言特点或它与原作的关系,不可避免地决定了译者在翻译中所采取的策略,出于同样的原因,这也决定了翻译过程。"②正因如此,基于 DTS 的翻译批评理论应该将功能放在首位。

---

① Toury, G., *Descriptive Translation Studies and Beyond*. Shanghai: Shanghai Foreign Language Education Press, 2001, pp.11 – 13.

② *Ibid.*, p.13.

（2）DTS 视野下的翻译批评理论应该更加重视目标语文化对翻译的影响。所谓描述翻译理论，就是在研究翻译的过程、译本和功能的时候，把翻译放在时代之中去研究。广而言之，就是把翻译放到政治、意识形态、经济、文化之中去研究。描述性翻译研究突破由单纯文本构成的封闭空间，将翻译研究视为一种文化和历史现象，其重点不在于定制规则或者做出价值判断，而在于客观描述世界发生的现象。

图里在发展翻译理论的探讨中，发现以源语言为导向的理论模式存在缺憾，而翻译的概念应该大大拓展。他认为只要在目标语文化读者眼里一个文本被视为翻译，它就是翻译，而不是说要翻译成什么样子才能称为翻译。他从目标语文化的宏观条件考察译作，认为译作是目标语文化所接受的文化产物，是容纳它们的目标语文化的事实，译作成为文化的组成部分反映了目标语文化的构成。译作总是受限制于不同的社会文学背景因素，所以无固定的特性，翻译成为依靠历史和文化力量的一个相对的名称。图里因此提出翻译以目标语为导向的观点，形成注重翻译的目标语文化、目标语文化特征与翻译的关系的研究方法。① 图里相信，翻译作品和翻译活动在未来目标语文化中的地位和功能、译作的形式、译者在翻译中采取的策略等组成了一系列相互联系的事实，我们从中发现它们相互依存，试图在研究中解释表明功能、译作和翻译过程之间关系的规律性。②

（3）DTS 视野下的翻译批评理论更加倡导细读文本。众所周知，文化转向和描述翻译学派同俄罗斯形式主义有着密切的联系，而形式主义的一个特点就是细读作品（close-reading）。描述学派正是通过细

---

① Toury, G., *Descriptive Translation Studies and Beyond*. Shanghai: Shanghai Foreign Language Education Press, 2001, p.13.

② *Ibid*.

读一些翻译作品发现了其中有不少违反当时行为常式的情况。这种情况已经无法用现有的翻译理论合理充分地加以解释。为了解释这种有违常规的翻译现象，描述翻译学者在细读文本的基础上，开始研究是不是有文本之外的因素影响译文文本，从而开始研究文本和文化的互动关系。

（4）DTS 视野下的翻译批评理应提倡减少价值判断，保持客观中立的立场。人的需要就是人的实践活动的目的，由于实践目的的不同，评价标准也随之不同。在实践中，人们总是按照他们的需要去规划行动与预构结果的。既然人们按照这种预构和设想去改造事物和创造事物，我们就可以肯定地说，任何标准都是有主体因素在内的，是主体需要与主体筹划的产物，有着对人和社会有意义的问题，即价值问题。因此，我们也可以肯定地说任何标准问题都是一个价值判断的问题，它理应属于价值学研究的范畴。但是，如果在翻译批评中一味强调主体因素，而忽略了客观主义的立场，就不能够从客观的角度出发来制定标准，结果就会将原文文本作为模仿的对象与唯一参照。这正是描述翻译研究所否定的做法。

（5）描述翻译研究离不开语料库，DTS 视野下的翻译批评理论也离不开语料库。王克非、黄立波指出，"语料库翻译学有两方面理论发展的支持：其一，语义观转变为情境观，突破了传统的'对等'，将其视为一定社会文化情境中语言使用的对应；第二，描写翻译研究范式打破了原作的主宰地位"①。描述翻译研究是"对于定义清晰的语料库的

---

① 王克非、黄立波，《语料库翻译学十五年》，载《中国外语》，2008 年第 11 期，第 9 页。

精心研究"①,语料库的建立也是描述翻译研究方法论的一个主要体现。目前的翻译研究需要不断扩大、完善语料库,虽然"语料库越大,越杂,研究者在具体提炼或概括数据的过程中遇到的困难就越大"②,但是如果没有不断扩大的系统语料库,描述翻译研究就很难继续发展,因为它需要描述的对象以及进一步预测、验证的对象,必须由系统的语料库来提供。现代语料库语言学与描写翻译学的研究成果为语料库翻译研究提供了坚实的理论基础。作为一种实证研究方法,语料库翻译研究以现实的翻译文本作为研究对象,采用科学的统计与分析方法,客观地描述翻译活动本身的规律。该研究方法被广泛运用于研究翻译普遍性、翻译规范、译者文体等方面,是一种新的研究范式。③

四、结论

任何经验学科如果没有描述分支的存在,就不能称之为完整的相对独立的学科。描述的研究方法是形成理论的最好方法,其中包括检验、否定、修正并完善理论的过程。描述分支和理论分支之间的关系

---

① 王鹏,《描写翻译研究及其方法》,载《四川外语学院学报》,2008年第4期,第97页。

② Toury, G., *Search of a Theory of Translation*, Tel Aviv: The Porter Institute for Poetics and Semiotics, 1980, pp.66 – 67.

③ 周小玲、蒋坚松,《基于语料库的翻译研究方法评析》,载《湘潭大学学报》(社科版),2008年第7期,第55页。

是相辅相成的,在这种相互作用中产生的研究成果更完善,更具有意义,有助于深刻理解研究内容,并使学科应用成为可能。因此,翻译批评研究应该建立在描述研究的基础之上,后者在实际研究中积累丰富的事实根据,不仅对翻译行为做出详尽的描述和解释,从而有充足的根据做出合理的预测,而且为前者的理论建设奠定了基础。

描述翻译研究的方法有利于我们更清楚地认识翻译现象。描述性的翻译研究不再像以前规范性的翻译研究那样将视野局限于静态、封闭的文本体系,而是将目光投向更为广阔的领域——目标语的社会文化环境,探索翻译与其所在的文化环境之间的互动关系。翻译被看作一种社会行为,一种文化与历史的现象。这样,为了更系统、全面地研究翻译,就应该采取"还原语境"(contextualization)的方法,即将其放回其产生的历史、社会、文化语境中,去研究与这一翻译行为有关的多项因素,进而对多种翻译现象做出解释。本文通过对描述翻译学视野下的翻译批评研究特点的浅析,希望为翻译批评的描述研究提供一些有益的理论探索,使描述翻译学理论研究与应用领域中的翻译批评的间接联系成为直接关联,并最终形成描述翻译批评。

(原载《外语与外语教学》2009 年第 10 期)

从林纾、鲁迅的翻译看翻译批评的多重视野

刘云虹

埃科在其著作《说的几乎是一回事——翻译经验》中有一段耐人寻味的话:"地球几乎与火星一样,因为两者都绕着太阳转,并且都是球体,但地球也可以几乎像另一个太阳系中运行的其他任何星球一样,它也几乎和太阳一样,因为两者都是天体,它还几乎像占卜者的水晶球一样,或者几乎如同一只气球、一个橙子。"[①]透过这个简单又风趣的例子,埃科引出的是"标准"的概念。在不同的标准下,地球、火星与橙子几乎可以相互等同,这样的说法看似有些夸张,然而,当我们面对译文须做出评价,即评价翻译说的是否与原文几乎是一回事时,"几乎"一词的所有弹性和全部疆界都取决于标准——"事先通过协商而达成的标准"[②]。

翻译标准一直以来都是翻译研究的重要维度和焦点问题,并引发了旷日持久的探讨与争论。我国传统和现代译论中影响最大的"信达雅"三原则虽然在实践领域具有深远的影响力和强劲的生命力,但理论界对它的质疑以及由此引发的争议却从来没有停止过。姑且不论

---

① Eco, U., *Dire presque la même chose : Expériences de traduction*. Paris: Grasset, 2006, p.18.

② *Ibid.*

"信达雅"的含义是否界定不清,也不论它是否已沦为简单化的思维定势,首先应该明确一点,作为严复对《天演论》的翻译有感而发的"译事三难","信达雅"针对的是翻译的语言层面,关注的对象局限于文本。然而,影响翻译活动的语言、文化、政治、历史等各方面因素极为复杂,翻译标准远非一个简单、孤立的概念,可以说,它涉及从翻译选择到翻译接受的整个翻译动态过程,涵盖了文本内部与外部的诸多要素。正如杨晓荣所言,"翻译标准问题更像是一个多棱镜,在不同的条件下反映出不同的光芒和色彩,不能以非黑即白论天下,但同时也并不是虚无得没有了是非。围绕着翻译标准,确实还有很多问题需要弄清楚"[1]。再者,近二十年以来,在全球化和多元文化背景下,"翻译活动的多样性已经远远超出了文学翻译的领域","活跃而迅速的文化交流对读者接受从观念上到语言上都产生了多方面的影响",[2]翻译研究的文化转向和社会学转向相继发生,翻译的文化属性和社会属性迫切需要得到更多的关注。正如根茨勒所言,"翻译再不是精英知识分子的'游戏',或是文学学术的注脚,它与整个地区(甚至整个世界)里每一个人的生命及生活息息相关"[3]。

翻译标准具有自身的复杂性,并且,人们对翻译的认识逐渐丰富并不断深入,"越来越强调译者的地位和主观能动性以及译作在历史、文化乃至政治语境下的作用"[4],因此,翻译批评不应再囿于翻译的语言层面和翻译作品本身,而应将关注的视野从文本向更广阔、更开放

---

① 杨晓荣,《翻译批评导论》,北京,中国对外翻译出版公司,2005 年,第 98 页。

② 同上,第 191 页。

③ 转引自王宏志,《重释"信、达、雅"——20 世纪中国翻译研究》,北京,清华大学出版社,2007 年,第 1 页。

④ 薄振杰、孙迎春、赵巍,《关于当前中国翻译批评研究的思考》,载《外语教学》,2008 年第 3 期,第 74 页。

的领域拓展。

在中国近现代翻译史上，曾涌现出一大批博学多才、成就卓著的翻译家，林纾和鲁迅可以说是其中最突出、最有影响力的代表人物。然而，对于这两位为我国翻译事业的发展做出了不可磨灭的贡献的翻译家，学界却一直是毁誉参半，并由此引发了激烈的"意译"与"直译"、"归化"与"异化"之争。近一个世纪之后的今天，我们该如何客观地评价林纾、鲁迅的翻译，又该如何辩证地看待关于不同翻译方法和翻译策略的论争？本文将以林纾和鲁迅的翻译为考察对象，对翻译批评的维度和视野进行反思与重新审视。

一、翻译价值观与翻译批评

林纾的翻译中常为评论家所诟病的是他在翻译中采取的"意译"的翻译方法以及由此产生的对原著的种种背叛与不忠实。郭延礼在《中国近代翻译文学概论》中明确指出，林纾等近代翻译家"所采取的翻译方式基本上都是译述或意译（也并非严格意义上的'意译'），误译、删节、改译、增添之处时见"①。可以说，林纾的"意译"，其内涵被认为相当于译述、改写、谬误、任意增删等，是"'忠实'和'信'的反义词"②。如果说"意译"乃至"胡译"的翻译方法为"林译小说"贴上了"不

---

① 郭延礼，《中国近代翻译文学概论》，武汉，湖北教育出版社，1998 年，第 33 页。

② 胡翠娥，《文学翻译与文化参与——晚清小说翻译的文化研究》，上海，上海外语教育出版社，2007 年，第 28 页。

忠的美人"的风格标签,那么,在"宁信而不顺"的响亮口号下,鲁迅所坚持的"直译"乃至"硬译"的翻译方法则被认为直接导致了其翻译作品中出现很多晦涩难解之处而受到猛烈的批评。梁实秋1929年发表题为《鲁迅先生的"硬译"》的文章,对鲁迅的翻译进行了严厉的指责,毫不留情地把鲁迅那种过分忠实的"直译"手法称为"死译",认为"读这样的书,就如同看地图一般,要伸著手指来寻找句法的线索位置"①。近年有论者甚至认为,"相对于他在文学创作和研究领域取得的卓越成就,他的文学翻译似乎留下了太多遗憾,成为其文学事业的'软肋'。尤其他所坚持的近乎'硬译'的'直译'笔法,历来为人诟病,即使那些想为鲁迅辩护的人,也常常难以自圆其说;而那些指责鲁迅翻译的人,总是显得理直气壮,信心十足。这的确是一个无法回避的事实:鲁迅的译文有太多让人不敢恭维之处"②。

仅就文字层面而言,上述种种批评似乎有理有据,无可厚非,无论"意译"乃至"胡译",还是"直译"乃至"硬译",都是对忠实和通顺的翻译原则的违背,理应予以否定和批判。然而,文学翻译批评从来都不可能是一种简单、直白的"好"或"坏"的评判,也不应该仅凭表面现象就轻率地对译文或译者横加责难。为何林纾用达旨、译述的翻译方法并获得了巨大的成功?为何鲁迅作为伟大的文学家却坚持"宁信而不顺"的主张,哪怕损害译文的可读性也在所不惜?对于林纾、鲁迅二人所代表的中国翻译史上两个极为重要的翻译现象,与其陷入种种经验主义的二元对立无法摆脱,不如多问几个"为什么",而这显然是非常

---

① 转引自王宏志,《重释"信、达、雅"——20世纪中国翻译研究》,北京,清华大学出版社,2007年,第236页。

② 张全之,《鲁迅的"硬译":一个现代思想事件》,载《粤海风》,2007年第4期,第33页。

有必要的。

　　表面来看，"直译"与"意译"、"归化"与"异化"都属于翻译方法与翻译策略的范畴，是翻译的语言层面或技术层面的问题。其实不然，翻译是一种主体性极强并富有理性的活动，任何严肃、认真的译者都自觉地、有意识地运用一定的方法，遵循一定的准则，而任何对翻译方法与翻译策略的选择都不是盲目的，都源自译者对翻译的理解、对翻译价值的认识。同样，翻译批评也是一种渗透着主观判断的实践活动，但其实践过程必须以各种理论为基础，翻译批评原则、标准等重要规范的确立都与各种翻译观密切相关，也就是说，"基于不同的翻译观和翻译价值观，翻译批评的标准是有所不同的"①。

　　在这个意义上，不应再以"忠实"为唯一的尺度而对林纾的小说翻译加以根本的否定，也不应再用无谓的"直译"与"意译"之争来对鲁迅"宁信而不顺"的翻译主张进行反面的理解。在一味拘泥于语言层面争论孰是孰非之前，我们理应首先回溯历史，还原林纾和鲁迅的翻译价值观。他们在从事翻译实践的过程中是如何为翻译定位的？翻译活动在他们的心目中又承载着怎样的目标与价值？

　　在近代翻译家中，林纾恐怕是在翻译的目的与功能方面强调得最多的一位②。他认为，若想启发民智，让国人了解欧洲列强的凶恶与阴谋进而加以抵抗，唯一的途径就是翻译。康有为的赠诗"百部虞初救世心"可以说是林纾的翻译观的最好写照。虽然爱国与救世并不是他从事翻译事业的最初动因，但这是他始终不渝的对翻译价值的认定。在这样的认识下，林纾把翻译活动视为救国的实业，"每译一书，都要

---

① 许钧，《翻译论》，武汉，湖北教育出版社，2003 年，第 412 页。
② 陈福康，《中国译学理论史稿》，上海，上海外语教育出版社，1992 年，第 134 页。

郑重其事,作译序、跋尾,再三表明他希望勋阀子弟学习西学、救国保种的良苦用心"①。既然选定翻译小说作为新民救国的工具,那么,译作如何才能被最广泛的读者群所接受便成为林纾必须解决的问题,更何况,在他所处的晚清时代,小说属于"长久以来被轻视的文类"②。如果翻译小说无法取得读者的认同,引起阅读的兴趣,它"所能载负的,也不会是什么伟大的救国救民的思想或良方"③。于是,加强翻译小说的可读性,尽量根据读者的阅读习惯与口味,在译作中删除原著里不易为读者接受并可能会引起不满、遭到抵制的地方,或加强原著中易于被读者认同甚至赞赏的部分,这理所当然成为林纾在翻译过程中遵循的基本准则。

"林译小说"中确实有大量的增删、改写,但必须认识到,"林纾的删节、增改并不是随便胡乱为之"④,与盲目而轻率的不负责任之举有本质的区别。林纾之所以选择"意译"作为翻译的基本策略,在本质上取决于译以致用、翻译救国的实用思想和翻译价值观。在最大程度实现翻译的社会价值的目标下,"忠实"的标准让位于翻译目的决定翻译方法的原则。有论者指出,"真正负责任的译者,一定要做很多'手脚'——或是增删,或是剪裁,或是换例,甚至重写。总之,由于译者看透了两个社会背景的差别,读者对象水平口味需要、习惯偏见的差别,知道要动手做选择的功夫、调整的功夫,目标不是弄出一篇与原文百

---

① 胡翠娥,《文学翻译与文化参与——晚清小说翻译的文化研究》,上海,上海外语教育出版社,2007 年,第 28 页。

② 王宏志,《重释"信、达、雅"——20 世纪中国翻译研究》,北京,清华大学出版社,2007 年,第 161 页。

③ 同上,125 页。

④ 郭延礼,《文学经典的翻译与解读——西方先哲的文化之旅》,济南,山东教育出版社,2007 年,第 202 页。

分之百相似的东西,而是创造一篇能够完成使命的东西"①。"创造一篇能够完成使命的东西",这正是林纾的翻译的根本价值取向。

如果说林纾注重翻译的社会价值,那么,对于鲁迅的翻译观,翻译界基本达成共识的评价主要在翻译的社会价值与语言价值两个方面:一是翻译"对于'改良思想,补助文明',引导国人进步的重大意义"②,即翻译对于精神塑造的作用;二是翻译"对于改造语言最终达到改造国人思维方式的作用"③。精神的塑造与思维的改造都是推动社会变革的根本力量,而"翻译对于这两者所起的作用往往是直接而深刻的"④。在这样的翻译观指导下,鲁迅坚定地选择了"直译"甚至"硬译"的翻译方法。自然,当翻译在打破旧的秩序或标准,在引入新思想、新内容、新的表现法中被视为一种革新的甚至颠覆性的力量时,读者的价值取向和阅读口味便注定不可能再成为翻译服务的对象。主张"宁信而不顺",既是考虑到保存原文的"精神和力量",也是为了输入新内容,添加新句法,"以创造出新的中国的现代言语"⑤。此外,"异化"的翻译方法也源自鲁迅对翻译本质的认识,翻译不是改写,更不是创作,翻译中既必须"力求其易解",又必须"保存着原作的风姿",倘若"将事改为中国事,人也化为中国人",那无疑是违背的翻译的本质,不如直接进行创作。"如果还是翻译,那么,首先的目的,就在博览外国的作品,不但移情,也要益智,至少是知道何地何时,有这等事,和旅行外

---

① 转引自许钧,《生命之轻与翻译之重》,北京,文化艺术出版社,2007 年,第 27 页。

② 陈福康,《中国译学理论史稿》,上海,上海外语教育出版社,1992 年,第 170 页。

③ 许钧,《翻译论》,武汉,湖北教育出版社,2003 年,第 383 页。

④ 同上。

⑤ 罗新璋,《翻译论集》,北京,商务印书馆,1984 年,第 266 页。

翻译批评研究之路:理论、方法与途径

242

国,是很相像的:它必须有异国情调,就是所谓洋气。其实世界上也不会有完全归化的译文,倘有,就是貌合神离,从严辨别起来,它算不得翻译。"①可见,在鲁迅看来,翻译中保留异国情调并非单纯的方法选择问题,而首先是维护翻译本质属性的要求。

综上所述,无论林纾的"意译",还是鲁迅的"直译",都是两人基于各自的翻译观和翻译价值观而自觉选择采用的翻译方法,没有绝对的孰优孰劣之分,对它们的评价不应拘泥于单一的"信"的尺度,也不能仅仅停留在语言表面和文本之中,而要深入翻译过程,力图对这两种翻译现象做出合理的解释,而翻译过程原本就是一个"主观裁决的过程,而不是直接的文字转换过程"②。

二、翻译批评的历史观

随着人类历史的演变,不仅语言、意义(观)和审美观在发展③,对翻译活动的认识,对翻译价值的理解,对翻译社会功用的要求也处在不断的发展、变化之中,因此,对翻译的评价也不可能遵循永恒不变、静止不前的原则,翻译批评的标准总是处于不断修订、不断丰富、不断完善的动态发展过程中,任何僵化的、脱离时代背景的、试图一劳永逸

① 陈福康,《中国译学理论史稿》,上海,上海外语教育出版社,1992年,第301页。

② 王宏志,《重释"信、达、雅"——20世纪中国翻译研究》,北京,清华大学出版社,2007年,第41页。

③ 刘宓庆,《翻译与语言哲学》,北京,中国对外翻译出版公司,2001年,第521页。

地适用于任何时期的标准都是不切实际的。在这个意义上，翻译批评要坚持历史观，无论是对翻译现象、翻译事件的考察，还是对翻译作品的评价，都应从特定的历史环境出发，充分关注翻译活动所处的特定时代背景以及与之相关的不同历史因素。对于翻译批评的历史观的内涵，许钧在《翻译论》中有过十分有见地的论述，他认为：一方面，要充分认识翻译对于人类历史的发展所做的实际贡献；另一方面，要从历史的角度来看翻译的可能性，翻译作为跨文化的人类交际的活动，有着不可避免的历史局限性。[1] 也就是说，翻译活动的成就是相对的，只有历史地看待翻译所做出的实际贡献和它必然遭遇的历史局限，才能客观、公允、全面地评价翻译，才能避免一切孤立、静止的翻译评判所导致的片面和武断。

尽管林纾的翻译常常由于背负着"不忠实"的罪名而备受责难，但"林译小说"却因为达旨、译述的翻译方法而"通俗简洁、流畅明快和富有表现力"[2]，具有很强的可读性和吸引力，它的价值和影响也在一代又一代读者的接受中得到最大的肯定。"如果说'林译小说'有不朽之价值，这是因为它第一个为中国人民介绍了世界上这么多的著名作家和文学名著，大大地开阔了人们的眼界和艺术视野。他代表了翻译文学初期的水平，是那个新旧交替时代的翻译文学留下的一座里程碑；另方面，'林译小说'又是'五四'新文学时期部分作家最早借鉴的范本，他们大多是通过它的诱导和媒介认识和接触外国文学的。"[3]可以说，翻译在文化交流里所具有的"媒"和"诱"的作用在"林译小说"上得到了最充分的体现。

---

① 许钧，《翻译论》，武汉，湖北教育出版社，2003 年，第 393—394 页。
② 郭延礼，《中国近代翻译文学概论》，武汉，湖北教育出版社，1998 年，第 292 页。
③ 同上，第 294 页。

在评价林纾的翻译时,除了充分肯定"林译小说"在中国近代文学史上做出的卓越贡献外,还应当认识到,林纾对达旨、译述等违背忠实原则的翻译方法的采用实际上并非孤立的个人行为,而是晚清文人翻译群体中流行的意译风尚的突出体现,也并非纯粹的主观愿望,而是深受晚清特有的把"译笔"与"文笔"相提并论的译评方式影响的结果,具有鲜明的时代特色和深刻的历史印记。

同样,鲁迅的翻译中也渗透着种种历史因素,鲁迅之所以坚决主张"直译"的方法,除了基于对翻译的社会价值和语言价值的清醒意识外,另一个重要原因就是希望在当时"有迟暮之感"的译界和文坛进行"拨乱反正"。正如陈福康所指出的,他"强调直译,首先是针对当时盛行的任意删削、颠倒、附益的翻译方法,为了扫荡翻译界的混乱观念"①,因此,仅就"有力地匡正了近代翻译界任意增删、篡改原作的不良倾向"②这个意义而言,鲁迅的"直译"的确是"超越时代的"③,具有特殊的历史价值。

可以说,无论是林纾的"意译",还是鲁迅的"直译",都不仅仅是语言层面的问题,而更是一种内涵深邃的历史文化现象,在这个意义上,对忠实原则的机械恪守或对翻译方法的狭隘争论都只能是无谓的,只有坚持翻译批评的历史观,充分关注特定的历史背景以及由此导致的历史局限性,才能对翻译做出合理的解释和科学的评价。

---

① 陈福康,《中国译学理论史稿》,上海,上海外语教育出版社,1992年,第175页。

② 郭延礼,《文学经典的翻译与解读——西方先哲的文化之旅》,济南,山东教育出版社,2007年,第138页。

③ 王宏志,《重释"信、达、雅"——20世纪中国翻译研究》,北京,清华大学出版社,2007年,第209页。

三、翻译批评的文化观

翻译不仅仅是两种语言之间的转换,更是两种文化之间的对话。随着翻译研究的深度和广度不断加强,尤其是在全球化和多元文化背景下,翻译的文化属性得到了越来越多的认同与关注,翻译活动被普遍描述为"一种文化传播和文化阐释"①,巴斯奈特更明确指出,"当代的翻译研究要打破的正是'把原作和译作视为两极这种陈旧的二元翻译观',并反过来试图去把翻译视为一项与文化系统充分结合的动态活动"②。谢莉·西蒙则把"文化转向"称为20世纪80年代以来翻译研究中最激动人心的进展,认为"转向文化意味着翻译研究增添了一个重要的维度。不是去问那个一直困扰翻译理论家的传统问题——'我们应该怎样去翻译?什么是正确的翻译?'——而是把重点放在一种描述性的方法上:'译本在做什么?它们怎样在世上流通及引起反响?'",更重要的是,"这一转向将翻译界定为一个传介过程,它不是超越意识形态之上而是穿行其中"。③ 翻译活动穿行于意识形态之中,任何一次选择、任何一种举动都不是孤立的,也不可能在绝对的理想化状态下进行,而是或多或少要受到诸如社会环境、文化价值取向和读

---

① 王宁,《文化翻译与经典阐释》,北京,中华书局,2006年,第13页。
② 许宝强、袁伟,《语言与翻译的政治》,北京,中央编译出版社,2001年,第322页。
③ 同上,第317页。

者审美期待等因素的影响。基于这样的认识,翻译研究迫切需要从语言的桎梏中摆脱出来,从"技"的樊篱中解放出来,自觉地在全球化时代的文化研究语境下来考察翻译作品、翻译过程和翻译现象。

翻译不仅具有显著的文化属性,更承载着维护文化多样性的历史使命,这就要求我们必须具有自觉的文化意识和明确的翻译文化观,进而在翻译文化观的指导下进一步开阔研究视野、拓展研究范围、赋予翻译研究新的维度。在这个意义上,翻译批评也应坚持文化观,充分认识到翻译不是一个从文本到文本的封闭过程,对翻译的评价应摆脱以往较为狭隘的文本对比视野,从文化交流与发展的高度评价翻译史和具体翻译活动中诸如翻译策略选择、文化立场、价值重构等重要问题,不仅关注"怎么译",更要关注"译什么"和"为什么这么译",这是翻译批评活动不可忽视的重要原则。

坚持翻译批评的文化观,我们应该清醒地认识到,所谓的"直译"与"意译"之争、"归化"与"异化"之争折射出的不仅是翻译标准的分歧,更是文化态度与文化立场的差异。劳伦斯·韦努蒂通过考察译者所采取的文化立场与"归化"和"异化"这两种翻译策略的确立之间的关系,指出"在受多种因素决定的翻译活动中,译者对异域语言与文化的态度与理解,对本土文化价值的认识与立场,是决定翻译方法的一个最重要因素"①。林纾之所以采用"归化"的翻译策略,在很大程度上正是取决于这个"最重要的因素"。在上文中我们提到,林纾的翻译与晚清流行的意译风尚息息相关,那么,晚清的意译风尚又是如何形成的呢? 除了当时翻译家普遍外语水平不济的客观因素之外,另一个重要原因正在于,晚清的翻译界和评论界对外国小说怀有一种"根深蒂

---

① 许钧,《翻译论》,武汉,湖北教育出版社,2003 年,第 290 页。

固的偏见",“即使提倡‘小说界革命’、并且身先士卒翻译日本小说的梁启超等人对域外小说的艺术价值也持否定态度"。① 出于这样一种对异域文化的态度与对本土文化价值的立场,虽然晚清文人极力提倡借助外国小说来改良旧小说,实现改良社会、救国新民的目标,但这种借鉴是“旧瓶装新酒”式的,“主要局限在内容和意境的革新"。② 于是,翻译中重要的只是保留原作的内容,完成译介小说“知风俗、鉴得失"的使命,至于形式,改变或重建都不是问题。可见,“林译小说”中的增删、改译等“归化”处理绝非单纯的语言或技巧问题,而首先源自译者所处时代的集体文化立场以及译者本人对翻译对象的文化态度。

林纾的“归化”翻译中蕴藏着深刻的文化内涵,同样,鲁迅对“硬译”主张的坚持也在很大程度上取决于他的政治立场和文化价值取向,带有厚重的政治文化色彩。这一点在鲁迅与梁实秋、赵景深等新月派文人就翻译方法展开的论战中表现得尤为显著。王宏志曾分析指出,鲁迅与梁实秋在对翻译标准的看法上并没有本质的分歧,两人都同样要求一种“既不曲,也不‘硬’或‘死’"的翻译。③ 那么,他们之间为何会爆发一场言辞尖锐的激烈论战呢?鲁迅为何态度强硬地坚持“硬译”的主张,并对“顺”的翻译深恶痛绝呢?实际上,“硬译”并非鲁迅刻意提出的,只不过是面对翻译中的困难不得已而采取的权宜之计,只不过是为了在较好的译文出现前“来填这从‘无有’到‘较好’的空间罢了"。④ 然而,梁实秋却以此为把柄,横加攻击与歪曲,不仅指责

---

① 胡翠娥:《文学翻译与文化参与——晚清小说翻译的文化研究》,上海,上海外语教育出版社,2007 年,第 99 页。

② 同上,第 98 页。

③ 王宏志,《重释“信、达、雅"——20 世纪中国翻译研究》,北京,清华大学出版社,2007 年,第 266 页。

④ 陈福康,《中国译学理论史稿》,上海,上海外语教育出版社,1992 年,第 295 页。

鲁迅的翻译,更怀有政治意图地借以攻击无产阶级文学,这是鲁迅不能容忍和姑息的,他必定要进行猛烈的回击和严厉的驳斥。正如孙歌所指出的,鲁迅对于"顺"的翻译耿耿于怀,根本原因在于他明确地意识到,"翻译不可能是从一种语言里搬运内容到另一种语言中来的行为",因为,"当本土的阶级和政治冲突借助于翻译呈现的时候,翻译的政治便体现为跨国界的'里勾外连','顺'的翻译便尤其有害,因为它迎合本土最易被接受的思维定势,而它往往是保守的"。① 由此看来,这场论战中的关键已不再是表面上显现的翻译方法,而是更深层次的文学阶级性和文化重构的政治性问题。

林纾和鲁迅的翻译中文化、政治因素的凸显让我们再一次明确地认识到,每一个有意义的翻译都基于一个明确的目标,而这一目标总是被特定的文化态度和政治立场所决定。翻译批评者必须充分意识到这一点,并在评价翻译时对此给予足够的关注与科学的阐释。

四、结语:构建翻译批评的多重视野

当我们评价翻译时,"忠实"是否能够作为可依赖的信条而普遍适用? 关于直译与意译、归化与异化、形式与内容等种种矛盾的争论是否能够因袭固有路径而继续发挥作用? 抑或我们应该赞同谢莉·西蒙的观点,承认"我们对忠实的传统理解是贫乏的,原因在于我们过分

---

① 许宝强、袁伟,《语言与翻译的政治》,北京,中央编译出版社,2001年,第29页。

依赖一些僵硬的、彼此互证的二元对立关系"①。林纾和鲁迅的翻译一次又一次地向我们证明了翻译活动的复杂性及其超越语言之上的包容性，译者的翻译观、翻译价值观与文化立场以及翻译赖以进行的历史、文化、政治背景等主客观因素都对翻译的最终结果产生着重要影响。

埃科一再强调翻译标准需"事先通过协商而达成"，对于"协商"一词，他的定义简单，直白，即"为了获得某些东西而放弃另一些东西的过程"，原文、原作者、原语文化、译文、译语文化、读者期待和出版商都是在其中发挥作用的要素。② 也就是说，协商意味着选择，选择中必然面对错综复杂的关系，选择中必定有所为而有所不为，翻译过程就是这样一个充斥着客观限定和"主观裁决"的过程。面对它，任何拘泥于语言层面和文本比较或把"信"视为唯一尺度的评价都不足以对翻译作品和翻译现象做出合理的阐释与客观的判断。翻译批评只有从特定的历史环境出发，关注不同的文化、政治因素，并充分重视译者对翻译的认识和定位在翻译过程中所起的作用，并由此构建从表面走向深层、从单一走向多元、从静止走向动态的多重视野，才能真正履行自身的职责，体现自身的价值，成为促进翻译事业健康发展的有效力量。

（原载《外语教学》2010 年第 6 期）

---

① 许宝强、袁伟，《语言与翻译的政治》，北京，中央编译出版社，2001 年，第 322 页。

② Eco, U., *Dire presque la même chose : Expériences de traduction*, Paris: Grasset, 2006, p.18.

文学翻译模式与中国文学对外译介

——关于葛浩文的翻译

刘云虹　许　钧

一、引言

2012 年 12 月 10 日，在瑞典首都斯德哥尔摩音乐厅举行的 2012 年诺贝尔奖颁奖仪式上，中国作家莫言从瑞典国王手中领取该年度诺贝尔文学奖。至此，纠缠了中国作家甚至包括普通读者在内的整个读书界大半个世纪的"诺奖情结"终于得以释放或缓解，然而，随着所谓"后诺奖"时代的到来，国内学界的氛围也由以往的焦虑和渴望转变为疑惑与反思。

正如有学者所指出的，莫言获诺贝尔奖主要涉及了两个问题："一个是莫言该不该获奖的问题，另一个是莫言凭什么获奖，或者说为什么获奖的问题。"[①]第一个问题不是译学界关注的重点，第二个问题却

---

① 曾艳兵，《走向"后诺奖"时代——也从莫言获奖说起》，载《广东社会科学》，2013 年第 2 期，第 188 页。

与翻译密切相关。我们看到,在文学界、翻译界乃至读者大众的热切讨论中,莫言作品的翻译、翻译与创作的关系①、译本选择与翻译方法、翻译对中国文化走出去的影响等一系列与翻译有关的问题成为普遍关注的焦点。毫不夸张地说,莫言获奖后,翻译的重要性受到整个国内学界和读书界空前的关注,译者的地位与作用、翻译策略与翻译接受、文学译介与文化传播等诸多相关问题也得到广泛的重视。从莫言获奖引发对翻译问题的种种讨论,到"公认的中国现代、当代文学之首席翻译家"葛浩文出场,再到对中国文学、文化如何走出去的探寻,在这样的语境下,翻译界部分学者和媒体对翻译方法与翻译观念等涉及翻译的根本性问题也提出了各种观点,我们认为有必要对文学译介中的翻译方法甚或翻译模式等相关问题做出进一步思考,澄清一些模糊的认识。

二、莫言获奖与葛浩文的翻译

2012 年莫言获得诺贝尔文学奖,这一度成为中国学界和文化界最关注的核心事件,各种媒体上都充斥着相关的报道、介绍或讨论。之所以如此引人注目,原因自然不言而喻:诺贝尔文学奖数十年以来一直让中国作家乃至整个文学界饱尝了焦虑、渴望与等待,在经历了鲁

---

①　许方、许钧,《翻译与创作——许钧教授谈莫言获奖及其作品的翻译》,载《小说评论》,2013 年第 2 期。

迅、沈从文、林语堂、老舍、巴金、北岛等一次又一次与诺奖的擦肩而过之后,莫言终于让这根深蒂固的"诺奖情结"有了着落。然而,除此之外,可以说还有另外一个重要原因:莫言是一位真正的中国本土作家,从来没有用中文之外的其他语言进行写作,外国评论家和读者,当然也包括诺贝尔奖的评委们,除极少数汉学家以外,绝大多数都必须依赖莫言作品的外文译本来阅读、理解和评价莫言,于是,翻译对莫言获奖的决定性作用以及与之相关的诸多问题使单纯的获奖事件有了林林总总引人关注也值得探讨的后续话题。

在中国驻瑞典大使馆举行的见面会上,莫言曾表示:"翻译的工作特别重要,我之所以获得诺奖,离不开各国翻译者的创造性工作。"①诺奖的获得离不开翻译,这不仅是莫言出席此次官方活动时的表述,也是他在不同场合多次表明的态度,更是在莫言获奖所带来的各种话题中深受国内媒体和学界关注的问题之一。如果说,一直默默耕耘的中国文学因为莫言的获奖终于在国际舞台上受到热切的瞩目,那么,一直静静付出的翻译者们也借此一改昔日的"隐形人"身份,从幕后被推置台前,并收获了极为珍贵的肯定与赞美。一时间,莫言作品的英译者葛浩文、法译者杜特莱夫妇、瑞典语译者陈安娜以及日语译者藤井省三等都迅速成为国内媒体和学界的新宠,而在他们之中,由于英语在全球无可比拟的地位,葛浩文自然成为最重要也最具代表性的一位。其实,在中国文学的视野下,无论是那个曾在呼兰河畔"热泪纵横"的"萧红迷",还是那个执着于中国现当代文学研究并推动其在英语世界传播的学者,葛浩文远不是陌生、遥远的名字。然而,尽管早已

---

① 沈晨,《莫言指出翻译的重要性:"得诺奖离不开翻译"》,中国新闻网,2012 年 12 月 8 日,http://www.chinanews.com/cul/2012/12-08/4392592.shtml。

被了解甚至熟知，葛浩文在中国学界最绚丽的出场无疑得益于莫言的获奖以及由此产生的对翻译、创作与获奖三者之间关系等问题的大规模探讨。

实际上，莫言获奖后翻译的重要性以及译者的中介作用备受关注，这在目前的文化语境下应该说是一个不难理解的现象。虽然全球的汉语学习热已经是不争的事实，但汉语仍然是远居英、法等西方语言之后的非主流语言，中国文学要想在世界范围内得到阅读、理解与接受，翻译是不可逾越的必然途径。于是，伴随着葛浩文的出场，国内学界围绕莫言获奖与葛浩文的翻译而展开的广泛探讨中涉及的首要问题就是翻译的作用。诺贝尔文学奖一经揭晓，国内各大媒体便不约而同地将莫言的获奖与其作品的翻译联系在一起，有关翻译在莫言获奖中起关键作用的报道不胜枚举，例如，《解放日报》的《莫言获奖，翻译有功》、《人民日报》海外版的《文学翻译助力莫言获诺奖》，等等。于是，葛浩文被媒体称为"莫言唯一首席接生婆"，陈安娜则是"莫言得奖背后最重要的外国女人"。与媒体的热烈反应相比，文化界和翻译界学者们的思考自然要冷静、缜密得多，但概括来看，除个别人持谨慎态度（例如有所保留地提出"莫言作品之所以能获得国际认同，固然不能缺少翻译环节，但其获奖的原因却远没有这么简单"①）之外，绝大部分人都对以葛浩文、陈安娜为代表的外国译者在莫言获得国际认可的过程中所发挥的重要作用给予了肯定。例如，有学者认为，"如果没有汉学家葛浩文和陈安娜将他的主要作品译成优美的英文和瑞典文的话，莫言的获奖至少会延宕十年左右，或许他一生都有可能与这项崇高的

---

① 熊辉，《莫言作品的翻译与中国作家的国际认同》，载《重庆评论》，2012 年第 4 期，第 7 期。

奖项失之交臂"①;还有学者提出,"中国的近现代史上文学贡献比莫言大者不在少数,单是林语堂就被提名诺贝尔文学奖多次,但最终却都是无果而终。究其原因,作品由汉语译为英语的水平不足是重要原因,这次在一定程度上可以说是外国的译者成就了莫言"②。这些言辞并不激烈却立场鲜明的论述可以说是颇具代表性的。

随着国内媒体和学界围绕莫言获奖与葛浩文的翻译的讨论逐渐深入,焦点话题也由翻译的作用问题进一步上升至中国文学、文化走出去的策略或战略问题——尽管有学者不主张诸如"策略"或"战略"这样的提法,但在国内目前的文化语境下,似乎非这样的表述不足以显示"中国文化走出去"这一问题的重要性和迫切性。也就是说,在莫言获奖之后葛浩文的翻译所引发的持续不断的话题中,受到广泛关注的不仅是单纯的翻译与创作、翻译与获奖的关系问题,而且是翻译对中国文学、文化走出去的影响和作用等具有更深层次意义的问题。诺贝尔文学奖设立以来的一百多年历史里,获奖者大多为欧洲和北美作家,除莫言之外,亚洲仅有印度的泰戈尔、以色列的阿格农和日本的川端康成、大江健三郎四位曾获得这一奖项,在这样的基本事实下,语言问题一直被普遍认为是文学作品能否赢得国际认可的关键所在。因此,对于深受语言因素制约的中国文学、文化如何才能走出去的问题,翻译必然成为其中绕不过去的核心与焦点,这已经是翻译界、文学界和文化界的共识,正如有学者所指出的,"大家也都知道'中国文学、文

---

① 王宁,《翻译与文化的重新定位》,载《中国翻译》,2013 年第 2 期,第 7 页。
② 冯占锋,《从莫言获诺奖看文学翻译中的"随心所译"》,载《短篇小说》(原创版),2013 年第 10 期,第 77 页。

化走出去'这个问题的背后有一个翻译问题"①。应该说,如何在中国文学、文化走出去这一目标下来看待翻译及其相关问题,这并非十分新鲜的论题,然而,在莫言历史性的获奖和葛浩文翻译受到空前关注和热议的背景下,对这一问题的讨论呈现出更为清晰的指向性,探讨和研究的主要内容在很大程度上集中于译者模式和翻译策略两个层面,也就是说,由什么样的译者、采用什么样的方法和策略进行翻译才能有效地促进中国文学、文化走出去。对于译者模式问题,文化界和翻译界的观点可以说相当一致,基本上都认同汉学家译者模式或汉学家与中国学者相结合的翻译模式。以 2012 年 12 月中旬由上海大学英美文学研究中心和上海市比较文学研究会举办的"从莫言获奖看中国文学如何走出去——作家、译家和评论家三家谈"学术峰会为例,针对"中国文学的外译工作怎样才能成功?""中国文学到底怎样才能走出去?"等问题,郑克鲁提出"文学外译还是让目标语翻译家来做"②,季进认为"真正好的翻译是汉学家与中国学者合作的产物"③,而这些正是与会的国内著名作家、翻译家和评论家中绝大多数人所持的观点。当然,并非所有的汉学家都能胜任推动中国文学、文化走出去这项工作,鉴于此,有学者对这一译者模式的理性建构进行了颇为深入而有益的思考,指出"汉学家译者模式的选择标准,大致应该以葛浩文为参照蓝本。总结起来,即是:中国经历、中文天赋、中学底蕴以及中国情

---

① 谢天振,《中国文学、文化走出去:理论与实践》,载《东吴学术》,2013 年第 2 期,第 45 页。

② 张毅、綦亮,《从莫言获诺奖看中国文学如何走出去——作家、译家和评论家三家谈》,载《当代外语研究》,2013 年第 7 期,第 54 页。

③ 同上,第 57 页。

谊。这四者的结合，无疑是汉学家模式选择中最理想的一种类型"①。如果说，葛浩文、陈安娜等国外著名汉学家对中国文学走出去所发挥的推动作用已经由莫言的获奖而在很大程度上得到了有力证明，以葛浩文为参照的译者模式也因此得到了媒体的推崇和学界的认可，那么，对于中国文学译介中应采用什么样的翻译方法与策略这一更具有普遍意义的问题，或许出于对葛浩文翻译方法的不同认识，或许出于翻译方法这一问题本身所蕴含的丰富内容与复杂关系，目前却存在一些模糊的认识，有待国内学界特别是翻译界进行更为深入而理性的思考。

三、葛浩文翻译方法与文学译介

如果说中国文学、文化走出去必然离不开翻译，那么在这一过程中我们需要的究竟是怎样的翻译？如果说葛浩文堪称文学译介的汉学家译者模式的参照和典范，那么他究竟采用了怎样的方法和策略来翻译中国文学作品，国内文化界和翻译界对此又是如何认识的？由于莫言获奖后媒体对翻译问题空前热切的关注，伴随着汉学家葛浩文的名字迅速进入公众视野的除了他的翻译作品、他对中国文学的执着热爱和有力推介，还有他在译介中国文学作品时所采用的特色鲜明的翻

---

① 胡安江，《中国文学"走出去"之译者模式及翻译策略研究》，载《中国翻译》，2010年第 6 期，第 12 页。

译方法。在众多的媒体上，"删节""改译"甚至"整体编译"等翻译策略成了葛浩文翻译的标签。

或许文学经典的评价标准实在难以形成普遍的共识，诺贝尔文学奖似乎从来都无法远离争议和质疑，国外如此，国内也同样如此，只不过由于翻译问题的加入，原本就已经十分热闹的局面变得更为复杂。2013 年 1 月 10 日，评论家李建军在目前国内文学评论重镇之一的《文学报》"新批评"专栏发表长文《直议莫言与诺奖》，对莫言的获奖提出了强烈质疑。针对莫言作品的翻译，他认为，文化沟通和文学交流上的巨大障碍使得"诺贝尔文学奖的评委们无法读懂原汁原味的'实质性文本'，只能阅读经过翻译家'改头换面'的'象征性文本'。而在被翻译的过程中，汉语的独特的韵味和魅力，几乎荡然无存；在转换之后的'象征文本'里，中国作家的各各不同文体特点和语言特色，都被抹平了"。基于这样的认识，李建军数次提及葛浩文的翻译对莫言作品的美化，并指出，"诺奖的评委们对莫言的认同和奖赏，很大程度上，就只能建立在由于信息不对称而造成的误读上——对莫言原著在语法上的错误，修辞上的疏拙，细节上的失实，逻辑上的混乱，趣味上的怪异，他们全然无从判断；同样，对于中国的文学成就，他们也无法准确而公正地评价"，因此，除了诺奖的选择和评价标准本身的偏失之外，莫言的获奖"很大程度上，是'诺奖'评委根据'象征性文本'误读的结果，——他们从莫言的作品里看到的，是符合自己想象的'中国'、'中国人'和'中国文化'，而不是真正的'中国'、'中国人'和'中国文化'"。① 显而易见，在李建军看来，莫言是在以葛浩文为代表的翻译家的帮助下才得以受到诺奖的垂青，也就是说，打动诺奖评委们的并不

① 李建军，《直议莫言与诺奖》，载《文学报》，2013 年 1 月 10 日。

是莫言作品本身，而是"脱胎换骨"、彻底"美化"的译文。并且，在这样的翻译所导致的"误读"中，中国文学的真正成就甚至中国文化的真正内涵都一并被误读了，这或许是比莫言的作品究竟应不应该获奖更值得深思的问题。在这个意义上，我们似乎可以再追问一句：中国文学、文化走出去固然是举国上下的共同目标，但倘若走出去的在某种程度上说是被误读、误解的文学和文化，那如此的"走出去"到底还值不值得期盼？评论界从来都不缺观点，也不缺各种观点之间的交锋，何况是莫言获奖加葛浩文翻译再加评论家的"酷评"如此吸引眼球的事件。4月7日，《收获》杂志执行主编、作家程永新在微博上对李建军针对莫言的评论文章表示了不满与愤慨，认为"李建军对莫言的攻讦已越过文学批评的底线，纯意识形态的思维，文革式的刻薄语言，感觉是已经疯掉的批评家要把有才华的作家也一个个逼疯"①。两天后，《文学报》主编陈歆耕在接受《新京报》电话采访时对此给予了回击，他表示，"李建军万余字的文章，程永新仅用100多字便将其否定，这种做法简单、草率、缺乏学理依据"②。4月10日，评论家杨光祖在博客上发表《关于〈收获〉主编程永新质疑〈文学报〉的一点意见》，直问"中国的作家，中国的文坛，什么时候能够成熟起来呢？能够容忍不同的声音？能够给批评家成长一个宽容的空间？中国的作家能不能既能听取廉价的表扬，也能听取严厉的，逆耳的批评呢？"③。看来，莫言的获奖以及随之而来的翻译问题所引起的震动远远超出了文学界或翻译界的单纯范围，已经引发了中国文学、文化走出去大背景下整个国内文化界与

①　程永新，里程微博，2013年4月7日，http://weibo.com/u/2201421755。

②　江楠，《"新批评"文章不代表〈文学报〉立场》，载《新京报》，2013年4月10日。

③　杨光祖，《关于〈收获〉主编程永新质疑〈文学报〉的一点意见》，杨光祖的博客，2013年4月10日，http://blog.sina.com.cn/s/blog_6c5c75d701018exn.html。

学术界对相关问题的普遍关注、探讨甚至争论。

除了国内评论界，国外汉学界和美国评论界对葛浩文的翻译也有种种观点和认识。德国汉学家顾彬曾经表示，莫言的获奖在很大程度上是因为他遇到了葛浩文这位"杰出的翻译家"①，尽管如此，他对葛浩文的翻译方法却颇有微词，认为他的翻译"在很大程度上是创造了译本畅销书，而不是严肃的文学翻译"，因为，"他根本不是从作家原来的意思和意义来考虑，他只考虑到美国和西方的立场"②。对于这样的评价，葛浩文尽管没有正面回应，却始终坚持自己的立场："为读者翻译"。美国当代著名小说家厄普代克曾经在《纽约客》上以《苦竹：两部中国小说》为题对苏童的《我的帝王生涯》和莫言的《丰乳肥臀》的译本进行了评价，在这篇被认为对于中国文学在美国的影响而言颇为重要的评论文章中，作者提到了葛浩文的翻译并对某些译文提出了批评："这样的陈词滥调式的英语译文，的确显得苍白无力"③。对此，葛浩文显然是不能接受的，他直言："厄普代克那个评论非常有问题。也许他评艺术评得好，可他连翻译都要批评，他不懂中文，凭什么批评翻得好不好呢？他说 Duanwen was now licking his wounds 这句英语是什么陈词滥调，也许对他而言，这在英文里是陈词滥调，可是我回去看原文，原文就是'舔吮自己的伤口'，还能翻成什么？"④

以上评论家之间、汉学家之间、评论家与译者之间的种种争论与

① 李建军，《直议莫言与诺奖》，载《文学报》，2013 年 1 月 10 日。

② 李雪涛，《顾彬中国现当代文学研究三题》，载《文汇读书周报》，2011 年 11 月 23 日。

③ 厄普代克，《苦竹：两部中国小说》，季进、林源译，载《当代作家评论》，2005 年第 4 期，第 39 页。

④ 季进，《我译故我在——葛浩文访谈录》，载《当代作家评论》，2009 年第 6 期，第 52 页。

交锋尽管都直接或间接地涉及葛浩文的翻译方法,但有褒有贬,没有定论,也并非真正意义上对翻译方法的探讨。如果说,学界对此应该如杨光祖所言给予更宽容的空间的话,那么,最近一段时间来自翻译界的对葛浩文翻译方法的某种认识,以及由此产生的对中国文化走出去这一背景下的文学译介与文学翻译方法的讨论与呼吁,却不能不引起学界尤其是翻译理论界足够的重视。

谢天振教授是国内翻译研究的重要学者之一,长期致力于译介学研究,并从译介学的角度对中国文学、文化如何更好地走出去这一有着重要现实意义的问题进行了积极的思考,提出了不少鲜明的观点。由于汉语的非主流语言地位,翻译活动肩负着促进中国文化更好地走出去这一可谓艰巨的历史使命,然而,"中国文化走出去不是简单的翻译问题",谢天振认为不能简单、表面地看待中国文化走出去进程中翻译的作用与影响,并一再提醒学界注意两个现象:"何以我们提供的无疑是更加忠实于原文、更加完整的译本在西方却会遭到冷遇? 何以当今西方国家的翻译家们在翻译中国作品时,多会采取归化的手法,且对原本都有不同程度的删节?"①这两个现象或者"事实"揭示出的无疑是翻译方法和翻译策略的问题,对此可以有两点最直接的理解:一是中国文学作品忠实的、完整的译本在西方的接受不尽如人意;二是归化和删节是西方在译介中国文学时惯常采用的翻译方法。毋庸置疑,无论翻译方法还是翻译策略,向来都与翻译观念息息相关,正因为如此,他指出:"今天我们也开始越来越多地关心中译外的问题,越来越多地关心如何通过翻译把中国文化介绍给世界各国人民、让'中国

---

① 张毅、綦亮,《从莫言获诺奖看中国文学如何走出去——作家、译家和评论家三家谈》,载《当代外语研究》,2013 年第 7 期,第 55 页。

文化走出去'的问题。然而,建立在千百年来以引进、译入外来文化为目的的'译入翻译'基础上的译学理念却很难有效地指导今天的'译出翻译'的行为和实践,这是因为受建立在'译入翻译'基础上的译学理念的影响,翻译者和翻译研究者通常甚少甚至完全不考虑翻译行为以外的种种因素,诸如传播手段、接受环境、译入国的意识形态、诗学观念,等等,而只关心语言文字转换层面的'怎么译'的问题。因此,在这样的译学理念指导下的翻译(译出)行为,能不能让中国文化有效地'走出去',显然是要打上一个问号的。"①基于此,他认为,"我们在向外译介中国文学时,就不能操之过急,贪多、贪大、贪全,在现阶段不妨考虑多出节译本、改写本,这样做的效果恐怕更好"②,同时,多次强调并呼吁,在中国文学向外译介的过程中"要尽快更新翻译观念"③。对于这样的认识,在深入加以分析之前,我们想先提出两点:第一,翻译活动是涉及两种语言的双向交流,在语言、文化、历史、社会以及意识形态等多种因素的作用下,译入翻译和译出翻译必然具有一定的差异性,这应该是翻译活动中的客观事实,也是翻译界的基本共识;第二,随着翻译研究的不断深化,人们对翻译的理解、对翻译复杂性的认识也逐步深入,翻译界可以说已经明确认识到翻译不仅是单纯的语言转换行为,而是受文本内部与外部诸多要素共同制约的复杂活动。在这样的基本事实下,倘若仍然提出"翻译者和翻译研究者通常甚少甚至完全不考虑翻译行为以外的种种因素,诸如传播手段、接受环境、

---

① 谢天振,《新时代语境期待中国翻译研究的新突破》,载《中国翻译》,2012 年第 1 期,第 14 页。

② 张毅、綦亮,《从莫言获诺奖看中国文学如何走出去——作家、译家和评论家三家谈》,载《当代外语研究》,2013 年第 7 期,第 55 页。

③ 谢天振,《从译介学视角看中国文学如何走出去》,载《中国社会科学报》,2013 年 11 月 4 日。

译入国的意识形态、诗学观念，等等，而只关心语言文字转换层面的'怎么译'的问题"这样的论断并将此归结为翻译观念的陈旧，是否有失偏颇？是否有悖于国内译学界在三十多年的艰难探索中所取得的研究成果？

莫言获诺奖所产生的巨大影响力使国内媒体对翻译问题产生了浓厚兴趣并给予了空前的关注，而且，这样的关注不仅涉及事件本身，还进一步延伸到译学界对翻译理论问题的探寻。《文汇报》2013 年 9 月 11 日头版"文汇深呼吸"专栏刊登了"中国文化如何更好地'走出去'"系列报道之七《"抠字眼"的翻译理念该更新了》。文章第一段即开宗明义地提出："做翻译就要'忠实于原文'，这几乎是绝大多数人对于翻译的常识。但沪上翻译界的一些专家却试图告诉人们：常识需要更新了！这种陈旧的翻译理念，已经成了影响中国文学和文化'走出去'的绊脚石。"随即，文章以"很多典籍有了英译本却'走不出去'"为例，并援引谢天振的话指出："翻译的译出行为是有特殊性的。如果译者对接受地市场的读者口味和审美习惯缺乏了解，只是一味地抠字眼，讲求翻译准确，即便做得再苦再累，译作也注定是无人问津。"接着，文章论及莫言的获奖与葛浩文的翻译，认为"莫言摘获诺奖，其作品的外译者功不可没，其中包括莫言作品的英译者、美国汉学家葛浩文。要知道，葛浩文不仅没有逐字逐句翻译，离'忠实原文'的准则也相去甚远。他的翻译'连译带改'，在翻译《天堂蒜薹之歌》时，甚至把原作的结尾改成了相反的结局"。基于这样的认识，文章表示，"莫言热"带给翻译界的启示应该是"好的翻译可'连译带改'"，并强调"一部作品的最终译文不仅取决于原文，还取决于它的'服务对象'，以及译作接受地人们的语言习惯、审美口味、公众心理等非语言层面的因素。或许，只有从根本上认识这一点，卡在中国文化"走出去"途中的障碍才能消失"。① 一千余字的文章并不算长，却字字掷地有声，直指翻译标准、翻译方法以及翻译立场、翻译观念等翻译范畴内的根本性问题，并立足中国文化走出去的宏大背景对所谓"传统的翻译观念"提出责问，"陈旧的翻译理念""中国文学和文化'走出去'的绊脚石"等字句屡屡让人触目惊心。9月11日中国新闻网以《专家：翻译"忠实原著"成文学"走出去"绊脚石》为题转载该文，9月16日《济南日报》以及人民网、新华网、中国经济网等国内主要媒体以《文学翻译"忠于原著"成为"走出去"绊脚石》为题也纷纷对该文进行了转载。

在此，我们首先就文章的内容澄清一点。文章在表明葛浩文采用的是"连译带改"式的非忠实性翻译方法时，以莫言的《天堂蒜薹之歌》的译本为例，称葛浩文"甚至把原作的结尾改成了相反的结局"。《天堂蒜薹之歌》的结尾确实发生了变化，可这一改动背后的事实究竟如何呢？在一次访谈中，葛浩文对此进行了说明和解释："莫言的《天堂蒜薹之歌》，那是个充满愤怒的故事，结尾有些不了了之。我把编辑的看法告诉了莫言，十天后，他发给了我一个全新的结尾，我花了两天时间翻译出来，发给编辑，结果皆大欢喜。而且，此后再发行的中文版都改用了这个新的结尾。"②可见，改动原作结尾的是莫言本人，只不过他是在葛浩文的建议下进行修改的，这似乎可以被理解为译者与原作者之间的互动与合作的一次生动例证，甚至是翻译中可遇而不可求的境界，但无论如何也不能算作葛浩文的单方面改动，更不能简单地由此得出译者不忠实于原著这样根本性的结论。

或许，这只是不经意间的"疏忽"，但文章意欲传达的核心观点却

---

① 樊丽萍，《"抠字眼"的翻译理念该更新了》，载《文汇报》，2013年9月11日。

② 李文静，《中国文学英译的合作、协商与文化传播——汉英翻译家葛浩文与林丽君访谈录》，载《中国翻译》，2012年第1期，第59页。

昭然若揭：以"忠实"为原则的翻译观念阻碍了中国文化走出去的步伐，仿佛只有葛浩文的"连译带改"的翻译方式才是中国文学对外译介能获得成功的唯一模式。

四、文学译介的复杂性与不平衡性

在莫言获奖以及莫言作品在西方的译介所引发的对翻译作用与翻译方法、对中国文学与文化如何更好地走出去等问题的持续关注与讨论中，在翻译界尤其是翻译理论界，这样一种呼吁更新翻译观念、转换翻译方法的声音不绝于耳，并在媒体的助力下似有形成主流认识之势。翻译界利用这一契机，对翻译方法与翻译观念等根本性问题进行反思，这对翻译研究的深化，进而对促进中国文学、文化更好地走出去无疑都是及时和必要的。然而，倘若翻译理论界和媒体在这样的思考中将葛浩文的翻译定性为"连译带改"的翻译，并将这种"不忠实"的翻译方法上升为译介中国文学的唯一正确方法，甚至是唯一正确模式，并据此对以"忠实"为原则的翻译观念提出质疑，这是否同样有简单化、片面化看待问题之嫌？对此，我们认为有必要就文学译介中的翻译方法和翻译观念等问题展开深入思考，对某些观点和认识进一步加以辨析，澄清以下几个方面的问题。

1. 翻译方法与翻译忠实性。

"忠实"是翻译研究的根本问题之一，也是翻译活动的基本原则之一,从伦理的角度来看甚至是保证翻译自身存在的内在需要。然而,在莫言获奖与葛浩文的翻译所引发的讨论中,忠实性却一再被用来对所谓的传统翻译理念提出质疑,一时间,翻译"忠实于原文"不仅被视为需要更新的陈旧翻译观念,更被看作"影响中国文学和文化'走出去'的绊脚石"。而葛浩文采用删节和改译等翻译方法在中国文学译介中获得的成功仿佛成为这种观点的有力论据和有效证明,或者,换句话说,葛浩文在译介中国文学作品中的删节和改译等似乎被理解为与忠实性观念与原则相对立的翻译方法。

事实果真如此吗? 我们不禁想问一问:"忠实"到底是什么? 或者,当人们在谈论翻译的忠实性时,翻译到底应该忠实的是原文的什么? 是文字忠实、意义忠实、审美忠实、效果忠实抑或其他? 国内翻译界曾经对村上春树的"御用"译者林少华的翻译有过不小的争议,有学者认为林少华用"文语体、书面语体"来翻译村上春树作品的"口语体",林译因而在风格和准确性上都存在问题。然而,有意思的是,一方面,学术界对林译的忠实性提出质疑,另一方面,林少华在报纸、杂志、博客等诸多媒体一再表明他对文学翻译的理解,阐述他所信奉的以"审美忠实"为核心价值的翻译观,并指出,文学翻译的忠实性应体现在译文的"整体审美效果",也就是说,"文学翻译最重要的是审美忠实",因为,"无论有多少理由,翻译文学作品都不该译丢了文学性"。[①]当然,我们无意于在此评价关于村上春树作品汉译的争论,只是这个例子多少可以提醒我们关注这样一个事实,即翻译的忠实并非仅在于语言和文字层面,忠实于原文远远不能被局限于"抠字眼"的范畴,无

---

① 林少华,《文学翻译的生命在文学——兼答止庵先生》,载《文汇读书周报》,2011年3月11日。

论在翻译观念中还是在翻译行为中,对于忠实性原则的理解都存在不同的层面和维度。既然译学界对翻译活动的复杂性已经有了越来越深刻的理解,那么对翻译的"忠实"也应当具有更加理性的认识。正如翻译史一再表明的,文字层面的忠实并不等同于伦理层面的忠实,同样,删节、改译等翻译方法折射出的也并非必然是"忠实"的绝对对立面。

再看另一个问题:如果说葛浩文在翻译中对原文的删节和改译已经在客观上有悖于人们对"忠实"一词的基本理解,那么,翻译的忠实性原则在他的翻译过程中究竟是否存在? 葛浩文在一次访谈中谈起自己的翻译计划时曾说道:"还有家出版社邀我重翻《骆驼祥子》。《骆驼祥子》已经有三个译本了,都不好。最早的译本是抗战时一个日本集中营里的英国人翻的,他认为英美读者看中国的东西要是一个悲剧的话,会接受不了,所以就改了一个喜剧性的结局,完全歪曲了原著。后来北京外文出版社又出一本,可是他们依据的是老舍根据政治需要改过的版本,又是照字面翻译,没了老舍作品的味儿。还有一个译本是一个美国人翻的,夏威夷大学出版社出的,这个译者不知道文学作品的好坏,英文的把握也很有问题。我觉得这实在对不起老舍。"①我们知道,伊万·金 1945 年翻译出版的《骆驼祥子》英译本对老舍作品真正走向世界具有重要意义,之后,不仅"以此英译本为基础,转译为法、德、意、瑞士、瑞典、捷克、西班牙等许多语种",而且还"带动了海外的老舍其他作品的翻译与研究活动"。② 而葛浩文此番意欲重译《骆驼

---

① 季进,《我译故我在——葛浩文访谈录》,载《当代作家评论》,2009 年第 6 期,第 50 页。

② 孔令云,《〈骆驼祥子〉英译本校评》,载《新文学史料》,2008 年第 2 期,第 152 页。

祥子》的原因很明确，并不在于原译本过于陈旧等历史原因，而是要"对得起"老舍，力求忠实地再现老舍作品的精神价值和美学趣味，译本既不能"歪曲了原著"，也不能"没了老舍作品的味儿"。这个事实或许至少可以从一个侧面说明，葛浩文在翻译中对忠实性原则不仅没有忽略，而且还有所追求。

如此看来，葛浩文所惯常采用的删节和改译等翻译方法不应被片面地视为一种对翻译忠实性的违背，更不应被借以否定以"忠实"为基本原则的翻译理念。如果说林少华强调的是"审美忠实"，那么，在葛浩文那里，"忠实"不在于语言层面，而在于意义层面，正如他所说："只要我在翻译词汇、短语或更长的东西上没有犯错，我的责任在于忠实地再现作者的意思，而不一定是他写出来的词句。这两者之间有细微差别，但也许是一个重要的区别。"①应该说，从这个意义上来认识葛浩文的翻译方法与翻译忠实性原则之间的关系更为公允。

2. 翻译方法与翻译观念。

对于翻译方法与翻译观念之间的关系，译学界普遍认同的观点是：翻译是一种语言层面上"脱胎换骨"的再生过程，因而也是一种具有强烈的主观意识和理性色彩的活动，正是在这个意义上，翻译被视为一个选择的过程，从"译什么"到"怎么译"的整个翻译过程中译者时时处处面临选择，包括对拟翻译文本的选择、对翻译形式的选择、对文本意义的选择、对文化立场与翻译策略的选择，等等。无疑，任何翻译方法的运用也同样不是盲目的，而是自觉的，有意识的，渗透着译者对

① 葛浩文，《作者与译者是一种亲密又独立的关系》，载《文学报》，2013 年 10 月 31 日。

翻译本质、目标与价值的主观理解与认识。在《选择、适应、影响——译者主体性与翻译批评》一文中,我们曾以林纾、鲁迅和傅雷的翻译为例,详细分析了翻译方法与翻译观念之间的密切关联,无论是林纾的"意译"、鲁迅的"直译",还是傅雷对"以流畅性与可读性为显著特征的译文语体"的运用,三位译者对翻译方法的选择都是以实现其心目中翻译所承载的价值为目标的,也就是说,"正是在翻译救国新民、翻译振兴中华民族、翻译重构文化的不同目标与理想下,林纾、傅雷和鲁迅在各自的翻译中做出了不同的选择"[①]。

　　葛浩文自然也不例外。那么,在翻译中国文学作品的过程中,葛浩文对翻译行为以及翻译的价值目标具有怎样的理解呢? 作为译者的葛浩文虽然并不从事翻译理论研究,却对文学翻译持有鲜明的立场与态度并在不同场合多次有所表述,例如在一次演讲中他表示:"我们的工作目的是尽量取悦于一位不了解目标与国家语言的作家,尽力去忠实于他的原作吗? 答案当然是否定的。作者写作不是为了自己、也不是为他的译者,而是为了他的读者。而我们也是在为读者翻译。"[②]又如在一次访谈中他明确指出:"我认为一个做翻译的,责任可大了,要对得起作者,对得起文本,对得起读者,我要多想的话,恐怕早就放弃了,所以我不大去想这些问题。我觉得最重要的是要对得起读者,而不是作者。"[③]可见,正如我们在上文所提到的,"为读者翻译",这是葛浩文对于文学翻译一贯所持的立场与态度。为读者而翻译,葛浩文

　　①　刘云虹,《选择、适应、影响——译者主体性与翻译批评》,载《外语教学理论与实践》,2012 年第 4 期,第 52 页。

　　②　葛浩文,《作者与译者是一种亲密又独立的关系》,载《文学报》,2013 年 10 月 31 日。

　　③　季进,《我译故我在——葛浩文访谈录》,载《当代作家评论》,2009 年第 6 期,第 46 页。

所面对的是出版社编辑这个特殊的读者以及"他所代表的英美读者"，如何让他们接受并喜爱充满异域情调和陌生氛围的中国文学作品，他必须在翻译策略和翻译方法上有所选择。媒体和学界普遍认为，葛浩文式的"连译带改"翻译策略常常体现在作品的开头部分，究其原因，葛浩文曾在访谈中做出如下解释："英美读者习惯先看小说的第一页，来决定这个小说是否值得买回家读下去；中国作家偏偏不重视小说的第一句话，而中国的读者对此也十分宽容，很有耐心地读下去。国外的编辑认为小说需要好的开篇来吸引读者的注意。"①在《苦竹：两部中国小说》中，厄普代克曾说，美国读者那颗"又硬又老的心，我不敢保证中国人能够打动它"②。倘若美国读者的心真的如此难以打动，又往往没有慢慢探寻和品味的耐心，那着实必须有一下子就能吸引眼球的精彩开头不可。因此，为了吸引读者，"除了删减之外，编辑最爱提的另一个要求是调整小说的结构"，以刘震云的《手机》为例，"编辑认为中国三四十年前的事情是很难吸引美国的读者的，他们想要看的是现在发生的故事"，在这样的情况下，葛浩文没有完全忠实地翻译原著的开头，而是"把小说第二章讲述现在故事的一小部分拿出来，放在小说开头"③。通过这个例子可以清楚地看到，在坚持"为读者翻译"的葛浩文那里，翻译的目的是为了接受，是为了更多的不通汉语的英语读者能喜爱中国文学作品，因此，读者的期待与喜好对翻译中是否删改原著以及如何删改就具有了决定性意义。试想，如果每部小说的开头都像

---

① 李文静，《中国文学英译的合作、协商与文化传播——汉英翻译家葛浩文与林丽君访谈录》，载《中国翻译》，2012 年第 1 期，第 59 页。

② 厄普代克，《苦竹：两部中国小说》，季进、林源译，载《当代作家评论》，2005 年第 4 期，第 37 页。

③ 李文静，《中国文学英译的合作、协商与文化传播——汉英翻译家葛浩文与林丽君访谈录》，载《中国翻译》，2012 年第 1 期，第 59 页。

哈金的《等待》的开篇第一句"孔林每年夏天都回到乡下去和他的妻子离婚"一样精彩,一样符合美国读者的审美标准的话,葛浩文也无须费力地在翻译中加以处理了。对原著的删改远不是翻译中必然采用的方法,更不是翻译中固定不变的模式,而是翻译观念作用下译者的一次选择。

3. 翻译方法与译者责任。

莫言获奖后,创作与翻译、作家与译者之间的关系一直是颇为引人关注的话题,莫言对翻译采取的开放态度被认为不仅给译者很大的发挥空间,也因而对他的获奖发挥了至关重要的作用。如果说莫言对译者毫无保留地信任,其他作家却不尽然,比如另一位在海外颇具影响力的作家余华认为"在文学翻译作品中做一些内科式的治疗是应该的,打打针、吃吃药,但是我不赞成动外科手术,截掉一条大腿、切掉一个肺,所以最好不要做外科手术"①,而昆德拉对译者的不满几乎是众所周知的,"作品《玩笑》的最初三个英译本让他大为不满——尤其不满译者动辄在不同地方换用同义词来表达原文中同一个词的意思的做法。他曾公开对译者表示不满,说'你们这些搞翻译的,别把我们又是糟蹋,又是凌辱的'"②。可见,作家对翻译的态度,可以说因人而异,莫言在多种场合表示了对译者的信任和感谢,这或许因为"他很清楚汉语与英语之间不可能逐字逐句对应的,与其他语言之间也是如此",又或许因为他明白"翻译可以延长一部文学作品的生命,并可以揭示

---

① 高方、余华,《"尊重原著应该是翻译的底线"——关于中国文学译介与传播》,载《中国翻译》,2014 年第 3 期,第 48 页。

② 王丹阳,《想当莫言,先得"巴结"翻译?》,载《广州日报》,2012 年 11 月 2 日。

原来文本中所隐藏的东西"，①但恐怕另一个更为重要的原因在于，他遇到了葛浩文这样一个"真心喜欢莫言的所有小说"，并如顾彬所言，"采用一种非常巧妙的方式"进行翻译的好译者。

无疑，莫言对葛浩文的态度不是盲目的，他所说的"想怎么弄就怎么弄"完全是出于对葛浩文的了解和信任，而这信任的另一面就是译者的责任问题。翻译是一个充满选择的过程，选择必然具有主观性，也就必然意味着责任。对任何一个有责任心的译者而言，翻译过程中做出的每一个选择都不是随意的，盲目的，而是有清醒意识和明确目标的，力求通过解决翻译中遭遇的各种矛盾而实现翻译的价值。在这个意义上，具体到葛浩文的翻译方法，他对原文的删节、改译甚至整体编译无一不是其主观性和主体意志的体现。每部文学作品都具有各自的特色，删不删、改不改以及如何删、怎么改，都需要译者根据文本内外的不同情况做出判断，进行选择。况且，译者对于翻译过程中的每一次选择都必须谨慎行事，一方面各种选择之间存在互为因果、互相影响的密切关系，另一方面各种选择都是语言、历史、文化、社会、政治等文本内部与外部诸多因素共同作用的结果。因此，如果说翻译活动中有很多不可为而为之的艰难，完全忠实于原著不易，那么，删节、改译等体现主观性和创造性的行为也同样不易，正如葛浩文所言，"既要创造又要忠实——甚至两者之间免不了的折中——那股费琢磨劲儿"②完全是一种挑战。而这艰难与挑战的背后所折射出的正是译者作为翻译主体的责任意识。莫言曾这样描述他与葛浩文的合作："我

---

① 葛浩文，《作者与译者是一种亲密又独立的关系》，载《文学报》，2013 年 10 月 31 日。

② 王丹阳，《想当莫言，先得"巴结"翻译？》，载《广州日报》，2012 年 11 月 2 日。

与葛浩文教授 1988 年便开始了合作,他写给我的信大概有一百多封,他打给我的电话更是无法统计,……教授经常为了一个字、为了我在小说中写到的他不熟悉的一件东西,而反复磋商,……由此可见,葛浩文教授不但是一个才华横溢的翻译家,而且还是一个作风严谨的翻译家……"①毋庸置疑,这一百多封信和无法统计次数的电话所体现的正是译者对原作、对原作者、对翻译活动所承担的一份责任。

对作家和译者之间关系的理解可以说见仁见智,或像毕飞宇一再表示认同的那样,"一个好作家遇上一个好翻译,几乎就是一场艳遇",或像余华认为的那样,"像是拳击比赛,译文给原文一拳,原文还译文一拳,你来我往,有时候原文赢了,有时候译文赢了,十个回合以后打了一个平手,然后伟大的译文出现了"②。然而从伦理角度来看,译者与原文之间首先具有一种责任关系,"翻译可以成全一个作家也可以毁掉一个作家",这种颇为极端却又富有深意的说法或许是对译者责任的最好诠释。甚至,我们有理由认为,比起亦步亦趋地按照原文直译,当葛浩文采用删节和改译等翻译方法时,他对作者和读者所承担的责任都更为重大,因为无论原作者还是读者,对于从原文到译文究竟发生了什么样的变化基本上是无从知晓的。想必正是在这个意义上,葛浩文坦言,"作者与译者之间的关系可能是不安、互惠互利且脆弱的"③。

无论删节还是改译,葛浩文的翻译方法不仅具有强烈的主观色

---

① 文军、王小川、赖甜,《葛浩文翻译观探究》,载《外语教学》,2007 年第 6 期,第 78—79 页。

② 高方、余华,《"尊重原著应该是翻译的底线"——关于中国文学译介与传播》,载《中国翻译》,2014 年第 3 期,第 49 页。

③ 葛浩文,《作者与译者是一种亲密又独立的关系》,载《文学报》,2013 年 10 月 31 日。

彩,更必然对原作、原作者和读者负有更大的责任,如何能将这样一种"不安而脆弱"的关系理解为文学译介中的唯一方法和固定模式呢?

4. 翻译方法与文化接受的不平衡性。

翻译就其根本目的而言是为了促进不同文化之间的交流,而交流必然依赖并取决于对来自异域的他者的接受。因此,在文学译介,尤其是在两种存在显著差异的语言和文化之间进行文学译介时,读者的接受是翻译过程中译者必须考虑的首要问题。葛浩文之所以坚持"为读者翻译"的理念,无疑正是出于对翻译接受的重要性的认识。然而,翻译的接受远不是简单的语言问题,目的语国家的文化语境、读者的接受心态以及源语与译语文化之间的关系等都是在其中产生重要影响的因素。

目前国内对于外国文学作品的翻译以忠实于原著为原则,出版的一般都是全译本,改译、节译或编译等处理是不被接受甚至不能容忍的,这是因为,中国对外国文学尤其是西方文学的接受已经经历了相当长的历史,无论文化接受语境还是读者接受心态都达到了较高的水平,忠于原著的翻译不仅在读者接受层面不会产生障碍,更成为社会对于翻译活动的一种要求。反观中国文学在西方国家的译介,可以说还处在刚刚起步的阶段,媒体有过这样的统计:"目前作品被译介的中国当代作家有 150 多位,只占中国作家协会会员的 1.3%。中国每年出版的引进版外国当代文学作品数量却十分巨大。在美国的文学市场上,翻译作品所占比例大概只有 3%左右,而在 3%的份额中,中国当代小说更是微乎其微。"①可见,中译外与外译中之间的不平衡极为

---

① 刘莎莎,《莫言获奖折射我国文学翻译暗淡现状》,载《济南日报》,2012 年 10 月 24 日。

明显,中国文学输出与西方文学输入之间存在巨大的逆差。这一事实导致的必然结果就是中国与西方国家在文化接受语境和读者接受心态两方面的显著差距。而由于这样的差异和不平衡性,为了最大限度地吸引西方读者的兴趣从而推进中国文学在西方的接受,译者在翻译中就必然以读者为归依,对原著进行适当调整,使之在更大程度上契合读者的阅读习惯与期待视野。就葛浩文的翻译而言,他在翻译中国文学作品时采用的翻译策略与方法,也正是以西方读者的接受为出发点,以便在西方目前的文化接受语境下更有力地推荐莫言等优秀作家的作品。

实际上,在中国文学翻译史上也不乏类似的例子,最有代表性的就是林纾对西方文学作品的翻译。在今天的翻译研究视野下,林纾的翻译往往由于他在翻译中采取的"意译"的翻译方法以及由此产生的对原著的种种背叛与不忠实而备受责难,然而,在当时特定的历史与文化背景下,"林译小说"却将翻译在文化交流中具有的"媒"和"诱"的作用发挥得淋漓尽致,进而在中国近代文学史上做出了卓越的贡献。究其原因,文化接受语境无疑是其中极为重要的一点。我们知道,在林纾所处的晚清时代,文学界和评论界对外国小说怀有一种"根深蒂固的偏见",普遍认为"吾国小说之价值,真过于西洋万万也"。① 出于这样一种对西方文化的态度与对本土文化价值的立场,为了加强翻译小说的可读性从而激发读者的阅读兴趣,虽然林纾极力提倡借助外国小说来实现改良社会、救国新民的目标,但翻译中重要的只是保留原作的内容,完成译介小说"知风俗、鉴得失"的使命,任何被认为符合这

---

① 王宏志,《重释"信、达、雅"——20 世纪中国翻译研究》,北京,清华大学出版社,2007 年,第 172 页。

一需要的删改都不是问题。同样,我们也看到,正如任何翻译活动都必然具有历史性一样,林纾的翻译以及他采用的达旨、译述的翻译方法也是特定历史文化语境下的阶段性产物,并随着历史文化语境的改变最终退出了历史舞台。以史为鉴,我们可以试想,目前国内对葛浩文的翻译方法的推崇正是中国和西方对于异域文化接受程度的差异的反映,也正是中国和西方在文学译介上的不平衡性的体现,那么,随着差异的缩小以及不平衡现状的改变,葛浩文式的翻译方法是否也如同林纾的翻译那样,终将在新的历史时期中成为中国文学译介史上的曾经?

在中西方文化接受语境存在明显差异的情况下,除了读者的接受之外,另外有一点不得不提的就是商业利益问题。在市场和商业利益的作用下,正如葛浩文所言,"译者交付译稿之后,编辑最关心的是怎么让作品变得更好。他们最喜欢做的就是删和改"。如此情形下,作为译者的葛浩文常常要一再坚持和"斗争",为的就是"不能让编辑这样随意改动"并"尽量保留更多的原文"。① 诚然,倾向于市场化的译本最终对文学译介本身无益,可遗憾的是,经济利益至上的商业性出版社恐怕难以为了文学的前途而无私奉献。这种与出版者在斗争与妥协之间的博弈远非个案,其他的译者也同样面临。王安忆的《长恨歌》出版前,出版社主张将书名改为《上海小姐》,理由是"有这样一个书名做噱头好卖",但译者白睿文一再坚持忠实于原名的翻译,最终《长恨歌》的英文版辗转到美国非盈利性的哥伦比亚大学出版社才得以出

---

① 李文静,《中国文学英译的合作、协商与文化传播——汉英翻译家葛浩文与林丽君访谈录》,载《中国翻译》,2012 年第 1 期,第 59 页。

版。① 无论葛浩文还是白睿文，译者的无奈和坚持都显而易见，对原文的某种删节和改译恐怕，如林丽君所言，真的是译者"完全不能控制的事情"②，是无论如何也不能将之与翻译方法本身的唯一性或正确性相提并论的。

以上几个方面的问题都从不同层面揭示出文学译介活动的复杂性与丰富内涵，而在中国与西方国家在语言、文化、社会、意识形态等方面都客观存在巨大差异的背景下，中国文学译介过程中尤其凸显出无法避免的阶段性和不平衡性等特征，而葛浩文——其他译者也同样——对翻译策略与方法的选择与运用是特定历史时期中主客观多重因素共同作用的结果，具有显著的历史感和时代氛围，也强烈体现着译者的主体意识。在这个意义上，如果将葛浩文的翻译方法绝对化、唯一化和模式化，甚至据此而质疑以忠实为原则的翻译观念恐怕是有失偏颇的，也无益于在中国文化、文学走出去的深层次意义上来讨论翻译的作用和价值等根本问题。

五、结语

葛浩文对莫言作品的译介无疑是出色的，在一定程度上帮助莫言

---

① 姜智芹，《中国当代文学海外传播研究的方法及存在的问题》，载《青海社会科学》，2013 年第 3 期，第 149 页。
② 李文静，《中国文学英译的合作、协商与文化传播——汉英翻译家葛浩文与林丽君访谈录》，载《中国翻译》，2012 年第 1 期，第 59 页。

获得了重要的国际声誉,也使中国文学在其世界化进程中迈出了关键的一步。这是不争的事实,然而,我们是不是应该思考这样一个问题:中国当代作家逐渐被译介到国外,包括莫言、余华、毕飞宇、苏童、刘震云等在内的一批作家都非常优秀,而葛浩文本人也已经翻译了中国二十多位作家的作品,为何获得诺贝尔奖的是莫言?可见,虽然好的翻译是中国文学得到国际认可的必要条件,但并不是仅凭好的翻译就能获奖,莫言作品本身的精神价值、艺术魅力与东方文化特质等才是其获奖的关键因素。另一方面,作为译者的葛浩文的成功在很大程度上得益于他的眼光和选择,因为他选择了莫言这样一位足以引起西方读者兴趣的作家。因此,删节和改译等翻译方法可以说在一定程度上促使莫言获得诺贝尔奖,也使得葛浩文的翻译收获了极大的赞誉,但对两人的成功而言都并非决定性因素。

可以肯定,随着莫言的获奖,莫言的国际知名度已经达到了新的高度,中国文学在世界范围内的影响力不断增加,西方国家对中国文学、文化的接受程度也将随之提高,那时,无论西方读者还是中国作家,都会逐渐不满足于目前的翻译处理方法,会对翻译的忠实性和完整性提出更高的要求,毕竟原汁原味的译本才能最大限度地再现文学的魅力。正如莫言所说,"世界需要通过文学观察中国,中国也需要通过文学来展示自己的真实形象"①,这是双方的需要,也是历史发展的必然。

文学作品的译介和传播确实是个非常复杂的问题,涉及主客观层面的多种因素,如果说用"外译中"的眼光来看待"中译外"是把问题简

---

① 刘莎莎,《莫言获奖折射我国文学翻译暗淡现状》,载《济南日报》,2012 年 10 月 24 日。

单化了,那么,将目前获得成功和认可的翻译方法视为中国文学对外译介中唯一正确的方法、唯一可行的模式,这同样是一种片面的认识。针对部分学者和媒体对葛浩文式翻译方法的推崇、对所谓传统翻译观念的质疑,翻译理论界应当以翻译活动的本质与目标为出发点,对相关问题进行深入的反思,对某些认识予以澄清和引导。

(原载《外国语》2014 年第 3 期)

中编　文本批评

基于多译本语料库的译文对比研究

——对《傲慢与偏见》三译本的对比分析

徐　欣

一、引言

　　传统的译本研究长于典型例句分析,主要依赖研究者个人的直觉和感受,较窄的考察范围和过多个人感性因素的介入在一定程度上影响了研究深度和结论的可信度。语料库的出现给我们更全面深入地考察翻译语言提供了重要帮助,因为"它借助现代计算机技术,不仅从语言学和比较语言学的角度,而且从政治、意识形态、经济、文化等宏观的角度去研究翻译现象,揭示翻译中存在的概然性法则,系统地总结出翻译文本和翻译过程中的'翻译总特征',从而对翻译得到了广角的全面认识"①。

---

　　①　陈伟,《翻译英语语料库与基于翻译英语语料库的描述性翻译研究》,载《外国语》,2007 年第 1 期,第 72 页。

目前,用双语平行语料库研究翻译语言在国内已取得一些成果①。依照现有的思路和方法,本项研究通过多译本平行语料库研究翻译语言的个性特点和共同特征。该研究方式对译本进行定量分析,直观反映不同译本的词汇丰富程度、用词倾向、译文的归化或异化程度等。对不同译本翻译语言的量化、多层面描写,有助于对各类翻译现象的成因、发展趋向进行深入分析。

本研究以英语小说《傲慢与偏见》②和三个中译本——王科一译本(简称王译本)③、孙致礼译本(简称孙译本)④以及张玲、张扬合译本(简称张译本)⑤为研究素材。其中,王译本成书于 20 世纪 50 年代,时间最早,已被认为是"一部较好的译本,特别是在传神、入化方面颇具特色"⑥。孙译本自然流畅,准确生动,笔触清新活泼,深得原著的神采,一直广受好评。张译本则由于误译或译笔过于自由,目前未见正面的评论。

目前对《傲慢与偏见》的中文译本有不少研究,主要方法是摘取典

---

① 柯飞,《汉语把字句特点、分布及英译研究》,载《外语与外语教学》,2003 年第 12 期,第 1—5 页;秦洪武、王克非,《基于语料库的翻译语言研究——以"so ... that"的汉语对应结构为例》,载《现代外语》,2004 年第 1 期,第 44—52 页;柯飞,《翻译中的隐和显》,载《外语教学与研究》,2005 年第 4 期,第 303—307 页;秦洪武、王克非,《基于对应语料库的英译汉语言特征分析》,载《外语教学与研究》,2009 年第 2 期,第 131—136 页。

② Austin, Jane, *Pride and Prejudice*. Oxford and New York: Oxford University Press,1970.

③ 奥斯汀,《傲慢与偏见》,王科一译,上海,上海译文出版社,1980 年。

④ 奥斯汀,《傲慢与偏见》,孙致礼译,南京,译林出版社,2000 年。

⑤ 奥斯汀,《傲慢与偏见》,张玲、张扬译,北京,人民文学出版社,1993 年。

⑥ 孙致礼,《重在传神,贵在入化——简评〈傲慢与偏见〉中译本》,载《翻译通讯》,1983 年第 7 期,第 42 页。

型例句进行人物形象、风格再现等方面的分析。① 本文的分析更注重宏观描述,同时也希望构建一种基于语料库的多译本分析模式。

二、语料库与检索方案

1. 语料库

本文所使用的语料库包括:兰开斯特现代汉语语料库(LCMC)、北京外国语大学的通用汉英对应语料库(CEPC)和自制英语名著《傲慢与偏见》三译本平行语料库。需要指出的是,LCMC 在此只作为一个参照库,本文主要使用的是自制的《傲慢与偏见》语料库,该库是一个文学翻译库。将 LCMC 作为一个现代汉语书面平衡语料库引入研究,可以更为客观地反映汉语书面语的词汇特征。

2. 检索方案

借鉴传统译本和基于语料库多译本分析研究,本文从词汇、句法等不同层面设置对比项分别进行检索统计。

---

① 全亚辉,《清新流畅,准确传神——评孙致礼译〈傲慢与偏见〉》,载《解放军外国语学院学报》,1996 年第 3 期,第 53—59 页;何欣,《契合之美——孙致礼译本对〈傲慢与偏见〉技巧与神韵的传达》,载《天津外国语学院学报》,2005 年第 6 期,第 20—26 页;纪晓斌、申迎丽,《对话翻译与小说人物形象的再现——兼评〈傲慢与偏见〉的三个中译本》,载《解放军外国语学院学报》,2007 年第 5 期,第 83—87 页;史青玲、窦汝芬,《审美想象、文学语言形象化与文学翻译中的等值——〈傲慢与偏见〉两个中译本的比较》,载《德州学院学报》,2003 年第 5 期,第 104—107 页。

（1）类符/形符比（Type/Token Ratio），即 TTR 值。这是借助语料库来分析作者所用的词类范畴和种类的比例。"类符"即词类，是指语料库中不同的词语，"形符"是所有的词形，二者的比率在一定程度上反映了语料库用词的变化性。高比率意味着作者使用的词汇量较大，范围较宽；低比率则表示作者所用的词汇范围较窄。

（2）词表（Word list）。这是语料库索引工具的基本功能之一，是按照类符的频率高低列出的类符表。WordSmith Tools 4.0 提供的词表功能除了普通的词表，还有可按字母顺序随意改变次序的词表，同时也提供了语料库的各种基本统计信息。

（3）个性词。受个人语言风格、语言规范、地域方言等因素影响，译者之间的语言运用特征会有差异；在多译本里，会出现某些词在甲译本里高频使用，而在乙译本中低频甚至零频次使用的情形。我们把这类词汇称为"个性词"。对这些词的分布和使用情况进行考察可以揭示译者的翻译策略和语言使用习惯。

（4）词串，即连续的词语组合。大多数词串不是完整的句子结构单位，也不是习语或固定表达方式，因此不能用一个单词来替换整个词串序列。[①] 词串统计指对预定长度的词语组合在语料库中查找，并统计其复现频数。

（5）平均句长。英语句子受复合句影响，专业作者的平均句长为20 个词[②]，译本的句子长度呈现怎样一种趋势呢？译者对句子长度处理是更倾向于源语还是游离在源语与译语之间？这些有待进一步实证分析。

---

① 朱青菊，《基于朗文语料库的高频会话词串功能认知分析》，载《湖南科技学院学报》，2008 年第 2 期，第 156 页。

② 连淑能，《英汉对比研究》，北京，高等教育出版社，1993 年，第 64 页。

三、语料库检索统计结果分析

依据检索方案,运用 WordSmith Tools 4.0、AntConc、ParaConc 等语料库检索软件对相关语料进行检索分析、统计,对比三个译本得出下列数据。

1. 类符/形符比

一般说来,语料库规模越大,类符/形符比越小。若语料库规模相同,高比率意味着作者使用的词汇量较大,用词丰富;低比率则表示作者所用的词汇范围较窄。通过 TTR 值的大小可以比较不同语料中词汇变化的大小。

本研究分别统计了三个译本和 LCMC 这四个语料库的标准类符/形符比(Std. TTR)。计算标准类符/形符比的原因是,《傲慢与偏见》语料库和 LCMC 库容差异较大(各单译本子库实例数量上小于LCMC,约为 1∶3),简单的 TTR 值计算没有说服力。因此,在进行TTR 计算时,使用了 Wordsmith 4.0 提供的以 1000 词为计算单位的计算方式,得到标准化类符/形符比(图一)。

如图一所示,三译本的标准类符/形符比的数值相差无几(23.43~23.75),但明显低于 LCMC 值近 20 个百分点(23.43 vs. 43.35)。这一差异说明:《傲慢与偏见》译本的词语变化性明显低于现代书面汉语。

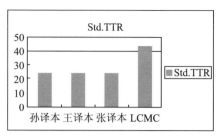

图一 标准类符/形符比

这在一定程度上验证了翻译小说词语简化的假设①。

就三个译本而言,在类符/形符比上王译本与张译本相差无几,而孙译本较高,这说明孙译本词语变化性较大,用词较丰富。总体来说,三个译本之间的词汇丰富程度相当,用词变化性不大。但相比汉语总体(LCMC)水平而言,有一定差距。为了验证这个结论,我们进一步从LCMC中提取了其小说部分的语料,本文称之为LCMC子语料库,对比了三译本与LCMC子语料库的标准类符/形符比(LCMC子语料库的 Std. TTR 为 44.02)。对比结果证明了译本受原著的影响,用词丰富程度不够,词汇缺乏变化性。

2. 词表

利用 WordSmith Tools 4.0 分别做出《傲慢与偏见》三个译本和LCMC 的词表,并进行对比。

---

① Baker, Mona, "Corpus Linguistics and Translation Studies: Implications and Applications". In M. Baker, G. Francis & E. Tognini-Bonelli (eds.), *Text and Technology: In honour of John Sinclair.* Amsterdam & Philadelphia: John Benjamins, 1993, p.248.

表一　各语料库词表前 10 位的词

	孙译本	频率	％	王译本	频率	％	张译本	频率	％	LCMC	频率	％
1	的	4717	3.97	的	5518	4.26	的	6276	4.20	的	52324	6.75
2	她	2847	2.40	她	3413	2.63	她	3521	2.36	了	13124	1.73
3	了	2684	2.26	他	3236	2.50	他	3156	2.11	是	12599	1.66
4	他	2641	2.23	了	2881	2.22	我	2932	1.96	在	10527	1.38
5	我	2612	2.20	我	2802	2.16	了	2760	1.85	一	10115	1.33
6	你	1789	1.51	你	1910	1.47	是	2309	1.55	不	7766	1.02
7	是	1606	1.35	说	1479	1.14	不	2042	1.37	和	7370	0.97
8	说	1191	1.00	这	1162	0.90	你	1720	1.15	他	5899	0.78
9	先生	1025	0.86	个	1064	0.82	就	1477	0.99	我	5686	0.75
10	在	965	0.81	在	1018	0.79	在	1358	0.91	有	5642	0.74

如表一所示，三个译本和 LCMC 词表前 10 位都大多是以"的""他""她""在""了""我""你""说""这""是"等单字词构成的。这些单字词的高频现象是汉语词表的普遍现象。结构助词"的"在四个词表中均列第一位，而三个译本词表的前 5 位所涉及的单字更是完全一样，只是顺序稍有差异。值得注意的是，各个译本前 5 位的高频词中，仅人称代词就占了三个，分别为"她""他""我"，第三人称代词"她"高居第二位，而在 LCMC 前 5 位的高频词中，没有出现一个人称代词。纵观前 30 高频词，在王译本中，人称代词数量高达 7 个，囊括了"她""他""我""你""他们""她们""我们"。三个译本中人称代词的频率都显著高于 LCMC；与 CEPC 中汉语文学库相比，其人称代词的频率也显著偏高。以第三人称代词"他"和"她"为例，这两个词在三译本中频率最低为 2.11％，而在 CEPC 中，"他"为 1.64％，"她"仅占 0.73％。上述情况说明，三译本中代词的使用频率明显高于原创文学（CEPC）和

现代汉语普通文体(LCMC),译者在翻译作品时,受到了英语原著的影响。因为在英语代词系统中,第三人称代词应用广泛,常常用来回指前面提到的事情和人物,以避免出现模糊和混乱,而现代汉语中第三人称代词三分是代词形式欧化的结果①。汉语中,一旦提到前面的人或事,那后面表示指代的往往是通过省略主语、零指代、反身代词指代、重复名词等方式来实现。三译本相比而言,王译本中"他"和"她"的使用频率最高,合计为 5.13%,张译本使用频率最低,合计为4.47%。另一个值得注意的现象是,三译本中第二人称代词"你"的使用数量差异较大,孙译本比张译本高近 0.4 个百分点(1.51% vs 1.15%)。造成这个数量差距的主要原因是孙译本根据汉语表达习惯,结合上下文意译原著,而张译本则过多采用直译策略,有些地方处理难免显得有些生硬。

进一步分析三个译本和 LCMC 词表中词表高于 1% 的词语所占比率:孙译本为 16.92%,王译本为 16.38%,张译本为 16.55%,LCMC 为 13.87%。三译本高频词比率明显比 LCMC 高频词比率高,即,译本倾向于使用更多的高频词,这印证了 Laviosa 关于译文使用较多高频词的观点②。三个译本中,孙译本高频词比率最高,也就是说重复的次数最多。

此外,在不同的语篇中,词语的选择和分布存在差异。不同主题的文本通过词语的选择体现出来。正如句子或短语中的词语具有搭配和语法关系一样,语篇中的词语也具有共现关系。使用 WordSmith

① 王克非等,《双语对应语料库研制与应用》,北京,外语教学与研究出版社,2004年,第 223 页。

② Laviosa, Sara, "How Comparable Can 'Comparable Corpora' Be?", *Target*, 1997(9), p.315.

Tools 4.0 中 keyword 工具分别做出《傲慢与偏见》三个译本关键词列表,与 CEPC 汉语文学子库中的相同词条进行比对,发现存在较大差异。首先受翻译小说主题影响,"傲慢"一词在三个译本中出现了 40多次,在汉语文学库中仅出现两次。这与小说主题是密不可分的。其次是异国文化的体现:"镑""牧师"等异域词语多次出现。再次为英汉两种语言的差异。三个译本在语法衔接手段上呈现外显化倾向:连词、代词使用频率明显偏高。代词在译本中的使用频率、指代功能、照应功能等显著区别于非翻译小说——代词在翻译小说中的作用似乎更接近于英语等源语中的功能词。

3. 个性词的使用

Baker 认为,如同手拿一个物体一定会留下手印,译者完成翻译活动时,也一定会留下个人的痕迹。[①] 不同文学译者受个人语言习惯、特定时期语言规范、文化因素等制约,在忠实原著的基础上,会呈现不同的语言表达。

在翻译过程中,译者作为读者要完成对原著的解读,解读的结果直接反映到译作中。不同译者还受特定文化因素、翻译理念、译者性别、翻译取向、文学思潮、译者语言使用的偏好等因素的影响,译本难免会打上译者个人的烙印。差异首先表现在词语选择上,比如:"接受"一词在王译本中出现 17 次,孙译本中 35 次,而在张译本中高达 70次;"略微"一词在王孙两个译本中均未出现,张译本则使用 12 次;"注视"一词在王译本中没有出现,孙译本使用 5 次,而张译本使用 12 次

① Baker, Mona, "Towards a Methodology for Investigating the Style of a Literary Translator", *Target*, 2000, 12(2), p.245.

之多。我们把这类在某个译本中高频使用的词称作个性词。

本研究使用南飞燕设计的"多语种语料处理软件"统计出每个译本里出现的个性词,统计结果见表二。

表二　个性词统计

个性词(个)	孙致礼译本	王科一译本	张玲、张扬译本
形容词	26	40	42
名词	102	90	108
动词	122	130	159
副词	55	42	62
量词	5	8	7

根据表二制作的个性词折线图如下:

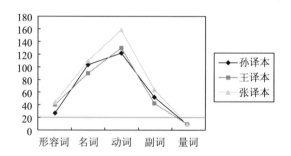

从图中可以清楚地看出:三译本个性词数量有差异,张译本个性词最丰富,孙译本和王译本个性词总数相差不多;从词性分布看,形容词、名词、副词和量词分布趋向相似,但均以个性动词数量为最多,其中张译本高达159个,这符合汉语动词活跃的特点。

（1）His affection for her drew him oftener from home than anything else could do.

孙译本:他很少为别的事出门,只因疼爱伊丽莎白,便经常跑去看望她。

王译本：他因为疼爱她，便常常去看她，他生平从来不肯这样
经常出外做客。

孙译本：他常常因为疼爱她而走出家门，任何别的事都不可
能让他经常这样做的。

例(1)中名词"affection"在三个译本中均译为动词"疼爱"。根据
英语多用名词而汉语动词活跃的特点①，英译汉时将英语名词转译为
汉语动词是常见处理方式，这种方式的运用使得译本中动词数量偏
多。在具体动词使用上，译者有不同偏好，比如张译本更习惯使用"接
受"一词，而孙、王译本在相同句子中则可能使用"领受""被任命""听
从"等词语。就名词使用而言，王译本中出现了"堂倌""账房""朝廷"
"公馆""归天""阖府""及笄"等极具中国文化色彩的名词帮助读者理
解原著。另外，孙译本则使用了较多的叠音词，如"开开恩""聚聚""负
债累累""恶习累累""屡屡""慢腾腾"等。这反映了不同译者的用词
风格。

4. 词串

本文用 AntConc 软件统计了三个译本长度在 2 个词语以上且出
现频率超过 5 次的词串。通过比对发现，受源语影响，某一译法在翻
译时可能变成相对稳定的表达形式，例如，"在目前这种情况下""我的
好老爷""亲爱的""从最好的方面去着想""年轻的小姐们"等在译本中

---

① 思果，《译道探微》，北京，中国对外翻译出版公司，2002 年，第 55—58 页；邵志
洪，《汉英对比翻译导论》，上海，华东理工大学出版社，2005 年，第 24 页。

高频出现。以"我的好老爷"为例,王译本中出现了 17 次之多。笔者进一步检索了 CEPC,没有发现这一词串,在北大语料库中也仅检索到 24 次,而其中 17 条来自《傲慢与偏见》小说语料。这说明译者在翻译作品时,会为了贴近源语,倾向使用特定表达法,表达源语中具有相近意义的表达形式。

另一方面,源语的一些语法特征,如冠词和指示代词的大量使用使得译者难脱英语的影响,从而过度运用目的语某些词素或词汇的组合能力,导致这些词素的组合能力变强。[①] 比如说,三个译本中数量短语的使用频率远远高于汉语原创文本,这是因为汉语倾向于用显化的表达来处理英语中的冠词。例如,"一种""一辆""一位""一项""一副""一笔""一条"等数量短语在译本中高频出现,出现结构一般为"一十量词十定语十名词",其中,定语增加了指称对象定指程度,如:一种拐弯抹角的吹嘘、一辆驷马马车、一位漂亮姑娘、一位可爱的岳母大人、一项体面的生意、一副温柔体贴的样子、一笔年息四厘的一千镑存款、一条举世公认的真理、一首过得去的十四行诗。译者受英语冠词影响,不仅过度使用了汉语量词,还通过长定语使用扩充了数量短语的结构容量。

当然,有些数量短语的使用还与篇章衔接功能有关。比如,"这件事"在三译本中出现频率虽高(其中王译本中出现 164 次,孙译本 163 次,张译本 186 次),但源语中与它对应的多不是"the matter""the thing",而是"it""this""that",如:

---

① 秦洪武、王克非,《基于对应语料库的英译汉语言特征分析》,载《外语教学与研究》,2009 年第 2 期,第 133 页。

（2）I wonder my aunt did not tell us of that.

王译本：这件事怎么姨妈没告诉我们呢。

孙译本：奇怪，姨妈怎么没告诉我们这件事。

张译本：真奇怪，姨怎么没把这件事儿告诉我们。

（3）But we considered it，we talked of it as impossible.

王译本：这件事我们也考虑过，谈论过，都认为不可能。

孙译本：不过，这件事我们以前考虑过，谈论过，认为不可能。

张译本：不过这件事我们以前考虑过，谈论过，认为这没有可能。

从语篇角度看，上述例证改变了衔接方式（即名词短语替代了源语中的代词和有指示意义的副词）。改换衔接方式显然反映了英汉语在衔接手段上的差异（汉语较英语更多地使用词汇手段），还导致了"这件事"在汉语翻译语言中的高频使用，所以导致这一状况出现的原因还是源语。不论是转换衔接方式还是添加衔接成分，都是为了使译文更符合目的语汉语的规范。这种显化现象翻译语言中有，但不多，总体看来，汉语翻译语言代词使用的密度要高于汉语原创语言，更接近英语源语。①

5. 平均句长

从通常直观的阅读经验看，汉语原创小说的句子和段落一般比较

---

① 秦洪武、王克非，《基于对应语料库的英译汉语言特征分析》，载《外语教学与研究》，2009 年第 2 期，第 134 页。

短,而翻译小说的句子和段落似乎比较长。那么以语料库为基础的实证考察会是什么结果呢?

WordSmith Tools 4.0 的词表统计提供了三个译本和 LCMC 的平均句长。数据显示,三个译本的平均句长均高于 LCMC 值。

表三　平均句长

	孙致礼译本	王科一译本	张玲、张扬译本	LCMC
平均句长	23.62	27.15	26.27	16.68

根据表三所示,我们可以直观地对比四个语料库的平均句子长度。三个译本的平均句长在 23.63～27.15 之间,明显高于 LCMC 各种文体的平均值 16.68,即三个译本平均每句话比非翻译小说长约 6.95～10.47 个词。

翻译小说的句子平均长度明显高于汉语原创文本。长句的出现,一方面可能是受源语中句段较长的影响,另一方面可能是受译者翻译策略的影响。虽然从理论上讲,无论原著中出现多长的句子,译者都可以采取断句的方法以适应汉语语句的习惯,但从实际上看,笔者认为,正是作为源语的英语中存在大量长句,才使译者首先作为一个英语习得者,在对英语的长期、大量的接受中习惯了长句的表达方式和语言思维模式,习惯性地以"长句长译"为策略进行翻译实践,从而产生了译作句子平均长度明显高于汉语原创文本这一现象。

除"长句长译"外,译者在实际的翻译过程中,还会采取增添修饰语、明确原文隐含意义、解释等手段提高译文的明确程度,使译文更容易被读者所接受,这也增加了译本的长句数量。

(4) He was interrupted by a summons to dinner; and the girls smiled on each other.

主人家请他吃午饭了,于是他的话不得不被打断。小姐们彼此相视而笑。

原文"by a summons to dinner"省略了动作的发出者,译文中将此添加为"主人家",明确了原文的隐含意义,使读者更清楚明了。为了使指代更明确,"He was interrupted"译为"于是他的话不得不被打断"。

(5) She mentioned this to her friend Miss Lucas.
伊丽莎白曾经跟自己的朋友卢卡斯小姐谈到过这一点。

汉语的孤立语性质意味着要使用词汇手段表达一些英语使用语法或形态手段表达的内容。如(5)中的"this"译为"这一点",过去式(mentioned)在翻译时通过词汇手段来添加时间标记(译为"曾经……过")。

汉语句子呈封闭结构,句首开放,句尾收缩,不能像英语那样层层环扣,向后不断扩展延伸。[①] 这样的句法特征使得译者可以通过扩展句首和句中的结构容量,来解决长定语问题。扩容结构在动宾短语和介词短语中常见:语义与语素义关系大都为"a+b=ab"式动宾短语,如"照相""敬礼"等,其构词层级中名语素还多少保留了一些填格(fill case)能力,即这类词有离合功能,拆开时是动宾短语,如"照了一个很满意的相""敬了一个庄严的军礼";除了这类动宾短语,扩容的还有"介词+NP+处所/方位/时间词"结构的介词短语,如"在……中"

---

① 连淑能,《英汉对比研究》,北京,高等教育出版社,1993 年,第 67 页。

"在……里",这类短语本身是封闭结构,容量有限,而在译文中,受源语影响,译者不自觉复制源语的结构模式,将多重修饰语塞入这种结构,使其结构容量扩张。

四、结语

本文的语料考察和分析表明,三译本受原著小说文体和创作主题的影响,词汇较之汉语原创文本缺乏变化性。高频词的大量使用也进一步印证了这一点,高频词中多第三人称代词,这是代词形式欧化的结果。在源语译入目的语时无法找到目的语中常有的、等值的表达方式,译者不自觉地模仿英语的表达方式,这造成了数量短语和固化表达的出现,使得译文呈现有别于目标语的"第三代码"特征。另外,英汉句法特征的差异可能是导致汉语译文结构容量扩张的原因之一。

上述基于语料库的多译本分析模式中,类符/形符比、词表、个性词、词串、平均句长等是量化分析的重要参数,基于这几项参数可以构建多译本分析的宏观框架。这项研究作为翻译研究的新领域从多个层面、多个角度透视翻译,有助于我们加深对翻译的认识。较之传统的译本研究,基于语料库的译本分析为探究译本与母语的差异及多译本之间的差异提供了新的研究平台,但更为精确的框架描述,还有赖于规模更大、加工更深的语料库来检验。

(原载《外国语》2010 年第 2 期)

论马君武译《哀希腊歌》中的"讹"

廖七一

　　1902 年,梁启超在其政治小说《新中国未来记》中,首次将拜伦的《哀希腊》一诗中的两节和五个断句翻译成汉语(时译《端志安》),立刻"引发了一场风靡青年之心的'拜伦热'"①。在其后短短的十多年间,马君武、苏曼殊、胡适相继将《哀希腊》完整译出,出现了中国诗歌翻译历史上难得一见的景象,蔚为大观。

　　马君武翻译的《哀希腊歌》是拜伦该诗的第一个全译本,影响深远。其后的译家在重译前免不了要对马译发表评论。苏曼殊在《文学因缘·自序》中称,"友人君武译摆伦《哀希腊》诗,亦宛转不离原意,惟稍逊《新小说》所载二章,盖稍失粗豪耳"②。胡适在重译该诗时,"颇嫌君武失之讹,而曼殊失之晦。讹则失真,晦则不达,均非善译者也"③。柳无忌则称马译"有时不免错误失实","重'达'而薄'信'……甚至窜

---

① 郭长海,《试论中国近代的译诗》,载《社会科学战线》,1996 年第 3 期,第 179 页。

② 苏曼殊,《文学因缘·自序》,载柳亚子编,《苏曼殊全集(一)》,北京,中国书店,1985 年,第 122—123 页。

③ 胡适,《尝试集》,北京,人民文学出版社,1984 年,第 92 页。

中编　文本批评

299

改原作"。① 然而,这些评论基本属于感性或直观的印象,或者说是非历史化的抽象批评,其理论前提是原作有一个恒定不变的意义,翻译者必须忠实再现原作的意义。翻译家并不是消极、被动的文字或意义转换器,其翻译理念、翻译意图和动机、翻译策略都会在翻译这一创造性的活动中表现出来。考察译诗《哀希腊歌》中的"讹"也许能揭示马君武的内心世界,并发现"五四"前后诗歌翻译的规范和微妙的变化趋势。

一、"讹"的定义与分类

"讹"即"错误""不真实"或讹舛、讹误、讹谬。胡适所说的"失之讹",是指译文背离原文的意义,没有忠实地再现原文的意义或精神,即"失真"或者说"不信"或"薄信",当然也许还包括苏曼殊所谓的"粗豪"中的"粗"。笔者认为,也许正是这个"讹"引发了《哀希腊歌》后来无数的新译本,至少许多译家都认为"不信"是重译、再译的理论前提。

严格地说,马译《哀希腊歌》中讹误确实不少。概括起来马君武译文中的讹误有如下三类。

---

① 柳无忌,《苏曼殊与拜伦"哀希腊"诗——兼论各家中文译本》,载《佛山师专学报》,1985 年第 1 期,第 18—19 页。

1. 改窜，即改变原文的含义

如第一节中将"Where Delos rose，and Phoebus sprung"翻译成
"德娄、飞布两英雄"。Delos 系爱琴海中的岛名，据说是希腊神话中诗
歌与音乐之神阿波罗（Apollo）与月亮和狩猎女神狄安娜（Diana）的诞
生地，Phoebus 即阿波罗神。

2. 损失与脱漏

如第 16 节中将"There，swan-like，let me sing and die"翻译成"一
曲歌终从此死"，省略了"swan-like"，而传说中天鹅将死之前会唱歌。
此外，省略的还有马君武认为无关的、出自典故的专名，如"Bacchanal"
（希腊神话中酒神巴斯克［Bacchus］的男女祭司，转指爱酗酒的人）、
"Polycrates"（萨摩斯［Samos］岛的独裁者，即马君武译的沙明酒的产
地）和"Heracleidan"（词从"Heraclidae"，即传说中大力神 Hercules 之
后）等。①

3. 添加与增益

如第 6 节中将前两句"'Tis something，in the dearth of fame，/
Though linked among a fettered race"扩展翻译成"一朝宫社尽成墟，可
怜国种遂为奴。光荣忽傍夕阳没，名誉都随秋草枯"。

还有纯粹因误解原文而出现的误译，如马君武将"Exists the rem-
nant of a line"翻译成"上有一线成海湾"，不具备太大的文化意义，不
属于本文考察的对象。只有讹误是出于故意选择的结果，才对我们了

---

① 王佐良等主编，《英国文学名篇选注》，北京，商务印书馆，1987 年，第 817 页。

解《哀希腊歌》的生成环境和译者的心路历程具有积极的意义。

　　翻译从来就不是单纯的语言转换，原作也没有绝对固定和抽象的意义。换言之，不同的语言包含了不同的世界观，翻译"几乎不可避免存在不同程度的篡改"①。意义阐释的多元性和相对性是翻译的本质特征之一，正是从这个意义上看，翻译是"用来传递某些意识形态或诗学标准的手段"②。

　　从文化批评的角度来看，翻译中出现的歧义、多义以及讹误，特别是译者有意识选择而导致的改窜和增删，并不是消极和负面的因素。钱钟书曾经肯定林纾翻译中有意识的"讹"，认为"'讹'里最具特色的成分正出于林纾本人的明知故犯。也恰恰是这部分的'讹'能起一些抗腐作用，林译因此而可以免于全被淘汰"③。许钧在《翻译论》中将钱钟书所说的"讹"与"创造性叛逆"和译者主体性联系起来④，认为"创造性叛逆不仅是不可避免的，而且是值得肯定与鼓励的"⑤，承认其价值，"在很大程度上也就是承认译者的创造性"⑥。如果说钱钟书的"讹"还停留在词语与技能层面，带有一种无奈和被动，谢天振在《译介学》里论述的创造性叛逆则具有文化传播学上的意义。谢天振认为，创造性叛逆"表现在形式上就是翻译中的删减、添加和意译"⑦，"翻译中的信息增添、失落、变形和文化意象的传递……集中反映了不同文化在交

---

① 余杰，《狂飙中的拜伦之歌——以梁启超、苏曼殊、鲁迅为中心探讨清末民初文人的拜伦观》，载《鲁迅研究》，1999 年第 9 期，第 15 页。

② 王宏志，《重释"信达雅"——二十世纪翻译研究》，上海，东方出版中心，1999年，第 44 页。

③ 钱钟书，《七缀集》，北京，生活·读书·新知三联书店，2002 年，第 87 页。

④ 许钧，《翻译论》，武汉，湖北教育出版社，2003 年，第 330—343 页。

⑤ 同上，第 342 页。

⑥ 同上，第 343 页。

⑦ 谢天振，《译介学》，上海，上海外语教育出版社，1999 年，第 141 页。

流过程中所受到的阻滞、碰撞、误解、扭曲等问题"①。这种叛逆，"是文学传播与接受的一个基本规律"②。这一思路也许有助于我们理解马君武翻译中讹误产生的社会文化根源。

二、"讹"与翻译的界定

翻译是什么？这似乎是十分愚蠢的问题。将翻译视为一个文化现象，其界定就涉及多个变数。"在一个非历史化(a-historical)和没有社会背景的理想化状态中，我们甚至无法回答什么是翻译作品这样的问题"，翻译"不是性质与范围业已确定的现象，而是依文化内部种种关系而变化的活动"。③ 用一种抽象、非历史化的忠实观去分析马君武翻译的《哀希腊歌》应该说是一种时代的倒错。马君武所做的种种选择，其合理性和有效性只能由当时的社会文化关系来界定。首先，我们必须弄清当时普遍接受的翻译观念和翻译规范。

在清末民初，翻译的一个突出特征是明显的功利性。在内忧外患的急迫形势下，马君武认为，"新文明之输入，实吾国图存之最先着"④。

---

① 谢天振，《译介学》，上海，上海外语教育出版社，1999年，第13页。

② 同上，第141—142页。

③ Even-Zohar, Itamar, "The Position of Translated Literature within the Literary Polysystem", in Lawrence Venuti (ed.), *The Translation Studies Reader*. London and New York: Routledge, 2000, p.197.

④ 马君武，《与高天梅书》，载莫世祥编，《马君武集(1900—1919)》，武汉，华中师范大学出版社，1991年，第260页。

仁人志士均"以译书为强国第一义",极少有人为翻译而翻译。马君武在《哀希腊歌》的译序中写道：

> 此诗共十六章,梁启超首译其二章于《新小说》。梁氏非知英文者,赖其徒罗昌口述之。予以乙巳冬归沪,一省慈母。雪深风急,茅屋一椽。间取裴伦诗读之,随笔移译,逐尽全章。呜呼！裴伦哀希腊,吾方自哀之不暇尔。①

从译序中我们可以看出,除了马君武有感于梁译的缺失,希望比较完整如实地再现原诗之外,"裴伦哀希腊,吾方自哀之不暇尔"暗示出马君武最主要的翻译意图,即借翻译抒胸臆,泄郁愤,表现救亡图存的政治抱负。从拜伦哀希腊到马君武哀中国,再从哀中国到救中国,短短的一首英文诗歌就这样被赋予了民族救亡的功利色彩。在翻译的技能层面,翻译追求的是"真",是忠实,但翻译的功利观权衡的是利害,是成败和效益。两种追求毕竟两歧。

翻译的功利性和紧迫性使翻译这一概念本身的内涵和外延都变得十分宽泛。佐哈尔曾经称,在社会转型时期,"创作和翻译并没有明确的界线"②。在清末民初,"任意篡改原著""漏译""颠倒附益""任意增删"甚多,翻译成了"译述甚至变相撰述"③。有学者认为,当时"信、

---

① 马君武,《哀希腊歌·译序》,载莫世祥编,《马君武集(1900—1919)》,武汉,华中师范大学出版社,1991年,第438页。

② Even-Zohar, Itamar, "The Position of Translated Literature within the Literary Polysystem". in Lawrence Venuti (ed.), *The Translation Studies Reader*. London and New York: Routledge, 2000, p.193.

③ 徐志啸,《鲁迅早期与外国文学的关系》,载《中国文学研究》,1999年第3期,第13页。

达、雅是空悬的,连倡导者本人也并不遵循的翻译标准,而随心所欲、草率从事蔚成了时代风气……'删'、'益'、'窜易'的译述方法被时代认可为合理"①。林纾翻译的小说、鲁迅的《摩罗诗力说》等,就是比较典型的例子。前者与其说是翻译不如说是译述;后者与其说是创作,不如说是翻译加上译序和译跋②。王德威认为,晚清的翻译"至少包括意译、重写、删改、合译等方式……译者往往借题发挥,所译作品的意识及感情指向,每与原作大相径庭"③。翻译、改窜、模仿、译述、创作在当时人们心目中只有度而没有质的区别。译者作为译文文本的生产者,他会"改变文本因素选择的方向,以达到预期的效果"④。文学翻译家与读者对文学翻译中的"讹"已经达成了默契,抱有更大限度的宽容。

三、"讹"与译诗的政治寄托

翻译的功利性必然使解读和诠释具有倾向性和片面性,这本身就

---

① 刘纳,《辛亥革命时期至"五四"时期翻译文学的价值取向》,载《荆州师专学报》,1999 年第 1 期,第 59 页。

② 徐志啸,《鲁迅早期与外国文学的关系》,载《中国文学研究》,1999 年第 3 期,第 10 页。

③ 王德威,《想像中国的方法——历史·小说·叙事》,北京,生活·读书·新知三联书店,1998 年,第 5 页。

④ Nord, Christiane, *Translating as a Purposeful Activity*. St. Jerome Publishing,1997,p.85.

是一种形式的"讹",即一种有选择的中国化理解和形象建构。有学者称,"对无法知晓原作真实的读者而言,是翻译创造了原作的形象。既然译者能够扭曲和操控真实,则这一形象无疑与事实大相径庭"①。因此,作家和翻译家笔下的形象,"主要不是对异国社会(缺席的客体)的表现,而是对本国社会(在场主体生活于其中)的表现"②。马君武对拜伦的译介也不例外,他强调拜伦英雄人格的一面而忽视拜伦诗人的一面,强化诗歌的政治意识而忽略诗歌的艺术审美,借用虚构的外国诗歌形象来抒发自己的政治抱负。

首先,与梁启超等许多同时代的翻译家一样,马君武对拜伦的译介更多的是着眼于其作为自由象征的民族英雄而不仅仅是诗人。在《欧学之片影》一文中,马君武写道:

> 十九世纪之大文豪亦多矣。其能使人恋爱,使人崇拜者,非苟特 Goethe,非许累尔 Schilles,非田尼逊 Tennyson,非卡黎尔 Carlyle。何以故?因彼数子之位格之价值,止于为文豪故。至于雨苟 Victor Hugo 及摆伦 Byron 则不然……摆伦者,英伦之大文豪也,而实大军人也、大侠士也、哲学家也、慷慨家也……使人恋爱,使人崇拜,使人追慕,使人太息。③

---

① Alvarez, Roman and Carmen-Africa Vidal, "Translating: A Political Act", in Roman Alvarez and Carmen-Africa Vidal (eds.), *Translation*, *Power Subversion*. Clevedon and Philadephia: Multilingual Matters Ltd, 1996, p.5.

② 孟华,《比较文学形象学》,北京,北京大学出版社,2001年,第9页。

③ 马君武,《欧学之片影》,载莫世祥编,《马君武集(1900—1919)》,武汉,华中师范大学出版社,1991年,第126页。

并称拜伦"抗脏不羁,醉心福禄特尔、卢骚之学说,喜讴歌拿破仑"①。马君武追慕的正是"大军人""大侠士"的拜伦:

> 闻希腊独立军起,慨然仗剑从之,谋所以助希腊者无所不至,竭力为希腊募巨债以充军实。大功未就,罹病遽死……希腊通国之人莫不震悼,为服丧二十五日,下旗,鸣炮三十七响以志哀,因摆伦得年三十七也。②

其次,拜伦原诗所体现的自由、独立、誓死不做亡国奴的精神,与马君武当时的革命意识和政治态度十分吻合。柳亚子曾赋诗一首:

> 江南握手笑相逢,识得而今马贵公。
>
> 海内文章新《雅》、《颂》,樽前意气旧英雄。
>
> 摆[拜]伦亡国哀希腊,亭长何年唱《大风》?
>
> 右手弹丸左《民约》,聆君撞起自由钟。③

柳亚子形象地描绘出马君武当年一面赋诗,作文,翻译,"鼓吹新思潮,标榜爱国主义"④,一面研制炸弹,武装倾覆满清王朝的英姿。马君武 16 岁报考维新人士唐景崧在广西创办的体用学堂,以"学为圣

---

① 马君武,《欧学之片影》,载莫世祥编,《马君武集(1900—1919)》,武汉,华中师范大学出版社,1991 年,第 127 页。

② 同上,第 128 页。

③ 莫世祥,《前言》,载莫世祥编,《马君武集(1900—1919)》,武汉,华中师范大学出版社,1991 年,第 1 页。

④ 马君武,《马君武诗稿·自序》,载莫世祥编,《马君武集(1900—1919)》,武汉,华中师范大学出版社,1991 年,第 395 页。

贤""天下兴亡,匹夫有责"自励。19岁便"以忧国伤时之心,立救国图存之志",远涉重洋到新加坡,"谒康有为,执弟子礼",开始救国拯民的政治活动。1901年到日本,得到梁启超的信任和倚重。在日本留学时,马君武的思想急剧向革命转变,成为孙中山的忠实追随者。1902年参加章太炎、秦力山等人发起的以纪念明朝灭亡为名,鼓吹反清革命的东京"支那亡国二百四十二年纪念会"。1903年在东京中国留学生春节恳亲会上登台演说,主张"非排除满族专制、恢复汉人主权不足以救中国"。同年春与黄兴、蓝天蔚等人筹组拒俄义勇队。1904年暑假向军国民教育会暗杀团教授炸弹制作。1905年7月30日出席孙中山在东京召开的中国同盟会筹备会议,与黄兴、陈天华、宋教仁等八人被推为同盟会章程起草委员。8月20日被举为同盟会秘书长(执行部书记)。暑假期间再次向革命党人传授炸药制作术。[①] 马君武排满革命的思想在同期发表的诗文中清楚地表现出来。他曾仿《木兰诗》作《从军行》,借母亲之口告诫男儿拼死杀敌:

> 北狄吾世仇,膺惩今所急。
>
> 祖国尺寸地,不许今人失。
>
> 母亦无所愁,母亦无所恋。
>
> 不望儿生还,恐儿不力战。[②]

其中流露出来的爱国革命热情,完全可以与《哀希腊歌》媲美:

---

① 莫世祥,《前言》,载莫世祥编,《马君武集(1900—1919)》,武汉,华中师范大学出版社,1991年,第2—5页。

② 马君武,《从军行》,载莫世祥编,《马君武集(1900—1919)》,武汉,华中师范大学出版社,1991年,第410页。

置身苏灵之高山,四周但见绿波环。

波声哭声两不止,一曲歌终从此死!

吁嗟乎! 奴隶之国非所庸,一掷碎汝沙明钟!①

第三,马君武对《哀希腊》的解读,采取了"六经注我"的方式,即"并不在意作家作品的客观历史价值",而是"力图借助作品找到自我需要证明的思想或真理"。② 他并不刻意去追求译文字当句对,而是适当调整,巧妙地使译诗中国化,与当时主导意识形态产生关联,以表现自己的意图和主张,如第1节诗:

The Isles of Greece，the isles of Greece!

　　Where burning Sappho loved and sung,

Where grew the arts of war and peace,

　　Where Delos rose，and Phoebus sprung!

Eternal summer gilds them yet,

But all，except the sun，is set.

希腊岛,希腊岛,诗人沙孚安在哉?

爱国之诗传最早。战争和平万千术,

其术皆自希腊出。德娄、飞布两英雄,

溯源皆是希腊族。吁嗟乎!

漫说年年夏日长,万般销歇剩斜阳。

---

① 马君武,《哀希腊歌》,载莫世祥编,《马君武集(1900—1919)》,武汉,华中师范大学出版社,1991年,第445页。

② 李咏吟,《解释与真理》,上海,上海译文出版社,2004年,第244页。

如果说将"Where Delos rose，and Phoebus sprung"翻译成"德娄、飞布两英雄，溯源皆是希腊族"，虽有些牵强，但多少还有些根据，那么将"Where burning Sappho loved and sung"翻译成"诗人沙孚安在哉？爱国之诗传最早"则纯属主观附会。原诗以希腊神话典故开篇，描绘了希腊过去的灿烂的文明与今日沉沦的反差。而马君武在翻译中增添的"爱国之诗""英雄"与原有的"战争与和平""希腊族"等，形成一个明确的语义场，使读者自然联想到泱泱大国的没落和民族英雄的缺失，并与国人甲午战争中的惨败、维新变法的夭折与强国保种的民族使命联系起来。再看第 11 节：

> Fill high the bowl with Samian wine!
>
> We will not think of themes like these!
>
> It made Anacreon's song divine：
>
> He served—but served Polycrates—
>
> A tyrant；but our masters then
>
> Were still，at least，our countrymen.
>
> 且酌沙明盈酒杯，恼人时事不须提。
>
> 当年政治从多数，为忆阿明克朗诗。
>
> 吁嗟乎！国民自是国权主，纷纷暴君何足数。

在第 11 节中，第 3 句到第 6 句的大意可以翻译为："萨摩斯美酒曾使诗人阿那克瑞翁的诗歌美妙非凡，诗人虽屈从于人，但他是屈从于波吕克拉提，一个暴君；但那些暴君至少还是我们的国人。"而在马君武的译文中，"当年政治从多数""国民自是国权主""纷纷暴君何足数"

等,几乎与原文毫无关系。当然,我们不排除马君武将"Polycrates"错误地与"democrates"类比,因而翻译成"多数政治"①。考虑到马君武当时激进的革命态度和坚定的民主追求,他用译诗来抒发自己的政治理念,鼓吹革命,指陈时事,就成为情理中的事情。"当年政治从多数""国民自是国权主""纷纷暴君何足数"等所表达的,与马君武同期诗文中宣传的民主思想如出一辙:"一国之主权,必以公民之多数操之"②。难怪柳无忌曾断言,"同盟会会员、日本留学生、西方文化传播者马君武"在译诗过程中不免"窜改原作,以表达他自己坚持的政治主张"③。

最后,译诗是译者内心澎湃革命激情的投射。有学者称,"翻译告诉我们更多的是译者的情况而不是译本的情况",颇为精辟。马君武借用译诗中的"讹"来抒发他为自由战死疆场的雄心壮志:

In vain—in vain: strike other chords;

Fill high the cup with Samian wine!

Leave battles to the Turkish hordes,

And shed the blood of Scio's vine!

Hark! Rising to the ignoble call—

How answers each bold Bacchanal!

① 2005 年 12 月珠海召开的全国翻译理论与教学研讨会上,香港朱志瑜教授曾提出,马君武将"Polycrates"翻译成"多数政治"是理解失误,应该说有一定道理。但如果考虑到"Polycrates"是一个专有名词,不能与"democrate"简单类比,再结合当时马君武的文章与诗文创作来分析,也许理解为有意的误读更恰当。

② 马君武,《帝民说》,载莫世祥编,《马君武集(1900—1919)》,武汉,华中师范大学出版社,1991 年,第 230 页。

③ 柳无忌,《苏曼殊与拜伦"哀希腊"诗——兼论各家中文译本》,载《佛山师专学报》,1985 年第 1 期,第 19 页。

叩弦为君歌一曲，沙明之酒盈杯绿。

万枪齐举向突厥，流血死耳休来复。

吁嗟乎！愿君倾耳听我歌，君不应兮奈君何！

（第 9 节）

即便不能完全把握专名"Scio"（即古 Chios，相传为荷马出生地）和
"Bacchanal"（酗酒之徒）的含义，理解大致不差应该是可能的。但马译
的后四句与原文大相径庭，第三、四句的原意为："打仗让土耳其人去
管吧，我们且饮酒作乐！"①马君武看来无法接受原文透露出来的消极
思想，借题发挥，袒露胸臆："万枪齐举向突厥，流血死耳休来复。"这样
的精神气概在《华族祖国歌》中得到更加突出的表现：

热血喷张气飞扬，以铳以剑誓死为之防。华族，华族！祖国
沦亡尔罪不能偿。

优胜劣败理彰彰，天择无情彷徨何所望。华族，华族！肩枪
腰剑奋勇赴战场。②

可以看出，马君武译文中的"讹"是他对原文误读与虚构的产物。
而"虚构却产生于一种真实的需要"③，与马君武积极向上、为国捐躯的
心态更加吻合。实际上，马君武的译文已从再现向表现游走，翻译与
创作的界限已经模糊，两者甚至融为一体。

---

① 王佐良等主编，《英国文学名篇选注》，北京，商务印书馆，1987 年，第 816 页。

② 马君武，《华族祖国歌》，载莫世祥编，《马君武集（1900—1919）》，武汉，华中师范
大学出版社，1991 年，第 413 页。

③ 史景迁，《文化类同与文化利用》，北京，北京大学出版社，1997 年，第 191 页。

四、"讹"与归化表现策略

马君武用七言古风体作为《哀希腊歌》的表现形式，因袭传统诗歌格律，语言则浅近通俗，使译诗在形式上给人以"似曾相识之感"[1]，缩短了译文与读者的距离，减少了陌生感。而且，中国传统诗歌是"言志""载道"的重要形式，是"经国之大事"，传统的诗歌形式同时也能表现诗人怀古伤今、以天下为己任的救国意识。

原诗每节 6 行，译诗每节 6 行或 10 行；6 行的 11 节，为"正规"[2]，如第 8 节：

> 不闻希腊生人声，但闻鬼啸作潮鸣。
>
> 鬼曰生者一人起，我曹虽死犹助汝。
>
> 吁嗟乎！希腊之人口尽喑，鬼声相答海天阴。

而第 1、2、5、6、14 节则由原诗 6 行扩展为 10 行。如第 5 节：

> 希腊之民不可遇，希腊之国在何处？
>
> 但余海岸似当年，海岸沉沉亦无语。

---

① 郭延礼，《中国近代翻译文学概论》，武汉，湖北教育出版社，1998 年，第 101 页。

② 柳无忌，《苏曼殊与拜伦"哀希腊"诗——兼论各家中文译本》，载《佛山师专学报》，1985 年第 1 期，第 18 页。

多少英雄古代诗,至今传诵泪犹垂。

琴荒瑟老豪华歇,当是英雄气尽时。

吁嗟乎! 欲作神圣希腊歌,才薄其奈希腊何?

但是,用传统的诗歌形式翻译自然有其局限。按纽马克的观点,归化的翻译策略难以反映原作的艺术特征、文体风格和原作者的思维独特性。[①] 梁启超在翻译《哀希腊》时就曾感叹,"以中国调译外国意,填谱选韵,在在窒碍,万不能尽如原意"[②]。1914 年胡怀琛在《海天诗话》中称,译诗应"撷取其意,锻炼而出之,使合于吾诗范围"[③],主张诗歌译者有"删节其他","以己意补之,使合于吾诗声调格律"[④]的自由,反对"按文而译"。他的观点,应该说代表了流行的译诗理念。

柳无忌曾评论说,马君武在翻译《哀希腊》时,由于"原作内容较复杂",因而将 6 行"扩充"为 10 行,致使译文"不免有穿插的地方"。[⑤] 但是对照原文可以发现,扩充为 10 行的有些诗节,如第 5、第 6 和第 14 节,内容并非特别复杂,稍作推敲,应该可以维持每节 6 行的"正规"。然而马的处理却耐人寻味:

The Scian and the Teian muse,

---

① Newmark, Peter, *Approaches to Translation*. Oxford: Pergamon Press, 1981, p.15.

② 梁启超,《新中国未来第四回总批》,载阿英编,《晚清文学丛钞·小说一卷(上册)》,北京,中华书局,1960 年,第 48 页。

③ 陈福康,《中国译学理论史稿》,上海,上海外语教育出版社,1992 年,第 199 页。

④ 同上,第 200 页。

⑤ 柳无忌,《苏曼殊与拜伦"哀希腊"诗——兼论各家中文译本》,载《佛山师专学报》,1985 年第 1 期,第 18 页。

The hero's harp, the lover's lute,

Have found the fame your shores refuse,

Their place of birth alone is mute

To sounds which echo further west

Than your sires' "Islands of the Blest."

莫说佚佃二族事，繁华一夕尽销沉。

万玉哀鸣侠子瑟，群珠乱落美人琴。

迤南海岸尚纵横，应愧于今玷盛名。

侠子美人生聚地，悄然万籁尽无声。

吁嗟乎! 琴声摇曳向西去，昔年福岛今何处？

（第 2 节）

　　在第 2 节中，译文的第 1、2 句"莫说佚佃二族事，繁华一夕尽销
沉"基本上是凭空添加，"万玉哀鸣""群珠乱落"也属填鸭，但这些添加
引入了传统古诗的叙事模式，突出了古诗常见的对仗。这就是李思纯
所说的"马氏过重汉文格律，而轻欧文辞义"[①]。可以说，马君武的这类
"讹"是权衡轻重后所做的选择。每行的字数和诗行的增添除了对意
义表现至关重要之外，同时也是归化表现形式的必然要求。用旧诗常
见的叙事模式和对仗手法使译诗本土化，以突现传统文人士大夫感时
忧国的入世参政意识，这也许正是马期望译诗达到的效果。

---

　　① 李思纯，《仙河集·自序》，转引自陈子晨，《最近三十年中国文学史》，上海，上海
书店，1989 年，第 65 页。

结　语

豪斯曾在《翻译质量评估》一书中列举了五种对等方式：外延对等、内涵对等、文本规范对等、语用对等和形式美学对等，并强调"翻译是决策过程"，译者需要制定"对等要求的次序表"。[①] 马君武译文中的"讹"是他牺牲外延对等、形式美学对等而最大限度追求语用对等、内涵对等和文本规范对等而做出的选择。这种选择不仅基于他自身的政治诉求，而且反映了晚清意识形态、流行诗学规范和诗歌翻译的功利性。

（原载《中国翻译》2006 年第 4 期）

---

① House, Juliane, *Translation Quality Assessment*: *A Model Revisited*. Tubigen: Gunter Narr Verlag, 1997, p.25.

作者、译者与读者的共鸣与视界融合

——文本再创造的个案批评

许　钧

　　最近在思考翻译文学的地位和影响问题，发现了许多有趣的现象。其中之一就是，读者的阅读往往会赋予原作一种价值，这种价值可能是原作固有的，也有可能是读者通过译作所提供的文字而体悟到，可原作本身所没有的。从大的方面讲，一部作品诞生后，在其诞生地的影响有可能没有在其新生地即翻译文学的诞生地大，其中的原因是多方面的，但最重要的一点，恐怕就是在新的历史和文化空间，文本在某种意义上拥有了新的生命，以其对原著的继承为基础，拓展了新的阅读空间和阐释的可能性。法国作家罗曼·罗兰的《约翰·克利斯朵夫》在中国具有广泛的影响，为我们对以上问题的思考提供了丰富的内容，本文以《约翰·克利斯朵夫》开篇第一句的翻译为个案，通过对原文三种不同的阐释的比较和分析，对影响翻译的多种因素加以探索。

一

　　当年傅雷翻译《约翰·克利斯朵夫》时，有感于中国大地的黑暗、沉闷，也有感于人们精神的委顿与沉沦，从他翻译该书时所写的介绍文字中，我们可以看到，他选择《约翰·克利斯朵夫》进行翻译，看重的是原著"广博浩瀚的域界"，主人公坚毅、光明的个性，全书所饱含的那份激情和斗争气概，以及文字中所射出的那种民族的理想精神。傅雷在翻译中倾注了自己的精神追求和艺术追求。可以说，在某种程度上，他的精神追求和艺术境界与原著的文字发生了碰撞，激起了共鸣，为中国读者留下了一份不朽的精神遗产和艺术珍品。前不久读《东方文化周报》，在邰耕所写的《一句话的经典》中读到了这样一段话："罗曼·罗兰的四大本《约翰·克利斯朵夫》是一部令人难忘的著作，二十多年前我曾阅读过，但许多情节都淡忘了。但书中开头的'江声浩荡'四个字仍镌刻在心中。这四个字有一种气势，有种排山倒海的力量，正好和书中的气势相吻合。"①中国的读者，在傅雷开篇所译的"江声浩荡"四个字中，感受到了一种与全书相吻合的气势。短短四个字，"像铀矿一样释放出巨大的能量，对阅读者的心灵产生巨大的冲击"②。邰耕的这种感受，开篇四个字在他心灵上产生的巨大的冲击，是许多中

---

①　邰耕，《一句话的经典》，载《东方文化周刊》，2001 年第 37 期，第 53 页。
②　同上。

国读者都能感受到的。"江声浩荡"像一个惊世的先兆,预示了一个英雄的横空出世。这四个字,不仅仅是四个字,在许多中国读者的脑中,它已经成为一种经典,没有这四个字形成的英雄出世的先声,便没有了那百万余言、滔滔不绝的长河小说的继续和余音。

然而,中国读者的这份共鸣,这份永远抹不去的心灵冲击,这一铭刻在记忆中的永恒,都是因了傅雷的创造。从原文中,我们也许无法感受到这份震撼。原文是这样的:

Le grondement du fleuve monte derrière la maison.[①]

我曾在不同的场合,询问过法国普通的读者,得知他们对原著的开头一句,并没有特别的感受,更没有中国读者普遍感受到的那份震撼。与法兰西大地只隔着英吉利海峡的英伦三岛的读者,也同样难以分享中国读者感受到的那份冲击力。这里有英译文为证:

From behind the house rises the murmuring of the river.
(Gilbert Cannon)

对这句英译文,香港中文大学的金圣华教授有一评论:"假如不参照原文,直接从英译本译成中文,它不就变成'河水潺潺'了?"[②]。"murmuring"是动词"murmur"的动名词形式。查阅由陆谷孙等先生编写的《新英汉词典》,我们可以看到"murmur"既是名词也是动词,有

---

① Rolland, Romain, *Jean-Christophe*. Paris : Albin Michel, 1931, p.19.
② 金圣华,《文学翻译的创作空间》,载《翻译季刊》,1995 年第 2 期,第 72 页。

一基本意义,即"低沉连续的声音",如微风的沙沙声、流水的淙淙声,还有蜜蜂的嗡嗡声和人的低语声。总之,是低语,是喃喃声,与傅雷所译的"浩荡"之江声恰成反比,相去甚远。与原文相比,英译本的译文似乎也有很大差距。"grondement"也属动词"gronder"的一种动名词。法文中的"gronder"一词,似也有两个基本的方面,指的是"逼人的"声音,如大炮的轰轰声、雷的隆隆声、暴风雨的声音,还有狗的连续的汪汪声、人群的鼎沸声,等等,声音沉,且连续,带有一种气势。在这个意义上傅雷的译法倒是与原文有某种程度上的暗合,虽然由"沉"而变成了"浩荡"来形容"江声",但想造成的也许正是这种气势。我们不妨再来看看在傅雷之后出现的几个译本是怎么处理的,并做一比较:

1. 江声浩荡,自屋后上升。(傅雷译)

2. 江流滚滚,震动了房屋的后墙。(许渊冲译)

3. 屋后江河咆哮,向上涌动。(韩沪麟译)

就我们目前所掌握的资料,自傅雷之后,近年来又出现了多个《约翰·克利斯朵夫》译本,属于我们所说的复译。关于复译的原因,不少文章就这一普遍的现象已经做过较为全面的分析,在此不拟再探。需要说明的是我们在这儿选取的两个复译本,可以说是比较有代表性的:首先,两位译者都是中国译坛熟悉的译家,且都有自己的明确追求;其次,在复译《约翰·克利斯朵夫》的过程中,他们都倾注了相当的心血。许渊冲先生为他的复译本写了题为《为什么重译〈约翰·克利斯朵夫〉》的"译者前言",明确地表达了"和傅雷展开竞赛"的愿望。他说:"重译《约翰·克利斯朵夫》不仅为了使人'知之、好之、乐之',首先是译者'自得其乐'。叔本华说过:'美'是最高级的'善',创造'美'是最高级的乐趣。傅译已经可以和原作比美而不逊色,如果再创造的'美'有幸能够胜过傅译,那不是最高级的乐趣吗？如果'自得其乐'能够引起广大读者的共鸣,那不是最高级的'善',最大的好事吗？乐趣有人共鸣就会倍增,无人同赏却会消失,这就是我重译这部皇皇巨著的原因。"①韩沪麟在他的《译序》的第五部分也专门谈到了译本问题。有趣的是,他翻译《约翰·克利斯朵夫》也是以傅雷为参照,不同的是他的目的不是要与傅雷竞赛,也不奢望超越傅雷。在谈到翻译该书的动机时,他说道:"同一本原著,其译文也一定是千人千面的,译风是不可能雷同的……这也是我斗胆再译一次《约翰·克利斯朵夫》的初衷。"②在他交代译本产生过程的文字中,他明确做了这样的说明:"在我前后用五年多业余时间翻译这部巨著的过程中,虽然是脱于傅译本照原文直译的,但遇到'疑难杂症'时还经常参照傅译本,从中受益良多。"③两位译者,都以傅雷为参照,这说明了这样一个事实:一个接受了时间和读者考验的译本,必然会在其传播和影响的历史上占有自己的地位,其后的译本,无论与其竞赛还是从中汲取养分,都不可能无视其存在。所以当我们来比较傅译、许译和韩译时,看到的就不可能仅仅是差异,而是它们之间的一种承继和创新的关系。

---

① 罗曼·罗兰,《约翰·克利斯朵夫》(上下卷),许渊冲译,长沙,湖南文艺出版社,2000年,"译者前言"第6页。

② 罗曼·罗兰,《约翰·克利斯朵夫》(全三册),韩沪麟译,南京,译林出版社,2000年,"译序"第24页。

③ 同上。

二

对比三种译本,我们暂且排除傅译在先且已有广大读者认同并将其视作经典的因素,先从语言角度来做一分析。

在这里,我们所做的首先是对单句的语言分析,有关语境及文学因素的问题,下文还要涉及。就句子结构而言,从形式的角度看,我们发现三种说法都将原文的一句用逗号分隔为两个短句,具有共性,或者说差异并不很大。三者的差异主要集中在语义上,几乎对每一词的处理都有不同。首先对"grondement"一词的表达,傅译重声音的广阔和气势,许译割舍其声音的一面,以"滚滚"来显动态,韩译则突出水流的奔腾轰鸣,以"咆哮"两字来对译。"浩荡""滚滚""咆哮"三词,其差异是十分明显的,为什么会出现如此不同的译法?金圣华教授认为:"Le grondement 是个名词,而抽象名词通常都会在翻译时造成困难。"[①]单就"grondement"一词,很难确定其到底是何种声音。在上面,我们说过,在法文常用词典中,与之搭配的有"炮",有"雷",有"狗",有发怒的"人"等。有了发出声音的主体作为参照,便有了在目的语中找到相应表达的可能。而我们面对的,是"fleuve"与"grondement"的搭配。在法文中,这并不是一种常见的搭配,"fleuve"这一词,按照法文词典的解释,是指由"支流汇合归海的大水流",这与中国语言中的

---

① 金圣华,《文学翻译的创作空间》,载《翻译季刊》,1995 年第 2 期,第 72 页。

"江"字的解释基本相同。据《现代汉语词典》,河指"天然的或人工的大水道",江则指"大河"。那么,根据"fleuve"一词的法文概念,用"江"来对译,应该是准确的。正因为如此,三位译者在翻译中都用了"江"这一字,分别为"江声""江流"江河"。然而,进一步加以对比后,我们发现三种翻译的所指还是有所区别的,尤其是韩译,"江河"并列,意义较为宽泛。读者若再做探究,原作者笔下的"fleuve",到底是"江"还是"河"? 按照汉语词典,"江"与"河"是有明显区别的:"大河"为江。然而,若将这一区别推而广之,我们发现在约定俗成的译名中,外国的河流,不管多大,到了中文,也没有"江"的说法,如尼罗河、密西西比河、伏尔加河、多瑙河,等等。这些外国河流的约定俗成的译法,给后来的译者出了一个不小不大的难题:在汉语的常用搭配中,河的气势也罢,声音也罢,总是逊色于"江"的。而原文中的"fleuve",用的是定冠词,具有确指的意义,通过下文,我们可以清楚地知道是指"Rhin"。而对《约翰·克利斯朵夫》的译者来说十分不幸的是,该词已有定译"莱茵河",不能再随意译为"莱茵江"。于是,一开始,译者就不得不避开约定俗成的译名,冒着与下文矛盾的危险,将"河"说成"江",以表达原文的含义。我们确实可以看到,在后文中,当"莱茵河"这一译名不能回避时,三位译者亦只能在语言所提供的有限空间里,译成"河边",而不是"江边",译成"河水"而不是"江水"了。而这种行文的矛盾,恰正是约定俗成的译名所造成的障碍。如果当初根据汉语词典的解释,将尼罗、密西西比、多瑙、伏尔加、莱茵等都定译为"江",那便不会有后文翻译的麻烦了。这是后话,我们再回到上文的三种翻译中来。开篇一句,三位译者都弃"河"而择"江",为"浩荡""滚滚""咆哮"的搭配赢得了可能。若改为"河",那"河声浩荡""河流滚滚",便逊色多了。而且有趣的是,一旦用了"江声",便有可能借助"江风浩荡"的习惯用法导向"江声浩荡";用了"江流","滚滚"便自然而来;用了"江河",便有了"咆哮"的可能。若三者一换位,如"河声滚滚""江河浩荡""江流咆哮",便有违于汉语的习惯表达,很可能被读者视为"不顺","不通"。由此可见,在翻译中,目的语的习惯词语搭配在很大程度上制约着译者,正是在这个意义上,西方有"语言说我"的说法。

下面我们再来看后半句。原文的后半句由谓语(一个不及物动词)和一个状语(介词＋名词)组成,不及物动词"monter",有"升高"的意思,如物价"上涨",河水"上涨",声音"升高",等等。状语的含义很明确,指的是"屋子的后面"。从语言角度上,傅译的后半句"自屋后上升"与原文比较贴近,但根据法语的常用法,在句子中,"monter"主要是指声音强度的上升,而不是指声音在方位意义上的由低处升向高处。就我们所知,傅雷在1937年的初译本中,后半句为"在屋后奔腾",不仅离原文很远,而且与前半句也不搭配,因为"江声"不可能"奔腾"。也许正是出于以上两点考虑,傅雷在新中国成立后出版的译本中,把"在屋后奔腾"改成了"自屋后上升",与傅雷后来改定的后半句译文相比,许渊冲先生的译文离原文的距离更大一些,"震动""后墙"这些含义,是原文形式所没有表现的。为什么这么译,译者在"译者前言"中没有做出明确的解释,但其中有一段话,也许可以为我们理解他的译法提供一种理论上的参照。他认为:"文学作品中也有较低层次的词句和较高层次的词句。较低层次的词和句,在翻译时比较容易找到'唯一的'对等词,找到后别人也不容易超越,只好依样画葫芦。较高层次的词和句,在翻译时就不容易找到'唯一的'对等词,而要八仙过海,各显神通;也就是在翻译高层次词句时,需要译者有'再创作'的才能,所以才可以分辨出不同译文的高下,译文甚至有胜过原文的可能。"①从许渊冲先生的这段话中,我们至少可以断定"震动了房屋的后墙"这一译法,不可能是疏忽造成的误译,相反,它是译者欲与原文、与傅雷的译文争高下的有目的的一种追求,也是显示译者神通的一种"再创作"。实际上,若许渊冲先生在后半句依样画葫芦,以"自屋后上升"来接上半句的"江流滚滚",是怎么也说不通的。韩沪麟的译文也是有新解与新意的,"向上涌动"与"江声"已无联系,向上涌动的不可能是"声音",而只能是"江水"或"河水",与傅译的差异是再明显不过了。通过上文的分析,我们可以看到,三种译文虽在句子结构上有一定的相似之处,但在意义的表达上,却有着不可忽视的差别。这里,既有语言的习惯搭配造成的障碍,也有译者的主观追求。从中,我们也可以看到不同译者对原文的不同理解和把握,而在不同理解基础上的不同表达,便似乎成为一种必然。

三

当我们注意到三种译文之间的各种差异并试图找出其中的原因时,有一个因素是不能不考虑的,那就是复译者的心态与追求。傅译在前,许译和韩译在后,对于前译的成果,尤其是读者所认同的名译,复译者一般都有一个心态,那就是"不趋同",也就是许渊冲先生所说

---

① 罗曼·罗兰,《约翰·克利斯朵夫》(上下卷),许渊冲译,长沙,湖南文艺出版社,2000年,"译者前言"第5页。

的绝不依样画葫芦,不然,那就是"抄译",就失去了"复译"的任何意义。为了探寻三种译文之所以不同的原因,除了研读三位译者有关论述之外,笔者分别于2001年10月13日和14日,通过电话就开篇一句的翻译问题与许渊冲和韩沪麟两位先生进行了探讨。许渊冲先生的原则非常明确。他说他翻译《约翰·克利斯托夫》有四个原则:一是翻译时对照傅雷译本,发现其长处;二是要尽量胜过傅译,形成自己的风格;三是在有关字句的处理上,即使认为傅雷译得好,也尽量在原文提供的创造空间里寻找新的表达;四是在个别词句的传译上,如傅雷的翻译是独特而唯一的,那只有承认自己不如他,借用他的"译法"。对许渊冲先生的这四条原则,虽然我们可以在理论上再做进一步的思考,但其积极意义是明显而深刻的。当我就开篇第一句的翻译,请许渊冲先生将他的译文与傅雷的译文做一比较时,许先生的态度之坦荡令我感动。他说:"第一句我译得不如傅雷,但我在译文中也融入了我自己的理解。我是假设自己是罗曼·罗兰,身临其境,设身处地,透过原文的文字,去体会文字所指向的情景,去领悟情景所能引发的感受。我想,当江流滚滚时,我在屋里听到的不是声音的上升,而是屋子的后墙被江流所震动了。所以,我便译成了'江流滚滚,震动了房屋的后墙'。这种译法是我从上下文中体会得出的。"许渊冲先生的解释,为我们翻译提出了一个重要的问题,那就是文学翻译不能只限于字面的翻译,而要透过字面,根据上下文,捕捉文字所指向的创作之源。对于这一点,韩沪麟先生既有相似的观点,也有不同的见解。就傅译而言,他认为傅雷先生文学修养深厚,文字功底非一般人能比。但就《约翰·克利斯朵夫》开篇第一句而言,他认为:"与原文相比傅译的气势显得太大了。"他说他到过欧洲,见过莱茵河,虽然见过的只是一段,但感觉气势并没有那么宏大。另外,就原文而言,"grondement"一词在上下文中，就他自己的体会，也没有那番气势，只是突出声音的强度，译成"咆哮"，完全是他个人的体会和把握。当我问他是否在翻译中有意回避傅雷的译法，他的回答是否定的。正如他在"译序"中所说明的，翻译时，他并不直接参照傅译，而是脱开傅译，只是遇到问题或困难时，才去参照。因此，对于第一句，他并不是为了避开傅雷的译法，而且他也并不认为傅雷在这一句的翻译上有多妙。同时，他认为在上下文中，他自己以"江河咆哮"来传译，是完全符合原文语境的。韩先生的解释与许先生的一样，也同样提到了原文字所指的现实世界对翻译时的理解起到的重要作用。无论是许渊冲先生，还是韩沪麟先生，他们或多或少都在自己的解释中强调了翻译中不可忽视的几个重要因素。根据我的理解，我将之归纳为四条：一是翻译以原文为出发点，但并不限于原文的文字；二是翻译时要有想象物为参照，要透过原文的字面，从文字所指向的现实世界去进一步加以把握；三是理解与领悟一个句子，一定要根据上下文；四是每一个译者，作为翻译主体，其翻译只能限于自己的理解。他们的这些观点，对我们理解译文差异的存在及其产生的原因，无疑是具有启发意义的，但同时，我们又不免产生了这样的疑问：翻译作为一种阐释活动，在理解与阐释原文的过程中，有没有可能产生误释和过度阐释呢？一个句子的理解，固然可因人而异，但原文毕竟提供了一个空间，提供了某种客观性和实在性，它在某种程度上体现了其表达的意义的稳定性和客观性。意大利符号学家、哲学家昂贝托·艾柯对这一问题有过深刻的思考，他认为在阐释过程中，作者意图与读者意图之间存在辩证的关系，同时"本文意图"也在为读者提供阐释空间和自由的同时,以上下文为读者的阐释做出限定。① 从另一个角度讲,当我们在强调译者在翻译过程中有自己的理解的同时,也不能不注意到脱离上下文的阐释,往往有可能把阐释引向无度或过度。下面,我们不妨从对《约翰·克利斯朵夫》开篇一句的纯语言的孤立分析中再进一步,从许渊冲先生与韩沪麟先生都强调的上下文和语境的角度,再做一些分析。就我们对原著的阅读和理解的程度而言,我们知道《约翰·克利斯朵夫》表现的是一个音乐家的人生,要赞扬的是受苦、奋斗而必胜的自由灵魂。在"作者献辞"所表现的这个大的"作者意图"之下,我们先不妨进到一个极小的语境和上下文之中。《约翰·克利斯朵夫》洋洋百万余言,以"江声"开篇。原文第一段是这样的:

Le grondement du fleuve monte derrière la maison. La pluie bat les carreaux depuis le commencement du jour. Une buée d'eau ruisselle sur la vitre au coin fêlé. Le jour jaunâtre s'éteint. Il fait tiède et fade dans la chambre.②

从这段文字来看,开篇一句与紧接着的三个句子联成一体,从屋后上升的江声,写到雨水击打窗户,再以极细腻的手法写到已有裂痕的窗玻璃上蒙着水气,且水气变成水滴往下落,进而又写到暗淡的天色和房间里闷热的空气。可以说,单从这一段中,我们并不能直接体会到江声的那种"浩荡"之气,更没有已接受傅译的中国读者所期待的那种排山倒海的气势。在这个意义上说,傅译的第一句与紧接着的下

---

① 艾柯,《过度阐释文本》,载柯里尼编,王宇根译,《诠释与过度诠释》,北京,三联书店,1997 年,第 81—87 页。

② Rolland, Romain, *Jean-Christophe*. Paris : Albin Michel, 1931, p.19.

翻译批评研究之路:理论、方法与途径
328

文之间反而产生了某种"不和谐",而许译与韩译倒没有显出任何突兀之处。为方便读者体会,兹将三种译文照录于下:

1. 江声浩荡,自屋后上升。雨水整天的打在窗上。一层水雾沿着玻璃的裂痕蜿蜒而下。昏黄的天色黑下来了。室内有股闷热之气。(傅雷译)

2. 江流滚滚,震动了房屋的后墙。从天亮的时候起,雨水就不停地打在玻璃窗上。雾气凝成了水珠,涓涓不息地顺着玻璃的裂缝往下流。昏黄的天暗下来了。房子里又闷又热。(许渊冲译)

3. 咆哮,向上涌动。从黎明时分起,雨点就打在窗棂上。雨水在雾气弥漫中顺着窗玻璃的裂隙汩汩下淌。昏黄的天色暗下来了。屋里潮湿,了无生气。(韩沪麟译)

从这三段译文来看,三位译者在传译中确实各自发挥了长处。笔者曾请教江苏的几位作家,请他们从小说家的审美角度,对这段译文的文字给予评价。黄蓓佳的观点很有代表性,她认为:傅雷的文字优雅,简练;许渊冲的译文生动,贴切,具有小说文字的张力;韩沪麟的文字处于两者之间。按照时下翻译批评常见的做法,至此我们似乎已经可以做个结论:三种译文各有千秋,虽有一定意义的差异,但译者强调自己的理解,且与紧接着的下文并无不协调之处,就很难说出个是非曲直了。然而,我们知道,分析一字一句的意义,不仅仅需要紧邻的字句来做参照。上下文是个可窄可广的概念,若把原著当作一个整体,那么对有些关键的字句来说,整部作品中的有关字句都可视作上下文。比如翻译一部作品的名字,就要整部作品来作参照。20 世纪 80

年代初,法国有一部著名的小说,原名叫 *Fort Sagane*,曾荣膺法兰西学院小说大奖,有一位研究者没有读过整部作品,仅凭法语常见的义项和词语搭配,将之译为《勇敢的萨加纳》。但若以全书为参照,实际上被译者当作形容词的"fort"一词,在书中用作名词,意为"堡",正确的译法应该是《萨加纳堡》。同样,我们所分析的《约翰·克利斯朵夫》开篇第一句中的词语,在整个作品中,也并不仅仅限于第一段。在下文中,我们还多次读到有关的甚至同样的词、同样的表达。就在开篇第一章中,我们至少可以读到五处有关"fleuve"的文字,而且都突出其声音。伴随着这重复回响的江声的,是文中也多次敲响的钟声和经久不息的风声。这江声、钟声和风声的经久不息,在原著中有着重要和深刻的含义。韩沪麟先生在"译序"中这样写道:"罗曼·罗兰天生是个音乐家,后来阴差阳错才走上了文学道路,于是他说他只能用'文学形式来表现音乐'。我们在《约翰·克利斯朵夫》中,就可感觉到音乐在全书中占有的分量了。在本书的开篇,音响的三个元素:河流、风和大钟唤醒了刚刚出世的克利斯朵夫,而后,音乐又伴随了他整整一生……"[1]罗曼·罗兰在写于 1921 年 7 月 1 日的原著序言中,也明确表示在全书的第一册中,他着重描写的是克利斯朵夫的感觉与感情的觉醒,而书中反复出现的江声在主人公的觉醒中,则起到了重要的作用。第一章中有这样一段描述:

> 江声浩荡。万籁俱寂,水声更宏大了。它统驭万物,时而抚慰着他们的睡眠,连它自己也快要在波涛中入睡了;时而狂噪怒

---

[1] 罗曼·罗兰,《约翰·克利斯朵夫》(全三册),韩沪麟译,南京,译林出版社,2000年,"译序"第 11 页。

吼,好似一头噬人的疯兽。然后,它的咆哮静下来了:那才是无限温柔的细语、银铃的低鸣、清朗的钟声、儿童的欢笑、曼妙的清歌、回旋缭绕的音乐。伟大的母性之声,它是永远不歇的!它催眠着这个孩子,正如千百年来催眠着以前的无数代的人,从出生到老死;它渗透着他的思想,浸润着他的幻梦,它的滔滔汩汩的音乐,如大氅一般把他裹着,直到他躺在莱茵河畔的小公墓上的时候。①

如果说在开篇第一句中,我们对江声还只是对事物的一种感性的认识的话,那么,在这里,我们听到的江声已经超越客观的事物性范畴,而进入具有象征意义的情感世界了。罗曼·罗兰在 1931 年为他的作品写过一篇很长的引言,在引言中他说他要把他小说的主人公"扎根在莱茵河以西地域的历史之中"。在约翰·克利斯朵夫的生命中,莱茵河的位置是不可替代的。伴随着英雄的一生,是永不停息的莱茵河发出的母性之声。在洋洋百余万言的《约翰·克利斯朵夫》的末章,我们又听到了这母性之声的回荡:

Le grondement du fleuve monte derrière la maison... Christophe se retrouve accoudé, à la fenêtre de l'escalier. Toute sa vie coulait sous ses yeux, comme le Rhin. Toute sa vie, toutes ses vies. Lousa, Gottfried, Olivier, Sabine...②

在全书即将结尾之际,我们又读到了开篇的第一句:同样的词语,

①　罗曼·罗兰,《约翰·克利斯朵夫》(全四册),傅雷译,合肥,安徽文艺出版社,1990 年,第一册第 31—32 页。

②　Rolland, Roman. *Jean-Christophe*. Paris：Albin Michel, 1931, p.483.

同样的句式。傅雷也还之以同样的译文；

> 江声浩荡，自屋后上升……克利斯朵夫看到自己肘子靠在楼梯旁边的窗槛上。他整个的生涯像莱茵河一般在眼前流着。整个的生涯，所有的生灵，鲁意莎、高脱弗列特、奥里维、萨皮纳……①

　　在对照傅雷的译文与原文的同时，我们对许渊冲和韩沪麟的译文也做了双重比较：与原文的比较以及他们的前后译法的比较。我们发现了这样一个很有趣的事实：在完全重复的原文中，我们读到的是前后并不一致的译文。许渊冲先生开篇第一句的译文为"江流滚滚，震动了房屋的后墙"，而全书末章中同样的句子的译文则为"汹涌澎湃的江水声从房屋后面升起……"后半句与原文明显贴近了。韩沪麟则由"屋后江河咆哮，向上涌动"变成了"屋后的江涛轰鸣"，"monter"一词没有译。对他们的这种处理方法，有心的读者定会有自己的评价。这也许是他们的一种自觉的追求，也许是他们无意的疏忽。就阐释的角度而言，如果译者在翻译全书过程中，忽视了在全书中明显具有特别意义的某些词语的重复及其价值，不能不说是个遗憾。傅雷先生对贯穿了约翰·克利斯朵夫整个生命的莱茵河，对在约翰·克利斯朵夫生命中永不停息的浩荡江声，有着自己深刻的理解。他在 1940 年为译文第二卷所写的长篇"译者前言"中谈了自己的认识："这部书既不是小说，也不是诗，据作者的白白，说它有如一条河。莱茵这条横贯欧洲的巨流是全书底象征。所以第一卷第一页第一句便是极富于音乐意

---

① 罗曼·罗兰，《约翰·克利斯朵夫》（全四册），傅雷译，合肥，安徽文艺出版社，1990 年，第四卷第 457 页。

味的、包藏无限生机的江声浩荡。"①至此,我们也许对傅雷所译的"江声浩荡"这四个字的力量有了更为深刻和全面的了解。他译的这四个字,并没有仅仅限于原文的字面意义,也没有限于与该句紧密相连的第一段,而是基于他对原作整体的理解与把握,基于他对原作者意图和文本意图的辩证关系与内在联系的领悟,达成了他与原作者视野与思想的沟通与融合,加上他在译文字句上所追求的音乐感及力度,他的译文得到了广大中国读者的认可,在译者与读者的共鸣中,前后呼应,让"江声浩荡"永不停息……

在上文中,我们把《约翰·克利斯朵夫》开篇第一句的翻译作为个案,从多个角度进行了也许过于细致的分析。由于分析的只是全文的第一句的翻译,因此不能当作对傅雷、许渊冲与韩沪麟三个译本的全文进行评价的依据。实际上,与傅雷的译本相比,许渊冲与韩沪麟的译本作为新译,价值是十分明显的,其作用不可否认。正如韩沪麟在"译序"中所说的,"当今,无论在国内还是国外,真正有价值的名著都不止一个译本,这样可以使不谙原文的读者从比照中加深理解、体会原著的原意和风貌"②。在此我们向读者严肃推荐他们的译本。另外,需要说明的是,本文是翻译文本批评的一种尝试,我们有双重的目的:一是通过这样的批评,为从事文学翻译的同行提供一点具有实践价值的参照;二是试图突破时下批评中常见"正误性批评"与"感悟性批评",为翻译批评提供某种方法论的参照。

(原载《中国翻译》2002 年第 3 期)

---

① 罗曼·罗兰,《约翰·克利斯朵夫》(全四册),傅雷译,合肥,安徽文艺出版社,1990 年,第四卷第 10 页。

② 罗曼·罗兰,《约翰·克利斯朵夫》(全三册),韩沪麟译,南京,译林出版社,2000年,"译序"第 24 页。

归化异化，各具一格

——从功能翻译理论角度评价《飘》的两种译本

文　军　高晓鹰

　　归化异化向来争论不休，翻译家各执其是，翻译批评家也是各执一词，似乎难以协调。孙致礼教授在《中国翻译》2002 年第 1 期上发表的论文《中国的文学翻译：从归化趋向异化》一文中断言：21 世纪的中国文学翻译，将以异化为主导。① 针对孙教授的观点，蔡平先生在《中国翻译》同年第 5 期上发表了《翻译方法应以归化为主》作为回应。有趣的是，两人在文章的结尾处都采取了一种较为折中的结论，孙致礼教授说："我们采取异化法的时候还要注意限度，讲究分寸；行不通的时候，还得借助归化法——两种方法相辅相成，相得益彰。"② 而蔡先生则说："事实上，异化法和归化法并不是互相排斥的对抗性概念，而是互相补充，相得益彰的翻译策略和方法。"③ 由此可以看出，他们两个人也都在试图找出归化和异化之间的某种妥协。但不论是孙先生的"相辅相成"，还是蔡先生的"互为补充"，都没有给我们一个明确的借助"归化"或"异化"的标准。虽然孙教授说了是在"行不通的时候"借助

---

① 孙致礼，《中国的文学翻译：从归化趋向异化》，载《中国翻译》，2002 年第 1 期，第 40 页。

② 同上，第 44 页。

③ 蔡平，《翻译方法应以归化为主》，载《中国翻译》，2002 年第 5 期。

归化法,但我们仍不能确定什么样的情况属于"行不通"。所以归化异化,仍然莫衷一是。而德国从 20 世纪 70 年代起建立并逐步完善的功能翻译理论"以译文功能论"为核心,把异化、归化作为实现翻译功能的手段,对我们使用归化抑或异化有很大的启发作用。本文拟采用功能理论的观点,对《飘》的两种译本进行比较,来探讨归化和异化的问题。

功能翻译理论的创始人是德国学者莱斯(K. Reiss)。1971 年,莱斯在她的《翻译批评的可能性与限制》一书中首先将文本功能列为翻译批评的一个标准,提出要"把翻译行为所要达到的特殊目的"作为翻译批评的新模式,即从原文和译文两者功能之间的关系来评价译文,从而建立了功能翻译理论的雏形。此后,她的学生费米尔(H. J. Ver-meer)在莱斯的理论基础上又提出了翻译目的论,强调翻译方法和翻译策略必须由译文预期的目的或功能决定。稍后,贾斯塔·曼塔利又建立了行为翻译理论。20 世纪 90 年代初,德国学者克里斯蒂安·诺德出版了《目的性行为——析功能翻译理论》一书,系统概括了功能翻译理论,并在此基础上进一步拓展了该理论,提出了翻译过程中的"忠诚"原则。

功能翻译理论强调翻译以目的为总则,把翻译扩展到了行为理论和跨文化交际理论。这种理论发展到现在,主要包括翻译行为理论和翻译目的理论,而贯穿其中的是翻译原则。概括来讲,功能翻译理论的翻译原则主要是目的原则和忠诚原则。这两条准则是功能翻译理论的两大支柱。简单来说,目的原则即翻译行为所要达到的目的决定整个翻译行为的过程,莱斯和费米尔认为目的原则是翻译中的最高法则,它意味着任何一项翻译活动都得由它的目的决定,即莱斯和费米尔所说的"目的决定方式"。这就是说功能翻译理论不受限于任何单一的翻译标准，一切以目的为准则。

但诺德指出了目的原则中的两大不足：第一，不同的读者群对译文的期望不同，翻译目的不可能同时满足所有的译文读者；第二，翻译目的和原文写作意图可能相违背。对此，诺德提出了忠诚原则。对第一种情况，诺德认为译者要对读者负责，"必须向他们解释自己所做的一切以及这样做的原因"①。对第二种情况，译文作者应"尊重原文作者，协调译文目的和作者意图"②，即翻译原则要尽量求得与原文作者的意见一致，不能脱离原文作者的意图太远。诺德特别强调忠诚原则不同于对等论中的忠实，忠实是指原文和译文的对等，而忠诚是指原文作者、翻译活动发起者和译文读者之间的多边关系，忠诚原则就是要力求这几种关系在译文中达到一致。

简而言之，功能翻译理论从一种全新的角度对翻译进行了诠释并对如何翻译进行了指导，它是一种以"翻译目的为核心"，同时兼顾原文作者、翻译发起者和译文读者多边关系的理论。它指导译者在翻译时从翻译目的着手，而不像传统所做的那样先考虑意译（归化）还是直译（异化），在功能理论里，归化和异化都只是实现目的的手段，需要时则及时采用。这样，归化和异化的使用便有了一个明确的标准——翻译目的。下面我们便借助功能翻译论原则对《飘》的两种译本进行比较、评价，来进一步探讨归化和异化的问题。

《飘》是美国作家玛格丽特·米歇尔的力作，自从 20 世纪 30 年代发表以来，已先后被译成 27 种文字，至今畅销不衰。截至目前，中国也已有了至少 7 种译本。本文采用的是傅东华 1979 年浙江人民出版

---

① 仲伟合、钟钰，《德国的功能翻译理论》，载《中国翻译》，1999 年第 3 期。

② 同上。

社的译本和黄怀仁、朱攸若 1990 年浙江文艺出版社的译本。

傅东华在翻译《飘》时，《飘》的电影版《乱世佳人》早已先声夺人。电影受时间和电影本身的媒介手段所限，体现出来的只是一个美国南北战争时期的爱情故事。在电影被推广到中国之后，中国观众就出现了阅读原文的需要，鉴于这种需求，出版社作为翻译发起者找到了傅东华先生。这时候《飘》的故事情节已几乎被电影所定型，译者所要做的只是把故事充实，这正是翻译发起者的目的。在这种情况下，作为译者的傅东华先生认为不应该给《飘》"戴帽子"，即他认为不应该对美国的南北战争予以过多关注，以为"这本书描写的美国的南北战争，和我们现在相隔八十年，地隔数万里，又跟我们自己的事情又什么相干呢"，所以他翻译的目的很明确，就是让读者即普通中国老百姓了解这个故事，一如他在译文序言里所说："获得如闻其声的效果。"①

在这种目的的引导下，傅在翻译时多处采用了翻译中的归化手法，主要体现在两个方面。

1. 人名和地名中国化。为了让译文符合中国读者的文化意识，傅先生有意将人名和地名译成了颇具中国色彩的名字。现举例如下：

Red Butler 白瑞德　　Scarlett O'Hara 赫思佳

Ashley Wilkes 卫希礼　　Melanie Hamilton 韩媚兰

特别是称 Scarlett 的保姆为金嬷嬷，很像中国金大娘之类的称呼，又称 Stuart 和 Brent 两人的随身仆从为跟班阿金（Jeems）。

2. 省去了一些环境描写和心理分析。例如第三十五章删节了约

---

① 玛格丽特·米歇尔，《飘》，傅东华译，杭州，浙江人民出版社，1979 年，"序言"。

八九千字关于 Scarlett 心理和 Tara 庄园的描写，又如第四十一章删节了约四五千字关于 Scarlett 的心理描写。对此，傅东华的解释是"一些冗长的描写和心理分析，觉得它跟情节的发展没有多大关系，并且要使读者厌倦的，那我就老实不客气地将它整段删节了"。

> 总之，我的目的是在求忠实于全书的趣味精神，不在求忠实于一枝一节。

因其归化手法的使用，傅先生《飘》的译本便一直被当作批判归化手法的靶子，而从全文来看，傅先生的译本也确实是归化译法的典型。但归化手法的使用并不意味着译文就不是好译文。众所周知的是傅的译文面世后，得到了中国读者的喜爱，即使后来的黄怀仁、朱攸若在他们的译文序言中也提到傅的译本"曾风靡一时"，这足以证明傅的译本得到了读者的肯定。从翻译目的的角度看，傅东华先生的译本达到了预期的目的——使《飘》的故事在中国得到普及。傅先生得到的最多的批评是他对原文的改译和删节，诺德对翻译下了一个新的定义："翻译是创作使其发挥某种功能的译语文本。它与其原语文本保持的联系将根据译文预期或所要求的功能得以具体化。翻译使由于客观存在的语言文化障碍无法进行的交际行为得以顺利进行。"[①]据此，诺德以译文的预期目的为准则，为译文的改译和增删提供了标准。这无疑为傅东华先生为达到翻译目的所采取的改译和删节提供了理论依

---

① 转引自陈小慰，《翻译功能理论的启示：对某些翻译方法的新思考》，载《中国翻译》，2000 年第 4 期。

据。换言之,傅先生翻译时并不是"随意增删"[①],特定的历史文化背景和历史条件决定了翻译的目的,为这个目的服务,傅先生采取了一定的归化,却达到了翻译目的,使《飘》在中国广为流传,这一点应该得到肯定,不能因为删节和改译,就予以全盘否定,说应该采取异化。

但这并不是说傅的译本就是一个完美的译本,即使从功能角度看,也并非如此。傅先生在翻译时为达到翻译目的,采取了大量的归化手法,采取这种手法,达到了预期目的,却至少忽略了原作者的写作意图,违背了忠诚原则。原文作者玛格丽特·米歇尔写作时,以美国南北战争为历史背景,意在反映当时的社会环境及时尚风俗。而傅先生在翻译时却把原文中诸如此类的大量描写进行了删节,无疑有背于原文。从这个方面看,傅的译文确有有待完善之处。

如果说傅的译文是归化的典型代表,那么黄怀仁和朱攸若翻译的《乱世佳人》则堪称异化手法的典范。下面我们也对应傅的译文归化手法的两个方面来看一下黄、朱两位先生的译文。

1. 人名和地名严格按照了音译,下面举几例与傅的译本进行对照:

Red Butler　雷特·巴特勒

Scarlett O'Hara　斯卡利特·奥哈拉

Ashley Wilkes　阿什礼·威尔克斯

Melanie Hamilton　梅拉尼·汉密尔顿

---

① 孙致礼,《中国的文学翻译:从归化趋向异化》,载《中国翻译》,2002 年第 1 期,第 41 页。

2. 傅先生译文中删节的部分,黄、朱两位先生的译文中全部补齐,他们在译序中就声明译文是"采取全文照译的办法,不肆意改动。原文有些地方,即使我们认为冗长乏味,语言重复,也还是保留了下来"。

黄、朱译文翻译的初衷便是针对傅译本归化手法的不足进行重译,所以翻译目的也很明确,即把《飘》的原文尽可能原封不动地介绍给读者。所以他们两人翻译的"宗旨是信为本,尽量采用直译的方法",整个译本也达到了原来的目的,从这一点看,异化也无可厚非。但从忠诚原则来看,译者忽略了译文读者对译文的要求。即使读者要求看到原文的真实再现,译本读者也有自己特定的文化环境,一味追求译文"忠实于原文"①,不考虑译语的语际文化,势必造成译文一些地方的生涩僵硬,甚至影响读者的理解,反过来会损害翻译目的的实现。目的原则中除了忠实法则,还有连贯性法则,指译文能让接受者理解,并在目的语文化以及使用译文的交际环境中有意义。而且,若译文翻译得生涩,势必影响原文韵味的体现,反过来倒是与自身的翻译目的相违背。黄、朱译文中一些地方就有待商榷,人名的翻译就是一例。译者在翻译时力求按音直译,却忽略了汉语文化的现实。对中国人来说,名字也反映一个人的特征,尤其是能反映男女的特征,所以中国的读者也习惯于把人名与人相联系。在黄、朱两位的译文中 Scarlett 被译成了斯卡利特。如果说傅先生翻译的全名赫思佳过于中国化,思佳又不太符合音译,那么黄、朱两位先生把名字译为斯卡利特则略显生硬。笔者以为译为斯佳丽更为妥帖,读者一看,一个美丽动人的形象似乎已跃然纸上,比斯卡利特更有感染力。还有 Melanie,黄、朱译为

---

① 玛格丽特·米歇尔,《乱世佳人》,黄怀仁、朱攸若译,杭州,浙江文艺出版社,1990 年,"序言"。

梅拉尼,笔者以为玫兰妮更合适。兰,意为兰花,中国自古就有把女子比作兰花的传统,而这类女子多半是优雅贤淑的代表,而熟悉《飘》的读者都知道,Melanie恰好是这类女子,所以直译的梅拉尼这个中性名字远不如玫兰妮传神。由此可见,一味的直译并不一定就能很好地传达原文的韵味。

上面是从整体上对两种译文进行比较,下面笔者选取了《飘》第十五章的第二段对两个译本进行比较,从具体的功能翻译理论的目的原则来分析两种译本翻译中具体存在的问题。

(1) This Ashley Wilkes in his faded, patched uniform, his blond hair bleached tow by summer suns, was a different man from the easy-going, drowsy-eyed boy she had loved to desperation before the war. (2) And he was a thousand times more thrilling. (3) He was bronzed and lean now, where he had once been fair and slender, and the long golden moustache drooping about his mouth, cavalry style, was the last touch needed to make him the perfect picture of a soldier.

傅译文:

(1)希礼回家时,身上穿着褪色补缀的军服,头发已被烈日灼晒成了漂过的麻屑一般,跟战前她所痴恋的那个潇洒风流的男子完全不同了。(2)从前他是风度翩翩的,(3)现在他变成红铜色了,瘦了。两撇金黄的长髭须挂在口角,竟是一个道地的兵大爷了。

黄、朱译文：

（1）眼前的阿什礼·威尔克斯穿着打了补丁、褪了色的军服，满头金发被太阳晒像是褪了色的短亚麻，跟战前她苦恋过的那个从容不迫、目光困倦的男孩子判若两人。（2）然而他却一千倍地令她心神荡漾。（3）从前的他，皮肤白皙，身材修长匀称，现在皮肤变成了古铜色，人又瘦。加上金黄的长髭像骑兵惯常留的那样，挂在嘴巴四周，这就使他看起来像个道道地地的大兵了。

功能翻译理论的目的原则中事实上还包括了两个原则：连贯性原则和忠实原则。连贯性原则是指译文能让接受者理解，并在目的语文化以及使用译文的交际环境中有意义。忠实性原则是指原文和译文之间应该存在语际连贯一致，即对原文的忠实模仿。但这两种原则的表现形式取决于译者对原文的理解以及翻译目的。

首先从忠实原则来看，傅的译文自然有不忠实的地方，但即使本着忠实原则进行翻译的黄、朱的译本也有不尽忠实的地方。傅在翻译时"目的是在求忠实于全书的趣味精神，不在求忠实于一枝一节"①。他的不忠实于一枝一节，在这一段中也得到了体现：首先他没有翻译"where he had once been fair and slender"这个定语从句"cavalry style"这个短语；其次，"tow"是"亚麻"的意思，而不是"麻屑"，而把头发比作屑，头发未免太短了。"blond hair"只翻译成了"头发"，好像 Ashley 是中国人似的，不用说明自然知道是什么颜色。但不论怎样要把这个故

----

① 玛格丽特·米歇尔，《飘》，傅东华译，杭州，浙江人民出版社，1979 年，"序言"。

事中国化,也不能把外国人换成中国人,再说若果真是中国人,中国人的头发多是黑色,跟亚麻有什么关系,亚麻的颜色是略显白色的淡黄色,所以米歇尔才用来形容 Ashley 的金发。再有他把"easy-going, drowsy-eyed"翻译成了中国描写爱情小说时常用的"潇洒风流",显然偏离原意。把"soldier"翻译成"兵大爷"更是中国化的称呼,也不符合原意。

而黄、朱虽然每句都翻译了出来,但字字句句力求与原文对应,不仅显得生硬,而且意思也有悖于原文。他们把"tow"翻译成了"短亚麻",是"tow"的原意,似乎还可以显示头发短,但"tow"指的亚麻本来就是用来纺纱的粗亚麻或亚麻纤维,对照原文,翻译成"亚麻丝"岂不更好。"easy-going,drowsy-eyed"翻成了"从容不迫、目光困倦",这两个词本身就让人困惑,既然从容不迫,给人感觉就该是眼睛清澈自信,如果目光困倦,又何来从容不迫。第二句译者更是字字对译,译成了"然而他却一千倍地令她心神荡漾",表面上是忠实的,但学英文的人都知道,英语中用一些数词来加强程度,并不是就真的是那么多,比如"thanks a thousand"并不就是说真的谢你一千次,只是形容非常感谢的心情。这里也是如此,作者想表达的是 Scarlett 对 Ashley 更加着迷的心态,照原文直译反不如"如今的他,更比以前动人心魄了"更切合原意,更忠实于原文。最后"solider"翻译成"大兵"更是背离原文,我们知道 Ashley 是个军官,本身还有一种高贵的气质,而且正是因为这种气质,才让 Scarlett 迷恋不已,翻译成"大兵",显然与米歇尔要描述的 Ashley 不合,更谈不上忠实。

再从连贯性原则来看,傅的译文中把"blond hair"仅译成"头发",就会让读者费解,头发怎么会被比作漂过的亚麻。而根据(2)、(3)两句对 Ashley 的描写的译文,Ashley 简直就是一个再普通不过的大兵,

"红铜色"和他的胡子，甚至还让人觉得他有一点蛮横气，这不免会让读者疑惑 Scarlett 怎么会对他迷恋不已？而且把 Scarlett 由这次见面后对 Ashley 更加爱恋去掉，显然缺少了让读者更好理解下文中 Scarlett 对 Ashley 那种因爱而痛苦的感情的铺垫。

而黄、朱的译文中，且不说"从容不迫、目光困倦"会让读者对 Ashley 的形象模糊不清或认识错误，第（2）、（3）句的翻译便会让读者费解：Ashley 都变成了那样一副样子，Scarlett 为什么反倒更爱他了呢？仅仅是因为爱情的盲目性吗？

当然，不论是忠实原则或连贯性原则，一切以目的为准则，两篇译文虽然从整体上看，似乎都实现了翻译目的，但因采用的翻译手段过于单一，反又受限于所采用的翻译标准，损害了翻译目的的实现。

由此可见，虽然在翻译时两篇译文的译者都有一定的翻译目的，但在选择翻译标准翻译时，不论翻译时情况如何，一味采用并坚持一种翻译手段（标准），致使译文与原意相背离，反倒有碍于目的的实现。究其原因，翻译标准过于单一是一个很大的原因。归化和异化都只是译者从自身不同的角度出发，囿于求其"神韵"或保留"形貌"，在翻译时又自行就给译文定了一个目的，即让读者"欣赏文学作品特有的韵味，领略外国文学别具一格的情调"①，故或采用异化，即使有时译文略显生涩也在所不惜（如黄、朱的译本），或与译语文化相融合，"涂上新的色彩，赋予新的生命"②。虽然有时不仅改变原意，还产生错误，原作被变形，但只要被读者认可，译文也是好的（如傅的译本），这么认为，译者要么是忽略了原文作者的意图，要么是忽略了译文读者的阅读要

---

① 孙致礼，《中国的文学翻译：从归化趋向异化》，载《中国翻译》，2002 年第 1 期，第 42 页。

② 杨柳，《论原作之隐形》，载《中国翻译》，2001 年第 5 期。

求。而译文不是凭空而来的,原作者肯定有原作者的写作意图,不同的读者群肯定有不同的阅读要求,不同文化背景下的读者的要求肯定也不同,译者不考虑其中的任何一方,译文都难免有有失偏颇之处。处理好译者、原文作者和译文读者之间的多边关正是功能翻译家诺德提出的忠诚原则所着力要解决的问题。"忠诚要求翻译活动、翻译目的和原文作者的目的一致,从而也使得译文和原文功能一致。"①而这一点却恰恰是归化和异化所无法解决的问题。归化和异化作为两种翻译策略,要么迎合了原文作者的写作意图,要么适应了译文读者的要求,各具一格,但因出发角度的对立,无法实现彼此真正的融合和相得益彰。协调的标准需要一种翻译理论的指导,以目的为准则的多元化标准的功能翻译理论的出现,无疑填补了这个空白。

(原载《中国翻译》2003 年第 5 期)

---

① 姜治文、文军,《翻译批评论》,重庆,重庆大学出版社,1999 年,第 259 页。

文学生命的继承与拓展

——《不能承受的生命之轻》汉译简评

高　方

引　言

1987 年,由作家韩少功和他姐姐韩刚根据英文版合作翻译的《生命中不能承受之轻》,由作家出版社推出,一版再版,总印数达一百万册之多,为法籍捷克作家米兰·昆德拉在中国的传播与接受起到了重要的作用。2002 年,上海译文出版社首次获得米兰·昆德拉授权,由南京大学许钧教授根据法文版重译《不能承受的生命之轻》,2003 年 7 月出版,首印 15 万册,一个月内一印再印,达 25 万册,在国内读书界引起了广泛的关注。据不完全统计,在该译本问世后的两个月内,有关该书的报道和讨论文章有 100 余篇。前后两个译本的译者韩少功与许钧就该书翻译问题的对话①，他们对翻译的不同理解，对文本的不同处理，更是激起了广大读者对翻译的观念、障碍和方法等有关问题的关注，引发了有关翻译传播与接受问题的深层思考。

文学复译是文学生命的继承与拓展，也是文化的积累。本文通过对米兰·昆德拉的代表作《不能承受的生命之轻》两个汉译本的简要对比与评价，结合两个译本的译者的有关观点，对文本层面的差异及其成因加以分析，同时对两位译者的翻译观、翻译追求和影响翻译的因素做一探讨。

一、翻译选择、翻译观与翻译原则

《不能承受的生命之轻》是法籍捷克作家米兰·昆德拉的代表作，该书于 1982 年问世，1984 年出版英译本，1985 年和 1987 年该书的法文版和中文版分别在法国和中国与读者见面，此后陆续翻译成二十余种语言在世界各地出版，广为流传，是全世界公认最受欢迎的畅销书之一。美国《华盛顿时报》的书评认为，该书"是二十世纪最伟大的小说之一，昆德拉借此坚实地奠定了他作为世界上最伟大的在世作家的地位"②。法国作家路易·阿拉贡更是认为昆德拉的作品具有不朽的

---

① 许钧、韩少功，《关于〈生命中不能承受之轻〉：新老版本译者之间的对话》，载《译林》，2003 年第 3 期，第 202—205 页。

② 昆德拉，《生命中不能承受之轻》，韩少功、韩刚译，北京，作家出版社，1987 年，"前言"。

力量,使人们看到"在这个世界上所信仰、寻求和热望的一切都将恢复其人性的面貌……而对不朽的东西,即使死神也无能为力"①。然而,对昆德拉的理解与接受,是一个历史的过程。1985 年,当韩少功从一位美籍华裔女作家那里借到这部书时,国内的文学界对昆德拉的了解几乎等于零。韩少功"基于对社会主义文化事业的责任感,基于对人类心灵种种奥秘的坦诚和严肃,基于对文学研究和文学创作的探索精进"②,以一个作家特有的敏锐目光和判断力,认为若能将这部书介绍给广大中国读者,无疑是有价值的。

1. 对于文本的选择

萨特在《什么是文学》一书中指出:"一旦人们知道想写什么了,剩下的事情是决定怎么写。往往这两项合而为一,但是在好的作者那里,从来都是先选择写什么,然后再考虑怎么写。"③翻译是一种跨文化活动,翻译与创作一样,存在一个翻译文本的选择问题,选择什么文本来翻译,对于翻译者来说,不仅仅涉及本人的兴趣和爱好,更可以从中折射出译者对翻译的理解,对文本价值的理解和对翻译目的的追求。就《不能承受的生命之轻》这部作品而言,若从文本的选择角度出发,韩少功与许钧的考虑显然是有一定差别的,追求的目标也有差异。

韩少功选择米兰·昆德拉,有文化层面上的考虑,也有文学层面的考虑,他在《生命中不能承受之轻》中译本的"前言"中明确指出:"东

---

① 昆德拉,《不能承受的生命之轻》,许钧译,上海,上海译文出版社,2003 年。

② 昆德拉,《生命中不能承受之轻》,韩少功、韩刚译,北京,作家出版社,1987 年,"前言"。

③ 萨特,《萨特文学论文集》,施康强等译,合肥,安徽文艺出版社,1998 年,第 84页。

欧位于西欧与苏俄之间,是连接两大文化的结合部。那里的作家东望十月革命的故乡彼得堡,西望现代艺术的大本营巴黎,经受着激烈而复杂的思想文化双向冲击。和中国人民一样,他们也经历了社会主义发展过程中的曲折道路,面临着对未来历史走向的严峻选择。那么,同样正处在文化重建和社会改革热潮中的中国作者和读者,有理由忽视东欧文学吗?"[1]韩少功认为,新中国成立以后,我国对西欧、美国、苏俄、日本文学比较重视,而对东欧文学少有关注,原因有多种,但在他看来,其中"也许有文学'大国崇拜'的盲目短视"。对于处在文化重建和社会改革热潮中的中国而言,把目光投向与中国具有相同境况的东欧,选择反映这一历史的文学作品来翻译,把它介绍给中国读者,不能不说是站在历史、文化高度上的一种积极选择。但是文学文本的选择,仅仅限于文化层面的考虑是不够的。韩少功的选择,还基于对昆德拉这部重要作品的文学价值的认识,尤其是对昆德拉敢于进行文学革新和探索的精神的肯定:"《生命中不能承受之轻》显然是一种很难严格类分的读物,它是理论与文学的结合,杂谈与故事的结合,还是虚构与纪实的结合,梦幻与现实的结合,第一人称与第三人称的结合,通俗与高雅性的结合,传统现实派和现代先锋派的结合"[2]。鉴于此,韩少功在与许钧的对话中指出:"他的这本小说写得好,眼界和技巧都有过人之处。比照当时中国一些流行的伤痕文学尤其是这样。中国与捷克是两个很不同的国家,但都经历过社会主义实践的曲折。看看捷克作家怎样感受和怎样表达他们的社会生活,对中国的作家和读者应

---

① 昆德拉,《生命中不能承受之轻》,韩少功、韩刚译,北京,作家出版社,1987年,第2页。

② 同上,第8页。

该是有启发的"①。

相对于韩少功,许钧在翻译文本的选择上,并没有韩少功基于文化和文学双重考虑基础上所表现出的积极性。从某种程度上说,许钧接受上海译文出版社的邀请翻译该书,是在韩少功对原文本的价值深刻理解的基础上,对韩少功的选择的一种认同。正如许钧本人所说的:"韩少功在上个世纪八十年代选择翻译昆德拉的《生命中不能承受之轻》,不仅仅需要文学的目光,更需要文化的意识和政治上的勇气"②。相比较而言,就文本的选择,韩少功是有自觉追求的勇敢的先行者,而许钧为了"拓展文本解读的可能性"而接受重译,只是一个继承者、拓展者。显然,前者的贡献要大于后者。

2. 对翻译的理解

《不能承受的生命之轻》的两位译者,一位是当代中国文坛具有相当影响的作家,一个是有丰富的翻译实践,多年来从事翻译教学与研究的翻译家和翻译理论家,他们对翻译有怎样的理解呢? 他们对翻译的理解对他们的具体翻译活动,即文本处理是否有直接的影响? 许钧对翻译的理解与认识,可见于他近年来发表的一系列论文,特别是在《外语教学与研究》2002 年第 7 期发表的《试论译作与原作之关系》一文。他的观点非常明确,在与韩少功的对话中他指出:"翻译虽然看去是一种语言的变易,首先要克服的是语言的障碍,但翻译决不是简单的语言层面的转换,它是对原作生命的一种延续或扩展。拿本雅明的

---

① 许钧、韩少功,《关于〈生命中不能承受之轻〉:新老版本译者之间的对话》,载《译林》,2003 年第 3 期,第 202 页。

② 同上。

话说，翻译是原作的再生。"①对此观点，韩少功不仅是认同的，而且还走得更远。他针对许钧所提出的这一问题，表达了自己的看法："意大利哲学家克罗齐说得更极端些，说翻译不是再生品而是新生品（not reproduction but production），但大体意思与本雅明差不多吧，都是强调翻译对原作有所变化和有所置换的一面。这当然是对的。文字不光是字典上定义了的符号，其深层的文化蕴含超乎字典之外，在词源、语感、语法结构、修辞方法、理解和使用习惯等多方面很微妙地表现出来，因此用译文严格地再现原作几乎不可能。我们的译本当然也只能给出一个汉语语境中的昆德拉，译者理解和表达中的昆德拉。把文言文翻成白话文，把某种方言翻成普通话，都难以做到'月亮还是那个月亮'，中、西文之间翻译的再生性质更可想而知。何况昆德拉的这本书是用捷文写作的，英语本和法语本本身就是翻译，我们借二传来三传，因此这个汉语昆德拉肯定不再是个纯种捷克人了，肯定有其它文化的气血充盈其中的"②。从他们两位对翻译的认识中，我们可以看到明显的一致性，那就是翻译不是机械的文字变易，而是一种再创造活动，通过文字转换，拥有自己新的生命。但问题是，"翻译是一个脱胎换骨，灵魂转世的过程。在这个过程中，由于语言的转换，原作的语言土壤变了，原作赖以生存的'文化语境'必须在另一种语言所沉积的文化土壤中重新构建"③。在重新构建的过程中，如果说译作是原作的"再生"或"新生"，且如韩少功所说"译文严格地再现原作几乎不可能"，那么两位译者又能如何保证译作对原作生命的继承呢？这便涉及翻译的

① 许钧、韩少功，《关于〈生命中不能承受之轻〉：新老版本译者之间的对话》，载《译林》，2003 年第 3 期，第 202 页。

② 同上，第 203 页。

③ 同上。

基本原则问题。

3. 翻译的原则

　　许钧认为,如果把翻译当作再生,那是因为在新的文化环境中,译作必然具有新的生命要素,但是,译作与原作的血缘关系不能割裂。[①]要做到这一点,必须有明确的翻译原则和可行的翻译方法。就《不能承受的生命之轻》而言,许钧指出,"昆德拉非常看重他的作品的翻译问题,而他对翻译有一个严格的要求,那就是忠实"[②]。确实,在《被背叛的遗嘱》一书中,昆德拉曾以《城堡》第三章中的一段的几个法文译本为例,通过对比与分析,指出了法译本对卡夫卡的背叛,进而强调"忠实翻译"的必要性。[③] 然而,如何做到忠实呢? 许钧与韩少功对此翻译原则有各自的看法。韩少功的说法很形象:"我理解的'忠实'与前面说的'再生'并不矛盾。土豆一个个结出来,有'再生'的大小优劣之分,但我们不能拿一个南瓜当土豆,这就是'忠实'"[④]。韩少功的这一"南瓜"与"土豆"的比喻说法,我们可以理解为所谓的"忠实"是本质意义上的忠实,就是译小说,必须保证还它以小说的品格。在《生命中不能承受之轻》的前言中,韩少功以自己的实际翻译体验,说明了要达到忠实的困难:"在翻译过程中,最人的信息损耗恐怕在于语言,在于语言的色彩、气韵、节奏、语序结构。我和韩刚同志在翻译合作中,尽

---

　　① 许钧,《试论译作与原作的关系》,载《外语教学与研究》,2002 年第 1 期。

　　② 许钧、韩少功,《关于〈生命中不能承受之轻〉:新老版本译者之间的对话》,载《译林》,2003 年第 3 期,第 203 页。

　　③ 昆德拉,《被背叛的遗嘱》,余中先译,上海,上海译文出版社,2003 年,第 107—125 页。

　　④ 许钧、韩少功,《关于〈生命中不能承受之轻〉:新老版本译者之间的对话》,载《译林》,2003 年第 3 期,第 203 页。

管反复研究,竭力保留作者明朗、缜密、凝重有力的语言风格,但我们中西文水平都有限,失误恐怕难免;加上表音文字与表意文字之间的天然鸿沟,在语言方面仍有种种遗珠之憾。尤其西文中丰富灵活的虚幻系统,有时很难找到相应的中文表达方式"①。作为作家,韩少功虽然翻译实践不多,但依其对语言的高度敏感,深刻地领悟到了文学翻译的困难和障碍所在,那就是在语言层面要做到"忠实"的局限。尽管如此,他为了使译作在"新生"中不割断与原作的血脉,还是"竭力保留"作者的风格,也就是说,他在翻译中,特别注重原作风格的再现。作为翻译理论专家,许钧有明确的翻译原则,那就是"翻译以'信'为本,求真求美"②。在《不能承受的生命之轻》的实际翻译过程中,许钧严格地践行他的这一翻译原则。为了能为中国读者提供更多的可能性以理解昆德拉,他在翻译前,认真研读了该书的英译文、韩少功的译本和有关昆德拉的中外研究资料,尤其是李凤亮与李艳主编的有关研究资料,以更深刻地把握昆德拉:"我理解中的昆德拉具有对哲学的深刻思考,有宽阔的文化视野,有对小说技巧的革新,而且他的语言具有鲜明的个人特色"③。为帮助中国读者走近昆德拉,理解昆德拉,在翻译过程中,他有三个自觉的追求:"一是尽可能全面地理解昆德拉;二是力求再现昆德拉作品的风格特征;三是尽可能避免误译,并不随意删改原文"④。与韩少功相比,许钧的翻译原则更为明确,且在实践中也有更为自觉的追求。

---

① 昆德拉,《生命中不能承受之轻》,韩少功、韩刚译,北京,作家出版社,1987年,第8页。

② 吴铭,《"生命之轻"的对话——作家韩少功和翻译家许钧教授专访》,载《社会科学报》,2003年9月18日。

③ 同上。

④ 许钧,《不再背叛昆德拉》,载《新闻晨报》,2003年7月6日。

至此，我们围绕着文本的选择、对翻译的理解以及翻译原则这几个重要问题，对韩少功和许钧的有关思想观点做了梳理和对比，从中可以明确三点：一是相对于许钧，韩少功在对原文的选择上表现出作家特有的社会责任感、文化意识和文学价值的判断力，为中国读者了解昆德拉做出了奠基式的贡献；二是对翻译的理解，两人基本一致，都认为翻译是一种再创造，但韩少功更注重作品的"新生"，而许钧更强调译作与原作之间血缘关系的继承与拓展；三是就翻译原则而言，韩少功强调做到"忠实"的困难，而许钧则有明确的原则和自觉的追求。那么，在各自的翻译思想指导下，两人的实践又呈现怎样的面貌呢？我们不妨再深入一步，在文本层面去做一番探寻与分析。

二、文本的差异及其成因

为了把握韩少功和许钧两个译本之间的差异，在进入文本分析之前，我们有必要指出，韩少功的译本自问世以来，先后发行百万册之多，在国内拥有广泛的读者，并且以其独特的品格得到了广大读者的认同。但从我们手头所掌握的资料看，我们发现了一个有趣的现象，那就是普通读者和专家之间的评价有明显的差别：读者普遍认为韩少功的翻译语言优美，流畅，具有艺术价值。而专家则在肯定韩少功的译本的优点的同时，指出了韩译明显的不足。如萧宝森和林茂松两人合作，从"文法、语序、字词、语言、隐喻、注释"等六个方面对韩少功的译本与其依据的英文本进行了认真的对比与分析，得出了如下的结论:"译文文笔优美生动、简洁流利,这或许与两位译者本身皆从事写作工作,驾驭文字的功夫纯熟有关。然而书中的错误却也不可胜数。本书共分七章,在第一章中,韩本明显误译之处居然达 40 处之多,其他值得商榷之处更是不胜枚举。这些谬误虽然部分可能是因匆匆赶译、忙中有错所致,但比例仍然偏高。由错误的性质我们可以发现,以从事翻译工作者应具有文字素养而言,韩本译者对英文的理解程度实嫌不足,时常发生误解原意的现象,形成读者在了解原作过程中的严重障碍"①。这一结论正确与否,我们在此不做评价,但就总体而言,韩少功对原文的整体与精神的把握还是有保证的。许钧的译本问世至今才 3 个月,许钧将韩译的书名《生命中不能承受之轻》改为《不能承受的生命之轻》,围绕着这一翻译问题,国内媒体发表过许多不同的意见,但就整个译本,除了施康强的文章之外,目前尚未有细入的文本批评文字。从媒体发表的文章看,读者对许钧译文的准确性抱有信心,但其译文能否具有韩少功译本所包含的"艺术性",部分读者是担心的。我们同时注意到,韩少功和许钧在对待对方的翻译问题上,持的是一种积极的态度。在许钧看来"翻译本身就是一项文化交流与文化积累的事业",他认为韩少功翻译"注重原作的色彩、节奏的传达,有的词语很难译,但都译得很传神"②,为重译工作奠定了基础。而韩少功对许钧的翻译抱有信心,认为许钧"是有经验的法文专家,我相信他会译好"③。对于前译与复译的关系问题,韩少功与许钧表现出的姿态,

---

① 李凤亮、李艳,《对话的灵光——米兰·昆德拉研究资料辑要(1986—1996)》,北京,中国友谊出版社,1999 年,第 733 页。

② 许钧、韩少功,《关于〈生命中不能承受之轻〉:新老版本译者之间的对话》,载《译林》,2003 年第 3 期,第 205 页。

③ 吴铭,《"生命之轻"的对话——作家韩少功和翻译家许钧教授专访》,载《社会科学报》,2003 年 9 月 18 日。

从另一个侧面为我们展示了他们对文学翻译事业的严肃态度和追求精神。韩少功在当初翻译这部书时,就明确表态:"为了了解本土以外的文学,翻译仍然是需要的,哪怕这只是无可奈何的一种粗浅窥探。我们希望国内的捷文译者能早日从捷文中译出这部小说,或者,有更好的法文者或英文译者来干这个工作,那么,我们这个译本到时候就可以掷之纸篓了"①。"掷之纸篓"是自谦之词,但他对新译本的呼吁却是真诚的,这在他与许钧的对话中可以看出。而许钧坚持认为韩少功的译本起过不可替代的历史作用,并明确指出"既然文学复译是一种文化积累,前译与后译不应该是一种对立的关系,而应该是一种互补的关系。韩少功的译本为国人了解昆德拉起到了重要作用,而这次重译若能为广大读者进一步了解昆德拉提供新的可能性,就是译者的大幸了"②。那么,较之前译,许钧的后译为读者了解昆德拉到底提供了何种新的可能性呢?为回答这个问题,我们不能不把着眼点放在两个文本的差异点上。对两译本差异点的关注,目的不在于对原文本与译本做正误性的判别,也不在于对前译和后译做优劣之分,而是试图从差异的背后去探明影响翻译的主要因素。

从文字的角度去对比韩少功与许钧的译本,差异是相当明显的。总的说来,韩少功的文字美丽而多有译者个性的张扬,而许钧的文字准确而重原文精神的再生。对两个译本的不同,许钧针对有关媒体记者的提问,做了明确的回答。他在《复译是一种文化积累》一文中这样说:"常有记者朋友问我,'你的翻译与韩少功的到底有什么不同?'要真正回答这个问题,必须要有扎实的文本比较为基础。我不可能在电

---

① 昆德拉,《生命中不能承受之轻》,韩少功、韩刚译,北京,作家出版社,1987年。
② 许钧,《复译是一种文化积累》,载《文汇报》,2003年7月9日。

话采访的仓促作答中或千把字的文章中作一令人满意的回答。但简要地谈,我想至少有三个方面的不同:首先是韩少功与我所依据的版本不同;第二是影响与制约翻译的社会、政治环境和对翻译产生直接影响的一些重要因素,如意识形态因素在今天已经不同,换句话说,今天的翻译环境较之韩少功翻译时已有很大不同,翻译的可能性增多了,当初出于种种原因必须删改或作委婉处理的文字,也许今天就不用删改或处理了;第三是文学翻译是一种再创造,韩少功与我对原文的理解、领悟和阐释必然会有所不同。这种种的不同,想必在翻译文字上会有明确的体现,相信有心的读者会有自己的发现,会有自己的体会,也会有自己的评价"①。我们不妨依据许钧提出的三个不同,逐次加以说明和分析。

1. 所依据的文本不同

韩少功依据的是美国 Harper & Row 公司于 1984 年出版的英译本,译者为海姆(Michael Henry Heims)。据萧宝森与林茂松介绍,昆德拉对海姆的翻译是肯定的,而且"批评界也颇多推崇"。许钧依据的是法国伽利玛出版社 2002 年版,译者为弗朗索瓦·凯雷尔(François Kérel),该版本由昆德拉本人校改修订,"与捷克文本具有同等的真实价值"。美国的海姆和法国的凯雷尔都是根据捷克文本翻译的。我们手头没有捷克文本,而且也不通捷克文,因此,韩少功与许钧自己所依据的英译本和法译本与捷克文本到底有多大的差别,两个版本对原文本的忠实程度如何,各有什么特点,我们无法做出评价。但有必要指出,与当年韩少功的翻译不同,许钧这次翻译《不能承受的生命之轻》,

---

① 许钧,《复译是一种文化积累》,载《文汇报》,2003 年 7 月 9 日。

是经作者本人正式授权的,且标明法译本"与捷克文本具有同等的真实价值"。就我们所知,昆德拉对其作品的翻译要求相当严格,主张其作品都从法文本翻译。在这个意义上说,许钧所依据的版本具有法定的地位和作者首肯的可靠性。在这次研究中,我们没有将法文本和英译本做系统的对比,但在阅读中,我们发现许钧与韩少功的译本的差别有不少源自法译本与英译本之间的不同,如小说开篇第一章第二段中有如下一句,韩少功与许钧的翻译分别为:

(1)它像十四世纪非洲部落之间的某次战争,某次未能改变世界命运的战争,哪怕有十万黑人在残酷的磨难中灭绝,我们也无须对此过分在意。——韩译

(2)我们对它不必太在意,它就像是十四世纪非洲部落之间的一次战争,尽管这期间有三十万黑人在难以描绘的凄惨中死去,也丝毫改变不了世界的面目。——许译

两种译文在句子结构方面的差别我们在此不做比较。就句中提到的在战争期间死去的人数而言,一为"十万",一为"三十万",差别何其大,而这一差别,源自韩少功与许钧所依据的不同版本。如果说这样的差别在两种版本中并不多见的话,那么,英译本与法译本在词义的把握上,差别是相当明显的。像在第一部分第二章有这么一段,两种中文的版本的译文分别如下:

(1)巴门尼德于公元前六世纪正式提出这一问题。他看到世界分成对立的两半:光明/黑暗,优雅/粗俗,温暖/寒冷,存在/非存在。——韩译

（2）巴门尼德早在公元前六世纪就给自己提出过这个问题。在他看来，宇宙是被分割成一个个对立的二元：明与暗，厚与薄，热与冷，在与非在。——许译

我们注意到"优雅/粗俗"与"厚与薄"之间的差别，这种差别是不可忽视的，但究其原因，同样出自英译本与法译本的不同："fineness/coarseness"与"l'épais － le fin"。

我们知道，原文本是翻译再创造活动的基础和出发点。基础不一，出发点不一，在目的语中的转渡自然便有别。在这个意义上，我们在评价韩少功与许钧的译本时，不能不注意许多的不同其实是源自他们所依据的版本的不同。鉴于此，韩少功在翻译中所遇到的文字处理的困难，许钧就未必会遇到。如韩少功谈到过这么一个例子："比如有一段，写到入侵的当局者到每个楼房把人赶出来参加游行，英文本用了一个 comb，我非常喜欢，觉得中文中未见，译成'清梳'，把 comb 的'梳'之义小心保留下来。后来有一个人批评说译错了，应该译成'搜查'，好像你连 comb 是'搜查'也不知道。其实'梳'的基本义，用来描写挨家挨户的搜查，何其形象，何其生动，实在太妙，怎么能随意地丢掉？相比之下，'搜查'也太白开水了，昆德拉反对的'同义词化'，其实就是反对滥用同义词的白开水化。这种白开水貌似无错，实是大错，使翻译成了有形无神的假人，不利于不同文化之间的互相取优。"[①]。韩少功把"comb"一词翻译成为"清梳"，并把"搜查"提高到有利还是"不利于不同文化之间的互相取优"的高度来认识，但在法文中，这里

① 韩少功，《一部作品赢得热爱和尊敬的理由》，载《南方周末》，2002 年 8 月 8 日。

用的是一个非常普通的词,叫"vérifier"①,根据上下文可译为"清查"。由此可见,文学翻译在语言的层面确实不是简单而机械的转换,它要依据文本所提供的文字,按照上下文,在目的语所提供的可能性中加以创造,而韩少功与许钧依据的是不同的版本、不同的语言,这一因素是我们在客观评价他们的译本时所必须考虑的。

2. 社会文化语境所提供的翻译可能性不同

美国翻译理论家安德烈·勒菲弗尔认为,翻译是一种操纵行为。从翻译实践上,为了某种翻译目的,翻译者可以对翻译文本进行操纵,但同时,翻译活动本身要受到诸多意识形态、社会与文化环境的制约。《不能承受的生命之轻》这部书在中国的译介历史是一个有力的证明。中国1985年的政治与社会环境提供给韩少功的翻译空间与今天相比,无疑要小一些。换言之,当时韩少功翻译昆德拉的作品,受到的限制较之许钧要多。从两个文本的对比来看,限制的直接结果便是对文本的删节和软处理(关于对昆德拉作品的删节问题,施康强曾做过专门的研究,写过《译或不译的取舍标准———一个个案分析》②)。翻译中的删改,从某种角度看,主要是主流意识形态和社会政治因素对翻译活动的干预与制约造成的。韩少功坦言,考虑到当时的政治与社会环境和译文的接受因素,他在翻译中确有对原文的删改和技术处理。而许钧明确表示,随着我国改革开放事业的不断深化,如今的社会、政治环境已比较宽松,他在翻译中没有对原文本的任何文字加以删改。我

---

① Kundera, Milan, *L'insoutenable légèreté de l'être* (traduit du Tchèque par François Kérel). Paris: Gallimard, 2002, p.129.

② 施康强,《译或不译的取舍标准———一个个案分析》,载金圣华编,《外文中译研究与探讨》,香港,香港中文大学翻译系,1998年。

们在此无意对韩少功到底删改了多少文字进行逐一清理,我们关心的是造成删改的原因。对此,韩少功与许钧针对记者的提问,都谈过自己的看法。韩少功说他翻译的《生命中不能承受之轻》"只能说大体完整,但删掉了整个一节,不是一章,是一章中的一节。还删掉了一些敏感的语句。当时这本书在捷克还是禁书,出版社请示国家外交部门以后,只能这样做。有些性描写也不符合当时的出版审查标准。最后,还有一些错印"①。韩少功通过这段文字,对翻译中删改的原因做了较为明确的交代:一是有出版审查标准,有不符合处,如性的描写文字,应予删改;二是原书当时在所在国为禁书,考虑到外交因素,必须加以删改。所谓的"敏感的语句",通过我们的研读,发现大多是涉及"政治"方面的,如"共产主义"和"极权主义"的有关文字,删改的原因无疑是受主流意识形态与政治因素的限制。从全书的研究看,韩少功的译本中有整节的删除,有敏感文字的删改,也有不符合当时国情的有关文字的处理。应该看到,这些删改或处理是译者本人不能自主的因素所造成的,从韩少功的不得不删到许钧的照全文全译,可以折射出翻译活动与翻译者当时所处的社会、文化语境的关系是非常紧密的,翻译活动始终处于动态的过程之中,是一个历史的、发展的概念,翻译的可能性会随着人类交流的增多、社会的发展而不断扩大。这在一个方面给我们研究翻译提供了新的空间、新的课题。

3. 对原文的理解与阐释的不同

如果说翻译者在翻译活动中经常受到不自主的因素的限制是个客观事实的话,那么,不同的译者,由于对目的语与出发语掌握的程度

---

① 吴铭,《"生命之轻"的对话——作家韩少功和翻译家许钧教授专访》,载《社会科学报》,2003 年 9 月 18 日。

不一,思想修养、兴趣爱好、审美能力有别,对原文的理解和阐释自然也会有差别。在上文的第一部分,我们已经就韩少功与许钧对翻译的理解及他们所奉行的翻译原则做了讨论。就具体的翻译实践而言,两位译者也各有追求,韩少功在谈到具体的翻译过程时指出:"译者在用词方面其实比较受原作的限制,没有多少自由,但在词序、结构、节奏、语调等方面还有很大的空间。用长句还是用短句?句子紧张一点还是松弛一点?用心不同就有不同的效果。这是亦步亦趋的自行其是,是戴着镣铐跳舞,是翻译的特权也是翻译的乐趣。我没有特别的自觉,只是想让译文好看一些,把英译本中的那种'精气神'挖掘出来,甚至在不伤原意的情况下尽可能更加强一点,如此而已"①。从这段文字中,我们已经看出韩少功的基本翻译倾向与方法:其方法是利用"语序、结构、节奏、语调等方面"提供的空间,进行有助于原作思想和精神的充分传达的翻译,甚至在不违背原意的情况下,"尽可能加强一点",目的是让"译文好看一些,把英译本中的那种'精气神'挖掘出来",创造出来。对韩少功的这一追求,许钧在理论上是给予充分肯定的,认为译者在翻译中不要成为原文本词与句的奴隶,不要过分斤斤计较于一词一字之得失,但他同时认为,"但有个前提,那就是译者要非常精通两种语言,能够深入把握他所翻译的作者的精神与感觉"②。我们不妨顺着两位译者的思想,对他们的翻译在文本层次做一简要比较。

首先看对原文的理解。翻译过程中,理解是基础的一步,如果没有对原文的深彻理解和全面把握,不能领悟到原作的精神,感受到原作的风韵与气势,就不可能在不割断与原作血脉关系的前提下,在目

---

① 许钧、韩少功,《关于〈生命中不能承受之轻〉:新老版本译者之间的对话》,载《译林》,2003 年第 3 期,第 204—205 页。

② 同上,第 205 页。

的语中进行再创造。从我们目前所掌握的资料看,韩少功译本的优点固然明显,但其译本受人诟病的主要原因,集中在他与韩刚对原文在语言层面的理解和把握不够,拿萧宝森与林茂松的话说,"韩本译者对英文的理解程度实嫌不足",其直接后果便是明显的误译与错译处较多,与对优秀的译本的基本要求有相当距离。相比较言,许钧是国内最有影响的法文专家之一,参加翻译过普鲁斯特的《追忆似水年华》这一公认的世界名著,正式翻译出版的法国文学与社科名著已逾 800 万字。经过我们的对比研究,应该说,在对原文的理解上,许钧具备更有利的条件,这在某种意义上保证了许钧译本的可靠性,能为读者提供新的理解的可能性。

再看原文精神的把握与表现。应该说,韩少功在对原文本整体精神的把握上是有自己的追求的,对此我们在上文中已经有过介绍。对比韩少功与许钧的译本,我们可以明显地感到两个文本在表现上的差异。限于篇幅,我们在此仅以原文中带有"哲理意味"的词语的翻译做一对比分析。我们知道,昆德拉的这部作品带有深刻的哲学思考,全书有一对关键词,那就是存在之"重"与"轻"的对立,该书的书名便是一个明证。韩少功考虑到中国读者对"being"这一哲学词语的理解和接受的实际情况以及中国文化语境所提供的可能性,将之翻译成"生命",书名定为《生命中不能承受之轻》。韩少功将原书名的"生命之轻"译成"生命中……轻"是否合理,许钧有过明确的看法①,我们在此不展开讨论,但韩少功将原文书名中的"lightness"译为"轻",是很有见地的。不过我们注意到,在全书的翻译中,韩少功对"轻"这个具有统领全书精神作用的关键性的哲学词语,在处理上显得比较随意,常用

---

① 许钧,《复译是一种文化积累》,《文汇报》,2003 年 7 月 9 日。

"轻松"轻易替换"轻",失去了原文表达中那种凝重而深刻的哲学意味。在书中,除了生命之"轻"与"重"的对立之外,还有与之相联系的生命的"偶然"与"必然"的对立。轻为偶然,重为必然。书中反复出现的那个"非如此不可"(Muss es sein)的音乐动机,便是对生命之必然的一种拷问与质疑。在该书的第一部分的第十七章,小说以富有哲理的语言谈论爱情的偶然与必然,在不足一千字的叙述中,我们发现"偶然"一词在许钧的译本中先后"十次"出现,并围绕着"偶然"一词,用了"突然""自然而然"等词加以铺垫,将"突然""偶然"与"自然而然"和"必然"连成了一条线,以传达原文"偶然"与"必然"之间的联系。而在韩少功的译本中,我们看到了"机缘""机会""碰巧"与"偶然"等多种表达,明显重表达文学性,哲学的意味并不像许钧的译本浓重,两者的差异十分明显。这种差异在前文提及的关于两元对立的词语表述中也同样可见,对比韩少功笔下的"光明/黑暗,优雅/粗俗,温暖/寒冷",与许钧笔下的"明与暗、厚与薄、热与冷",意义上的差别暂且不论,单从词语含义而言,韩译多色彩,导向"感性世界",而许译冷峻,导向"理性世界"。

除了上述两个直接关系到全文精神与风貌传达的方面之外,我们发现韩译与许译在语言风格上的差异是本质性的,韩译与许译在语言的表现上都带有各自的倾向性。韩少功赞同作家张承志的观点,认为好的文学是一种美文,"严格说来,美文不可翻译"。然而,如德里达所言,正是不可翻译性昭示着翻译的必要性。作为作家,韩少功对翻译的首要追求,我们可以说是译美文还其美文,在这种思想的指导下,韩少功与其合作者韩刚做了很大的努力,尤其是韩少功充分发挥了他在长期的文学创作中所积累的文字功力,利用汉语所提供的可能性,赋予了其译文充分的艺术价值。而许钧在对原文的精神和风韵的充分把握与深刻领悟的基础上,以明确的翻译原则,即"以信为本,求真求美"的原则为指导,利用其丰富的翻译实践经验,尽可能去再现原文本"深刻的哲学思考和诗意的文学笔触"相融合这一基本特色,在求真的基础上求美,赋予了其译文独立的文学品格。在这个意义上说,我们认为韩译与许译都各具特色。但是,有必要指出的是,两者的差异在三个方面值得我们特别关注,且看下面三对译例。

A(1) 于是,让我们承认吧,这种永劫回归观隐含有一种视角,它使我们所知的事物看起来是另一回事,看起来失去了事物瞬时性所带来的缓解环境,而这种缓解环境能使我们难于定论。我们怎么能去谴责那些转瞬即逝的事物呢?昭示洞察它们的太阳沉落了,人们只能凭借回想的依稀微光来辩解一切,包括断头台。——韩译

A(2) 且说永恒轮回的想法表达了这样一种视角,事物并不像是我们所认知的一样,因为事情在我们看来并不因为转瞬即逝就具有减罪之情状。的确,减罪之情状往往阻止我们对事情妄下断论。那些转瞬即逝的事物,我们能去谴责吗?橘黄色的落日余晖给一切都带上一丝怀旧的温情,哪怕是断头台。——许译

B(1) 朋友曾问他这一辈子搞过多少女人[……]——韩译
B(2) 朋友问他有过多少女人[……]——许译

C(1) 托马斯转动钥匙,扭开了吊灯。特丽莎看见两张床并排挨在一起,其中一张靠着一张小桌和一盏灯。灯罩下的一只巨大的蝴蝶,被头顶的光吓得一惊,扑扑飞起,开始在夜晚的房间里

盘旋。钢琴和小提琴的旋律依稀可闻,从楼下丝丝缕缕地升上来。——韩译

C(2)托马斯打开房间的门,揿亮了吊灯。特蕾莎看见两张床对放着,一张床边有一个带灯的床头柜。一只巨大的蝴蝶被光线一惊,飞离灯罩,在房间里盘旋。下面,传来钢琴和小提琴微弱的声音。——许译

细细比较上述三对译例,我们可以从两者的差异中发现三个值得我们注意的问题。第一,A例的差异涉及对原文的理解,两者的差别很难在语言表达之美上分出高下,要做出令人信服的回答,必须对原文的真实意义做出分析,这里涉及的是译文是否准确地传达了原文意义的根本问题。第二,B例的差异涉及对关键词的理解与传达,"搞过"与"有过"在中文上的色彩差别是很大的,读者对之的反应也肯定不一样,而英文本用的是"have",法文本用的是"avoir",属同一个词,这里便提出了另一个问题,那就是对原文中一些看似简单的词语意义,特别是"中性"意义、"贬义"与"褒义"的把握,是否有个"适度"与"失度"的问题。第三,对于C例,不通原文的读者恐怕大多会推崇韩译,因为韩译节奏感强,富有韵味,"依稀可闻"的旋律,"丝丝缕缕地升上来",给人以不尽的"美"的享受;而许译的一句"下面,传来钢琴和小提琴微弱的声音",表达简练,但美的韵律感不足。这里又涉及文学翻译的另一个根本的问题,那就是在原文(该例的英文为:"The strains of the piano and violon rose up weakly from below."法文为:"D'en bas leur parvenait l'écho affaibli du piano et du violon.")提供的文字范围内,译者到底有多大的再创作空间。我们提出这些问题,希望引起大家的思考。

小　结

　　在上文中，我们结合昆德拉的代表作《不能承受的生命之轻》的汉译问题，对韩少功和许钧的文本选择、他们对翻译的理解以及他们所奉行的翻译原则做了梳理，进而对两个译本在文本层面所表现出的"三个不同"做了简要的对比与分析。从中我们可以看到，文学翻译不是一个纯个人的语言行为，也不仅仅是语言的简单变易，若要对不同的版本做出有价值的评价，仅仅靠语言的对比与正误性的判别是不够的，我们要结合文本的对比与分析，对影响翻译的各种因素有客观的把握，在指出文本差异的同时，对产生这些差别的深层原因做出解释。在这个意义上，文学翻译批评的根本目的不是进行优劣的评判，而是要在理论上开拓翻译的可能性，帮助译者在深刻地理解翻译活动的基础上，在实践中探索更可行的翻译方法，使原作生命在新的文化语境中得到拓展与延伸，获得再生。

　　　　　　　　　　　　　　　　（原载《中国翻译》2004 年第 2 期）

汉文化经典误读误译现象解析

——以威利《论语》译本为例

徐　珺

一、引言

　　一个民族要发展，离不开文化的发展，而文化的发展既要依靠自身的力量，也必须吸纳外来文化，纯粹自给自足的文化是没有生命力的。中外文化发展史表明，翻译是吸收异文化的重要途径。"……真正将翻译研究纳入跨东西方比较文化研究的语境下考察至少是 20 世纪 90 年代以来的事。"①从我们收集到的期刊论文和硕士学位论文来看，学界对《论语》的英译研究主要呈现两大特点：一是将原文与译文做对比分析，评析译文的特色与不足；二是将两个或多个译本放在一起进行对比分析，归纳总结不同译本的特点或优劣。②

---

　　① 王宁，《翻译研究的文化转向》，北京，清华大学出版社，2009 年，"导言"第 1 页。
　　② 如王辉的《〈论语〉中基本概念词的英译》（发表于《深圳大学学报（人文社会科学版）》，2001 年第 18 卷第 5 期）等研究做了有益的探索。

本研究则以威利（Arthur Waley）《论语》①（以下简称威译）英译本作为案例，采取文化批评模式，从语言因素之外的社会文化、意识形态、政治制度、译者的文化身份等方面解析中国典籍英译中的误读误译现象。在此基础上，就全球化语境中的汉文化经典英译与中国传统文化传承提出自己的观点。

二、研究学理及相关术语

"意识形态"（ideology）一词源于希腊文的"观念"（idea）和"逻各斯"（logos），指观念的学说。此概念最早由法国学者特拉西②于 19 世纪初在《意识形态概论》中首次提出。特拉西认为，意识形态是考察观念的普遍原则和发生规律的学说，是系统地、自觉地、直接地反映社会经济形态和政治制度的思想体系。《现代汉语大词典》将意识形态定义为："在一定的经济基础上形成的，人对于世界和社会的有系统的看法和见解，哲学、政治、艺术、宗教、道德等是它的具体体现……也叫观念形态。"③换言之，意识形态是与一定社会的经济和政治直接相联系的观念、观点、概念的总和，包括政治法律思想、道德、文学艺术、宗教、哲学和其他社会科学，是系统地、自觉地、直接地反映社会经济形态和

---

① 孔子，《论语（The Analects）》，威利译，北京，外语教学与研究出版社，1998 年。
② 原名 Antoine Louis Destutt De Tracy，生卒年为 1754—1836 年。
③ 《现代汉语大词典》，上海，汉语大词典出版社，2007 年，第 1618 页。

政治制度的思想体系。它植根于人的大脑之中,支配着一个人或一个社会群体的精神。意识形态有广义和狭义之分:广义可表示任何一种注重实践的理论,或者根据一种观念系统从事政治的企图;狭义的意识形态仅指观念形态。

意识形态与翻译关系的研究始于 20 世纪 80 年代后期,它是伴随着翻译研究的文化转向而逐渐被关注的。Lefevere 在《翻译、改写以及对文学名声的操纵》一书中指出,翻译是对原文的改写,翻译不能真实地反映原作的面貌,是为权力服务的有效工具,这是因为它始终都受到诗学(poetics)、意识形态(ideology)和赞助人(patronage)三个方面的操纵。① 在 Lefevere 看来,意识形态指的是社会的、政治的思想观念或世界观,它可以是社会的,上层的,也可以是个人的。Lefevere 将意识形态引入翻译研究②,这为我们对人类的文化精神产品(原作与译作)、文化政治活动和意识形态进行辩证的考察提供了可能:意识形态以不同的语言形式隐藏在语篇之中,以各种隐蔽方式潜移默化地影响着作者写作、译者翻译以及读者解读文本。意识形态引入翻译研究,开启了翻译研究的另一扇窗,为我们认识翻译的本质提供了新的理论视角,并为理解与阐释译作中的增删、改写、置换等现象提供了新的研究思路。

翻译是不同语码之间的转换,更是不同文化之间的交流与对话,因而必然受到诗学、意识形态和赞助人的操控。诗学作为文学艺术的

---

① Lefevere, A., *Translation, Rewriting and the Manipulation of Literary Fame*. London: Routledge, 1992.

② Lefevere, A., *Translation, Rewriting and the Manipulation of Literary Fame*. London: Routledge, 1992; Lefevere, A., *Translation, History & culture*. London: Routledge, 1992.

观念体系与意识形态密不可分，而意识形态又是赞助人或权力的意志体现。因此，Lefevere 的操控"三要素"中意识形态最重要，诗学与赞助人都涉及意识形态问题，是意识形态的具体体现。

三、《论语》外译与儒学思想西传

《论语》用语录体写成，是对孔子弟子言行的记录，也有一部分内容是孔子弟子及其后学对孔子言行的追记。孔子是中国古代伟大的思想家和教育家。《论语》说理清晰，论辩透析，严谨周详。"《论语》灵活的编纂形式事实上使该书的表现内容大为增加，多方位、多视角地体现出了孔子的思想、性格、才能、趣味、生活环境和时代背景，有利于读者全面地、准确地了解孔子及其思想。"[①]中华文化发端于儒家学说，而《论语》是儒家学说与思想的集大成者，是"人一生要读的 60 本书"[②]之一。据文献记载，第一个把《论语》译介到西方的传教士名叫利玛窦，他翻译的《论语》拉丁文译本于 1687 年在法国巴黎出版，至今《论语》在西方流传有 300 年历史，并被译成多国文字。传教士们把"孔夫子"译成拉丁文"Confucius"，沿用至今。

儒学思想被介绍到西方后，对世界文化产生了很大影响，孔子本人也被推崇为世界十大思想家之一。例如，德国人把孔子尊为教育学

---

① 转引自纪昀等，《四库全书精华》，北京，线装书局，2007 年，第 23 页。

② 童小珍、杨飞，《人一生要读的 60 本书》，北京，中国书籍出版社，2004 年。

奠基人之一。法国启蒙思想家伏尔泰也对《论语》的格言"己所不欲，勿施于人""以德报怨"等极为推崇。莫格在《他说的仍在实行》一文指出："孔子的教诲属于全人类。他和莎士比亚一样，都有着实用主义哲学：相信和谐、等级、社会秩序和奉行爱国主义"①。1988 年 1 月，巴黎第一届诺贝尔获奖者国际会议提出了 16 条以"面向 21 世纪"为主题的结论，其中重要的一条就是："人类要生存下去，就必须回到 25 个世纪以前，去汲取孔子的智慧"②。1996 年 1 月 8 日，伦敦《金融时报》刊文指出："美国长期以来把自己看作是其他国家理所当然的模范。但是这个模范的角色现在遇到了挑战，这个挑战不是来自僵硬的欧洲，而是来自东亚。美国如果鼓励美国人自愿地去采用一些孔子的教诲，其社会将会有莫大的受益。"③毋庸置疑，《论语》为西方社会提供了一个了解传统中国文化及其哲学思想的机会，其英译研究意义深远。

四、受制于译者文化背景不同而造成的 汉文化经典误读误译现象分析

威利生于英国，1907 年至 1910 年就读于英国剑桥大学国王学院，后因患有眼疾而辍学。曾就职于大英博物馆东方科，从事中国书画史的分类归档工作。1929 年，威利辞职，专心致力于写作与翻译。他一生致力于汉籍英译工作，是 20 世纪著名的汉学家。威利既是翻译家，

---

① 参见：http://www.ldbj.com/lunyu/lunyu/26/01.htm 20090729/。

② 参见：http://www.douban.com/group/topic/20090909/1002371/。

③ 参见：http://www.ldbj.com/lunyu/lunyu/26/01.htm 20090729/。

也是研究者。据统计,至 1964 年,他出版了 40 余本著作与译作,80 余篇论文,还有 100 余篇书评。① Kenneth 在为威利的《袁枚》写书评时说:"40 年来,威利一直是翻译中国诗歌的领军人物。"②威利英译《论语》(*The Analects of Confucius*)初版于 1938 年,我国外语教学与研究出版社于 1998 年引进该译本,本文语料即取于此。

正如笔者在本文"引言"所述,学界对《论语》英译的已有研究关注点大多在译文比对上,对威利译本概莫能外,如张惠民指出威译偏误的原因主要在汉英数词运用的不同,汉语中主语的省略与变化较多,而英语则一般要保持一致,等等。③ 依笔者之拙见,威利英译《论语》体现了译者与作者不同的文化观与价值取向,反映出主流意识形态对翻译的操控。

译者面临的首要问题是对原作是否理解。翻译以对原作和原作者的理解为出发点,译者对原作内涵理解越透越深,译起来就越顺利,但理解不可能是单纯的复制,人在理解中是具有主体性的,所以译者必须承认自身和原作者这两个不同主体历史的、地域的差异,并辩证地对待这些差异,在译作中反映这些差异。请看:

例 1. 善人,吾不得而见之矣;得见有恒者,斯可矣。亡而为有,虚而为盈,约而为泰,难乎有恒矣。④

---

① 程钢,《理雅各与韦利〈论语〉译文体现的义理系统的比较分析》,载《孔子研究》,2002 年第 2 期。

② Kenneth, R., "Poets, Old and New," in *Assays*. New Brunswick: Rutgers University Press, 1968, p.206.

③ 张惠民,《Arthur Waley 英译〈论语〉的误译及其偏误分析》,载《绵阳师范学院学报》,2007 年第 4 期,第 4 页。

④ 孔子,《论语·述而第七》,北京,外语教学与研究出版社,1998 年,第 88 页。

A faultless man I can not hope ever to meet; the most I can hope for is to meet a man of fixed principles. Yet where all around I see Nothing pretending to be Something, Emptiness pretending to be Fullness, Penury pretending to be Affluence, even a man of fixed principles will be none too easy to find.[①]

《论语》浓缩了中国儒学之精髓。译好这部作品,只有形神兼备,曲尽其妙,才不负孔子及其弟子的良苦用心。原作是作者的生活和思想的反映,对作者及其原作的透彻分析有助于译者准确地把握作品的内涵。在翻译过程中,译者和作者进行对话的必要性是不言而喻的,具体到《论语》英译,译者与原作者甚至需要跨越时空对话。威利英译《论语》,为西方读者提供了了解中国文化的窗口,为中国传统文化西传做出了很大贡献,学界和翻译界对此给予了积极的评价[②]。在例(1)里,"他把'亡'、'有'、'虚'、'盈'、'约'、'泰'以拟人方式处理,英文字用大写字头,以代表一类人,这就再现了原文的特殊表达方式和深刻的内涵。进而译文着重译出这种情况下,'有恒'的人就很难找到,意思是'有恒'不仅仅做到是困难的,这样的人也是不多的。这就与前面的'得见有恒者,斯可矣'相呼应,传达出了孔子的原意。应该说,这种译法是成功的"[③]。但与此同时,威利译本也作为意译的代表而屡屡受到译界的质疑,这不能不引起我们的深思,我们不禁要问:威利到底对

---

① 孔子,《论语(The Analects)》,威利译,北京,外语教学与研究出版社,1998年,第89页。

② Cheang, Alice W., "The Master's Voice: On Reading, Translation and Interpreting the Analects of Confucius", *The Review of Politics*. 2000, 62(3), pp.563 - 581.

③ 崔永禄,《理解的困惑与译者的意图——阅读〈论语〉两个译本的札记》,载《外语教学》,1999年第1期,第1页。

原作做了什么？其结果怎样？

例 2. 子夏曰："贤贤易色；事父母能竭其力；事君能致其身；与朋友交，言而有信。虽曰未学，吾必谓之学矣。"①

Tzu-hsia said，"A man who treats his betters as betters，wears an air of respect，who into serving father and mother knows to put his whole strength，who in service of his prince will lay down his life，who in intercourse with friends is true to his word-others may say of him that he still lacks education，but I for my part should certainly call him an educated man."②

例 3. 子击磬于卫。有荷蒉而过孔氏之门者，曰："有心哉，击磬乎！"③

The master was playing the stone-chimes，during the time when he was in Wei. A man carrying a basket passed the house where he and his disciples had established themselves.④

作为译者，威利在翻译过程中扮演着不同的角色：他是原作的读者和评论者，原语文化与目的语文化交流的中介人，又是译作的作者。但译者毕竟不是普通读者，他/她的阐释过程不能终止于个人的领悟，

① 孔子，《论语·学而第一》，北京，外语教学与研究出版社，1998 年，第 4 页。
② 孔子，《论语(The Analects)》，威利译，北京，外语教学与研究出版社，1998 年，第 5 页。
③ 孔子，《论语·宪问第十四》，北京，外语教学与研究出版社，1998 年，第 192 页。
④ 孔子，《论语(The Analects)》，威利译，北京，外语教学与研究出版社，1998 年，第 193 页。

其结果是用语言符号将原语语言文化含义落实在译本中。客观上说，汉英两种语言具有异质性，中西文化也存在异质性，因而译文中陌生化现象不可避免。显示异域文化，体现的是对翻译对象的尊重，因为翻译的产生在于不同民族相互了解、不同文化相互交流的内在要求。在读者不懂原作语言时，译文就是接触原文的唯一途径。尽管有"一千个译者就有一千个哈姆雷特"之说，尽管翻译是再创作，但这种创作绝不是译者放任自己的理解或以翻译方法不同为由，任意曲解异域文化，更不能蓄意抹去不同语言文化间的差异性，消解其文化身份。译者的义务、责任和使命在于通过其手中的笔，让目的语读者通过阅读译文来了解异域文化。

面对《论语》这个意蕴丰富的文本，译者的主体性不可避免地会显现出来。例(2)的"贤贤易色"怎么理解？以汉语为母语的人都知道，"贤贤易色"指的是用尊贵优秀品德的心来交换（或者改变）爱好美色的心。对妻子而言，重要的是品德，而非容颜，中国封建社会里素有"丑妻家中宝"一说。威利将"贤贤易色"译成"A man who treats his betters as betters, wears an air of respect"显然没有读懂和领会原作的文化内涵。再看例(3)：根据《现代汉语词典》[①]上的解释，磬是（中国）古代打击乐器，用玉或石制成，形状像曲尺。韦利将"磬"误译为"stone-chimes"，是对中国传统文化不熟悉所致。"文化是民族的灵魂，是民族赖以绵延不断发展的血脉，是维系民族团结、增强民族凝聚力的基础和精神纽带。"[②]《论语》的思想内容、价值取向早已融入了我们中华民族的血液，熔铸了汉民族的个性和独特的文化。威利生长于

---

① 《现代汉语词典（2002 增补版）》，北京，商务印书馆，2003 年。

② 孙家正，《追求与梦想》，北京，文化艺术出版社，2007 年，第 139 页。

英国,耳濡目染的是西方文化,其文化基因必然影响并决定其翻译的行为和结果。在其译本中,译者的主体性得到了充分体现。

五、社会主流意识形态导致的威利《论语》
英译对汉文化误读误译现象分析

纵观中外翻译史可以看出,翻译既是个人行为更是社会行为。威利英译《论语》时采取的翻译策略,固然有他个人的原因,但这并不完全是他个人的问题,还与其所处社会的主流意识形态操控直接相关。所谓主流社会意识形态,指的是一个国家或社会里占主导地位的政治、文化、伦理、审美、价值观等倾向,它通过译者的主体意识来影响其翻译策略与方法的选择。我们知道,中西读者所受的文化熏陶是不一样的,其生活方式是不一样的,传统习惯是不一样的,思维方式是不一样的,宗教信仰也是不同的。任何译者在翻译时都自觉或不自觉地为他们心目中的读者群服务,威利在翻译过程中无疑认同了主流文化和价值观,翻译的过程就是一个文化调适与权力操纵的过程①。"翻译不是在真空中进行的。译者作用于特定时期的特定文化之中。他们对自己和自己文化的理解,是影响他们翻译方法的诸多因素之一。"②既

① Lefevere, A., *Translation*, *Rewriting and the Manipulation of Literary Fame*. London: Routledge, 1992; Lefevere, A., *Translation*, *History & Culture*. London: Routledge, 1992.

② Lefevere, A., *Translation*, *History & Culture*. London: Routledge, 1992, p.14.

如此,具体到威利,这种意识形态则是指目的语社会背景。那么,当时西方的主流社会意识形态是怎样的? 这种意识形态为什么会影响威利的翻译行为?

英国自18世纪60年代率先进行了产业革命,到19世纪30年代已基本完成。因早于其他西方国家进行了产业革命,它在很长一段时间内处于遥遥领先的世界地位。1840年鸦片战争爆发,英国的炮火轰开了中国大门,中国逐渐沦为半殖民地半封建国家。在西方资本主义政治、经济和军事的强大攻势下,西方文化全面渗透中国。当时处在亡国灭种危机下的中国文化是不可能与西方文化形成对等交流与融合的,西学东进是占压倒优势的主流,形成一种文化强势。这种文化的强势与弱势既指某一文化领域的强与弱,也指文化整体上的强与弱。第二次世界大战之前,以西方语言(以英语为代表)为载体的西方文化处于强势地位,英语对汉语的影响远远超过后者对前者的影响,表现为:人们对英语作品的汉译文本带有深刻的英语烙印已经习以为常。大量英语词汇被汉语吸收,并在一定程度上改变了汉语词汇的构成和句法形态。汉语作品英译时,也多迎合西方文化的价值观和信仰,采取归化策略,打上浓重的西方文化烙印。威利的《论语》英译本正是在这种社会背景下出版的。

例4. 子曰:"学而时习之,不亦悦乎? 有朋自远方来,不亦乐乎? 人不知而不愠,不亦君子乎?"①

The master said, To learn and at due times to repeat what one has learnt, is that not after all a pleasure? That friends should

---

① 孔子,《论语·学而第一》,北京,外语教学与研究出版社,1998年,第2页。

come to one from afar, is this not after all delightful? To remain unsoured even though one's merits are unrecognized by others, is that not after all what is expected of a gentleman?[1]

例5. 夫子莞尔而笑曰:"割鸡焉用牛刀?"[2]

Our Master said with a gentle smile, "To kill a chicken one does not use an ox-cleaver. (威利为这句话加了个注释:A saying of proverbial type meaning, in effect, that in teaching music to the inhabitants of this small town Tzu-yu is "casting pearls before swine".) [3]

例6. 子曰:"里仁为美。择不处仁,焉得知?"[4]

The Master said, It is Goodness that gives to a neighbourhood its beauty. One who is free to choose, yet does not prefer to dwell among the Good-how can he be accorded the name of wise?[5]

例7. 子曰:"唯仁者能好人,能恶人。"

---

① 孔子,《论语(The Analects)》,威利译,北京,外语教学与研究出版社,1998年,第3页。

② 孔子,《论语·阳货第十七》,北京,外语教学与研究出版社,1998年,第228页。

③ 孔子,《论语(The Analects)》,威利译,北京,外语教学与研究出版社,1998年,第229页。

④ 孔子,《论语·里仁第四》,北京,外语教学与研究出版社,1998年,第38页。

⑤ 孔子,《论语(The Analects)》,威利译,北京,外语教学与研究出版社,1998年,第39页。

子曰:"苟志于仁矣,无恶也。"①

Of the adage "Only a Good man knows how to like people, knows how to dislike them." The Master said, "He whose heart is in the smallest degree set upon Goodness will dislike no one."②

在例(4)中,威利将"学"译成"learn"。可行否?"learn 可以是得到知识,也可以是学会手艺……威利把'习'译成'重复',似过于简单。'说'(同'悦')指精神上愉悦,'乐'指生活上寻欢作乐,威利把'愉悦'译成'欢乐','欢乐'译成'愉悦',正好颠倒了。此外,威利英译的'君子'太西化了。"③。例(5)中的"割鸡焉用牛刀"在汉语里已演变为广为人知的成语。威利用源自《圣经》的成语"to cast pearls before swine"来注释,虽说方便了英美等西方读者,但笔者认为此举不妥④。在例(6)和例(7)中,威利将"仁"译为"Good"或"Goodness",是否准确地传达了原作的含义呢?请看韦利本人的观点:"仁"最早是指部落里的自由人,后来特指拥有该部落优良品质的好人,最终发展为泛指"善良、温厚、仁慈"的有别于动物的人类。因此他断言,《论语》中"仁"是一种

---

① 孔子:《论语·里仁第四》,北京,外语教学与研究出版社,1998 年,第 38 页。

② 孔子,《论语(The Analects)》,威利译,北京,外语教学与研究出版社,1998 年,第 39 页。

③ 转引自许渊冲,《典籍英译,中国可算世界一流》,http://www.nmgfy.net.cn/fanyijiqiao/200809/08-50_3.html.

④ 这个成语源自《新约·马太福音》第 7 章:"Give not that which is holy unto the dogs, neither cast ye your pearls before swine, lest they trample them under their feet, and turn again and rend you."按其字面意义,这个成语与汉语成语"明珠暗投"相似,但是寓意不同,基本上不对应;按比喻意义,它相当于"对牛弹琴""向驴说经""一番好意给狗吃""狗咬吕洞宾,不识好人心"等。(http://www.24en.com/word/chsb/20080229/68215.html;邱懋如,《西索简明汉英词典》,上海,上海外语教育出版,1992 年;http://en.wikipeadia.org/wiki20090630/Pearls Before Swine。)

"神秘的统一体"(mystic entity),唯一可能的翻译对应词是"good",其他任何词语都不足以从总体上概括这个术语的广泛含义,所以像"hunmane""altruistic""benevolent"之类的翻译几乎在每种情况下都是不恰当的。① 那么,汉语中的"仁"的含义究竟是怎样的?"1)诗书之仁皆为特殊道德,孔子始以仁为基本道德,百善皆本乎此。孔子乃以仁为其伦理之基。2)历代论仁解释不同。或以为人心,或以为爱,或以为人相偶,或以为觉,或以为恕,或以为与天地为一体。朱子以为'心之德,爱之理'。3)最持续有力者为以爱为仁之说。4)爱即博爱。然爱必有差等,亲亲而仁民,仁民而爱物。爱由亲始。5)仁者无所不爱,故天人合一。6)仁不只是心境,态度,或感觉,而是人与天地万物之活的,动的关系。7)仁为万善之本,'人心也'。天地生生之源。8)因此仁不仅是伦理的,而亦是形上的。9)清末以来,虽有努力将仁之形上性质加强,而儒家特重仁之活动伦理性质贞健如故,为儒家古今不衰之一贯传统。"②由此可见,在《论语》里多次提及的"仁"并非简单地指做个好人,而是隐含着为人之道。威利将"仁"译为"Good"或"Goodness"与古希腊哲学家柏拉图的哲学观念"善的理念"(the Form of the Good)不无关系,因为希腊哲学思想是西方传教士和西方汉学家诠释中国儒家思想的基本立场。但是,这样的译文使孔子所倡导的"仁"的意蕴显化,泛化了,没有反映出孔子提倡的"仁"之深刻内涵和本质特征。萨皮尔指出,"语言背后是有东西的,而且语言不能离开文化而存在。所谓文化就是社会遗传下来的习惯和信仰的总和,由它可

---

① Waley, A., trans. *The Analects of Confucius*. London: George Allen & Unwin Ltd,1938, pp.27-29.

② 陈荣捷,《王阳明与禅》,中国台北,学生书局,1984年,第83—84页。

以决定我们的生活组织"①。语言是与文化相辅相成的。语言是文化的载体，它不仅反映了一个民族的历史和文化背景，而且蕴藏着该民族对人生的看法、生活方式和思维方式。显而易见，威利采取归化翻译的结果是：忽略了受其文化特性制约的深层意味，意象换了，意境变了，这造成了汉文化内涵缺失。

儒学思想在中国土生土长，潜在地影响着人们的思想并渗透到生活的各个方面。2000多年来，《论语》历经焚书坑儒等破坏，但它依然获得了超乎众学的地位，自宋代开始，就有"半部《论语》治天下"之说，《论语》成为意识形态的一个有机组成部分，在中国历史上产生了极为深远的影响。基督教文化统治欧洲2000年，形成了独特的西方文化。文化基因不同，由此形成的意识形态自然各有不同。翻译的过程就是一个文化调适与权力操纵的过程②，威译深受西方文化浸染，必然背负着西方哲学和宗教信仰的先入之见。基于上述分析，就不难理解何以威译本存在改写、增删等现象了。"某些改写是受意识形态动机的驱使，或是在意识形态的约束下完成的，它取决于改写者是否发现自己与他们所处时代的主流意识形态相符合"③。威利英译《论语》无疑迎合了当时西方的价值观与信仰。

如何客观地看待威译问题？我们认为，翻译是一个信息传递过程，译作是在原作的基础上产生的，翻译不同于创作的最主要的一点

---

① 转引自周永清、周秀婷，《英汉习语文化差异探讨》，载《商情(科学教育)》，2007年第12期，第12页。

② Lefevere, A., *Translation*, *Rewriting and the Manipulation of Literary Fame*. London: Routledge, 1992; Lefevere, A., *Translation*, *History & Culture*. London: Routledge, 1992.

③ Lefevere, A., *Translation*, *Rewriting and the Manipulation of Literary Fame*. London: Routledge, 1992.

是翻译受制于原作。作者创作有较多的自主性,而译者翻译时自由度是有限的,译作如果不传达原作发出的信息就无所谓翻译。概括地说,"译作应主要传达原文的三种信息:主题信息、艺术信息和文化信息。主题信息包括原文的思想内容、作者的意图和语义效果。艺术信息是作者为实现和加强主题信息所采用的艺术手段。艺术信息包括篇章结构、句子组织、修辞的运用、词汇的选择等……。文化信息指原作中体现的民族文化特征,特别是不同于其他民族的语言和文化的独有的特征。当然,主题信息和艺术信息都与文化信息有关,但它们又各有其不同的方面。改变原文的文化特征往往会揭露出两种文化的相对关系。这种改变也使译文读者失去了了解原文文化并做出反应的机会。因此,译者的主观创造作用主要是艺术信息的再现,而对于原作的主题信息和文化信息则应该尽可能与原作保持一致"①。

客观地讲,威译的《论语》在主题信息、艺术信息的传递方面是成功的,但是,在原作的文化信息传递方面是缺失的,没有完整地保留和准确地传递出原著的文化特色和思想内涵,这不利于西方读者真实地感知、了解中国文化。况且,这不是威利的偶然现象,而是较普遍的现象,是有一定思想体系指导的。《论语》的海外译本很多,细品之,可发现这些译本均有此类现象存在。例如,Cleary 在《论语》译文前言中坦称,为了使西方的读者不至于被"不重要的"文化细节所困扰,他对译文进行了较多的改动和删节。② "读科利瑞的译文就会发现,像《论语》这样一部汉文化中极为重要的代表性著作,已被他改得面目全非。这名义上是为读者,但实际上这种翻译的随意性表现出的却是对原文文

① 崔永禄,《理解的困惑与译者的意图——阅读〈论语〉两个译本的札记》,载《外语教学》,1999 年第 1 期。

② Cleary,T.,*The Essential Confucius*. Harper San Fransisco,1992.

化的不重视。"①同样的现象也发生在理雅各的《论语》译本中。辜鸿铭在论及理雅各译本时指出:"现在,任何人,哪怕是对中国语言一窍不通的人,只要反复耐心地翻阅理雅各博士的译文,都将禁不住感到它多么令人不满意。因为理雅各博士开始从事这项工作的时候,他的文学训练还很不足,完全缺乏评判能力和文学感知力。……尽管他的工作尽了力所能及的努力,是完全严谨的,但他却没能克服其极其僵硬和狭隘的头脑之限制,这是他的性情气质造成的结果。"②作为《论语》英译的中国人,辜鸿铭试图客观展示中国文化,但在翻译实际中,辜鸿铭尚且用西方的纪年方式取代我国古代"夏""殷",尽可能不用中国人名、地名,并将"天"译为"God","天命"为"the law of God",③更何况是西方主流意识形态根深蒂固的英国人威利!译者的意识形态(无论他/她是否愿意接受,或这种意识形态是否是由某种赞助人力量强加给他/她的)支配着其最基本的翻译策略和解决问题的方法。Nida 也指出:"就真正成功的翻译而言,译者的双文化功底甚至比双语功底更重要,因为词语只有在其起作用的文化语境中才富有意义。"④

以上分析表明:意识形态决定了译者个人和目的语社会的思想架构,通过思想观念和世界观决定读者和译者阐释文本的基本方式。威利对原著的改写和增删,以及采取的归化翻译策略迎合了当时西方社会的主流意识形态,是对西方主流意识形态的一种认同。

---

① 崔永禄,《理解的困惑与译者的意图——阅读〈论语〉两个译本的札记》,《外语教学》,1999 年第 1 期,第 6 页。

② 辜鸿铭,《辜鸿铭文集》,辜鸿铭,黄兴涛等译,海口,海南出版社,1996 年。

③ 同上。

④ Nida, E. A., *Language, Culture and Translating*. Shanghai: Shanghai Foreign Language Education Press, 1993.

受语言与文化的差异以及意识形态、认知水平的影响,误译分为语言层面(微观)误译和文化层面(宏观)误译。从语言层面说,《论语》由文言文写成,自"五四"运动废弃文言文后,许多中国人阅读理解古文的能力逐渐减弱,更何况外国人。文化误译又细分为有意误译和无意误译。中西方历史渊源不同,哲学思想不同,信仰不同,思维方式不同,难免存在文化、思想上的理解障碍。鉴于源语文化与译语文化之间存在差异性,翻译过程中,某些源语表达方式很难在目的语中找到对应的表达方式。为避免误译的产生,避免造成文化冲突,这客观上要求译者必须关注原著的文化背景。"文化性质的误译跟技术性质的误译不同之处在于,后者是一眼便看出来的外伤,而前者是难以察觉的内伤"①。在全球化的今天,中国文化的传播尤为重要,中国文化应该受到保护。我们认为,不能以"创造性叛逆"为借口,对异文化进行无原则的改写。那么,关涉到文化内涵的内容真的不可译吗?尽管译者对某些文化因素的传递有时的确感到无奈,但也不是没有解决的办法,如弗拉基米尔·纳博科夫 1964 年译的《叶甫盖尼·奥涅金》共 4 卷,1200 页,译文仅占 228 页,其他均为详细的注释。也就是说,4 卷之中,有两卷半是注释和评论,"这是一部独特而学术性极高的译作"②。这个例子虽说有些极端,但客观效果不错,不乏值得借鉴之处。

　　传统翻译观认为翻译只是两种语言间的文字转换。然而,这种传统研究无法解释翻译中出现的种种"不忠"现象,特别是翻译中对原作的增删和改动行为。语言与文化相互制约,相互影响,相互依存,翻译

---

① 徐珺,《21 世纪全球化语境中的汉文化经典外译策略探索》,载《外语教学》,2009 年第 2 期。

② 郭建中,《文化与翻译》,北京,中国对外翻译出版公司,2000 年,第 257—258 页。

研究实际就是文化互动的研究。当下翻译语境已经迥异于威利之时代，随着中国的崛起，中西文化的平等对话格局形成，文化强势与弱势已不那么明显，翻译作为跨文化交际的桥梁和纽带，在沟通文化交流，丰富人类文化，促进文化发展的过程中正起着不可或缺的作用。"翻译活动始于语言，又终于语言；它以语言为形式，以文化为内容，以文化的交流与沟通为目的。因此，语言翻译过程中文化因素的理解与处理便成为十分重要的课题。"①翻译过程及结果受译者个人的文化观和社会主流意识形态两方面因素的影响。两个因素交互影响，最终通过译者这一行动主体对文本的介入或干预，导致翻译行为和结果的不同。译者作为特殊的读者，对原作有诠释的权利和义务，问题在于对待异文化持什么态度，又如何在译本中将异文化展示出来。我们认为，译者作为特殊的读者，首先要对异文化持尊重态度。此外，在翻译过程中要在思想内涵上与原作者神合，才能读出作者的所指、所隐，译出原作的深层文化内涵。尊敬他者，客观地再现原作蕴含的深层次文化内涵，是译者的责任和义务。

六、结语

中国传统文化经典作品蕴含的哲学思想和价值观，既体现了中国

---

① 包惠南、包昂编著，《实用文化翻译学》，上海，上海科学普及出版社，2000 年，第13 页。

文化之精髓,也是世界文化之瑰宝。把中华民族优秀文化介绍给世界,是中国人的夙愿。新中国成立以来,我们翻译了几乎所有能够代表西方文明的经典著作,但中国优秀传统文化的翻译、出版与推广,尚未成系统,成规模。加强典籍翻译、弘扬中国文化的必要性和紧迫性胜过以往任何时候。胡锦涛同志在中国共产党第十七次全国代表大会报告《高举中国特色社会主义伟大旗帜,为夺取全面建设小康社会新胜利而奋斗》中指出,"做好文化典籍整理工作",以"加强对外文化交流,吸收各国优秀文明成果,增强中华文化国际影响力"。我们不能被动地等(靠)西方译者(学者)来发现中华文化的价值,更不能坐以待毙,相反,我们必须主动出击,把汉文化经典译成外语,把富有东方神韵的原汁原味的作品呈现给外国读者,真正让外国读者知之,乐之,好之。

中国要生存发展,必须加强文化传播与交流。把汉文化经典译成英文介绍给世界各国人民,自然构成了文化传播和增强中华文化软实力的重要内容。在 21 世纪的今天,在全球化语境下,我们要保持我们汉文化的特性,就必须紧紧依靠我们自己的语言——汉语,必须紧紧抓住我们的根和文化。一个民族如果失去了自己的文化传统,那就意味着消亡。以牺牲中华民族的文化特征来达到与西方的单向接轨,而不是与之进行平等交流和对话,这种态度是不科学的,是要不得的。

翻译绝不仅仅是译者个人的事情,它是关乎一个民族文化的生存、传承、交流与发展的大事。在全球化语境中,重新解读和研究《论语》英译问题有重大意义:既是坚持以人为本、构建和谐世界的历史使然,也是全球化语境中中外文化、经济交流与合作的客观需要。因此,我们认为,威利英译《论语》为西方读者了解中华文化发挥了积极作用。但是,反映在包括威利《论语》英译本在内的中国文化误读误译现象绝非偶然。这不仅造成西方读者对中国文化理解的偏差,也对中国传统文化的传承与传播造成了障碍。对此,我们绝不能小觑。笔者的系列研究①旨在呼吁学术界和翻译界关注中国传统文化在海外的传播质量。站在世界的角度来回望中国文化,中华优秀传统文化的传承应该包含两大方面:对内继承,弘扬;对外宣传,传播。当下学国学蔚然成风,可喜可贺! 在全球化的今天,我们的国学研究也应当顺应全球化。在中华民族复兴的伟业中,身为外语教师和翻译研究者,我们有责任,有义务,从翻译理论与实践两方面为中国优秀的传统文化走向世界尽心尽责。"人的一生有许多东西是不能辜负的,而最不能辜负的,是对国家、对民族的责任"②。唯有这样,我们才上对得起祖先,下有所可奉赠给子孙。

(原载《外国语》2010 年第 6 期)

---

① 徐珺,《古典小说英译与中国传统文化传承》,长春,吉林出版集团有限责任公司,2005 年;徐珺,《21 世纪全球化语境中的汉文化经典外译策略探索》,载《外语教学》,2009 年第 2 期,第 2 页。

② 孙家正,《追求与梦想》,北京,文化艺术出版社,2007 年,第 272 页。

汉语古诗英译的描写模式研究
——以杜甫诗歌英译的个案为例

文 军

一、导论

随着中国文化"走出去"潮流的兴起,中国古诗外译的研究日益受到重视。但在这些研究中,针对某一作家英译的历时描写还较为薄弱。从笔者查询结果来看,在采用描写方法研究中国典籍英译方面,国内已有学者对《红楼梦》《孙子兵法》进行了卓有成效的探讨[1],但对某一诗人英译的描写,在语料上与之有所不同:《红楼梦》《孙子兵法》都是单部著作,有节译本也有全译本,而某一诗人的诗歌数量往往较多(如杜甫的诗歌就有 1400 余首),迄今全部英译的很少,所以目前的翻译都可以看作节译(尽管每首诗歌相对独立,又可视为更小单位的

---

[1] 陈宏薇、江帆,《难忘的历程——〈红楼梦〉英译事业的描写性研究》,载《中国翻译》,2003 年第 5 期;屠国元、吴莎,《〈孙子兵法〉英译本的历时性描写研究》,载《中南大学学报(社会科学版)》,2011 年第 4 期。

全译),这一特点决定了对其描写在侧重点上有所不同。

对诗人诗歌英译的历时描写,有助于我们了解某一诗人诗歌作品英译的发展历程,对这一历程中的相关外部因素和内部因素做出客观的描写,并在此基础上做出分析与概括。而这种描写达到一定的数量,则可较为全面地对某一时期的汉语古诗英译做出全面的概括(如19世纪末到20世纪末)。从这一角度讲,构建诗人诗歌典籍英译的描写模式颇有意义。

二、翻译规范与汉语古诗英译描写模式

我们拟借助翻译规范理论来构建诗人诗歌典籍英译的描写模式。

图里(Gideon Toury)认为,规范是"将某一社区共享的普遍价值或观念——如对正确与错误适当与不适当的观念——转换为适当而且适用于特定情形的行为指南"①。在实际翻译过程中,译者通常受到三类规范的制约。(1)预备规范(preliminary norms)决定待译文本的选择,即翻译政策。在特定历史时期,翻译、模仿、改写有何区别?目标文化偏爱哪些作家、哪个时代、何种文类或流派的作品?等等。(2)初始规范(initial norms)决定译者对翻译的总体倾向,即倾向于原文本还是倾向于译文文化的读者习惯。图里将这两极称为"充分性"

①　Toury, Gideon, *Descriptive Translation Studies and Beyond*. Amsterdam: John Benjamins Publishing Company, 1995, p.55.

(adequacy)和"可接受性"(acceptability)。(3)操作规范(operational norms)制约实际翻译活动中的抉择。操作规范又细分为：① 母体规范(matricial norms)，即在宏观结构上制约翻译的原则，例如，是全文翻译还是部分翻译，以及章节、场幕、诗节和段落如何划分等；② 篇章语言学规范(textual linguistic norms)，即影响文本的微观层次的原则，如句子结构、遣词造句，是否用斜体或大写以示强调等。[①]

在图里对规范三分法基础上，切斯特曼(Chesterman)根据后二者提出了自己的规范体系，它们是"译品规范或期待规范"(product or expectancy norm)和"过程规范或专业规范"(process or professional norm)。[②]

期待规范是"基于(某一特定类型)翻译作品的读者对该(类型)翻译作品的期待而确立的"[③]，影响期待规范的因素包括：目的语文化中占主导地位的翻译传统、类似的目的语类型的话语习俗以及经济和意识形态方面的影响。

专业规范起着调控翻译过程的作用，它从属并受制于期待规范。期待规范存在于读者群中，专业规范的建立则主要源于专业人士。专业规范又可以细分为责任规范(accountability norms)、交际规范(communication norm)和关系规范(relation norms)三种。

专业规范中的责任规范是一种道德规范，它要求译者"抱着对原作者、翻译委托人、译者自身、潜在的读者群和其他相关各方忠诚的

---

① Hermans，Theo，*Translation in System*：*Descriptive and Systemic Approach Explained*. Manchester：St. Jerome Publishing，1999，pp.75-76.

② 芒迪著、李德凤等译，《翻译学导论——理论与实践》，北京，商务印书馆，2007年，第166页。

③ 同上。

态度来翻译"①；交际规范是一种社会规范,它要求"译者(翻译时)能应场合和所有涉及的各方的要求使传意达到最优化"②；专业规范中的关系规范是一种语言规范,关注的是原文与译文之间的关系,这条规范要求"译者的翻译行为必须确保源语文本和目标语文本建立并保持着一种适宜的相关类似性"③。

在上述图里的三分模式和切斯特曼的两分模式中,我们可以发现,它们关注的重点集中在几方面:译文的社会文化语境(预备规范、期待规范、交际规范)、译文的可接受度(初始规范、期待规范)、原文与译文的关系(操作规范、关系规范)、对译者的约束与要求(责任规范、关系规范)。

上述规范体系的研究重点,为我们建立一个诗人英译描写模式提供了有效的考察视角。

根据典籍诗歌英译中某一诗人描写的特点,我们将相关视角具体化,则可建构以下模式:

图 1　汉语古诗英译的描写模式

对上述模式简释如下。

翻译期待:这一维度主要与译文的社会文化语境相关,如译入语语境中诗歌的固有规约(如体裁、题材、用法等)、审美趣味、读者的期

---

①　Chesterman, Andrew, *Memes of Translation : The Spread of Ideas in Translation Theory*. Amsterdam : John Benjamins Publishing Company, 1997, p.69.

②　*Ibid*.

③　*Ibid*.

待以及译者的翻译目的等。它不仅包括译入语社会对一般诗歌作品的规范,同时还包括翻译作品等形成的"小传统"的影响[①];它居于模式的顶端,统率其他要素并与之相互作用。

文本择选:这一维度指译者如何在某位诗人众多的诗作中选择拟翻译的文本,包括择选的原则、择选的方法、择选的严谨性等。由于翻译期待、译者个人喜好等的影响,在不同时期,对同一诗人诗歌的选择往往大相径庭,而在某些时候,有些选材甚至出现错误(如下文"第一阶段:杜诗英译的发轫期"中的"文本选择"部分分析所示,有人将其他诗人的诗歌"移花接木"给杜甫)。文本择选这一维度反映了在特定翻译期待下,对诗歌题材内容可接受度的考虑。

译介结构:这一维度体现了译介形式与译文可接受度的关系。某部译著是"学者型翻译"还是"文学性翻译"[②]? 若是"文学性翻译",它是什么型? 翻译型? 翻译-注释型? 它是否具有教材功能? 若有,该如何设计它的译介结构? 等等。

译介策略:这一维度主要考察原文和译文的关系。译文是"充分的翻译"还是"可接受的翻译"? 译者是以什么样的策略和技巧来完成的? 这一维度可考察的内容很多,可把重点放在诗性语言上(如诗体、韵律等)。

上面图1实际上只是对某一诗人诗歌英译某一阶段的描写模式,在描写研究中,一位诗人的翻译往往可以分为好几个阶段(尤其是著名诗人,如陶渊明、李白、杜甫、苏轼等),因此对各阶段可以采用上述

---

① 钟玲,《中国诗歌英译文如何在美国成为本土化传统——以简·何丝费尔吸纳杜甫译文为例》,载《中国比较文学》,2010 年第 2 期。

② 田晓菲,《关于北美中国中古文学研究之现状的总结与反思》,载张海惠主编,《北美中国学——研究概述与文献资源》,北京,中华书局,2012 年,第 606 页。

模式进行描写。

下面我们以杜甫诗歌英译为个案,运用上述模式,对之进行描写,并在描写基础上做出小结。

三、个案研究:杜甫诗歌英译的描写

在中国五千年璀璨的文化中,唐诗无疑是一颗珍珠,而在唐代诗人中,被后人尊为"诗圣""诗史"的杜甫(712—770)占有重要的地位。杜甫诗歌的盛誉不仅限于国内,从 18 世纪下半叶起,杜诗陆续被译为法语、德语、英语、意大利语、俄语、日语、韩语等,在世界范围内产了重要影响。① 据不完全统计,仅国外译者翻译的汉诗选译本中的杜甫诗歌、杜诗专集以及与其他著名诗人的合集就至少已有 40 种。②

为厘清百余年来杜诗英译的发展历程,本文拟将之分为三个阶段,对每一阶段的文本择选特点、译介结构、译介策略等进行描写,并在小结中对翻译期待进行总体描述。这一描写研究能使我们对英语世界杜诗翻译的发展脉络有一个清晰的认识。

1. 第一阶段:杜诗英译的发轫期(1871—1949)

第一阶段起于理雅各(James Legge)在 1871 年出版的《诗经》中隐

---

① 林煌天,《中国翻译词典》,武汉,湖北教育出版社,1997 年,第 146—147 页。
② 本文研究的语料只涉及在国外出版以及国外译者翻译在国内出版的汉诗英译选集和杜诗专集,所以这里的数据没有包含国内译者在国内出版的译著。

藏的两首杜甫诗歌①,止于 1949 年 Robert Payne 出版的《白驹集》
(*The White Pony*),这一阶段可视为杜诗英译的发轫期。本阶段,在
译本上的主要特点有二:一是杜甫诗歌主要出现在各种汉诗英译的选
译本中,如翟里斯(Herbert A. Giles)②,特点之二是本时期出现了杜诗
的专门译本,*Tu Fu*,*Wanderer & Minstrel under Moons of Cathay*③
一书,开启了杜甫诗歌专集在海外英译出版的先河。这一阶段还有艾
斯柯两部著名的专著等。下面我们选取相关资料,依据汉语古诗英译
的描写模式来进行描写。

(1) 文本择选

由于这一阶段属于杜诗译介的初期,因此各种汉诗选译本在选材
上呈现出相对较为随意的特点,比如韦利(Arthur Waley)④只收《石壕
吏》一首杜诗。当然,这些汉诗选译本中也有译者对杜诗选材的特殊
考虑,如翟理斯的《古今诗选》⑤择选了从《诗经》到清代的诗歌 200 首,
其中选择了 11 首杜甫诗歌,但在这 11 首中,真正属于杜甫的只有 10
首,翟理斯将韦应物的《滁州西涧》译成英文并视之为杜诗。其选诗及
排列不按年代顺序,而似乎在体裁上着眼较多。⑥ 弗莱彻(Fletcher)⑦

---

① 郝稷,《翟理斯〈古今诗选〉中的英译杜诗》,载《杜甫研究学刊》,2009 年第 3 期。

② Giles, Herbert A., *Chinese Poetry in English Verse*. London: Bernard
Quaritch, 1898.

③ Underwood, Worthley and Chi-Huang Chu, *Tu Fu*, *Wanderer & Minstrel un-
der Moons of Cathay*. Portland, Maine: the Mosher Press, 1929.

④ Waley, Arthur, *Chinese Poems*. Lowe Bros, London, 1916.

⑤ Giles, Herbert A., *Chinese Poetry in English Verse*. London: Bernard
Quaritch, 1898.

⑥ 郝稷,《翟理斯〈古今诗选〉中的英译杜诗》,载《杜甫研究学刊》,2009 年第 3 期。

⑦ Fletcher, W. J. B., *Gems of Chinese Verse into English Verse*. Shanghai: Com-
mercial Press Limited, 1919.

是这一阶段汉诗选译本中选取杜诗最多的,共 45 首,他的选择侧重于题材:反映自然平和之美和战争之恶的诗歌①。Robert Payne 的《白驹集》②中选择了 40 首杜诗,由于当时中国处于战乱之中,所选的杜诗侧重于战乱与民生,如《春望》《北征》《石壕吏》等。在杜诗专门选本上,Underwood③ 的选材较为随意,而艾斯柯④则采用了编年史的方法来选择杜诗,也就是选择各个时期杜甫的诗歌,用之来讲述他的历史。

(2) 译介结构

译介结构是指文本择选后译者安排这些诗歌的方式,又可分为宏观译介结构和微观译介结构。译介宏观结构系全书的结构,指在译介古代汉诗成书时对各要素的安排,这些要素种类多样,如插图、注释、索引等;译介微观结构系每首诗歌的结构,指具体译介每首诗歌时,译者对其体例的安排(如,是双语对照还只是英语译文,是否需要脚注,等等)。

本阶段在宏观译介结构上最突出的成就是艾斯柯的按编年顺序编排的方法。如《杜甫:诗人的自传》是现代国外第一部关于杜甫的传记作品,这部书除《前言》《引言》外,共分为六个部分,从杜甫的童年到他离开华州为止,算是杜甫前半生的传记,接下来的生平及创作续于《江湖客杜甫》。作者精心选译了 129 首诗歌,用于讲述杜甫的生平和思想,以《自传》为书名是想要突出表达一个理念:把杜甫的诗歌按照

---

① Fletcher, W. J. B., *Gems of Chinese Verse into English Verse*. Shanghai: Commercial Press Limited, 1919, introduction.

② Payne, Robert, *The White Pony*. London: Allen and Unwin, 1949.

③ Underwood, Worthley and Chi-Huang Chu, *Tu Fu, Wanderer & Minstrel under Moons of Cathay*. Portland, Maine: the Mosher Press, 1929.

④ Ayscough, Florence, *Tu Fu, The Autobiography of a Chinese Poet*. Boston & NewYork: Houghton Mifflin Company, 1929.

时间、地点有序地排列起来，就成为一部自传作品。

在微观译介结构方面，这一时期不少作品是以"翻译型"即只将杜诗译为英语为主，如翟理斯①等，但也有不少译者采用"译诗-注释型"，即除译诗外，还以脚注或尾注方式对译诗中的相关词语加以解释，如韦利②、弗莱彻③等。这也说明，在杜诗译入英语世界的早期，译者就已经对诗歌的接受有了清醒的认识和相应的处理方法。另外值得一提的是，弗莱彻④的译诗集中除译诗和注释外，同时还提供了汉语原诗，这种双语对照形式为读者（尤其是汉学家）提供了更大的便利。

（3）译介策略

译介策略直接表现为原文和译文的关系，译者对之的处理，也往往关系到译文的质量。本阶段译文处理上以诗译诗较为盛行，如理雅各、翟理斯、弗莱彻等都用格律诗体翻译原作，力求押韵。⑤ 在翻译策略上则以归化者居多，其中最负盛名的是"创意英译"和"拆字法"。

翟理斯在古今诗选中所谓的"创意英译"，主要在对杜诗诗歌题目的翻译上，他所翻译的所有杜诗几乎没有与原诗题目一致的，如《绝句二首》之二的译文题目是"In Absence"突出的是不在家乡之意，《石壕吏》译成"Pressgang"（征兵队）。总的来看，其译文更改题目主要依据他对原诗大意的理解，在此基础上以概括性的方式给出英文题目，以

---

① Giles，Herbert A.，*Chinese Poetry in English Verse*. London：Bernard Quaritch，1898.

② Waley，Arthur，*Chinese Poems*. Lowe Bros，London，1916.

③ Fletcher，W. J. B.，*Gems of Chinese Verse into English Verse*. Shanghai：Commercial Press Limited，1919.

④ *Ibid*.

⑤ 林煌天，《中国翻译词典》，武汉，湖北教育出版社，1997 年，第 213 页。

便英语读者比较容易地把握诗歌主旨,尽管很多时候其概括不够精确①。这一方法在本阶段较为盛行。

"拆字法"(split-up)的使用,是《松花笺》译者创造性译法的最好例证。这一方法的基本设定是,构成一首诗歌的中国象形文字的语源学出处最为重要,译者将汉字的偏旁、部首的含义英译,在译诗中,使之与整首诗歌的意境相吻合。原本为精确理解原诗、"忠实"译诗而进行的汉字分析,在此被两位译者创造性地运用,她们将图画文字的汉字拆开,融进译诗中。而艾斯柯还将这一方法用在了她后来的两部杜诗专集中。但这种看似严谨、新颖的方法结果却导致了诸多讹误,对之,洪业进行了详尽的剖析和批评②。

2. 第二阶段:杜诗英译的发展期

第二阶段为 20 世纪 50 年代至 70 年代末,我们可以称之为杜诗英译的发展期。其发展主要表现在洪业(William Hung)的 *Tu Fu, China's Greatest Poet*③ 开启了杜诗研究的新气象,Rewi Alley④ 的自由体翻译杜诗和 David Hawks⑤ 对杜诗的阐述性探索繁荣了杜诗的英译,70 年代 Kenneth Rexroth 的选集⑥产生了重大影响,而

---

① 郝稷,《翟理斯〈古今诗选〉中的英译杜诗》,载《杜甫研究学刊》,2009 年第 3 期。

② 洪业,《杜甫——中国最伟大的诗人》,曾祥波译,上海,上海古籍出版社,2011 年,第 11—14 页。

③ Hung, William, *Tu Fu, China's Greatest Poet*. New York: Russell & Russell, 1952.

④ Alley, Rewi, *Tu Fu Selected Poems*. Beijing: Foreign Language Press, 1962.

⑤ Hawks, David, *A Little Prime of Tu Fu*. Oxford Clarendon Press, 1967, p. IX.

⑥ Rexroth, Kenneth, *One Hundred Poems from the Chinese*. New York: New Directions Publishing Corporation, 1971.

Arthur Cooper① 则在格律诗翻译杜诗方面做出了有益的探索。

（1）文本择选

选材上，洪业②仍采用编年史的方式选择并英译了 374 首杜甫诗歌，虽然他的方法和依据的版本与艾斯柯的相同，但洪业是杜甫研究专家，40 年代曾出版过《杜诗引得》，因此在选材上显然高出一筹。他采用的是编年史与诗歌影响相结合的方式进行选材。

Rewi Alley③ 选择了 124 首杜诗进行翻译，其选材在题材和体裁上都很丰富：题材上，涉及军事、政治、社会矛盾、民生疾苦、生活琐事、个人情趣等各个方面；体裁上，则包含了五言古诗、七言古诗、五言律诗、七言律诗、五言绝句和七言绝句等。Arthur Cooper 则出版了一部李白和杜甫诗歌的合集④，其中杜甫诗歌选了 18 首，其选材也遵循兼顾各种题材和体裁的原则。

Hawks 的选材则采取了遵从原作已有选本的原则，即依据《唐诗三百首》来确定入选的杜诗⑤。这样做的好处是选入该书的都是杜甫的名篇名作，影响自不待言，而作者在本书中想做的，就是给读者提供一本学习课本似的读物，这样的选材应当是恰当的。

Rexroth 的《中国诗百首》⑥分两部分，唐宋各一部分，而在唐朝部

---

① Cooper, Arthur, *Li Po and Tu Fu*：*Poems Selected and Translated with an Introduction and Notes*. Hammondsworth：Penguin Books，1973.

② 郝稷，《翟理斯〈古今诗选〉中的英译杜诗》，载《杜甫研究学刊》，2009 年第 3 期。

③ Alley, Rewi, *Tu Fu Selected Poems*. Beijing：Foreign Language Press，1962.

④ Cooper, Arthur, *Li Po and Tu Fu*：*Poems Selected and Translated with an Introduction and Notes*. Hammondsworth：Penguin Books，1973.

⑤ Hawks, David, *A Little Prime of Tu Fu*. Oxford Clarendon Press，1967，p. Ⅸ.

⑥ Rexroth, Kenneth, *One Hundred Poems from the Chinese*. New York：New Directions Publishing Corporation，1971.

分,他只选了杜甫的 35 首诗歌。这些诗歌是从哈佛燕京的藏目中择选的①,而他选择这 35 首诗歌的标准主要是个人趣味。

(2) 译介结构

洪业也采用了编年顺序法,但他对艾斯柯的编年进行了改进,在选材上强调那些有助于理解诗人生平和思想的特定政治、经济和社会因素以及有交往的友人,而对于那些虽然重要却与杜甫关系不大的部分则略去不谈。② Rewi Alley 全书③基本是按杜诗写作的时间顺序编排的,但与洪业等不同的是,选入的诗歌没有再进行分期,而其微观译介结构采用的是"译诗-注释型",而且注释的数量不多。由于 Hawks 的著作④有点类似于学习课本,其宏观结构并不复杂:共 35 首杜诗,按时间顺序编排(不是按体裁)。但其微观结构却较复杂,我们将之归纳为"原诗(注音)-主题-形式-注解-翻译型"。作者对每一首诗的处理都遵照了一定的体例:首先录原诗,并在每个汉字的下面逐一注音;第二个部分名为题目与主题;第三个部分名为形式;第四个部分名为注解;最后一部分是全诗的英译。应该说,本型的内容颇为丰富。如此丰富的译介结构,其实也都是为作者所阐明的该书的目的服务的:帮助那些对中文一无所知或知之甚少的英语读者了解一些中国诗的真实面貌及其运作方式。

Rexroth⑤ 的译介结构较简单,宏观结构包括 introduction、

---

① Rexroth, Kenneth, *One Hundred Poems from the Chinese*. New York: New Directions Publishing Corporation, 1971, introduction, p.Ⅺ.

② 郝稷,《至人・至文・至情:洪业与杜甫研究》,载《古典文学知识》,2011 年第 1 期。

③ Alley, Rewi, *Tu Fu Selected Poems*. Beijing: Foreign Language Press, 1962.

④ Hawks, David, *A Little Prime of Tu Fu*. Oxford Clarendon Press, 1967.

⑤ Rexroth, Kenneth, *One Hundred Poems from the Chinese*. New York: New Directions Publishing Corporation, 1971.

translated poems、notes 和 bibliography,微观结构则是只有译诗的"翻译型"。Arthur Cooper① 则采用了译诗-诠释型：本型中的"诠释"与上面的"注释"的差别在于内容的深度和广度。如果说"注释"更多地是对一首诗中一个或几个点的注解,"诠释"则侧重于对一首诗的全面阐释,内容丰富而全面,比如《春望》,译诗后译者用了 6 页多篇幅来对之进行阐述②,内容涉及诗歌的体裁、韵律、写作背景、历史缘由、诗歌内涵以及对诗句的逐句解读等。

（3）译介策略

洪业③没有直译杜诗,因为他认为这样做既费力又会造成很大的误导,他更关注在诗歌和特定背景下诗人试图与读者交流的精神所在,因此他也拒绝削足适履,没有将英诗韵律节奏等形式要素强加于他的英语翻译之上④。换言之,洪业所采用的主要是意译的方法⑤。

Rewi Alley⑥ 的翻译策略,是他使用自由体翻译杜诗,而 Hawks 的著作⑦,由于其定位,直接采用了以散文译诗歌的方法,完全摈弃了诗歌的形式。

---

① Cooper, Arthur, *Li Po and Tu Fu*：*Poems Selected and Translated with an Introduction and Notes*. Hammondsworth：Penguin Books, 1973.

② *Ibid.*, pp.171 − 177.

③ Hung, William, *Tu Fu*, *China's Greatest Poet*. New York：Russell & Russell, 1952.

④ 郝稷,《至人·至文·至情:洪业与杜甫研究》,载《古典文学知识》,2011 年第 1 期。

⑤ Hamill, Sam, *Facing the Snow*：*Visions of Tu Fu*. Fredonia, N. Y.：White Pine Press, 1988, introduction.

⑥ Alley, Rewi, *Tu Fu Selected Poems*. Beijing：Foreign Language Press, 1962.

⑦ Hawks, David, *A Little Prime of Tu Fu*. Oxford Clarendon Press, 1967.

正因为 Rexroth 认为"我一直认为翻译就是我的自我表达"①,所以他坚持翻译诗歌应该有相当程度的自由,不能拘泥于原文。基于这样的原则,他在翻译杜甫诗的时候增加了许多自己的创造②。

Arthur Cooper③ 在翻译中采用了以格律译格律的方法,即对李杜诗歌中七言的 4+3=7 字,他用 6+5=11 个音步来翻译,而对五言的 2+3=5 字,他用 4+5=9 音步进行翻译。④ 在押韵上,除正常的押韵外,译者还采用了半韵、眼韵等方法,同时押尾韵也没刻意与原诗保持一致,因此有时通篇皆押韵,有时又只是偶尔有韵。⑤

3. 第三阶段:杜诗英译的兴盛期

第三阶段为杜诗英译的兴盛期(20 世纪 80 年代至今),其兴盛表现在:杜诗英译专集和合集继续出版,其中 David Hinton⑥ 的"文学译"和 Burton Watsen 的译本⑦都具有较大的影响;关于杜诗及杜诗翻译的研究有了较大的发展,如 David R. McCraw 的 *Du Fu's Lament from the South*⑧ 等。此外还有博士论文专门研究杜诗并英译的,如 Susan

---

① Rexroth, Kenneth, *One Hundred Poems from the Chinese*. New York: New Directions Publishing Corporation, 1971, p.136.

② 刘岩,《雷克斯罗思的杜甫情结》,载《广东外语外贸大学学报》,2004 年第 3 期。

③ Cooper, Arthur, *Li Po and Tu Fu: Poems Selected and Translated with an Introduction and Notes*. Hammondsworth: Penguin Books, 1973.

④ *Ibid.*, pp.82 - 83.

⑤ *Ibid.*, p.85.

⑥ Hinton, David, *The Selected Poems of Tu Fu*. New York: New Directions Publishing Corporation, 1988.

⑦ Watson, Burton, *The Selected Poems of Du Fu*. New York: Columbia University Press, 2002.

⑧ McCraw, David R., *Du Fu's Lament from the South*. Honolulu: University of Hawaii Press, 1992.

Cherniack 的 *Three Great Poems by Tu Fu*①，而所有研究中最为著名的当数宇文所安（Stephen Owen）的《中国文学选集》(*An Anthology of Chinese Literature：Earliest Times to 1911*)②。

（1）文本择选

David Hinton 的文本择选也是按杜诗的写作时期，即按编年史选择的，因为译者认为，由于杜诗在很大程度上与其历史背景息息相关，因此阅读杜诗之前，读者可能想阅读其传记，而这种设计则可让读者在阅读每首诗歌时与传记内容结合起来。③

Burton Watson④ 选择了 135 首杜诗，他的选材基于对杜甫"名诗"和他认为值得译介的作品。他认为，尽管杜诗有 1400 余首，但杜甫的名声主要靠大家公认、反复评论和收入选集的 100 首左右的诗歌。⑤这一方法是依据原作的"经典性"进行选材。

宇文所安的（Stephen Owen）的《中国文学选集》⑥的选材也立足于"经典性"，以唐代部分来看，王维、李白、杜甫几家的作品入选 91 首，占整个唐代入选作品规模的三分之一强。本书也是按编年史方法，将杜甫生平划为 6 个时期，共选择了 35 首诗歌。在介绍具体作品时，往

---

① Cherniack，Susan，*Three Great Poems by Tu Fu*. Ph.D.diss.：Yale University，1989.

② Owen，Stephen，*An Anthology of Chinese Literature：Earliest Times to* 1911. New York：W. W. Norton & Company，1996.

③ Hinton，David，*The Selected Poems of Tu Fu*. New York：New Directions Publishing Corporation，1988，p.vii.

④ Watson，Burton，*The Selected Poems of Du Fu*. Columbia University Press，2002.

⑤ *Ibid.*，pp.36 – 37.

⑥ Owen，Stephen，*An Anthology of Chinese Literature：Earliest Times to 1911*. New York：W. W. Norton & Company，1996.

往简明地交待出时代状况,把该诗置于当时历史背景中,不但将眼光逆向回溯至前代,更将眼光向后投射,在共时上注意各种倾向、各种文体的相互联系和区别,在历时上强调了不同时期诗歌发展的不同特色和生成关系,循此可见中国唐代诗歌的延续性和丰富性。因而《中国文学选集》的文学史价值远远大于一般意义上的作品选价值①。

(2)译介结构

Hinton② 的宏观译介结构包括 Introduction,该部分又有三方面的内容:Tu Fu's Poetry、Chinese Poetics、Translation Principle。在译诗部分,本书共收英译杜诗 127 首,按杜诗写作年代分为七个时期;其后的 Biography 和 Notes 都颇为详尽,Bibliography 更是详列了杜诗翻译和研究的主要著作,具有较高的参考价值。在微观结构上,本书采用的是较常见的"译诗-注释型"(尾注)。

Burton Watson③ 的宏观译介结构较简单:包括 Introduction 和译诗,译诗的安排也以杜甫诗歌写作的顺序安排。其微观结构为"背景介绍-译诗-注释型",此型与"译诗-注释型"相似,其差异是在每首译诗前增加了介绍性的文字,内容涉及诗歌体裁、写作背景等。

《中国文学选集》④的编选体例相当富有特色。拿唐代部分来看,共有"唐诗简论""盛唐诗""杜甫""插曲玄宗与杨贵妃""唐代的边塞文学"和"中晚唐诗"六章,每章下又列若干节。从整体上看,全书是按照

---

① 朱易安、马伟,《论宇文所安的唐诗译介》,载《中国比较文学》,2008 年第 1 期。

② Hinton, David, *The Selected Poems of Tu Fu*. New York: New Directions Publishing Corporation, 1988.

③ Watson, Burton, *The Selected Poems of Du Fu*. Columbia University Press, 2002.

④ Owen, Stephen, *An Anthology of Chinese Literature: Earliest Times to 1911*. New York: W.W. Norton & Company, 1996.

历史进程选取作品的,但某些章节的安排也体现出编选者对作品体式的考虑,这样的编选体例在美国出版的唐诗选集中可谓独树一帜①。而在杜甫一节中,其写作结构可以概括为叙议译结合,"叙"指对历史史实和杜甫生平的叙述,"议"是对杜甫诗歌的评价议论,"译"则是对杜诗的翻译,三者交融,交替使用,颇为适合诗歌史的研究。

(3) 译介策略

Hinton 的翻译策略,可以用"recreate"来进行概括,他说"这些翻译关注的焦点是将杜甫用英语再塑为强烈的诗歌话语"②,因此他重视的是忠实于杜甫诗歌的内容,而对原诗的形式和语言特色未做模仿③。这类翻译又常被称为文学性翻译④。

Watson⑤ 与 Hinton 不同,他的译作"既注重内容的准确,又流畅可读",介于学者型翻译和文学性翻译之间。⑥ 宇文所安在《中国文学选集》中对保持译文的"英语化"归化毫不讳言。然而,在这本选集中,异化的翻译策略仍然被大规模采用,这在意象的翻译中比较明显,尤其是那些承载中国文化根本内涵的文化意象。⑦

---

① 朱易安、马伟,《论宇文所安的唐诗译介》,载《中国比较文学》,2008 年第 1 期。

② Hinton, David, *The Selected Poems of Tu Fu*. New York: New Directions Publishing Corporation, 1988, p. Ⅺ.

③ *Ibid*., p. Ⅻ.

④ 田晓菲,《关于北美中国中古文学研究之现状的总结与反思》,载张海惠主编,《北美中国学——研究概述与文献资源》,北京,中华书局,2012 年,第 607 页。

⑤ Watson, Burton, *The Selected Poems of Du Fu*. Columbia University Press, 2002.

⑥ 田晓菲,《关于北美中国中古文学研究之现状的总结与反思》,载张海惠主编,《北美中国学——研究概述与文献资源》,北京,中华书局,2012 年,第 607 页。

⑦ 田晓菲,《关于北美中国中古文学研究之现状的总结与反思》,载张海惠主编,《北美中国学——研究概述与文献资源》,北京,中华书局,2012 年,第 607 页。

4. 描述小结与讨论

上面描述了杜甫诗歌英译的文本择选、译介结构和译介策略三个维度，下面我们先讨论翻译期待，然后对前三个维度进行小结和讨论。

（1）翻译期待

上面我们没有分阶段对翻译期待进行描写，主要是因为翻译期待实际上包含了宏观的社会文化到微观的译者翻译目的等多种因素，这些因素往往相互交织，常常具有跨阶段的特点，不宜分阶段阐释（如对读者的重视）；同时作为上位因素，它也会影响选材、译介结构和译介策略等。对于杜诗翻译中的翻译期待，其特点可概述如下。

① 翻译主流的影响

所谓翻译主流的影响，指译入语社会对翻译作品的总体倾向，如美国社会对翻译作品的归化、透明化。① 在杜诗翻译中，也有类似的影响，总体而论，杜诗翻译以这类归化翻译为主，如文学译、宇文所安的"英语化"归化译法等。再如，在杜诗译入英语世界的初期阶段，与其他英译汉语典籍一样，最为重大的影响是中国诗歌作为意象主义运动的副产品，在庞德等人的推动下得到了蓬勃发展。② 中国古诗的表现手法被他借用到英语诗歌的改革与创新中，形成了新的意象派创作风格。这一背景从多方面影响了杜诗英译，其中较为典型的就是对杜诗的随意解释和发挥。

② 杜诗翻译"小传统"的作用

---

① Venuti, L., *The Translator's Invisibility: A History of Translation*. London & New York: Routledge, 1995, pp.20 - 21.

② Graham, A. C., *Poems of the Late Tang*. Hammondsworth: Penguin Books, 1965, p.13.

这里的小传统是指"如果文学文本在输入地区能够有持久的影响,大多是在当地已经落地生根,形成了一个文学小传统。这个小传统通常是由文学作品的翻译文本组成,与输出地区的原作文本可能已有了相当大的歧异,是一种改写过的,有所取舍的本土文本,其中注入了输入地区本身文化、社会、历史方面自己的需要,也加入了输入地区对他者的想象和憧憬。中国古典诗歌对 20 世纪末以来一些美国作家能产生持久的影响,正是因为其英译已在英语世界形成了一个小传统"①。它以译本的"经典化"为目标。这种小传统形成后能独立于原作发挥作用,也就能解释一些较为奇特的翻译现象,比如杜诗英译的第二阶段正是中国与世隔绝的时期,但杜诗英译却在这一阶段得到了较大的发展。杜甫是古代诗人,与当时的国与国关系不大,但这只是原因之一,更重要的还是这种小传统的作用。

　　③ 读者期待与翻译目的

　　前面的文学性翻译以及译者的"经典化"努力,都可以视为对读者期待(主要是大众读者)的一种回应,此外,学者型翻译、格律翻译等也是满足另外一部分读者期望的方式。翻译目的与满足读者期待有密切的关系,但其中有一点比较特殊,值得注意,这就是有少数译者本身也是作家,他们的翻译对自身的创作也颇有促进,这也可以视为比较特殊的翻译目的。这方面的例子有洛威尔译《松花笺》(其中有杜甫的诗歌)②和被视为"旧金山文艺复兴之父"的王红公的翻译③。

---

　　① 钟玲,《中国诗歌英译文如何在美国成为本土化传统——以简·何丝费尔吸纳杜甫译文为例》,载《中国比较文学》,2010 年第 2 期。

　　② 葛文峰、李延林,《艾米·洛威尔汉诗译集〈松花笺〉及仿中国诗研究》,载《西安石油大学学报》,2012 年第 1 期。

　　③ 金启华、金小平,《仰止高山,别开生面——略论杜甫诗歌对美国诗人王红公的影响》,载《杜甫研究学刊》,2008 年第 1 期。

当然，翻译期待的上述要素，为我们分析提供了探析的视角，但它们并非一成不变，比如在翻译主流影响中，第一阶段确实有不少"创译"，但其中也不乏弗莱彻（W. Fletcher）在《英译唐诗选》中所表现出的"信达而兼雅"的例子。上述要素之间的相互影响、渗透、互补等关系，值得深入探讨。

（2）文本择选

从杜诗英译三个阶段文本择选的演进，我们不难发现，在汉诗选译本、杜诗专集中有以下选择方法：依据体裁、依据题材、依据编年史、依据已有原作选本、依据译者审美兴趣、依据原作的"经典性"、依据文学史价值。这些选材方式有的时候是并用的，如 Burton Watson① 主要依据原作的"经典性"进行选材，同时他还根据个人审美趣味，选入了部分他认为值得译介的诗歌。

这些方式的选用，往往与译者的翻译目的和读者定位密切相关。如 Sam Hamil 宣称，他翻译杜诗的目的，就是要用当代美国英语以诗译诗，"我不可能是杜甫，但我讲话必须像杜甫"②，正是出于这种诗情诗味的考虑，译者选择的重点是杜甫关于友情、家庭和自然的诗歌，而政治诗选择较少。这说明在选材中，译者的倾向和喜好是一个需要加以注意的重要因素。它不仅表现在完全依据译者个人审美兴趣的文本择选中，在其他选材方法中也具有重要作用，比如同样是按编年史

---

① Watson, Burton, *The Selected Poems of Du Fu*. Columbia University Press, 2002.

② Hamill, Sam, *Facing the Snow: Visions of Tu Fu*. Fredonia, N.Y.: White Pine Press, 1988, introduction.

方式选材,有时候能呈现很大的差异。以 Hinton[①] 和 David Young[②] 中杜甫的早期诗歌选材为例,Hinton 归为"Early Poems(737A.D.- 745)",选诗 5 首,David Young 归为"Early Years in the East, 737 - 744",选诗 14 首。尽管两书收录杜诗的总数有差异(Hinton 收 127 首,David Young 选 170 首),但从收录比例上看无疑后者更多。造成这种差异的原因在于 Hinton 所选的是各时期杜甫的代表作,而 David Young 是想"展示杜甫如何从一位好诗人成为一位伟大诗人的发展历程"[③],故此他的选材紧贴杜甫的生活和历史[④]。

从上述简析我们可以看出,杜诗的选材是译者依据译本规模(如,是汉诗选译本还是杜诗专集,若是专集,其篇幅多大,等等)、读者对象以及译者本人的审美倾向所做出的抉择,它从宏观层面决定了某一种杜诗英译的规模、范围和具体内容。

(3) 译介结构

在选材确定后,用什么方式来安排和呈现诗歌的选本或专集,就需要借助译介结构了。译介结构与选材方法有部分重合:假如选材方法采用的是编年史法,则译介宏观结构中的"译诗"部分也是编年史法,但宏观结构还有其他要素,如 Hinton 的宏观结构就还有 Introduction、Biography、Notes、Bibliography 等。此外,其译介的微观结构是"译诗-注释型"。

我们对译介结构可归纳如下:收有杜诗的汉诗选本和专集的宏

---

① Hinton, David, *The Selected Poems of Tu Fu*. New York: New Directions Publishing Corporation, 1988.

② Young, David, *Du Fu, A Life in Poetry*. New York: Alfred A. Knopf, 2008.

③ *Ibid*., p. Ⅻ.

④ *Ibid*., p. Ⅺⅴ.

观译介结构有按编年顺序编排的方法、叙议译结合的诗歌史阐述方式和除译诗外与其他外在要素的组合，如 Introduction、Notes、Biography、Bibliography 等；微观结构包括"翻译型""译诗-注释型""背景介绍-译诗-注释型""译诗-诠释型""原诗（注音）-主题-形式-注解-翻译型"等。

从上面的描述也可看出，译介结构的详略，其实也与译诗目的和读者对象有直接的关系。采用什么样的宏观结构来呈现汉诗选本或杜诗专集，采用什么样的微观结构来表现译诗及与之相关的要素，都须由译者依据译诗目的和读者对象做出选择。如 Hawks 的《杜诗初阶》①，由于面向初学者，因此在微观结构的设计上就颇为丰富（见上文）。

(4) 译介策略

译介策略反映原文与译文的关系，是各种译本的重中之重。如果说文本择选和译介结构主要从外部和相对宏观的角度解决杜诗英译的问题，那么译介策略则是从诗歌文本内部与语言转换、文化移译、意象传达等一系列问题相关。正因为如此，这部分内容也是整个杜诗翻译史中最为丰富的：从颇具特色的"创意英译"和"拆字法"，到用自由体翻译、散文翻译、格律翻译，再到文学性翻译、学者式翻译和倾向于归化的译文的"英语化"归化翻译等，这些策略与方法涉及了迄今翻译研究中反复讨论的直译/意译、异化/归化、散文译诗/格律译诗、文学性翻译/学者型翻译等范畴，反映出译者在此演进过程调动了各种能够调动的手段，运用了各种能够运用的方法来致力于杜诗翻译。

---

① Hawks，David，*A Little Prime of Tu Fu*. Oxford Clarendon Press，1967.

通过对三个阶段的描述,我们发现,各种译介策略的发展呈现出"递进、互补、舍弃"的关系:所谓"递进",指译介策略与方法的丰富与发展,如格律译诗各阶段就是一种发展关系;"互补"则指同一种译介策略或方法,在不同的阶段其内涵和操作方式会有一定差异,如果我们比较翟理斯和宇文所安的"意译"就会有所发现;"舍弃"则指某种方法随着社会的发展而消亡了,最典型的如洛威尔和艾斯柯的"拆字法"。它之所以在后来的翻译中不再为其他译者所采用,关键在于此法本身太死与太活:对原文的理解太死,过于强调对字面的解析,而按其解析翻译出来以后又离原诗太远,显得太活。

　　通过描述,对译介策略与技巧的发展关系进行研究,应当是很有价值的。另须说明的是,本文的描写仅限于译介策略的宏观层面,对于更具体的语句层面尚未涉及,容另文阐述。

四、结论

　　本文借鉴切斯特曼翻译规范模式,构建了适用于描写汉语古诗英译中某一作者翻译的模式,还通过杜甫诗歌英译的个案,对这一模式进行了验证。个案研究说明,这一模式具有一定的描写力,能够从社会文化、读者对象、文本关系、译本呈现形式等方面反映某一作家英译作品英译的历程。基于杜诗英译的个案,我们可以将本文的图 1 扩展为图 2:

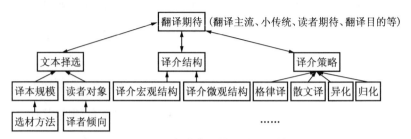

图 2　汉语古诗英译描写的扩展模式

　　当然，这一模式的有效性还需更多的个案来加以验证，模式本身也还有待于进一步研究予以完善。

（原载《外国语》2013 年第 5 期）

后殖民翻译理论观照下的
赛珍珠《水浒传》译本

张志强

一、引言

　　赛珍珠一生扮演了众多社会角色，成绩显赫却饱受争议。作为作家，她著述颇丰，是众多文学奖项包括诺贝尔文学奖的得主；作为社会活动家，她创办了东西方协会，组建了专门负责收养、领养或帮助亚洲弃儿与美亚混血儿的慈善机构"欢迎之家"和"赛珍珠基金会"，积极参与各种争取种族平等、男女平等的社会活动；作为翻译家，她第一个将中国古典名著《水浒传》(70回全译本)介绍给了西方。但是，她翻译的《水浒传》，国内历来是贬多于褒。实际上，国内外对赛珍珠翻译的研究还较为薄弱，而从后殖民翻译理论尤其是"杂合"理论的角度来研究赛氏翻译者更不多见。本文拟在后殖民翻译理论的观照下，考察赛珍珠《水浒传》翻译的杂合特征，揭示其译本的文化价值、文学价值及其对当下中外文化交流的启迪意义。

二、后殖民翻译理论述要

拉曼·塞尔登(Raman Selden)等学者认为,作为后现代主义思潮的重要组成部分,后殖民批评也关注对各类"中心"的解构与消解,其显著特点在于它将人们的注意力引向了被忽视了的西方和第三世界间的权力关系,让人们看到了西方的价值观、思想和文学传统以及种族中心主义对非西方文化的压迫和边缘化。[①] 杰姆逊"注意到第一世界掌握着文化输出的主导权,而处于边缘地位的第三世界文化资源只能被动接受,他们的文化传统面临威胁,⋯⋯面对这种后殖民文化霸权,杰姆逊期望第三世界文化真正进入与第一世界文化'对话'的话语空间,以一种'他者'的文化身份成为一种特异的文化表达,以打破第一世界文本的中心性和权威性"[②]。朱立元指出,后殖民主义理论的当代意义就是要"消除西方中心或东方中心的二元对立,解除一方压倒或取代另一方的紧张关系,倡导东西方之间的真实对话,以更开放的心态、多元并存的态度、共存互补的策略面对东方和西方"[③]。

随着上个世纪 80 年代以降翻译研究的文化转向,人们在翻译研究中不再局限于寻找文本内语言层面上的对等与忠实,翻译与社会文

[①] Selden, Widdowson & Brooker, *A Reader's Guide to Contemporary Literary Theory*. Beijing: Foreign Language Teaching and Research Press, 2004, pp.221 - 222.

[②] 朱立元,《当代西方文艺理论》,上海,华东师范大学出版社,1997 年,第 415 页。

[③] 同上,第 429 页。

化、政治的关系得到了空前的关注，后殖民理论也很自然地被引入翻译研究，为人们重新认识翻译提供了一个较新的视角。正如著名翻译研究学者苏珊·巴斯奈特（Susan Bassnett）所言："我们不得不承认尼南贾纳所说的翻译中包含着控制策略。'翻译强化了殖民者所描绘的被殖民者的形象，使被殖民者获得的只是爱德华·赛义德所称的没有历史的再现或事实'①。"②尼南贾纳（Tejaswini Niranjana）的《为翻译定位：历史、后殖民主义与后殖民语境》一书，不仅让我们看到了翻译与殖民霸权的共谋，也揭示了翻译作为干预、抵制宗主国文化的工具的可能。另两位后殖民翻译理论学者斯皮瓦克（G. C. Spivak）和霍米·巴巴（H. K. Bhabha）也让我们看到了翻译参与消解殖民霸权的潜能和力量。斯皮瓦克认为，后殖民批评的目的就是要消解和削弱西方对第三世界国家的文化霸权，霍米·巴巴认为，弱势文化完全可以在复制强势的殖民文化语言的时候，对殖民文化进行改写，掺入殖民地的异质文化成分，使殖民者文化变质走样，丧失权威，并使弱势文化最终获得自身的合法性。③ 韦努蒂（Lawrence Venuti）指出，为了抵制西方文化霸权，翻译可以采取"抵抗性"异化策略，即选用不通顺的或是陌生、怪异的翻译风格，以便在译文中彰显原文的异国身份，保留原文中与译入语文化主流意识形态相左的文化和文学特色，抛弃"文化自恋"，达到彰显译者和异国文化的目的。④ 伯尔曼（Antoine Berman）也认

---

① Niranjana, Tejaswini, *Siting Translation: History, Post-structurism, and the Colonial Context*. Berkeley: University of California Press, 1992.

② Bassnett & Lefevere, *Constructing Culture*. Shanghai: Shanghai Foreign Language Education Press, 2001, p.129.

③ 孙会军，《普遍与差异》，上海，上海译文出版社，2005年，第30—31页。

④ Venuti, Lawrence, *The Translator's Invisibility: A History of Translation*. London and New York: Routledge, 2004, p.300, pp.305 - 306.

为,译文只有经受了"异域的考验",努力保持了异国情调,才能使译者"显形"。异化策略"是对当今世界事物的一个聪明的文化干预,是用来针对英语国家的语言霸权主义和在全球交往中的文化不平等状态,是对民族中心主义、种族主义、文化自恋主义和文化帝国主义的一种抵制,有利于在全球地域政治关系中推行民主"[①]。当然,韦努蒂和伯尔曼的异化(抵抗)策略理论,主要针对的是英美种族中心主义,但正如已有学者指出的那样,"后殖民主义思潮进入一些弱势文化的语境中之后,很容易变体为一种狭隘的民族主义。而这种极端的民族主义的偏激往往会使身处弱势文化中的译者刻意地在翻译中凸显本文化的差异性,而对强势文化的差异性特征则拒之于千里之外,……不利于自身文化的成长壮大,更不利于弱势文化转弱为强"[②]。也就是说,要想实现真正的文化交流与对话,异化虽然可以作为主要策略,但必须要适度,也不能全然排斥归化。译者要尽力摆脱狭隘的民族主义,不能在打倒他者种族中心主义的同时,又树立起自我种族中心主义。多元文化主义的跨文化视野也就成了对译者和译文读者的必然要求。

"杂合"原是生物学术语,指不同种、属的两种动植物的杂交及其结果。这个术语后来被包括人文社科在内的许多学科借用,在文学批评的后殖民理论中尤为常用,主要指"不同语言和文化相互交流、碰撞,最后形成的具有多种语言文化特点但又独具特色的混合体"[③]。霍米·巴巴在其 *Nation and Narration* 一书中在讨论现代西方民族与

---

① 转引自俞佳乐、许钧,《翻译的文化社会学观——简评〈翻译文化史论〉》,载《中国翻译》,2004 年第 1 期,第 42 页。

② 孙会军,《普遍与差异》,上海,上海译文出版社,2005 年,第 49 页。

③ 韩子满,《文学翻译与杂合》,载《中国翻译》,2002 年第 2 期,第 55 页。

他者关系时,引进了"hybridity"(杂合性)一词①,在其 *The Location of Culture*② 一书中,巴巴就杂合性对促进文化间平等交流的积极意义也多有论述,并提出了"第三言语空间"(Third Space of Enunciation)的概念。对后殖民理论有较深研究的道格拉斯·罗宾逊(Douglas Robinson)对"杂合"的解释是:"杂合是指不同民族、种族、文化和语言的相互混合的过程,……大多数后殖民理论家都欢迎它,认为它可以使人类社会变得更加丰富多彩"③。吉纳·维斯克(Gina Wisker)在其《后殖民文学的关键概念》一书中,认为杂合是一种多声部复调音乐,蕴含着多种叙述形式和多个视点。④ 后殖民理论学者通常认为,只要有语言文化的交流,就会有杂合。杂合具有积极意义,有助于消解西方文化霸权,有助于彰显弱势文化声音,从长远看也有利于消解强势文化和弱势文化间的二元对立。就翻译而论,他们认为,翻译可以产生杂合,杂合又会对翻译产生影响。Schäffner 等翻译研究学者提出了"杂合文本"的概念,认为杂合文本由翻译产生,具有对目标文化来说有些"奇异"的特征,但它并不是翻译腔,不是译者缺乏翻译能力,而是译者有意所为。⑤ 笔者认为,赛珍珠的《水浒传》译本与这一描述颇为吻合,具有典型的杂合特色。

---

① 刘军平,《超越后现代的"他者":翻译研究的张力与活力》,载《中国翻译》,2004年第 1 期,第 15 页。

② Bhabha, Homi K., *The Location of Culture*. London and New York:Routledge,1994.

③ Robinson,Douglas,*Translation and Empire：Postcolonial Theories Explained*. Manchester：St. Jerome, 1997, p.118.

④ Wisker, Gina, *Key Concept in Postcolonial Literature*. Houndmills：Palgrave Macmillan, 2007, p.190.

⑤ 韩子满,《文学翻译与杂合》,载《中国翻译》,2002 年第 2 期,第 55 页。

在具体分析赛译《水浒传》的杂合特征之前，让我们进一步区分一下杂合与异化。

杂合是不同语言文化接触、妥协与融合的过程和结果，只要有语言文化的交流，就会有杂合。在这个意义上，所有译本都具有一定的杂合特征，只不过杂合程度不同而已，而杂合度又与译者采用的翻译策略与方法有关。韩子满在其《文学翻译杂合研究》一书中指出，"如果译者主要采用归化的策略，译文的杂合度就低；反之，如果译者采用的主要是异化的策略，译文的杂合度就高"①。杂合不是传统意义上的翻译方法层面上的异化，它更类似韦努蒂的异化策略理论的"异化"概念。韦努蒂的异化策略理论旨在抵抗文化霸权、种族中心主义和文化自恋，促进不同文化间的平等交流。异化就是借以达到这一目的翻译策略，就是要将不同于目的语文化主流观念或准则的异成分引入目的语文本及文化。② 为了实施异化策略，译者对目的语文化必须非常了解，且能用目的语进行创作。为了达到异化效果，译者可以选择被目的语文化排除在文学典律之外的、边缘化了的文本来翻译，甚至可以采用归化（透明）译法；译者也可选择符合目的语文化、文学典律的文本，但采用边缘化的话语来翻译；译者在翻译文学文本时，可以引进异样的话语表述，尝试使用古语、俚语、典故以彰显翻译低于原作的地位和源语文本的异质特征。③ 传统意义上的翻译方法层面的异化是实现韦努蒂意义上的异化的方法之一，是使译文取得较高杂合度的主要手段和译文杂合特征的主要体现。

---

① 韩子满，《文学翻译杂合研究》，上海，上海译文出版社，2005 年，第 151 页。

② Venuti, Lawrence, *The Translator's Invisibility: A History of Translation.* London and New York: Routledge, 2004, p.20.

③ *Ibid.*, pp.309 – 311.

三、赛译《水浒传》的杂合特征

杂合是赛译《水浒传》的整体特征。韩子满在论及译文杂合的主要表现时指出，译文杂合主要表现在语言、文化和文学规范三个方面[①]。赛译《水浒传》也不例外，其杂合特征的主要体现，一是译本将目的语文化读者所不熟悉的一种文学样式引进了目的语文化，二是将较多的源语文本的语言特征引进了目的语文本，三是将源语的某些文化特征引入了目的语文化。再一点就是，赛珍珠并非一味地异化，而是以异化为主，以归化、简化、显化为辅，表现出了翻译方法的多样性。

首先看文学规范上的杂合。

《水浒传》是中国四大古典名著之一，而且是一般西方读者所不熟悉的章回体小说，但赛珍珠在其译本中完全保留了这一文学样式及其惯用的叙述方式。章回体小说的章回题目一般都是对偶形式，英文中自乔叟（Geoffrey Chaucer）起就有与之有一定相似点的韵体 couplet，蒲伯（Alexander Pope）更是以其 heroic couplet 而著称，但那只是作为一种诗体，从不用于诗文题目。赛珍珠在翻译时一概保留了章回题目的形式特征，尽管许多地方表意并不十分确切。这里仅举第 1 和第 22 章题目为例：

---

① 韩子满，《文学翻译杂合研究》，上海，上海译文出版社，2005 年，第 57—61 页。

王教头私走延安府 九纹龙大闹史家村。

Wang The Chief Instructor goes secretly to Yien An Fu. The Nine Dragoned makes a mighty turmoil at the Village of the Shih Family.

横海郡柴进留宾 景阳冈武松打虎。

Ch'ai Chin presses his guests to stay. Wu Sung kills the great tiger of Ching Yang Ridge.

此外,章回体小说的开头、中间和结尾处有较为固定的话语模式:"话说""话分两头"和"且听下回分解"。为了彰显这一叙述方式,赛珍珠遇到它们时,都较为固定地译成了:"IT IS SAID:""Now the story must be divided into two"和"Pray hear it told in the next chapter"。而且,"IT IS SAID:"在每章开头都是单独成行,用以彰显这一特点。

赛珍珠的这一做法,无疑带来了译本在文学规范上的杂合,但它同时也让西方读者知道了世界上另一文学样式和文学规范的存在,让他们在陌生与熟悉中对中国文学有了一定的了解与感受。

其次是语言特征上的杂合。

四字成语或四字结构是中文的一大特色,赛珍珠在翻译时极力保留,甚至不惜牺牲意义的准确。仅举第3回中几处为例:

例1

赵员外说:"要是留提辖在此,恐怕会有些山高水低,他日教提辖怨恨;……"

But Chao said, "If I let the captain stay here it will be <u>as dan-</u>

gerous as mountains too high and waters too deep. Then if trouble comes, you will hate me ... "

例 2

吓得庄家目瞪口呆,不知所措,看他,却往那五台山上去了。

At this the innkeeper was so frightened that his <u>eyes stared woodenly and his jaw hung</u> ...

例 3

……夜间起来净手,大惊小怪,就在佛殿后撒尿拉屎,弄得遍地都是。

... and when he rose in the night to piss he would <u>shout out this and that in a great voice</u>, and he went and pissed behind the very Buddha so that the water and filth ran over the whole floor.

为了追求原文形式特征的再现,特别是四字结构形式的再现,赛珍珠常将"虚写实译",即将原文中一些只具修辞意义、已不具形式(字面)意义的词语,按其字面意义译出;使译文描述在某些地方显得多少有点怪异,但这也正迎合了上文中我们提到的 Schäffner 等人的"杂合文本"概念,即杂合文本由翻译产生,具有对目标文化来说有些"奇异"的特征,但它并不是翻译腔,不是译者缺乏翻译能力,而是译者有意所为。

例 4

那西门庆正和这婆娘在楼上取乐,听见武松叫这一声,惊得屁滚尿流,一直奔后门,从王婆家走了。(第 3 回)

Now that Hsi Men Ch'ing was at that very moment upstairs with the woman seeking happiness and when he heard this shout from Wu Sung, he was so frightened that his wind burst from him and his water came out of him ...

例 5

李逵、杨雄前一队做先锋,……摇旗呐喊,擂鼓鸣锣,大刀阔斧,杀奔祝家庄来。(第 46 回)

Li K'uei and Yang Hsiungwere to go first as vanguard ... Then waving their flags and shouting their war cries, beating their drums and gongs with their knives and their broadaxes they went charging toward the village, killing as they went ...

例 4 中的"屁滚尿流"和例 5 中的"大刀阔斧"等,皆非实写,前者只用来形容西门庆非常吃惊,后者只用来说明梁山的队伍声势浩大,威风凛凛,人马火速,并非一个个都拿着大刀和阔斧,一路走一路杀。而译者为了追求译文形式上与原文的最大相似,都作为实写译出。这样的虚写实译,虽然在意义上有点背离原文,但却使译文更加生动具体,带来了一定的陌生化效果,增加了译文的可读性,从而也更利于译文被目的语读者接受。

再就是文化上的杂合。

文化杂合主要体现在文化蕴载词的翻译上。一种文化中的某些概念和事物常常在另一种文化中难以找到,也就是说每种文化都有其独特性。这些独特性表现在语言(文本)里就是一些文化蕴载词。赛珍珠在翻译这些词语时,也主要采用了异化手法,如对于称谓语,译者多数都保留了源语文化特色，如：贤弟，Good Brother；贤妹，Good Sister；大哥，Elder Brother；恩人，Most Gracious/Gracious One、Merciful One；大官人，Great lord；丈人（对老者的尊称），Elder One；等等。

对称谓的异化翻译，给英语及西方文化注入了新的元素，使得英语不再像西方英语读者惯常看到的那样"纯洁"，也使得英语的权威规范受到了挑战。像上文中霍米·巴巴所说的那样，译文掺入了殖民地的异质文化成分，使殖民者文化变质走样，丧失权威，有助于弱势文化最终获得自身的合法性。同时，这样的译文还有助于增强读者的文化差异意识，有利于不同文化间的平等对话。

正如上文谈论杂合与异化的差别时所说，杂合并不等于翻译方法上的全然异化。赛译《水浒传》在翻译方法上，以异化为主，以归化、简化、显化为辅，表现出了多样杂合。

先看第 25 回中两个归化的例子。

例 6

　　那妇人说："亏杀了这个干娘。我又是个没脚蟹，不是这个干娘，邻舍家谁肯来帮我！"

　　And that woman said, "To this foster-mother I owe everything. I was like a legless crab, and had it not been for this foster-mother who of the neighbors would have been willing to come and help me?"

译文中的"foster-mother"，在英语里是"养母"之意，即母女之间是收养关系，用它来译中国的"干娘"，无疑是将汉语文化归化到英语文化中去了。

例7

大家捏两把汗,暗暗地说:"这番萧墙祸起了! 这个太岁回来,怎肯甘休? 必然弄出事儿来!

This time there will be some curse come out of that house! Now this fierce devil has returned and how will he let it all pass? Surely something will come of it!

"太岁"是中国传说中的凶神,而赛珍珠却将其译成了西方文化中的"devil"。

再看第 25 回中一个简化的例子。

例8

士兵斟到第四杯酒,前后共吃了七杯了,众人却好像吃了吕太后一千个筵席似的。

So the soldier came again and poured out four rounds of wine and this made seven rounds altogether and it seemed to the guests that by now they had sat through the length of a thousand feasts.

译文漏掉了"吕太后"。对于"吕太后的筵席"这个典故,赛珍珠没做介绍,也没有在文内做任何补偿性说明。虽然上下文可以给读者提供一些提示,但读者恐怕还是很难领略到客人的惊恐万分之状。中国有个歇后语,叫作"吕太后的筵席——难吃"。为什么呢? 这里有典故:吃吕太后的筵席有杀头之虞。

再就是显化：

例 9

　　……脱去了红裙绣袄，穿上孝裙孝衫，这才从楼上哽哽咽咽
地假哭着下来。

　　... and took off her red skirt and her embroidered coat and put
on mourning garments of white.

此处的"white"是赛珍珠增补进译文中的，向读者说明了孝服的颜
色。这种增补有助于读者留意东西方的文化差异，因为白色在西方乃
至日本，是新娘结婚礼服的颜色。

　　归化、简化和显化的结果，分别造成了某些源语文化信息的变形、
流失和显形，也形成了整个译本在翻译方法（及语言文化）上的杂合
特征。

四、赛译《水浒传》给我们的启示

　　在后殖民杂合理论的观照下，通过译例分析，我们可以清楚地看
出赛译《水浒传》杂合特征在文学、文化、语言以及翻译方法等方面的
体现。该译本较为显著的杂合特征的形成，得益于译者的多元文化主
义者身份。朱坤领在其《赛珍珠与后殖民主义》一文中说："赛珍珠拥
有跨文化身份和立场，反对殖民主义文化霸权，持多元文化观，主张不

同民族和文化的平等;她的文化身份和立场在很多方面和后殖民主义理论家有着契合点与可以比较之处。"①郭英剑也在《赛珍珠:后殖民主义文学的先驱者》一文中指出:"赛珍珠与后殖民主义理论家、作家的相同点在于:他们均是多元文化的受益者。"②赛珍珠将《水浒传》译为 *All Men Are Brothers*(《四海之内皆兄弟》),且在其后用括号加上了音译 *SHUI HU CHUAN*,正体现了赛珍珠这个多元文化主义者对《水浒传》主题思想的解读和其对各种不同文化间平等对话的精神追求。依据《赛珍珠传》的作者彼得·康,对于文化,赛珍珠认为"它从根本上说是一种混合物"③。赛珍珠的这一看法,与后殖民翻译理论中的杂合观如出一辙。

就赛译本的接受效果而论,赛译可以说是较为成功的,它一出版就赢得了目标读者的喜爱,上了美国"每月读书俱乐部"排行榜,赢得了不少好评。王逢振曾经说过,《水浒传》的翻译,"西方人还是认为赛珍珠翻得好。比我们国家出版的英译本好一点,或者至少说影响要大一点,好读点"④。

对赛译《水浒传》杂合特征的研究,对我们当今的文学翻译尤其是中国文学的对外翻译,具有较大的启迪意义。首先,我们应珍爱自己的文学文化,进一步加强对中国文学文化外译的研究,更多、更好地向世界介绍中国。赛珍珠曾在谈及西方学者编选的一套《百部名著》中

---

① 朱坤领,《赛珍珠与后殖民主义》,载《江苏大学学报》,2006年第3期,第58—63页。

② 郭英剑,《赛珍珠:后殖民主义文学的先驱者》,载《河南师范大学学报》,1994年第6期,第71—75页。

③ 彼得·康,《赛珍珠传》,刘海平、张玉兰等译,桂林,漓江出版社,1998年,第346页。

④ 转引自刘龙,《赛珍珠研究》,昆明,云南人民出版社,1992年,第420页。

竟无一部亚洲作品时评论道:"实际上,早在我们的文明兴起以前,伟大的亚洲文明就已高度发展,而且至今仍以复兴的活力存在着"①。其次,在国际文化交流中,我们要有开放的心态和国际主义胸襟,既不妄自菲薄,也不盲目自大。后殖民杂合理论有助于我们建立合理的交往伦理,可以用来指导我们的文学翻译。在经济文化日益全球化的今天,世界更需要各种文化间的平等对话与交流,以异化为主要倾向的杂合译文有利于消解文化霸权,有利于遏制狭隘的民族主义和文化自恋。再有,作为一个合格的译者,应当能洞察两种或多种语言文化的各种差异,有驾驭两种语言的能力,如韦努蒂所说的,最好能像赛珍珠这样具有用目的语进行创作的能力,否则,一味异化或者太过囿于原文形式,就会遭到目的语文化文学规范的拒绝,或是造成翻译腔,影响读者的接受,也影响文化的传播效果。

结　　语

后殖民理论强调差异性,后殖民翻译理论的杂合论肯定翻译中译文与原文间存在差异的必然性,认为译本的杂合特性,是翻译中两种语言文化相遇的必然结果,杂合是翻译的普遍特征并于文化间的平等交流具有积极意义。赛译《水浒传》给我们提供了一个较好的可资研

① 赛珍珠,《我的中国世界》,尚营林、张志强等译,长沙,湖南文艺出版社,1991年,第443页。

究的个案。该译本凸显了中国语言、文化、文学与西方语言、文化、文学的差异,兼具了汉语语言、文化、文学与英语语言、文化、文学的双重特质,带给了英语世界一种新异的文体,促进了东西方文化的交汇融通。对赛译的社会价值和艺术价值、文化意义和文学意义的探讨,国内外仍十分薄弱,仍有赖于我们大量深入细致的分析、对比和考证。虽然后殖民理论有助于我们加深对翻译尤其是赛氏翻译的认识,但正如著名翻译研究学者曼迪(Jeremy Munday)所说,该理论同改写理论、女性主义翻译理论一样,都属于文化研究,而文化理论家有他们自己的意识形态和议程表,他们从各自的角度对翻译的研究都在"一步步将翻译研究纳入文化研究的框架",翻译研究的"文化转向也可以被描述为文化研究试图将根基不如它牢靠的翻译研究变为它的殖民地"。①因此,对赛氏翻译的全面而深入的研究,还须有其他方法与途径的相互参照。

(原载《中国翻译》2010 年第 2 期)

---

① Munday, Jeremy, *Introducing Translation Studies: Theories and Applications*. London and New York: Routledge, 2001, pp.138 - 139.

《金瓶梅》的两个英译本

温秀颖　孙建成

　　《金瓶梅》被清朝著名文学评论家张竹坡称为中国"四大奇书"之首,更被郑振铎誉为"中国小说发展的极峰"。早在 19 世纪中叶,它就受到西方学术界的关注,迄今已有英、法、德、意、俄、拉丁等十多种西文译本。《金瓶梅》的第一个英语全译本——也是第一个西文全译本——是克莱门特·埃杰顿翻译的四卷本《金莲》(*Golden Lotus*),1939 年由 Routledge 出版公司于伦敦出版。1957 和 1979 年由 Graham Brash 出版公司出版了修订版。距第一个全译本 54 年后,美国普林斯顿大学出版社于 1993 年、2001 年和 2006 年分三卷出版了芮效卫的第二个英语全译本。

　　克莱门特·埃杰顿是牛津大学辅导学院的教师,也是汉学家和语言学家,具有很好的写作能力,而且能够熟练运用拉丁语、德语和法语。在埃杰顿那里,《金瓶梅》是供其进行心理与文化研究的原料宝库,他翻译概述,旨在做一种学术的研究。而芮效卫是美国芝加哥大学中国文学的名誉教授,著名汉学家。芮氏最早接触《金瓶梅》是 1949 年在南京大学图书馆看到了埃杰顿翻译的英译本《金莲》。芮效卫认为,《金瓶梅》是一部宏大、庞杂、精巧且结构上异乎寻常地现代的小说,其叙事艺术不仅在中国,而且在世界文学史上都堪称一座里程碑。

基于这样的认识,芮效卫宣称自己翻译《金瓶梅》的目的,就是"为了向读者展示其'复杂性'(complexity),并最大限度地保留其中具有创新性的修辞手法"以及这些创作手法所体现的意识形态。

在选择原文版本时,埃杰顿和芮效卫分别选择了张评本和词话本。

埃杰顿虽未在书中说明他的版本选择原则,但根据我们所掌握的资料,埃氏选择张评本为翻译蓝本至少有以下三种可能性:(一)埃氏翻译《金瓶梅》时,手头只有张评本而别无选择;(二)埃氏翻译《金瓶梅》曾得到老舍先生的帮助,因此,他在版本选择上极可能受到老舍先生对《金瓶梅》版本看法的影响,基于当时中国知识分子的道德观念和老舍先生对中国现代小说的思想认识,老舍先生或更倾向于推荐较为"洁净"且"更符合小说美学要求"的张评本;(三)当时英国的人文社会状况及政治意识形态对埃氏的选择起到了规约作用。埃氏最初的译本(即1939年版译本)有个很有趣的现象,即凡碰到性描写时,便用拉丁文翻译,故意让不会拉丁文的英语读者看不明白。由此,在更加鄙俚的词话本和略显洁净的张评本之间,埃氏会选择哪一个也就不言而喻了。

芮效卫认为,张评本与绣像本没有什么差异,而绣像本是词话本的劣质修本,在作者去世几十年之后,出自一个写者之手。芮效卫指出,改写者"不仅完全重写了第一回中较好的部分,来适应他自己对于小说应该如何开篇的想法,而且对全书所有的章节都进了重大改变,对每一页都进行了增删。很显然,这位改写者并不了解原作写作技巧的某些重要特点,特别是在引用的材料方面,因为原版中所包含的许多诗词都或是被删去,或是换成了新的材料,而这些新材料往往和上下文并无多少关联。但是,原作者以巧妙的方式使用诗歌、曲子、戏文对话及其他类型的借用材料,旨在对书中的人物和情节进行反讽型评论，也正是这一点使得这部小说与众不同。对引用的材料进行篡改，必然会严重扭曲作者的意图，并使得对其作品的阐释变得更加困难"。因此，芮氏选择了词话本作为翻译的蓝本，因为词话本是"最早的、与原作者原始著作最接近的、最能反映作者修辞创新手法的版本"。

如上所说，埃杰顿翻译《金瓶梅》的原始动机是为了研究现代心理学派在社会中的应用，因此，他是将其作为一个"心理与文化材料的宝库"来进行翻译的。也因此，他认为严格地进行有意识的直译，并辅以大量细致的注释和说明，将是极具价值的。但是，随着翻译的进展，《金瓶梅》所展现出的艺术魅力更多地吸引了他的视线，也促成了其翻译策略和方法的转变。他说，作为一部艺术作品，《金瓶梅》的翻译应当"使读者能够从中获得与我一样的感受"。这是显而易见的等效原则，为此，埃杰顿主要采取了如下翻译方法：（一）对书中的大量诗歌进行了删节；（二）对书中大量的性描写进行了包装，将他们译成了一般英语读者根本读不懂的拉丁文，使其类似于我们的洁本；（三）对人物姓名的翻译，使用了双重标准"男音女意"；（四）章回标题的翻译"得意忘形"，采用了西式小说章节标题的命名方式；（五）熟语、习语的翻译则主要以直译为主，但全部译作没有一个注释；（六）行文上向读者靠近，运用"归化"的流畅英文。埃杰顿声称，他"并不企图将其译成一部'学者型'的译作，但即使是将其译成一部通顺的英文作品，同时还能保留原作的精神，也是不易的"。

芮效卫翻译《金瓶梅》的目的与埃杰顿截然不同。他更趋向于向读者展示《金瓶梅》语言艺术的复杂性和思想内容的严肃性，向读者全面"展示《金瓶梅》的异国风味"。因此，他所选择的翻译策略是秉承其老师大卫·霍克斯翻译《红楼梦》的原则——"将（词话本）一切都译成英文，包括两个序言，版权说明，第一章前的八首韵文"。为此，芮效卫采取了如下翻译方法：（一）保留原作中所有的体裁、艺术形式、言语技巧，对于作者有意识地采用的艺术手法采取"异化"的手段进行翻译，哪怕这样翻译会让读者觉得别扭；（二）对于典故、引文、历史年代、历史事件、历史人物、地名等进行详尽的注释；（三）对人物姓名的翻译，全部采用了音译，几位重要女性在人物表中同时给出了意译名字；（四）章回标题的翻译"得意而不忘形"，沿用了中文古典小说章回命名的方式；（五）对谚语、习语、对联、典故和描写性排比散文等进行了印刷体例上的创新——缩排；（六）利用人物表（共 55 页长）帮助读者了解作品中的人物关系，从而更好地理解作品；（七）利用附录对原作序言进行评论，并对原文中只部分引用的诗歌或组曲进行全文翻译，并努力鉴别引文的来源，以帮助读者更好地理解作品；（八）利用参考文献为读者对作品中的诸多典故和引文进行更深入的研究提供线索；（九）利用索引帮助读者检索和追踪他们感兴趣的内容。这些方法使得芮译《金瓶梅》具有十分突出的"学者型"或"研究型"特征。

事实上，《金瓶梅》两个版本的翻译不免带着历史的划痕。按照埃杰顿在译序中的记载，他从开始翻译（1925）至完成初稿（1929），最后到付梓出版（1939），前后历经 15 年。这一时期的世界，正处于第一次世界大战结束之后和第二次世界大战爆发之前，英国社会则仍然为对战争的回忆和思索所困扰。一战后的英国虽为战胜国，但已经元气大伤，经济、金融、外贸等方面都困难重重，它和自治领地之间的矛盾不断激化，殖民地的民族解放运动更是让这个昔日的日不落帝国雪上加霜。这一切使其实力和势力受到了实质性的削弱，并逐渐开始了由一流强国沦为二流国家的历程。D. H. 劳伦斯在 1923 年写道：旧日伦敦的精神在 1915 年至 1916 年的冬天崩溃了，"在某些方面，伦敦毁灭了，从世界中心的地位上毁灭了，变成了破碎的激情、淫欲、希望、惊悸和恐惧的漩涡"。也正是在这一历史背景下,英国开始围绕政治、经济、外交等社会生活的各个方面探寻新的出路。文学创作也不例外,吴尔夫、劳伦斯、艾略特、乔伊斯等都是这一时期文学探索中最响亮的名字。而埃杰顿,作为第一次世界大战的参战者,更是急于寻找医治战后英国社会心理疾患的良药,于是他将目光投向了古老的中华文明。而《金瓶梅》(张评本)对社会、人生的真切描写,对生命本体的深切关注和对未来的希望,便成为他所需良药的宝库。

芮效卫翻译《金瓶梅》的时代正是世界走向全球化的时代。西方世界,特别是美国在经历了二战之后的飞速发展之后,物质文明达到了空前的高度,然而伴随着物质生活的巨大进步,人们的精神世界却越来越无所依归。从亚里士多德、柏拉图到杜威、德里达,西方先哲和现代哲人的鸿篇巨制和博深哲思都无法为充满道德危机、信仰危机乃至信誉危机的后现代西方世界指明出路。于是,一批西方学者开始将目光投向持续几千年而不衰的中华文明及其伟大哲学思想,芮效卫便是他们中的一个。作为一位在中国生活多年的基督徒和汉学家,芮效卫对于中国文学、文化、风俗、习惯有独特的理解和认识。他在《金瓶梅》译本序中利用近 10 页的篇幅论述《金瓶梅》所蕴含的荀子儒家哲学思想,这本身就有力地说明了他对人类本性的忧虑和思索。《金瓶梅》对那个荒淫、腐败、堕落的社会的刻意暴露和无情批判,也许正是当代西方社会精神病态的写照,而荀子人性本恶的论断在某种意义上与基督教原罪思想有着高度的一致。

在埃译本中,受当时英国社会历史现实的限制及道德规范的约束,译者把书中有关性爱场面的描写全部译成了拉丁语,约占整个译本的 50 页左右,从而使得译本成为一个英语版"洁本"。而随着时间的推移,芮译本产生的时代已不再将此类问题视作洪水猛兽,特别是在经历了性解放的后现代美国社会,读者对小说中性爱场面已能够坦然接受,而且在芮效卫看来,这些描写正体现了《金瓶梅》的独特艺术手法,是对荀子儒家哲学思想和意识形态的一种艺术化加工。因此,芮译本对于此类场面均做了完整且忠实的直译。

埃杰顿时期的英国无论是社会现状还是文化现状都处于一种转型状态,一方面,他们为自己日益没落的地位忧心忡忡,另一方面,他们对中国文化和中国人仍固守着严重的歧视。按老舍的记述,在 20世纪 20 年代,"没到过中国的英国人,看中国人是阴险诡诈,长着个讨人嫌的黄脸。到过中国的英国人,看中国人是脏,臭,糊涂的傻蛋"。可以说,中西文化完全处于不平等的地位。反映在《金瓶梅》的翻译中,就是埃氏对原文随心所欲的删改。埃氏认为,书中的许多诗歌只不过是对故事的一种传统的装饰,将他们译成英文毫无意义,因此,将他们删掉,"我并不感到良心有丝毫的不安"。埃杰顿辩称,由于中国知识阶层向来看不起小说创作,因此中国小说也从来没有进入中国"文学"的殿堂,中国小说语言也没有形成真正的文体风格。《金瓶梅》是用一种类似电报体的语言创作而成,完全没有色彩。因此,为了"使读者能够从中获得与我一样的感受",埃氏在章回标题、语言叙述上进行了加工,使其能够迎合英国读者的阅读口味。芮效卫时期的中西文化地位已经发生了重大变化。随着中国快速崛起为一个经济大国,中国在世界政治、文化等领域的地位也不断提升,中西文化交流由过去的单向、对抗向双向、合作乃至融合转变。反映在芮译《金瓶梅》上,便是译者对原文从形式到内容的全面"异化"。在芮效卫看来,《金瓶梅》无论从思想艺术,还是从语言结构的角度看,都堪称世界文学史上的里程碑,其作者可与乔伊斯和纳博科夫相媲美。

(原载《中国图书评论》2011 年第 7 期)

《红楼梦》的梦幻话语与移译

——评杨宪益夫妇的英译本

方开瑞

　　《红楼梦》统摄全局和遍及局部的叙事特色,如题名所示,首先表现于其中的梦幻话语。作者从叙述和故事两个层面,借"讲述"与"展示"两种手法,描述现实与超现实两大时空,给读者以似真非真双重感觉。因此,译者能否妥善移译该梦幻话语的叙述模式,无疑是译本是否成功的关键因素之一。鉴于杨宪益和夫人戴乃迭的英译本在上世纪 80 年代中期就引起广泛关注,评价褒贬不一①,本文拟考察该译本在以上方面的传递效果,并借以澄清有关问题。需要说明的是,因《红楼梦》版本繁富,为节省篇幅,本文依据的版本限于几个重要抄本,且仅在源文本出入较大时,才列举多种源文。

---

① 杨苡,《杨宪益与翻译》,载《中国翻译》,1986 年第 5 期,第 45 页。

一、讲述模式中的梦幻手法与翻译

　　小说叙述者在叙述故事时,总要采用适当的叙述模式,而叙述模式可分为讲述、展示两种。前者大致对应于全知视角,后者则大致对应于人物视角和外视角(包括第一人称外视角和第三人称外视角),而全知视角、人物视角、外视角又可分别称为零聚焦、内聚焦、外聚焦。叙述者在使用讲述模式叙述故事时,会直接出面概述故事,章回体小说有时以律诗的形式代替概述。全知叙述模式的可信度在以上三种模式中无疑是最高的,故中外小说,特别是古典小说,大多以全知叙述模式开篇,叙述者有时甚至以作者面孔出现,对故事做一番交代,对相关事件或人物做一番评论,介绍故事发生的场景,或者强调故事的真实性,等等。

　　《红楼梦》的叙述者在开篇伊始所采用的叙述模式与此有所不同:开场先以作者自居,接着就假托自己是故事中的一个人物,名"甄士隐"。这很特别,也是有意而为的。中外古代文学有一个共同特征,就是故事内容常常经过世代传唱和积累。中国在《红楼梦》之前被世人奉为经典的小说,大多自世间索取素材,而后演绎成小说。《水浒传》和《三国演义》的故事就取自宋代,后来由明人敷衍,润辞,成书。如此说来,作者强调故事的原创性,旨在炫耀才气,摆脱旧套路。但若比较相关版本,则可洞察更多奥秘。

《乾隆抄本百廿回红楼梦稿》(杨本)

此开卷第一回也。作者自云，因曾历过一番梦幻之后，故将真事隐去，而借"通灵"之说，撰此《石头记》一书也，故曰"甄士隐"云。……我虽不学，下笔无文，又何妨用假语村言，敷演出一段故事来，亦可使闺阁照传，复可悦世之目，破人愁闷，不亦宜乎？故曰"贾雨村"云云。更于篇中，凡用"梦"用"幻"等字，是提醒阅者眼目，亦是此书立意本旨。看官，你道此书从何而来？说起根由，虽近荒唐，细按颇有趣味，~~待在下将此来历注明，方使看者了然不惑~~。[①]

《脂砚斋重评石头记》(庚辰本)

此开卷第一回也。作者自云，因曾历过一番梦幻之后，故将真事隐去，而借"通灵"之说，撰此《石头记》一书也，故曰"甄士隐"云云。……虽我未学，下笔无文，又何妨用假语村言，敷演出一段故事来，亦可使闺阁昭传，复可(以)悦世(人)之目，破人愁闷，不亦宜乎？故曰"贾雨村"云云。

此回中凡用"梦"用"幻"等字，是提醒阅者眼目，亦是此书立意本旨。列位看官，你道此书从何而来？说起根由，虽近荒唐，细按则深有趣味，待在下将此来历注明，方使阅者了然不惑。[②]

[①] 曹雪芹，《乾隆抄本百廿回红楼梦稿》(杨本，影印本)，北京，人民文学出版社，2010年，第1页。删除线为原文所有。本文自诸多抄本摘录的引文，标点均为笔者所加。

[②] 曹雪芹，《脂砚斋重评石头记》(庚辰本，影印本)，北京，人民文学出版社，2010年，第3—4页。括号中的字属抄本补加者。

《脂砚斋重评石头记》(甲戌本)

此书开卷第一回也。作者自云,因曾历过一番梦幻之后,故将真事隐去,而撰此《石头记》一书也,故曰"甄士隐梦幻识通灵"……何为不用假语村言,敷演出一段故事来,以悦人之耳目哉?故曰"风尘怀闺秀"乃是第一回题纲正义也。开卷即云"风尘怀闺秀",则知作者本意,原为记述当日闺友闺情,并非怨世骂时之书矣。虽一时有涉于世态,然亦不得不叙者,但非其本旨耳。阅者切记之。[①]

杨宪益、戴乃迭的译文

This is the opening chapter of the novel. In writing this story of the Stone the author wanted to record certain of his past dreams and illusions, but he tried to hide the true facts of his experience by using the allegory of the jade of "Spiritual Understanding". Hence his recourse to names like Chen Shih-yin ... "... Though I have little learning or literary talent, what does it matter if I tell a tale in rustic language to leave a record of all those lovely girls. This should divert readers too and help distract them from their cares. That is why I use the other name Chia Yu-tsun."

Do you know, Worthy Readers, where this book comes from? The answer may sound fantastic, yet carefully considered is of great interest. Let me explain, so that there will be no doubt

---

① 曹雪芹,《脂砚斋重评石头记》(甲戌本,影印本),北京,人民文学出版社,2010年,第3—5页。

left in your minds.①

　　《红楼梦》的不同版本在体制格局上存在差异。有的版本,包括杨本、庚辰本,以及蒙古王府本②,都把上述引文置于第一回的开篇部分;甲戌本则将这部分置于第一回之前的"凡例"部分,后紧接章回体回末常见的"诗曰",中含总结全部故事要旨的八句诗;乙卯本也用此制,且于上述引文及提到的"诗曰"部分,措辞与甲戌本高度一致。③ 显然,将这部分置于"凡例"当中,其首句("此书开卷第一回也")就不合时宜。吴世昌认为,此类抄本的书主这样做的原因,是"有意迷惑读者,很不应该"④。

　　无论如何,该部分旨在交代全部故事的来历。叙述者逐步交代,甄士隐(即"真事隐")是故事中的一个人物,他因曾经历一番梦幻而将真事隐去,并借"通灵"之说纂写故事。何以如此顾虑重重?按照《说文解字》的解释,梦者,"灌渝"也⑤,所以《太平御览》卷 397 云:"魂出游身独在"。"梦者,语其人预见过失……名之为寱,告符臻也。"指梦到自己恐有过失,因而天明醒寱后,告诉占者梦兆之象。⑥ 弗洛伊德则认

<hr>

① Tsao Hsueh-Chin and Kao Hgo, *A Dream of Red Mansions*. Trans. Yang Hsien-Yi and Gladys Yang. Beijing: Foreign Language Press, 1978, pp.1 - 2.

② 曹雪芹,《蒙古王府本石头记》(影印本),北京,人民文学出版社,2010 年,第 1—3 页。

③ 曹雪芹,《脂砚斋重评石头记》(乙卯本,影印本),北京,人民文学出版社,2010 年,第 4—6 页。

④ 吴世昌,《残本脂评〈石头记〉的底本及其年代》,载《红楼梦》研究资料编辑组编,《红楼梦研究资料》,北京,《北京师范大学学报》编辑部,1975 年,第 161 页。

⑤ 许慎,《说文解字》,徐铉校订,北京,中华书局,1963 年,第 18 页。

⑥ 刘文英,《中国古代的梦书》,北京,中华书局,1990 年,第 14 页。

为"梦的最根本的本质是愿望的达成"①。而幻者,"相诈惑也"②。对于《红楼梦》的叙述者而言,梦境转瞬即逝,留在记忆里的尽是幻境。正因为对叙说自己的梦幻充满疑惑,顾虑重重,因此在以上两个版本中,作者/叙述者均强调所述故事的梦幻性质,并指出这是故事的立意"本旨"。另外,作者/叙述者要假托另一个人,并要用梦幻和虚构的语言(贾雨村,即假语存)叙述故事。这样,之后的叙述者就不再是原来的叙述者,所述故事也就成了"重述的故事"(twice-told stories)。从叙述的角度看,"重述的故事"往往在序言采用种种方法,表明故事是模仿的,叙述者因而得以积极参与重述而不必顾及相关性原则。③ 在此情况下,叙述的信度有所降低,梦幻色彩得以加强;同时,叙述模式变得更加灵活,叙述者不必总是以全知叙述者面孔出现,必要时还可以从人物视角或外视角(如作为一个外在的观察者)叙述故事,这就为本文第二部分所讨论的"展示"叙述模式的使用做好准备。

由以上分析,并与相应的译文做比较,可以得出如下四个结论。第一,鉴于前面所引原文在整个故事叙述中的必要性,霍克斯将该部分略去不译,可能是受了某些版本没有将该部分放入第一回做法的影响,而认为这部分不属于正文。从故事的层次看,这部分略去不译,后面的人物少了应有的梦幻色彩;而从话语的层次看,将这部分略去不译,就使故事在叙述上减少了一个层次。第二,前面所引原文有很强的现场感,特别是在章回体小说中,叙述者在开篇伊始常常以作者的

---

① Freud, Sigmund, *Interpretation of Dreams*. Trans. A. A. Brill. Warem Hertfordshire: Wordsworth Editions Limited, 1997, pp.38 - 39.

② 许慎,《说文解字》,徐铉校订,北京,中华书局,1963 年,第 18、84 页。

③ 参见 Norrick, Neal R., *Conversational Narrative: Storytelling in Everyday Talk*. Amsterdam/ Philadelphia: John Benjamins Publishing Company, 2000, p.84.

姿态对故事做一番介绍,故最好用一般现在时叙述故事,译文不妨采用一般现在时作为基础时态,并可采用第一人称译原文中的"作者",从而使原文变成第一人称叙述话语。第一人称叙述属于有限度叙述,其信度低于第三人称全知叙述,这样更便于叙述者自然地把即将叙述的故事转向"重述的故事"。第三,杨宪益夫妇译《红楼梦》所用的源本来自红学家吴世昌。他参考了诸多抄本和印刷本,"择善而从",并整理出译者所使用的源本。① 把杨宪益夫妇的译文与原文作对比,不难发现其译文更接近以上所列第二种原文,即"庚辰本"。

早在乾隆年间,《红楼梦》或《石头记》的抄写者即在尝试简化章回体的套语。前面提到的杨本是一部稿本,此本在上面的引文里即做了多处修改,包括把最后的句子"待在下将此来历注明,方使看者了然不惑"加上删除线。实际上,由于诸多原因,如"唐宋人小说的单行本,到明初已十九亡失",以及"《太平广记》又绝少流传"等,②清季的小说写作从体制上受到一定影响。就上述引文而言,这种影响既表现在将某些套语略去的做法,也表现在小说中开始出现"作者"等标示书面文本作者的措辞,而非千篇一律的说书人"在下"。

杨宪益译出了这些套语,这多半与他的阅读兴趣相关。他曾在十一二岁时阅读过大量的笔记体小说、通俗传奇以及长篇小说,甚至创作章回体小说《鹰哺记》,③即使在随后数年,他虽"贪婪地阅读中国现代文学作品",但对于文学改良、白话文取代文言文等问题仍然持保守或怀疑态度,④这种阅读趣味及文化态度对其后来的文学活动有直接

---

① 杨宪益,《杨宪益自传》,薛鸿时译,北京,人民日报出版社,2010 年,第 291 页。
② 郭箴一,《中国小说史》,长沙,商务印书馆,1939 年,第 442 页。
③ 杨苡,《杨宪益与翻译》,载《中国翻译》,1986 年第 5 期,第 40 页。
④ 杨宪益,《杨宪益自传》,薛鸿时译,北京,人民日报出版社,2010 年,第 14 页。

影响,包括他在翻译中尽可能保留章回体小说的独特形式特征。杨宪益在1941年出版的刘鹗《老残游记》英译本中,也存在硬译章回体俗语的现象,①而同年林语堂出版的该小说英译本,便没有硬译这些套语。②

第四,杨宪益夫妇把"通灵之说"译成"the allegory of the jade of 'Spiritual Understanding'",这样的译法既繁琐又费解,不如霍克斯采用的通俗译法:"Magic Jade"③。既然《红楼梦》自第一回开始即表露出佛教气息,那么翻译"通灵之说"时,可以挪用佛教的概念,而将其译为"the idea of Shamanist Jade"。实际上,杨宪益夫妇在此参考了其他译者的做法,王际真(Chi-Chen Wang)曾先后于1929年和1958年出版他的英语节译本,当中就把"通灵宝玉"译为"the Stone of Spiritual Understanding"④。

谈到用讲述模式描述的人物,则不能绕开贾宝玉及相关人物。作者/叙述者在开始讲述这些人物时,着笔最重处,是宝玉梦中造访"太虚幻境"(第五回)以及随后与袭人初尝"云雨之情"(第六回)等情节。其中,"云雨私情"或"云雨之事"反复出现,叙述者可能是借此暗示宝玉强拉袭人行苟且之事,完全是因为自己仍然处于梦幻之中。而源文采用人物思想间接表现模式,也在突出袭人既情愿又无奈的复杂心

---

① Liu, E., *Mr Decadent*. Trans. Yang Hsien-Yi. Shanghai:Duli Chubanshe(独立出版社),1941.

② Liu, E., *Tramp Doctor's Travelogue (Vol.I)*, Trans. Lin Yutang, Shanghai:Shuofeng Shudian(朔风书店),1941.

③ Cao Xueqin and Gao E, *The story of the Stone (Vol.I)*. Trans. David Hawkes. Harmondsworth:Penguin Books,1973,p.55.

④ Tsao Hsueh-Chin, *Dream of the Red Chamber*. Translated and adapted. Chi-Chen Wang. Garden City:Doubleday Anchor Books,1958,p.1.

理;叙述者没有表现宝玉的心理,意在暗示他依然处在幻梦之中。所以,"云雨私情"或"云雨之事",实在是用模糊的方法叙写宝玉的行为。杨宪益夫妇在译本第五回中,将"云雨之欢"译成"sexual transport of cloud and rain",而在第六回中把"云雨之事"译成"the sport of cloud and rain",①并加上引号,似乎在提醒读者这是直译,读者根据上下文也会理解其中的含义。

杨氏夫妇用此译法,可能是因为参考了之前的译本。譬如,王际真就分别将上述短语译成"the transports of cloud and rain"和"the secrets of cloud and rain"。② 如前所述,如此"直译"是有道理的。原因还在于,贾宝玉是在秦可卿的房间里歇息入眠而神游"太虚幻境"的。无论是他的梦游,还是他与袭人的温存,都是在梦幻似的氛围中度过的。因此,杨氏夫妇参考了前辈译者的处理方式,而避免用过于世俗化的表达方式来翻译上述概念。周汝昌认为,"太虚幻境"不仅指最极广大的空间世界,而且指最极广大"情"之境界。③ 笔者认为,"太虚幻境"首先是"虚"的,"幻"的,而根据佛教观念,"世间所有种种乐,圣寂灭乐为最胜"④。所以,这种太虚幻境实际指大观园一般的人世间。

---

① Tsao Hsueh-Chin and Kao Hgo, *A Dream of Red Mansions*. Trans. Yang Hsien-Yi and Gladys Yang. Beijing: Foreign Language Press, 1978, p.84.and p.88.

② Tsao Hsueh-Chin, *Dream of the Red Chamber*. Translated and adapted. Chi-Chen Wang. Garden City: Doubleday Anchor Books, 1958, pp.45–46.

③ 周汝昌、周伦玲编,《红楼夺目红》,北京,作家出版社,2003 年,第 22—23 页。

④ 实叉难陀译,《大方广佛华严经》(影印本),上海,上海佛学书局,2002 年,第 86 页。

二、展示模式中的梦幻手法与翻译

《红楼梦》的叙述者/作者也采用了展示模式来表现梦幻话语。用人物视角旨在描绘人物身处梦幻世界时的感受;用外视角的目的,则是在不掺入任何评论、不涉及人物任何心理活动的情况下来表现人物的生存现实。这在林黛玉的刻画上最为突出,包括对她来到京师、进入贾府直至死亡这一旅程的刻画。有些情节的叙述具有"复合"特征,即其叙述看似属于全知叙述,也可视为人物视角或者外视角。类似的视角交叉使叙述特征越发复杂,粗略之中包含精微奥妙,现实主义风格之中包含梦幻色调。

这里仅举一例,以说明杨宪益夫妇充分意识到以上特点,并参考西方现代小说的叙事习惯予以变通,包括尽可能采用人物视角。以下是《红楼梦》第三回黛玉乘轿至宁国府的情景:

《脂砚斋重评石头记》(庚辰本)

自上了轿,进入城中,从纱窗向外瞧了一瞧,其街市之繁华,人烟之阜盛,自与别处不同。又行了半日,忽见街北蹲着两个大石狮子,三间兽头大门,门前列坐着十来个华冠丽服之人。正门却不开,只有东西两角门有人出入。正门之上有一匾,匾上大书

"勒(同"敕"——引者注)造宁国府"五个大字。①

王际真的译文

Suddenly she saw on the north side of a street an imposing entrance, consisting of a great gate and a smaller one on either side. Two huge stone lions flanked the approach, and over the main gate there was a panel bearing the characters "ning kuo fu". The center gate was closed, but one of the side doors was open, and under it there were more than a score of manservants lounging about on long benches.②

霍克斯的译文

After being carried for what seemed a very great length of time, she saw, on the north front of the east-west street through which they were passing, two great stone lions crouched one on each side of a triple gateway whose doors were embellished with animal-heads. In front of the gateway ten or so splendidly dressed flunkeys sat in a row. The centre of the three gates was closed, but people were going in and out of the two side ones. There was a board above the centre gate on which were written in large characters the words:

---

① 曹雪芹,《脂砚斋重评石头记》(庚辰本,影印本),北京,人民文学出版社,2010年,第52页。

② Tsao Hsueh-Chin, *Dream of the Red Chamber*. Translated and adapted. Chi-Chen Wang. Garden City: Doubleday Anchor Books, 1958, p.27.

NING-GUO HOUSE

Founded and Constructed by

Imperial Command [1]

杨宪益夫妇的译文

After what seemed a long time they came to a street with two huge stone lions crouching on the north side flanking a great triple gate with beast-head knockers, in front of which ten or more men in smart livery were sitting. The central gate was shut, but people were passing in and out of the smaller side gates. On a board above the main gate was written in large characters: Ningkuo Mansion Built at Imperial Command. [2]

鲁迅认为,《红楼梦》的主要特点是"如实描写,并无讳饰"[3]。以上所引原文的叙述和画面看似是质朴及写实的,但琢句精卓,透露出淡淡的梦幻色彩,因而暗藏玄机,因为作者在看似质朴和写实的描写中采用了隐讳或掩饰的手法,以至读者很难通过故事中的时空描写而在现实中做时空对应。例如,叙述者在描述黛玉进城前往姥姥家时,未交代从哪个城门进城。古时的城市居民常常根据城门的朝向而分别称之为东门、西门、南门、北门,而不提城门的正式名字。叙述者依循

①　Cao Xueqin and Gao E, *The story of the Stone (Vol.I)*. Trans. David Hawkes. Harmondsworth: Penguin Books, 1973, p.87.

②　Tsao Hsueh-Chin and Kao Hgo, *A Dream of Red Mansions*. Trans. Yang Hsien-Yi and Gladys Yang. Beijing: Foreign Language Press, 1978, p.35.

③　鲁迅,《清小说之四派及其末流》,载王国维等,《王国维、蔡元培、鲁迅点评红楼梦》,北京,团结出版社,2004 年,第 140 页。

该习惯,不提城门的名字,也未交代沿途街道的名称。此外,叙述者还提供了一些令人困惑的信息,包括:(1)"街北蹲着两个大石狮子",而清代亲王府门与石狮子照理是不临街的;(2)门上的匾额,但清代府门照理是不挂匾的,有的庙门上才挂有"敕造××寺"匾额①。这显然是错置时空信息的手法,叙述者/作者可能以此暗示,所谓的"贾府"原本是时空错位的虚构体。

作者可能也有现实的考虑,即故意使叙述蒙上一层梦幻色彩并植入假信息,达到扰乱读者"索隐"或做定位性判断的目的,进而无法断定故事究竟发生在哪个时代(清代还是明代?)、哪个人群(汉人还是满人?),以避免惹上麻烦。要知道,《红楼梦》前八十回于1765年(乾隆三十年)前后问世时,正值文字狱盛行期。作者创造"梦""幻"故事,而尽量不给人留下影射时代的印象,从而巧妙地将写实作品的厚重与梦幻作品的轻灵结合在一起。这也体现了佛教中的一个重要观念:"凡所有相皆是虚妄"②。黛玉眼前的这个世界因而是"虚妄"的。

环境描写的梦幻效果和简约性(包括不指出街道的名称),尚有另外作用,即让叙述话语带有人物视角特征。(一)叙述话语符合视角人物身份。黛玉才十一岁,且是初次进京,又是坐在轿子里,故不清楚究竟是从哪个城门入城的,也无从知晓沿途街道的名称。(二)叙述者从林黛玉的角度,依次描写景物。在描写宁国府的大门时,叙述者再次从黛玉的视角,由近到远,再由门前地面到门上匾额,并使用直观性较强的词语,如"蹲"、"兽头大门"(即门扇上均有兽头铺首)、"华冠丽服之人"。人物视角叙述是反映或聚焦人物心灵的。按照康德的说法,

① 朱家溍,《故宫退食录》,北京,紫禁城出版社,2009年,第339页。
② 鸠摩罗什译,《金刚经》,载鸠摩罗什等译,《佛教十三经》,北京,中华书局,2011年,第8页。

心灵具有两种能力:认识能力和欲求能力。[①] 以上描写与林黛玉的心灵能力吻合,通过出身世家、初到京城的女孩的眼睛所做的描写,反映了她内心的陌生感、好奇心以及对新的命运眷顾的期待。因此,这段表面沉寂的梦幻话语,掩盖着复杂的人生喟叹。

原文的"忽见"字眼是形式性的,删除更符合现代叙述话语的特征。在王际真的译文中,改写的程度很大,原文的时空顺序完全打乱,人物视角完全改为全知叙述;杨宪益夫妇显然意识到原文的人物视角描述特征,因而将该词组略去不译;霍克斯的译文里出现了该词,这也无妨于人物视角的传递,因为其译文的时间状语(After being carried for what seemed a very great length of time),当中的"seemed"显然表明叙述者已退居幕后,而直接从人物的认识能力和眼光来叙述故事。杨宪益夫妇在采用这个意义不确定的词之外,同他们的好朋友霍克斯一样,也用原文的人物目光及顺序来组织叙述话语。由此可见,杨宪益夫妇的译文,虽在遣词造句方面略显差涩,不及霍克斯的译文那么精彩,然而单纯就叙述模式传递而言,其译文还算自标风味。

三、结语

杨宪益夫妇的《红楼梦》英译本有诸多可圈可点之处。首先,他们

---

① 伊曼努尔·康德,《实践理性批判》,张永奇译,北京,中国社会科学出版社,2009年,第12页。

在源本的选择上有着明显的优势,因为《红楼梦》存在多版本、多异文、多讹误等问题,对《红楼梦》版本问题做过大量研究的红学家吴世昌为他们整理出较为理想的源本;其次,译者在讲述和展示两种叙述模式的处理方面,也做出了许多正确的选择,他们还参考前人或朋友的译本,提高翻译质量;再次,他们认同章回体的某些形式并在翻译中予以传递。尽管杨宪益夫妇没有明确说明自己的翻译准则,但其译本足以表明他们对于形式、内容两个层次转换的重视。他们可能认为,原作既是名作,就是译者应当遵循的典范,这便体现于他们对于原作形式的尊重。诚然,他们也会按照现代叙述技巧,灵活处理原作的某些手法。

翻译作为基于译者的理解、审美和书写的过程,交织着复杂的客观及主观因素,其结果当中存在不足是难以避免的。批评者对于杨宪益夫妇的《红楼梦》英译本所做的批评或评价,涉及以下两个方面。(1)遣词造句存在诸多不足。这对任何译本而言都是不可避免的,即便是获得广泛好评的霍克斯的前八十回译文,也避免不了在遣词造句等方面出错。(2)按照政府要求而过分直译造成译文生硬。不少学者先后撰文指出,杨宪益夫妇当初是接受政府交给的任务而英译《红楼梦》的,且应政府要求而用直译法,以更好地向西方读者传播中国文化这种说法缺乏根据。诚然,杨宪益是在 1950 年代接受当时的中央外事局的任务来翻译《红楼梦》的,他后来也说过,"其实我不太喜欢《红楼梦》,那些人,那些事,跟我的旧家庭挺像的,我没什么兴趣"[①],但没有任何材料证明,政府有关部门或人员向他提出必须遵循何种翻译方法。

① 李菁,《活在别人的历史里》,上海,文汇出版社,2010 年,第 170 页。

所以,我们应当采用历史唯物主义的态度,客观评价译者及译本,况且杨宪益夫妇的《红楼梦》英译本,是在十分困难的历史时期诞生的。"到1964年,我已完成约一百回的草稿,但上面又让我停下来。1972年我出狱以后,才重新翻译下去,终于在1974年译成全书。"为此,杨宪益甚至由于精神高度紧张而患上精神幻想症。[1] 这再次说明,当时的外事局在译者和版本选择等方面做了妥善安排,杨宪益本人虽不喜欢《红楼梦》,但他们夫妇毕竟承担起重任,历尽苦难而推出自己的译本,且在故事的梦幻话语传递方面收到良好效果。无论如何,这部在特殊历史时期出现的译本,不是终结,而是开端,它为后人创造出更好的译本打下了厚实的基础。

(原载《中国翻译》2012年第5期)

---

　　[1]　杨宪益,《杨宪益自传》,薛鸿时译,北京,人民日报出版社,2010年,第237、253页。

基于认知文体分析框架的翻译批评

——以《红楼梦》两个经典译本的批评分析为例

谭业升

一、引言

近 20 年来随着多篇/部翻译批评论著的发表,我们对于翻译批评的性质、目的、任务和功能有了较为全面的认识。肖维青[①]对翻译批评研究的回顾和总结显示,翻译批评已经出现了多元、多模式、多种研究方法相结合的趋势。她指出翻译批评模式大致可以分为"基于文本""基于外部因素"以及"综合考虑"三种。而其中基于文本的翻译批评又是影响最大的,可以分成三类:第一类是语文学派,即基于翻译经验或基于传统的文体学或文学理论,采取"指误式"路数进行研究的学派,例如周仪、罗平的《翻译与批评》[②],也有基于现代美学等相关理论

[①] 肖维青,《翻译批评模式研究》,上海,上海外语教育出版社,2010 年。

[②] 周仪、罗平,《翻译与批评》,武汉,湖北教育出版社,1999 年。

的,比如奚永吉的《文学翻译比较美学》①;第二类是量化分析学派,主要是其研究以模糊数学、语料库等为基础,定性、定量分析相结合,如范守义的《模糊数学与译文评价》②;第三类是语言学派,即基于现代语言学理论框架的翻译批评。赖斯(Reiss)③和维尔斯(Wilss)④的语言学方法侧重以语言功能和文本类型为基础,为翻译批评提供可行的模式和标准,并认为加强文本和译者研究是翻译批评客观化、科学化的重要前提。豪斯(House)的翻译质量评估模式⑤和黄国文⑥则是以系统功能语言学为基础,意图建立一套可操作的文本分析模式来展开翻译批评,包含文本和语言的功能、语类、语域分析,包含对应三大元功能的及物性系统、语气、情态系统和主、述位及信息系统的分析。

当然,我们认为上述划分也不是绝对的,侯国金⑦所阐述的就是语

---

① 奚永吉,《文学翻译比较美学》,武汉,湖北教育出版社,2001 年。

② 范守义,《模糊数学与译文评价》,载《中国翻译》,1987 年第 4 期,第 2—9 页。

③ Reiss, K., *Translation Criticism - The Potentials and Limitations*: *Categories and Criteria for Translation Quality Assessment*. E. F. Rhodes (trans.). Manchester: St. Jerome Publishing, 2000; Reiss, K., "Text types, Translation Types and Translation Assessment", in Chesterman, A.(ed.), *Reading in Translation Theory*. Oy Finn Lectura Ab, 1989.

④ Wilss, Wolfram, *The Science of Translation*: *Problems and Methods*. Shanghai: Shanghai Foreign Language Education Press, 1982/2001.

⑤ House, J., *A Model for Translation Quality Assessment*. Tubingen: Gunter Narr Verlag, 1977; House, J., *Translation Quality Assessment*: *A Model Revisited*. Tubingen: Gunter Narr Verlag, 1977; House, J., "Translation Quality Assessment: Linguistic Description Versus Social Evaluation", in *META*, 2001, 46(2), pp. 243 - 257.

⑥ 黄国文,《功能语言学分析对翻译研究的启示——〈清明〉英译文的经验功能分析》,载《外语与外语教学》,2002 年第 3 期,第 1—6 页;黄国文,《翻译研究的功能语言学途径》,载《中国翻译》,2004 年第 5 期,第 15—19 页。

⑦ 侯国金,《语用标记理论与应用翻译评估的新方法》,成都,四川大学出版社,2005 年。

用学和计量方法相结合的译作评价方法。许钧、袁筱一①一直致力于文学翻译批评的多种途径和方法探讨，认为内部批评和社会文化批评（外部批评）同等重要，不应拘泥于微观细节，应对译品做综合性的整体把握②。张南峰③从多元系统论的角度出发，认为翻译批评不仅限于分析两种语言的转换机制，语言学家或哲学家不具有任何优先权；翻译批评首先要做的是考察翻译文学所赖以生存的目的语的文化和它的社会历史环境。另外还有从理论上将翻译批评模式化的探索：豪斯的翻译质量评估模式、法国著名翻译学者 Berman④ 的六步骤模式以及杨晓荣⑤基于过程的综合性分析模式。这些模式对翻译批评所涉及的主客体因素、内外部因素过程和结果都做了全面考量。总之翻译批评出现了多学科互动、多因素综合考量的趋势。

我们注意到，在多元化、多维度发展的总趋势下，越来越多的翻译批评研究开始重视对译者主体的考察。王宏印⑥将"主体"纳入了批评框架，Berman 在描述其模式时着墨最多的也是第三步和第四步即"寻找译者"和"译文分析"。"寻找译者"包括翻译立场、翻译方案和译者

---

① 许钧、袁筱一，《为了共同的事业——〈红与黑〉汉译读者意见综述》，载《文汇读书周报》，1995 年 7 月 1 日；许钧、袁筱一，《文字·文学·文化——〈红与黑〉汉译研究》，南京，南京大学出版社，1996 年。

② 晓风，《文学翻译批评对理论建构的期待——评许钧著〈文学翻译批评研究〉》，载《南京大学学报(哲社版)》，1994 年第 2 期，第 180—182 页；王克非，《关于翻译批评的思考——兼谈〈文学翻译批评研究〉》，载《外语教学与研究》，1994 年第 3 期，第 35—38 页。

③ 张南峰，《中西译学批评》，北京，清华大学出版社，2004 年。

④ Berman，A.，*Toward a Translation Criticism：John Donne*. F. Massardier-Kenney (ed.，trans.) Kent：The Kent State University Press，1995/2009.

⑤ 杨晓荣，《对翻译评论的评论》，载《中国翻译》，1993 年第 4 期，第 19—23 页；杨晓荣，《翻译批评导论》，北京，中国对外翻译出版公司，2005 年。

⑥ 王宏印，《文学翻译批评论稿》，上海，上海外语教育出版社，2006 年。

视域三个方面,包括译者的个体性要素(译者本人对翻译概念、意义、目的、形式等的认识)和非个体性要素(历史、社会、文学及意识形态等在译者身上留下的烙印)。刘云虹、许钧指出:"一处看似简单的习语翻译……折射出的是文学翻译的诗学特征,是译者作为翻译主体的立场与选择。"①他们进而指出,翻译是一种主体性极强并富有理性的活动,任何对翻译策略的选择、对翻译方法的运用都不是盲目的,而是自觉的,有意识的,都渗透着译者对翻译本质、目标与价值的主观理解与认识。所以译者主体是翻译批评框架中一个不可缺少的要素。

近年来认知心理学、认知语言学和认知文体学的发展,为考察和透视翻译文本中体现的主体的认知状态和认知策略提供了可能。本文的研究旨在借鉴认知文体学的研究成果,将认知文体分析框架应用于翻译批评,从而形成一个既能联系社会历史条件或社会语境又能联系文本分析和译者主体分析,既能体现其逻辑力量又能体现其情感力量的批评分析框架。本文尝试以 Tan② 和谭业升③提出和阐释的翻译认知文体理论和分析框架为基础来探讨其作为新的翻译批评分析框架的价值和优势。

① 刘云虹、许钧,《从批评个案看翻译批评的建构力量》,载《外国语》,2011 年第 6 期,第 64—71 页。

② Tan Yesheng, *Construal Across Languages: A Cognitive Linguistic Approach to Translation*. Shanghai: Shanghai Foreign Language Education Press, 2009.

③ 谭业升,《表情力与翻译中的认知增量——翻译认知文体学再探》,载《外语教学》,2012 年,第 5 期,第 94—99 页;谭业升,《认知翻译学探索:创造性翻译的认知路径与认知制约》,上海,上海外语教育出版社,2012 年。

二、翻译批评的认知文体分析框架

传统文体学关注对文本的语言特征的描述性分析，越来越多的文体学家认识到文学效果和具体文本个性价值的重要性。近些年来文体学吸收了认知语言学的最新成果，"将文学文本的明确的、严格的、详细的语言学分析与语言产出和接受过程背后的认知结构及认知过程的系统性、理论性认识相结合"①，确立了认知文体学的分析框架。而 Tan② 和谭业升③提出和阐释的翻译认知文体学分析框架则是在此基础上融入了翻译的三种认知原则，即最佳关联原则、解释相似原则和认知增量原则。翻译认知文体学以翻译中的认知结构和认知过程的分析（识解分析）为基础，为源语文本和译语文本之间的关系，以及译者的认知状态、策略和译文的效果之间的关系提供一种明确的、系统的解释。这一翻译的认知文体分析框架可简单概括为：翻译的认知风格＝连贯／系统的识解运作＋突显认知原则。

---

① Semio, E. & J. V. Culperper, *Cognitive Stylistics*：*Language and Cognition in Text Analysis*. Amsterdam：John Bengjamins B. V, 2002，"Foreword".

② Tan Yesheng, *Construal Across Languages*：*A Cognitive Linguistic Approach to Translation*. Shanghai：Shanghai Foreign Language Education Press，2009，pp.168 - 169.

③ 谭业升，《表情力与翻译中的认知增量——翻译认知文体学再探》，载《外语教学》，2012 年第 5 期，第 94—99 页；谭业升，《认知翻译学探索：创造性翻译的认知路径与认知制约》，上海，上海外语教育出版社，2012 年。

此认知文体分析框架,首先将认知语言学的基本认知范畴纳入翻译现象的描述性分析,然后通过若干认知原则进行结合外部语境的宏观解释。Tan[①]和谭业升[②]指出,文本的文体效果来自文本可以被多样化识解的潜势和认知原则的突显;可以依托对具体翻译中涉及的认知结构、认知过程的分析,依托具有宏观解释价值的认知原则对译者的选择和文本接受者的反应给出更恰当的评判和解释。杨晓荣[③]指出,一般而言,翻译批评或评论的"说服力来自两种力量,一是逻辑力量,一是情感力量。前者体现在论证严密、材料准确等方面,可称为理性力量,后者体现在语言的感染力和内容的道德力量等方面,可称为感性力量"。我们认为,这两种力量需要依托有效的文本分析和译者主体的认知分析才能够形成,情感力量必须立足于翻译文本的表情力[④]的分析和考察。接下来本文就以《红楼梦》的两个经典译本即杨宪益、戴乃迭译本和霍克斯、闵福德译本为例,以认知文体分析框架为基础,尝试性地对其展开批评性的描述和解释。

---

①　Tan Yesheng, *Construal Across Languages：A Cognitive Linguistic Approach to Translation*. Shanghai：Shanghai Foreign Language Education Press，2009.

②　谭业升,《表情力与翻译中的认知增量——翻译认知文体学再探》,载《外语教学》,2012 年第 5 期,第 94—99 页;谭业升,《认知翻译学探索:创造性翻译的认知路径与认知制约》,上海,上海外语教育出版社,2012 年。

③　杨晓荣,《对翻译评论的评论》,载《中国翻译》,1993 年第 4 期,第 19—23 页;杨晓荣,《翻译批评导论》,北京,中国对外翻译出版公司,2005 年。

④　即利用语言和话语以某种特别的方式突显超出直义命题信息的个性化的表情意义。见 Maynard, S. K., *Linguistic Creativity in Japanese Discourse：Exploring the Multiplicity of Self，Perspective and Voice*. Amsterdam：John Bengjamins，2007，pp. 18 – 25.

三、基于认知文体分析框架的《红楼梦》翻译批评

1. 以往的《红楼梦》翻译批评研究简述

基于中国期刊网,笔者对近 20 年来的《红楼梦》翻译批评研究进行了考察并将其归纳为以下几个主要方面:① 对《红楼梦》中一些语言现象处理的批评研究,如称谓、人名、食物名、文化专有项、文化负载词、修辞、典故等①;② 较为宏观的不同方面的评价,如语篇结构、文学形象、方言、叙事风格等的处理和差异②;③ 结合当代翻译理论对文化问题的处理和解释,如等效翻译论、解构主义、功能主义、目的论③。

通过文献综述我们发现,前两类翻译批评研究缺乏对主体(译者和读者)认知状态的考察,这对翻译主体研究来说是一个需要弥补的缺失。而在第三类结合现代理论的解释性研究中,较多使用的对立范

---

① 林克难,《〈红楼梦〉人名翻译艺术欣赏》,载《天津外国语学院学报》,2000 年第 1 期,第 1—3 页;周方珠,《权势与规约性——谈〈红楼梦〉中的称谓翻译》,载《外语与外语教学》,2007 年第 1 期,第 51—54 页。

② 罗耿,《试论〈红楼梦〉英译中的变通和补偿手段——杨译·霍译〈红楼梦〉中原文风格的再现》,载《长沙大学学报》,2002 年第 5 期,第 46—48 页;宁玲,《英汉语篇结构差异的探讨——浅析〈红楼梦〉中的译例》,载《天津外国语学院学报》,2002 年第 2 期;张映先,《〈红楼梦〉翻译中的文学形象变异与创造式想象》,载《外语与外语教学》,2002 年第 5 期,第 50—53 页。

③ 郭建中,《翻译中的文化因素异化与归化》,载《外国语》,1998 年第 2 期,第 13—20 页;张林,《从解构主义翻译观视角简析〈红楼梦〉的不同翻译》,载《河北理工大学学报(社科版)》,2009 年第 2 期,第 147—153 页;周阳,《从目的论角度对比分析〈红楼梦〉中文化负载词的翻译》,成都,成都理工大学,2007 年。

畴是"归化"和"异化",对两个译本在归化、异化策略上的差异给予了较多的关注。如郭建中[①]从归化和异化的理论视角,基于对《红楼梦》的两个英译本在隐喻、明喻和典故等方面翻译的分析,指出杨、戴译本在文化因素的处理上,主要以源语文化为归宿,而霍、闵译本主要以目的语文化为归宿,并希望调和有关处理翻译中文化因素的争论,即归化与异化之争。我们认为以归化与异化为基础的批评需要对文化因素进行明确的界定,因为文化的概念涵盖很广,而且我们应当重视的不是归化、异化策略预期的接受效果而是它们实际所取得的接受效果。

归化与异化不能与文体效果直接联系,异化的译文不一定比归化的译本具有更强的表情力,反之亦然。谭业升[②]的研究表明,多样化的识解运作[③]与表情力有更直接的关联,具有实现译者个性化的表情意义的作用。识解分析可以帮助我们解释两个译本的具体的表情效果的差异。下面,我们就在认知文体分析框架下来具体考察《红楼梦》两个译本中为提升译本的表情力所实施的多样化认知识解运作。

---

① 郭建中,《翻译中的文化因素异化与归化》,载《外国语》,1998 年第 2 期,第 13—20 页。

② 谭业升,《表情力与翻译中的认知增量——翻译认知文体学再探》,载《外语教学》,2012 年第 5 期,第 94—99 页;谭业升,《认知翻译学探索:创造性翻译的认知路径与认知制约》,上海,上海外语教育出版社,2012 年。

③ 对于多样化的识解运作的详细界定和解释参见 Tan Yesheng, *Construal Across Languages: A Cognitive Linguistic Approach to Translation*. Shanghai: Shanghai Foreign Language Education Press, 2009;谭业升,《表情力与翻译中的认知增量——翻译认知文体学再探》,载《外语教学》,2012 年第 5 期,第 94—99 页;谭业升,《认知翻译学探索:创造性翻译的认知路径与认知制约》,上海,上海外语教育出版社,2012 年。篇幅所限不在此赘述。

2. 两个《红楼梦》译本提升表情力的识解运作

（1）转喻和隐喻

（1）一面说，一面让雨村同席坐了，另整上酒肴来。<u>二人闲谈漫饮</u>，叙些别后之事。①

杨、戴译：He made Yucun sit down at his table and ordered more food and wine. Drinking slowly, they spoke of all they had done since parting.

霍、闵译：The two men then proceeded, *between leisurely sips of wine*, to relate what each other had been doing in the years that had elapsed since their last meeting.

在此例中，原文和杨、戴译文中都没有出现转喻用法，而在霍、闵译文中使用"between leisurely sips of wine"这一表达，即以饮酒的方式来转喻饮酒的整个行为场景。这种转喻性的表现方式显然要比"Drinking slowly"这一平铺直叙的表达更加具有表情力。

（2）<u>龙颜大怒，即批革职。</u>该部文书一到，本府官员无不喜悦。那雨村心中虽十分惭恨，<u>却面上全无一点怨色</u>……

杨、戴译：*The Emperor, much incensed, sanctioned his dismissal*. The arrival of this edict rejoiced the hearts of all officials in the Prefecture. But Yucun, although mortified and enraged, be-

―――――――

① 摘选自《红楼梦》，下同。

trayed no indignation and went about looking as cheerful as before.

霍、闵译：*The imperial eye, lighting on this report, kindled with wrath.* Yu-cun's instant dismissal was commanded. The officials at the Prefecture, when notice that he was to be cashiered arrived from the Ministry, rejoiced to a man. But Yu-cun, in spite of the shame and chagrin that he felt, *allowed no glimmer of resentment appear on his face.*

原文中存在两个转喻用法，即用"龙颜"来转喻皇帝，用"怨色"转喻"怨恨的情感"。在杨、戴译文中，没有进行足够的视觉化，而是简单表述为"much incensed"，而霍、闵译文则利用"生气是火"（ANGER IS FIRE）这个概念隐喻的相关映射，进行了充分的视觉化。在"The imperial eye, lighting on this report, kindled with wrath"和"allowed no glimmer of resentment appear on his face"两个表达中，都用"火"的意象来隐喻生气或发怒，从而生动地再现了原文对应表达所激活的场景，获得了比杨、戴译文更强的表情力。

（2）具体化

（3）正闹的天翻地覆，没个开交，只闻得隐隐的木鱼声响，念了一句："南无解冤孽菩萨。有那个口不利，家宅颠倾，或逢凶险，或中邪祟者，我们善能医治。"

杨、戴译：She was storming fit to convulse heaven and earth when the *faint sound of a monk's wooden clapper* reached their ears.

"Put your trust in Buddha who absolves sins," the monk

chanted, "Allthose afflicted, distressed, imperiled or possessed by evil spirits, we can cure."

霍、闵译：Suddenly, as she raged and stormed, the faint *tock tock of a holy man's wooden fish* was heard upon the air and a high monotone that kept time with the beat:

Na-mah A-mi-ta-bha Bo-dhi-satt-va！

　Mer-ci-ful de-li-ve-rer！

Alla-fflic-ted and tor-men-ted，

　Alla-ttacked by e-vil spi-rits.

All de-mo-ni-ac po-sse-ssion.

I cure，I cure，I cure.

对于原文单位"木鱼声响"的概念，杨、戴的译文在基本对应的具体化层级上实现了会通。而霍、闵译文则采用了拟声的办法做了更具体化的识解，表述为"tock tock of a holy man's wooden fish"，不仅如此，他还通过形式手段"连字符"将和尚念经时拖长的语音语调做了模拟，使得译文表达更加生动形象。此例中，霍、闵译文借用相应的语音和形式手段，以实现更加具体化的识解，提升了译文的表情力。

（3）图形-背景转换和视角化

（4）方离柳坞，乍出花房。

但行处，鸟惊庭树；

将到时，影度回廊。

仙袂乍飘兮，闻麝兰之馥郁；

荷衣欲动兮，听环佩之铿锵。

杨、戴译：

Leaving the willow bank, *she* comes just now through the flowers.

Her *approach* startles birds in the trees in the court;

and soon *her shadow* falls across the verandah.

Her *fairy sleeves*, fluttering, gives off a heady fragrance of musk and orchid;

with each rustle of her lotus garments, *her jade pendants tinkle.*

霍、闵译：

She has left her willow-tree house, from her blossoming bower stepped out.

For *the birds* betray where she walks through the trees that cluster about.

And *a shadow* athwart the winding walk announces she is near.

And *a fragrance* of musk and orchid from fluttering fairy sleeves.

And *a tinkle of girdle-gems* that falls on the ear.

At each movement of her dress of lotus leaves.

以上是《警幻仙姑赋》的两个译文，二者均包含五个切分段，如斜体部分所示，杨、戴译文共有五个首要图形或射体，分别为"she""her approach""her shadow""her fairy sleeves""her jade pendants"，这些射体都是直接围绕着人物即警幻仙姑而设定的，并且以人称代词和物主代词突显了这种依附关系。然而霍、闵译文中的五个切分段中除首段交代了人物"she"的主要行为外,其他四个切分段都选取了与人物有较为间接关系的首要图形或射体,分别为"the birds""a shadow""a fragrance""a tinkle"。比较两个译文,我们发现霍、闵译文在图形-背景配置上有意避开对人物的直接描述,同时运用"betray""announce"这两个动词使句子产生了不同的主体视角,通过这种有效的识解转换(包括图形-背景和视角的转换),霍、闵译文从整体上创造了"未见其人、先闻其声"的美学效果,使译文获得了个性化的表情意义。

(5) 两弯似蹙非蹙罥烟眉,一双似喜非喜含情目。······闲静时如姣花照水,行动处似弱柳扶风。心较比干多一窍,病如西子胜三分。

杨、戴译:Her dusky arched eyebrows were knitted and yet not frowning, her speaking eyes held both merriment and sorrow; ... *In repose she was like a lovely flower mirrored in the water*; *in motion*, a pliant willow swaying in the wind. She looked more sensitive than Bi Gan, more delicate than Xi Shi.

霍、闵译:Her mist-wreathed brows at first seemed to frown, yet were not frowning; Her passionate eyes at first seemed to smile, yet were not merry ... *In stillness she made one think of a graceful flower reflected in the water*; *In motion she called to mind tender willow shoots caressed by the wind*. She had more chambers in her heart than the martyred Bi Gan, and suffered a tithe more pain in it than the beautiful Xi Shi.

在此例中霍、闵译文中的"she made one think of a graceful flower reflected in the water; In motion she called to mind tender willow shoots caressed by the wind"这两句通过增加了"made one think of"和"called to mind"的表述增加了与接受主体（读者）进行交互的视角，在一定程度上移情于读者，实施了交互视角化，因此具有了比杨、戴译文更强的表情力。

由以上诸例的分析我们可以看到，相对于杨、戴译文来说，作为译者的霍克斯和闵福德更加有意识地利用多样化的识解运作，包括转喻、隐喻、具体化、图形-背景、视角化等使得语言更加生动，增强了译文的表情力。

3. 两个译本中认知原则的作用和突显

上节所提到的有关两个译本在归化、异化策略上的差异及其接受性的差异，需要我们结合翻译认知文体分析框架的另一重要组成部分——认知原则——来做出进一步的解释。Tan[1] 和谭业升[2]对三个认知原则（即最佳关联原则、解释相似原则和认知增量原则）做了较为详细的解说：译者必须充分考虑译文读者的语境和期望，从而使译文既要与原文具有解释相似性，又应该具有最佳关联性，这就是说译文必须对译文读者产生足够的语境效果，而不能让译文读者花费不必要的认知努力；另外不论是在宏观和微观层面，都存在翻译的认知增量，

---

[1]　Tan Yesheng, *Construal Across Languages: A Cognitive Linguistic Approach to Translation*. Shanghai: Shanghai Foreign Language Education Press, 2009.

[2]　谭业升，《表情力与翻译中的认知增量——翻译认知文体学再探》，载《外语教学》，2012年第5期，第94—99页；谭业升，《认知翻译学探索：创造性翻译的认知路径与认知制约》，上海，上海外语教育出版社，2012年。

宏观上的认知增量是启动翻译活动的价值和意义所在,微观上则集中体现在具体图式(包括语言、语篇和知识图式)的例示拓展和更新中。翻译活动都会受到三种认知原则的制约,而在翻译过程中,它们彼此相互作用、相互协调,是三位一体的。只是在某些具体翻译活动中,某种原则会被译者有意识地突显,从而产生原则之间的表面冲突,也因此会凸显译者特有的认知风格。翻译的三种认知原则发挥作用的优先顺序为:最佳关联原则>解释相似原则>认知增量原则。对于某种认知原则的凸显是译者认知风格特征的一个重要体现。

比如郭建中①所指出的,杨、戴译文和霍、闵译文中都存在归化,因为这是针对语言文化差异所做出的顺应策略,这些策略也是最佳关联原则和解释相似原则作用的体现。然而,对于认知增量原则的作用,不能简单地用归化-异化二元对立模式来认识,它往往表现为一种合成效应。

例(1)至例(5)中对于提升表情力起到关键作用的识解分析显示,霍、闵二人多样化的识解运作将原文单位的图式做了拓展和更新,凸显了认知增量原则的作用。这种认知增量运作,显然不同于传统上所认为的异化策略,如文化意象的植入、对语言图式的移植等,而它也不能简单地算作归化策略,在以往的研究视角下霍、闵的识解运作往往会被判定为归化策略的体现,而实际上这些认知运作不仅仅是顺应规约,而且是在此基础上,平衡与合成两种语言的图式,生成更具表情力的表达。霍、闵二人为了提升表情力,所采取的各种识解运作,已经突破了以往意义上的归化内涵,而是认知增量原则的一种积极的作用。

---

① 郭建中,《翻译中的文化因素异化与归化》,载《外国语》,1998 年第 2 期,第 13—20 页。

这种译者所意欲获得的认知增量，是相对于原文的认知增量而言的，有时也在偏离译语规约的基础上获得了陌生化效应，这在例（1）至例（5）中都有强烈的体现。

下面我们再举一例来说明霍、闵对于三个认知原则的平衡考虑。

（6）说毕，回头命小丫鬟取了《红楼梦》原稿来。递与宝玉。宝玉接来，一面目视其文，一面耳聆其歌曰：……

杨、戴译：With that she turned and ordered a maid to bring the words of the *Dream of Red Mansions* songs. She handed the manuscript to Baoyu, who followed the text as he listened.

霍、闵译：Turning to one of the maids, she ordered her to fetch the manuscript of her libretto of *A Dream of Golden Days* and gave it to Bao-yu to read. So that he could listen to the songs with one eye on the text.

在原文中，"红楼梦"一词激发的意象是一个睡梦者的行为和睡梦的地点（即红楼）。在杨、戴译文中两个要素都得到了截显（profiled），而霍、闵译文的 *A Dream of Golden Days* 则截显了睡梦行为和时间（金色时光）。为什么会有这种截显转换呢？霍克斯在译著"引言"中做了解释。在旧时中国读者的世界知识中，红色外墙或红漆多层木质建筑即红楼，是富贵的象征。后来"红楼"用来专指富贵人家女眷的闺房。然而"红楼"对于西方读者来说，则是充满了神秘和诱惑性的建筑，因此它在两种读者大脑中激活的意象有较大的差异。霍克斯曾经考虑使用 *A Dream of Golden Girls* 的译法，"Girls"指建筑的居住者，而"Golden"则象征富贵。然而，这种转换处理产出了违背最佳关联原则和解释相似原则的意义——"Golden Girls"很容易让人联想起享受过充足日光浴的比基尼美女,因此才有了现在的版本。

在这一翻译中的截显转换(也是一种识解转换)涉及由"人""空间""建筑""时间""色彩"及其相关的抽象社会域等多个认知域构成的基底矩阵。截显的部分和基底之间的关系反映了霍克斯对于多方面认知和文化因素的考量,反映了译者在三个认知原则作用下的认知调整,尤其反映了其对接受者的预期,凸显了对文本的解释相似性和对表情力的考虑。

综上所述,霍、闵译文不仅仅是为了顺应译语规约做出较多的调整,更是基于对语言、社会文化因素的综合考量,利用多样化的识解运作来实现更强的表情力的目的,凸显了认知增量原则的作用,形成了其个性化的认知风格,也最终使得其实现了较理想的文本接受度。

四、结语

认知文体学可在文本考察的基础上,对译者的认知策略和认知状态进行透视,并兼顾到文学效果和具体文本个性价值的重要性。本文的讨论说明上述翻译的认知文体分析框架突破了以往翻译批评中较为盛行的归化-异化的二元对立模式,可以发挥较为客观的描述解释和评价翻译的作用。

《红楼梦》两译本的认知文体分析和对比告诉我们,霍闵译文在事实上所获得的更高的接受度来自其为了实现更强的表情力而采取的多样化的识解转换运作,来自在平衡三个认知原则的基础上对认知增量原则的突显,来自其对社会历史条件、社会语境、文化价值和意识形态的平衡考量。

(原载《外语研究》2013 年第 2 期)

中国当代文学译介伦理探讨

——以白睿文、陈毓贤英译《长恨歌》为例

吴　赟

一、引言

　　近年来，"中国文化走出去"业已提升到国家战略的高度，然而中国文学走向世界的进程却始终步履艰难。一方面，曾经"一厢情愿"的命题式推销，在文学复兴的自我情结之下，难以真正地进入海外的传播体制，使得中国当代文学始终伴随着身份不被认同的焦虑。另一方面，文化立场的殊异、译介动机的参差、话语取向的角力，或令中国本土译者因刻意捍卫"自我"而难被认可，或令西方译者过度无视"他者"而面目扭曲，难以肩负翻译作为跨文化行为所应秉持的纯粹伦理使命。在走向世界的迫切诉求之下，中国当代文学的译介应以何种书写姿态面对多元共存的宏大叙事，这是值得审慎思考和把握的关键问题。

　　在这一命题之下，长篇小说《长恨歌》的英译本展现出颇具典范性

的译介特征。该译本于 2008 年经美国哥伦比亚大学出版社推出后，因其成功的翻译直接促成了作者王安忆荣获 2011 年英国曼布克国际文学奖(Man Booker International Prize)提名奖,这也是中国作家首次入围这一重要的世界文学大奖。该译本在赢得西方文坛认可的同时,以开放而尊重的姿态完成了异质文学的接纳,让彼此的写作观和阅读观在"异"的碰撞中较为和谐地共处,也为中国文学的世界化进程开辟了新的道路。本文以中国当代文学译介的主流范式为参照,以操作层面的翻译伦理为角度,以英译王安忆的长篇小说《长恨歌》为研究个案,考察白睿文(Michael Berry)和陈毓贤(Susan Chan Egan)两位译者的译介过程,并解析译介文本及译介效果,以此探索中国当代文学"走出去"的更为合理的译介模式。

二、译介范式 : 翻译伦理的实践

审视中国当代文学在海外的译介状况,以汉学家为驱动、以读者为指涉、以本土需求为依归的策略始终占据着主调,这沿袭着西方翻译界长期以来的本族中心主义传统。对原作的道德和责任多让位于对受众的道德和责任,西方主流价值观与目标文化视野成为翻译范式的主要理据。为确保通达流畅、适于接纳的阅读品质,原著的陌生感、文学性及其背后所蕴藉的文化基因和审美方式往往被淡化、消解和改造。例如,刘震云的《手机》所设定的时间结构,在英译本(*Cell Phone*)中被完全重置,通篇转化为回忆式的倒叙手法。又如姜戎的《狼图腾》

中描述"额仑草原"地理位置的段落在英译本（*Wolf Totem*）中被剪贴到了开头部分。此外，一些译本的出版标题也被改头换面，如施叔青的《香港三部曲》被冠以《皇妃之城：香港殖民故事》（*City of the Queen：A Novel of Colonial Hong Kong*），而虹影的《上海王》则被译成《上海姘妇》（*The Concubine of Shanghai*）。种种有意而为的改写多为迎合西方读者的阅读习惯和文化心理，以求更好卖一些。

这使我们不禁追问：译本卖得动是否意味着中国当代文学真正地"走出去"了？诚然，对市场的迁就为"走出去"带来了相当程度的推动作用。可是，这样的译本面貌尽管能够抵消对目的语读者群疏离的可能性，并因商业效应使文学声名得以拓展，但西方读者并不能充分触摸原作的本真面目，无法全面体会中国文学独特的价值变迁、审美判断和诗学特征，而蕴藉于字里行间的生命力量更难以在新生的语境中得到充分有力的释放，终究会对中国当代文学形象建立和传播的真实性和完整性构成较为消极的影响。

在面对文化全球化的今天，世界性与民族性的拒斥与融合共同构成了复杂的当代语境。"为了解放和保存文化的历史，为了当下的相互理解和未来的思考，我们必须翻译。此外，我们从事翻译也是为了试图在伦理上回应每种语言的语境、互文和他异性的本质。"① 翻译伦理（ethics of translation）的源起便是面对他者的论辩。西方翻译界漠视"文字"、仅以传达意义为首要依归的本族中心主义传统从理论上遭到了批判。随着时代的演进和文化的交融，作为跨文化行为的翻译，正逐渐开始关注异质他者的存在，继而从源语文化和译入语文化的角度，对译者提出了道德要求——在操作层面上，应以传达原文的异质

---

① 许钧、穆雷，《翻译学概论》，南京，译林出版社，2009年，第200页。

性为基本伦理态度,同时在可读性和普遍性的原则约束下,尽量平衡译介过程中所涉及的各方诉求。

由白睿文和陈毓贤合作翻译的《长恨歌》正是以对文化他者的尊重为前提,较好地协调了源语和译入语环境下所关联的各方责任,体现了一种具有典范意义的道德意识和译介立场。在长达八年的翻译过程中,身处西方文化背景的两位汉学家译者,以严谨的翻译态度,奉原著为中心,使得这部译本以充分的忠实而著称,字里行间洋溢着文化他者的觉醒,而又不失普适的可读性,得到了世界文坛的肯定与赏识,为我们重新审视中国当代文学译介的可能性与伦理观提供了思考的源泉。

依笔者之见,翻译伦理的充分实践应当辩证地追求并调和包括文本形式、文本内容、作者意图、读者理解、读者接受等多方诉求,在相对客观、全面的译介语境中实现平等尊重。一方面要努力"存异",尊重作者和原著,在译文中再现作者的创作意图,再现源语的文化特征;另一方面,要承担对读者的责任,关注跨文化传递过程中的诠释方式与交流效果,努力回避翻译中全然不顾"可读性"、盲目指归原文的另一种极端倾向。

白睿文是哥伦比亚大学现代中国文学与电影专业博士,现任加州大学圣巴巴拉分校东亚系副教授,是美国新锐的中国现当代文学翻译家之一。陈毓贤是美籍菲律宾裔,华盛顿大学比较文学硕士,研究中国现当代历史。两者的汉学家身份正有助于其实现上述的伦理目标,较好地平衡了译者对作者和读者的责任。在翻译过程中,他们一方面深谙中国现当代文学的历史与现状,热爱原著及其反映的中国文化;另一方面,他们立足海外的非华语地区,了解本土英语读者的阅读习惯和审美倾向,能娴熟地运用母语英语进行文学翻译。两者兼顾使其具有自由往返于自我与他者之间的天然优势,由此在多元文化立场做出较为合理的判断,即大胆地以凸显异质他者为宗旨的同时,实践了作者、读者之间的理想共场,并直接促成了一个能够反映原作文学风格、保留原作文化他性的译本的产生。

2008 年,《长恨歌》的英译本荣获了美国现代语言协会"洛伊斯·罗斯翻译奖"(Lois Roth Award for a Translation of a Literary Work)荣誉提名,这是全美翻译界最高的荣誉之一,无疑也是对两位译者所秉持的翻译伦理的肯定与鼓励。在《长恨歌》的译介过程中,汉学家译者在与原作、读者的互动中传译差异,再现原作的文学特征和文化异质,并在尊重他者的同时,努力弥合异质性和可读性泾渭分明的界限,促成了不同文学观念、文化立场间的和谐交融,以变革性的实践姿态推动着翻译操作范式的发展。

三、面对作者:异质他者的尊重和呈现

翻译在具体操作过程的伦理,"从现代观点来看,归根结底是对他者的伦理"①,即如何面对原作中的异质他者,把他者当作他者来承认和接受,实现对作者和原文的责任。

《长恨歌》在庞大的空间架构和历史流程中,以日常细节、物质生

---

① 朱志瑜,《翻译研究:规定、描写、伦理》,载《中国翻译》,2009 年第 4 期,第 11—12 页。

活的市民哲学作为迷茫人生的生命体验，工笔描绘了主人公王琦瑶悲喜无常的一生际遇。原著作者王安忆曾说："《长恨歌》的写作是一次冷静的操作：风格写实，人物和情节经过严密推理，笔触很细腻，就像国画里的'皴'。可以说，《长恨歌》的写作在我创作生涯中达到了某种极致的状态。"①汉英语言文化的差异、作者独特的文学风格再加上这种极致的写作状态使得原文本呈现着强大的异质性。对他者的错置、误读与歪曲都可能使原作流失自我的面目，引发文化身份的焦虑和危机，甚至令翻译的合法性遭到质疑。

作为译者的白睿文和陈毓贤，面对这一严肃而艰难的伦理使命，努力使他者在西方主流诗学范畴内得以充分显化，使"差异不必再被淡化、容忍或者被粗暴地征服"②，以此来维护文学文本的多样化，并对受众群体构成真实、正面的影响。

正式翻译之前，两位译者曾多次到上海，了解小说中提到的巷陌、街角，捕捉东方都市的神韵和气息，以尽可能地熟悉原著中氤氲的海派文化。他们还努力了解王安忆风格多变的创作轨迹——从"伤痕文学"到性解放题材，又从"先锋实验"到后现代色彩——对作者风格衍变的认知可以更好地帮助译者贴近作者的文学思路和语言风格。此外，白睿文还广泛比对了原著的多种再生生态——电视剧、电影、舞台剧等衍生的艺术改编。在他看来，"这些影视改编最致命的缺陷在于，

---

① 徐春萍，《我眼中的历史是日常的——与王安忆谈〈长恨歌〉》，载《文学报》，2000年10月26日。

② Assmann, A., "The Curse and Blessing of Babel; Or, Looking Back on Universalisms", in Budick, S. & Iser, W. (eds.), *The Translatability of Cultures: Figurations of the Space Between*. Stanford: Stanford University Press, 2006, p.99.

为制造戏剧效果，保证故事流畅，不断地对人物进行发挥和创造"①。
这一评价也从侧面反映出，译者抵制对原著的粗暴改写，对原著报以
信实和尊重的态度。所有这些铺垫性的研究工作，帮助译者从不同角
度和层面去理解王安忆的每一处写作用心，使他们得以对原著有了深
度了解和切身把握，同时也展现出译者为积极承担对作者的伦理责任
所付出的努力。

《长恨歌》的开篇并没有出现具体的情节和人物，而是以长达一万
二千多字的篇幅绵绵絮絮地铺叙"弄堂""流言""闺阁"和"鸽子"。这
四种典型的上海意象贯穿小说的始终，承载了大都市中寻常生活的基
本格局和沧桑巨变下的永恒体验，为故事的开启定下了理性探索的基
调。这种看似乏味的创作手法恰恰体现了王安忆匠心独运的写作才
华。但是，这种开局却和西方读者的阅读习惯迥然不同，也直接使许
多美国出版商对此书反应冷淡。《芝加哥论坛报》曾评论这部小说"既
引人又枯燥。有情节但并非由情节推动，……催眠式的散文和忧伤的
故事使读者仿佛在令人昏昏欲睡的跑步机上慢慢行走"②。

译者在面对这种因审美差异和创作手法不同所产生的矛盾时，并
没有质疑作者或是直接大幅度删减原作；相反，他们尊重、认同并努力
适应这种差异。在接受专访时，白睿文说："虽然这种开局令不少读者
颇不适应，但是作者笔触十分优美。更重要的是，这些散文性篇段告
诉我们小说讲述的并不只是王琦瑶的故事，而是整个上海的故事。而
随着故事推进，王安忆将这种优美的散文化段落融入小说，与情节交

---

① Berry, M., *Translating Sorrow*. http://www.pri.org/theworld/node/18537, accessed 08/06/2011.

② Thomas, C., "The painter from Shanghai", by Jennifer Cody Epstein, and "The Song of Everlasting Sorrow", by Wang Anyi. *Chicago Tribune*, 06/21/2008.

织在一起，浑然一体"①。译者能够充分领会作者的意图，积极适应陌生的文学手法和迥异的思维方式，在翻译时向作者靠近，不删除，不改写，将这种迥异的创作手法全然复制到译文之中，使之超越英语文学系统中的惯常阅读体验。

事实上，这种以他者为依归的翻译策略在整部小说中随处可见。再看几例：

例1：王琦瑶说了个"地"字，康明逊指了右边的"也"说是个"他"，她则指了左边的"土"说，"岂不是入土了。"②

译文：Wang Qiyao had picked the character for "earth", whereupon he pointed to the right half and said it could be construed as "he". Impulsively, she pointed to the left half, made up of the "dirt" radical, exclaiming, "This shows that 'he' is buried, doesn't it?"③

此处涉及对汉字字形的解构。汉语方块字形自身蕴含着强大的指事、会意功能，往往在译为英语这种抽象字母文字的过程中，丢失其形象的联想和辐射意义，造成相当程度的不可译。在处理这一难题时，译者并没有消极地对原文进行削减或是篡改，而是忠实地取出汉字的各部字义，分别用"earth""he""dirt"三个词，大胆地再现汉字拆解

---

① Berry, M., *Translating Sorrow*. http://www.pri.org/theworld/node/18537, accessed 08/06/2011.

② 王安忆，《长恨歌》，海口，海南出版社，2003年，第173页。

③ Wang, A., *The Song of Everlasting Sorrow: A Novel of Shanghai*. Michael B. & Susan C. E. (trans.). New York: Columbia University Press, 2008, p.205.

重组过程中的意义转换和重建,之后用"'he'is buried"将原句的文字游戏做一归结,在字里行间完成从"他"到"地"的汉字拆解。译者并没有掩饰差异,相反用英语的抽象语言重组了汉语的具体和形象,将原文的他者充分地表露并加以突出,这也恰恰体现出对原作异质文化的尊重,对读者异域期待的关怀。

例2:这想象力是龙门能跳狗洞能钻的,一无清规戒律。[1]

译文:With the imagination completely free from all fetters, gossip can leap through the dragon's gate and squeeze through the dog's den.[2]

丰富的比喻往往能够展现渗透于不同文化体系中的认知与思维差异,这一例便充分反映了汉语极富敏感性的话语特征。这里作者借"跳龙门"和"钻狗洞"比拟那种上下驰骋、屈伸自如的姿态。译者并不介怀"龙"(dragon)在西方语境的负面形象以及意识形态的制约,最大限度地维持了中国文化对高高在上的"龙"的传统认识。而在西方人眼中,"狗"不仅是值得信赖的朋友,还因其忠诚勇敢而备受宠爱,但中国传统文化中有关"狗"的词汇显然多具贬义色彩,一如"狗洞"便是卑微低贱的代名词,译者并未将其加以粉饰,而是忠实地在译文中还原了这一文化差异。

翻译中对他者的阅读和体验"能展现出翻译行为最非凡的力量:显示异域作品别具特色的核心,最深藏不露,和自身最切近,但又最

---

① 王安忆,《长恨歌》,海口,海南出版社,2003 年,第 10 页。

② Wang, A., *The Song of Everlasting Sorrow*: *A Novel of Shanghai*. Michael B. & Susan C. E. (trans.). New York: Columbia University Press, 2008, p.12.

'遥远'的部分"①。以上几例中的异质他者,经由强有力的译介姿态,被纳入译入语系统。而在全书中,众多的中国文化元素和王安忆的文学创作特征也同样得到尊重和承认,遥远而又别具异域特色的他者融入自我的言说方式,确保了译文的真实性,并打破了英语语言文化的普遍陈规,构建出陌生、新鲜的文化空间。

在谈到异质他者对阅读效果的干扰和影响时,白睿文说:"原著中强大的故事情节和娴熟的写作手法归根到底都直指人性,直指人类共有的希望、梦想、欲望、恐惧、悲伤和梦魇。这些主题放之四海而皆准,希望随时间的流逝,更多地读者能够领会并欣赏原著中迷人的小说世界。"②中国文化的本土性和独特性使得西方读者受到陌生的文化冲击,而人性主题中的普遍性和合理性保证了他们能在一定程度上接受那些最切近又最遥远的他者形象。

英国学者 Michel Hockx 在其评论文章中,就《长恨歌》英译时对异质他者的处理给予了正面支持:"这部小说的'实验性'就在于它故意违背'可读性'原则,使阅读变得十分费力。……对西方读者而言,译作中许多元素都背离'可读性'的原则,如人名、地名、事件等。……这种处理使得翻译变得分外有趣,也为从事翻译研究的学者们提供了灿烂的前景。"③

---

① Berman, A., "Translation and the Trials of the Foreign", in Venuti, L. (trans.), Venuti, L. (ed.), *The Translation Studies Reader*. London & New York: Routledge, 2000, p. 284;谢天振,《当代国外翻译理论导读》,天津,南开大学出版社,2008 年,第 115 页。

② Berry, M., *Translating Sorrow*. http://www.pri.org/theworld/node/18537, accessed 08/06/2011.

③ Hockx, M., *Song of Everlasting Sorrow: A Novel of Shanghai* (A Review). http://mclc.osu.edu/rc/pubs/reviews/hockx.htm, accessed 08/06/2011.

四、面对读者:异质他者的适度变通

文学翻译总是深植于与差异的不懈斗争之中,源语文化和译入语文化、作者和读者之间始终存在或隐或显的对抗,因而异质他者的旅程不可能一帆风顺。译者应该采取何种翻译策略,以协调各方诉求,来实现相对的公正,就成为翻译操作过程的关键所在。

源于异质他者的差异有时会给译入语系统带来巨大冲击,而过于激进的存异行为则会阻碍译入语读者的阅读和理解,不为其所接受,于是便有违译者对读者所肩负的伦理责任。毕竟要充分传达异质他者的所有特征是不现实的,赞助人、读者的感受和利益、译入语文化的规范和他者性一样是翻译伦理中必须实现的元素。在这种情况下,适度的变通和节制必不可少,否则通过翻译所移植的形象和概念就会沦为一纸空谈,甚至产生负面影响,使目的语系统变得混乱无序。

随着全球化浪潮与文化多样性的演进,在他者与自我之间构架相似性和通约性越发成为跨文化行为的常态。因而,白睿文和陈毓贤在面对译入语文化和源语文化之间的对抗时,并非一味地强译他者,而是在实现对作者伦理责任的同时,在原文和译文之间搭建相似性和可通约性,努力兼顾读者一方的习惯。一方面,译者最大限度地保留原文写作观及文化观的异质他者,在跨越语言和文化的藩篱之后,将它们迁入英语文学和文化;另一方面,为避免不同程度的误解和伤害,故而消解并非必要的异质成分,努力使两种文化在共在的语境中产生合理对话和有效共鸣。通过这些各有针对和侧重的多元译介手段,容纳、交互、拓展彼此的文化空间,使两种文化得以在他者和自我的碰撞和融合中迸发出灿烂的火花,并借此更新自我的文学观念和审美图式,从而实现跨文化交流的伦理使命。

《长恨歌》的标题翻译就是一例典型。白睿文曾透露,当他将译稿推荐给哥伦比亚大学出版社时,出版商提出要将书名改为听来颇有噱头的《上海小姐》,理由是这样书肯定能在市场上卖得好。[①] 因为之前该出版社曾推出清人吴语小说《海上花列传》,该书名译为 *The Sing-Song Girls of Shanghai*,即《上海歌女》。前有"上海歌女",后有"上海小姐",这番挪用已经成就的文化思路,可以轻而易举地掩盖差异,人为地制造一种通约。不过,在译者的一再坚持下,其英译名才最终得以保留差异,确定为 *The Song of Everlasting Sorrow*。不过译者也特意加上了副标题 *A Novel of Shanghai*,弥补读者由于他者的陌生而产生的茫然、疏离的阅读感受。

王安忆在创作《长恨歌》时,有意识地把所有人物的对话都进行了叙述性的转化和处理。她消解了"他说……""她说……"的直接引语句式,淡化人物语言的生动形象、个性化和风格化,转而借助叙述性的抽象化语言,来追求创作主体语言的个性化和风格化。这种写作手法成就了王安忆独特的语言风格,也成为《长恨歌》最为鲜明的文学标记,在绵密冷静、缠绕累叠的语言形态中,构筑起了《长恨歌》里细腻而深邃的理性世界。白睿文和陈毓贤尊重这种强烈而独特的他者性,试图把它完整而真实地翻译过来,然而最终为了读者的阅读感受,却不

---

① 吴越,《中国当代文学作品译介到海外起点低门槛多》,载《文汇报》,2009 年 11 月 9 日。

得不弃之不译,改用传统的引号标记对话,并用分段的形式特意将对话区别开来;在表达人物内心思想的时候,译者还有意选用了斜体这一中国文学中极少使用的排版手段,使译文显得块垒分明,线条清晰,符合西方读者所熟悉的话语方式。在译本的"译者说明和致谢"部分,译者特别提到了自己试图保留原作文体风格的努力尝试,也提到了最终对这种差异的舍弃和文体上的变化,这也说明在他者和自我的斗争中,译者并不能生硬地全盘移植异质他者,而是应该适当地消减差异,有选择地再现差异,调适差异,甚至改造差异,由此避免因过多的他者而产生不可调和的障碍,实现语义的有效交际和功能层面的伦理价值。

除去这一特殊的文学标记,译者在翻译整本小说时,也在突出文化异质的同时,十分谨慎地采取了变通手段,适当地对其进行弥合,以避免异国情调的过度集中,产生文化焦虑,有违读者的认识期待和译入语文化的陈规。

例3:他背地里和片厂的人说,珍珍是个丫头相,不过是荣国府贾母身边的粗使丫头,傻大姐那样的。[①]

译文:Behind their backs he described Zhen Zhen to his colleagues as a graceless servant girl right out of Dream of the Red Chamber, a little cleaning maid who thinks she is special just because she is employed in a large, wealthy household.[②]

---

① 王安忆,《长恨歌》,海口,海南出版社,2003 年,第 29 页。

② Wang, A., *The Song of Everlasting Sorrow*:*A Novel of Shanghai*. Michael B. & Susan C. E. (trans.). New York:Columbia University Press,2008, p.35.

"荣国府""贾母""傻大姐"都是中国古典名著《红楼梦》中的地名和人物,译文中有意增加了"红楼梦"(Dream of the Red Chamber)这一文化大背景,不加任何注解,而又隐去了书中具体人名、地名等次要文化信息,如"荣国府"泛化为"a large, wealthy household","贾母"略去不提,"傻大姐"泛化为"a little cleaning maid"。一方面,译者将重要的文化他者概念进行了强势传递,不做词汇和意义上的增补,以陌生化的表达进入目标语的译介场;另一方面,又做出了恰当的取舍,省略了一众细小的他者,从而避免了陌生信息的大量堆积。这熟悉与陌生的辩证统一,既忠实地再现了文化的"异质性",为西方读者带来了新鲜的阅读体验,也令译文得以连贯和可读,较好地保证了读者流畅的阅读感受。

　　例4:穿上结婚礼服出场就好像小姐们都要出阁似的……[①]

　　译文:In their bridal gowns all the contestants looked as if they were about to go down the aisle.[②]

　　这段文字写到"上海小姐"选美决赛中参赛选手的着装。在中国古代,由于"三从四德"传统思想的影响,未出嫁的女子大多居于阁楼之上,只有成为新娘时才能"出阁"。译者根据中西方不同的婚宴习俗,将中国文化下的少女"出阁"形象换译成结婚"走上教堂长廊"(go down the aisle)情境。其实如果译者在此处尝试保留差异,也未必不可取。但是,细读原文可知,此处的结婚礼服本就指西洋式的一袭白

---

①　王安忆,《长恨歌》,海口,海南出版社,2003年,第56页。

②　Wang, A., *The Song of Everlasting Sorrow: A Novel of Shanghai*. Michael B. & Susan C. E. (trans.). New York: Columbia University Press, 2008, p.70.

纱,因为后文当程先生与王琦瑶母女讨论出场服装的时候提到,"结婚礼服不是白吗"①。于是,译者这一措辞细节上改动,反而使深受西洋文明浸染的海派文化得以在字里行间渲染出来。译者在此处对他者的着意消解避免了将异质生硬地放入译语文本,使得上下文更为连贯和谐,读来颇为自然流畅。

　　虽然翻译的本质在于接触"异"、接纳"异",但是对差异的保持和改造同时是在可通约的文学场中进行的。译者在地道的英语中努力传递原著中蕴含的文化他者,同时,在翻译中适度降低原文的文化信息度,实现语义的有效交际和操作层面的伦理使命;这种翻译策略有机地将自我和他者结合起来,展示一种具有本土化的异质文化,让西方读者既熟悉又陌生,从而可使其更加倾情地阅读与体验异质他者。同时,也令译者得以兼顾对作者和读者双方的责任,使各方伦理诉求在操作层面得到相对合理的回应,促进两种文化之间的相互尊重和理解。就如同歌德在《论翻译》一文的最后所总结的:在这个文化里,"外国的、本土的;熟悉的、陌生的都在不停地运动,并构成了一个整体"②。

---

①　王安忆,《长恨歌》,海口,海南出版社,2003年,第56页。

②　Goethe, J. W. von., "Translations". Sloan, S. (trans.), in Biguenet, J. & Schulte, R. (eds.), *Theories of Translation*: *An Anthology of Essays from Dryden to Derrida*. Chicago: The University of Chicago Press, 1992, p.63.

五、结语

翻译"打破文化的趋同和单一,演绎异域之美,融合之美,多元之美,促使人们勉力构建世界各民族和谐共存的文化生态"[①]。中国文学真正走出去,就是让翻译成为"助推剂",在多元文化的语境之下,把民族文化的精神特质以澄澈又最恰当的方式与世界分享,这也正是翻译的伦理诉求所在。通过充分挖掘语言的表达潜力,以开放的姿态,在英语的土壤中保留他者纯粹的新意,加以细心的呵护和尊重,使之表现出清新而又不至疏离的面孔,而《长恨歌》的译介成功之处正在于此。

在 2011 年英国曼布克国际奖评选时,王安忆虽然最终还是惜败于美国作家菲利普·罗斯,但在评委会成员卡门·卡利尔(Carmen Callil)眼里,王安忆要远远好于罗斯,她的小说"表面上家长里短,却自有神奇而热烈的小说家之力量于其中"[②]。卡利尔愤而宣布退出评委会,之后在《卫报》撰文,将矛头指向评委会内的两位同事,指责曼布克国际奖毫无国际视野。

王安忆的惜败恰恰昭示了一个鲜明的事实:中国当代文学在美国乃至整个世界,仍是一种相对边缘的外国文学,而翻译也依然是一道

---

① 孙艺风,《翻译与多元之美》,载《中国翻译》,2008 年第 4 期,第 19 页。
② 康慨,《菲利普·罗斯:坐在读者脸上的巨匠?》,载《中华读书报》,2011 年 5 月 25 日。

难以彻底跨越的门槛，对平等沟通、交流和理解的追求还有很长的路要走。在全球交融和多元文化形成的巨大张力之下，我们需要更多的优秀译者遵守翻译伦理在各个层面的操作原则，在人文精神的指引下，充分尊重文本承载的文化差异，寻求他者性和可读性的平衡，不因投合文学的偏见、追求商业的利润而牺牲审美的价值，真正实现文化交流的本源宗旨和翻译行为的终极使命。

（原载《中国翻译》2012 年第 3 期）

翻译与转叙

——《生死疲劳》葛浩文译本叙事性阐释

邵　璐

一、引言

　　在文学界,知名度与受欢迎程度是不同的概念,两者未必吻合。知名度高、获奖多的作品未必为读者喜闻乐见,因为前者由文学批评家等专业人士所评,看重的是作品体现出的思想、文学性、功能性和美学价值,包括语言叙述文体等元素,而后者通常则更看重趣味和消遣性。不仅普通读者的接受程度和文学批评家的认可度未必一致,即便在文学批评家中间,也有中西方差异,甚至完全相反。

　　而对于翻译文学而言,情况则更为复杂。本文以莫言在西方最受关注且获奖最多的《生死疲劳》①(以下简称源文本)——该作亦是其获得 2012 年诺贝尔文学奖的代表作之一——的英译(以下简称目标文

---

　　①　莫言,《生死疲劳》,北京,作家出版社,2006 年。

本)为研究个案,从源文本和目标文本在叙事角度转换上的差异入手,考察叙事视角在翻译中的改变给翻译文学带来的影响,以期为译文本在目标语言文化中普通读者和专业人士的不同接受,给予叙事性的释解。《生死疲劳》英译者是著名的翻译家葛浩文(Howard Goldblatt),在他所翻译的中国作家作品中,莫言的作品最多。同时,葛浩文也是翻译莫言作品最多的英语译者,迄今共翻译了莫言 7 部作品,包括《红高粱家族》《蒜薹之歌》《酒国》《丰乳肥臀》《生死疲劳》《檀香刑》《变》。

二、《生死疲劳》英译

近年来翻译的叙事性研究受到文化学派翻译研究的影响,翻译叙事理论被引向了政治和意识形态研究。Baker 甚至认为:"当今,无论身居何处,从事何种职业或活动,我们都会被冲突包围。跨越国界的冲突不断地冲击着我们的灵魂,令我们参与其中。在这个充满冲突的全球化世界中,翻译成了冲突的各方寻求合理地解释其活动的重要手段"①;"翻译既不是社会与政治发展的副产品,也不仅仅是社会与政治发展的结果,更不是文本与人互动的副产品,它是使得这些发展和运动成为可能的这一过程中的重要组成部分"②。于是,"翻译""冲突"

① Baker,M.,*Translation and Conflict:A Narrative Account*. London and New York:Routledge,2006,p.1.

② *Ibid.*,p.6.

"行动主义"便成为西方翻译叙事学的关键词。其实,早在 Baker 之前 Whitebrook 就曾言:"叙事理论的优点之一是'使政治行为者形象化',即叙事作为动态的实体,会随着人们所经历故事的不同而发生或微妙或剧烈的变化;而且,叙事理论能够帮助人们考察翻译如何在跨越时间和文本限制的叙述中起到重要作用。"[①]

莫言的《生死疲劳》获日本"第 17 届福冈亚洲文化大奖"(2006)、第二届红楼梦奖——世界华文长篇小说奖(香港,2008)、美国纽曼中国文学奖(Newman Prize for Chinese Literature,2009)。就内地以外的大中华地区而言,中英文报纸上登载的《生死疲劳》的文章或报道有 48 篇。香港浸会大学文学院还专门为《生死疲劳》出版了论文专辑(香港浸会大学文学院,2010)。能够获得如此多的国际大奖,跟原作者莫言是中国当代最重要的小说家,译者葛浩文在国际上地位和翻译能力,西方文学、文化批评界的赞誉和欣赏,以及汉学家(如王德威、葛浩文)的大力推介等诸多因素相关。[②]

然而,其中最主要的原因是各语种译者,尤其是英译者所起的作用。笔者已就莫言作品的英译和日译在国外,尤其是英译在西方的影响与接受进行综合评述,做过宏观把握和了解。[③] 而本文的立足点则是,文学翻译研究的主体应该是叙事文体学翻译研究,即包括从经典叙事学的角度,分别从语篇、语义、文体、叙述者等层面将目标文本与源文本进行详细对比和分析。翻译叙事文体学采用文体学、叙事学、翻译学的理论模式,辅以语料库作为研究工具,应该成为今后翻译研

---

① Whitebrook, M., *Identity, Narrative and Politics*. London and New York: Routledge, 2001, p.3.

② 邵璐,《莫言小说英译研究》,载《中国比较文学》,2011 第 1 期,第 45—46 页。

③ 同上。

究深度发展之方向。①

三、叙述声音和叙述视角

就经典叙事学中的省叙而言,申丹曾指出:"'省叙'与叙述视角无关,但与叙述声音却直接相关,因为它是叙述者在采用某种视角之后,在不改变视角的情况下,对该视角中出现的某些信息的故意隐瞒。"②然而,笔者认为,目标文本中主要出现了两种视角越界:显性越界和隐性越界;这两种视角越界中又都呈现省叙、伪叙;而无论省叙还是伪叙,都既可跟叙述视角,也可与叙述声音相关。见下例:

案例一

源文本:

[1]屋子里传出了蓝解放的啼哭声。

[2]你知道谁是蓝解放吗?故事的讲述者——年龄虽小但目光老辣,体不满三尺但语言犹如滔滔江河的大头儿蓝千岁突然问我。

[3]我自然知道,我就是蓝解放,蓝脸是我的爹,迎春是我的

---

① 邵璐,《西方翻译理论中的叙事文体学趋势》,载《外语研究》,2011 年第 4 期,第86—92 页。

② 申丹,《叙述学与小说文体学研究(第三版)》,北京,北京大学出版社,2004 年,第 283 页。

娘。这么说，你曾经是我们家的一头驴？

[4] 是的，我曾经是你们家的一头驴。我生于 1950 年 1 月 1 日上午，而你蓝解放，生于 1950 年 1 月 1 日傍晚，我们都是新时代的产儿。①

目标文本：

[1] The cries of newborn Lan Jiefang emerged from the house.

[2] Do you know who Lan Jiefang—Liberation Lan—is? This Lan Qiansui，the teller of this tale，small but endowed with an air of sophistication，three feet tall yet the most voluble person you could find，asked me out of the blue.

[3] Of course I know. Because it's me. Lan Lian is my father，Yingchun is my mother. Well，if that's the case，then you must have been one of our donkeys.

[4] That's right，I was one of your donkeys. I was born on the morning of the first day of 1950，while you，Lan Jiefang，were born in the evening of the first day of 1950. We are both children of a new era.②

评析：

截取的这部分源文本来自第一部第二章最后四段，源文本中视角模式内部的"视点转换"有如下三种：全知模式、转换式内视角、多重式

① 莫言，《生死疲劳》，北京，作家出版社，2006 年，第 16 页。

② Goldblatt，H.，*Life and Death Are Wearing Me Out*：*A Novel*. New York：Arcade Publishing，2008，p.19.

内视角。源文本共四段,为了指称方便,笔者在段首加上了序号。此案例源文本叙述方式比较复杂,隐含信息很多,模糊性极强。即使将此部分还原到原书中,根据附近语段的上下文,都很难厘清相互关系,推断叙述者的叙述视角、眼光和声音。若要辨析各叙事成分,必须从整本书即全局的角度来把握人物关系,整书人物谱系可见图1。就本案例所涉人物关系,可见图2简化图。

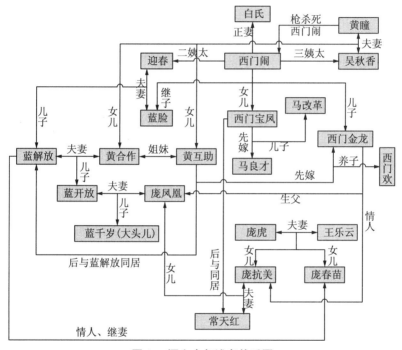

图1　源文本叙述者关系图

下面先解构源文本叙述者和叙述声音。源文本中一共出现了三种叙述法,三次叙述声音切换,涉及五代关系,两个叙述者的爷孙辈分可以互换。

具体而言,其一,源文本引语未用引号,叙述者本人和叙述对象不

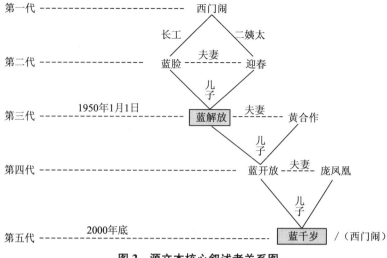

图 2　源文本核心叙述者关系图

易识别。其二,从叙事学途径(narratological approach)来看,本案例出现了全知报道叙述法(the narrator in omniscient reporting)、自由间接话语叙述法(free indirect style)、第一人称叙述法(the narrator in first-person storytelling)。[1]是全知报道叙述的叙述声音,即我们通常认为的旁白,作用是引出下面叙事话语,此为第一叙述声音。[2]、[3]、[4]段则采用自由间接引语来叙事。在第一人称叙述中,作为人物的"我"的言语被叙述者"我"用自由间接的方式来表达。其三,短短四小段叙述声音进行了三次转换,[2]的叙述声音是由叙述者大头儿蓝千岁发出,此为第二叙述声音。大头儿蓝千岁是整本书中最重要的叙述者,即西门闹,原西门屯的地主,他被枪毙后,转生为驴、牛、猪、狗、猴、大头婴儿。[3]的叙述者是蓝解放,他是蓝脸与迎春(西门闹二姨太太)之子,人名"解放"喻指当时的叙述背景是解放战争时期。其四,对话的两人是蓝千岁和蓝解放。从源文本中可看出蓝解放和蓝千岁是爷孙关系,如果说西门闹是第一代人,那么到了蓝千岁便是第五代,蓝解放则是第三代,这段对话便是第三代与第五代的对话。同时,蓝千岁又是西门闹在继驴、牛、猪、狗、猴后经历六次转生的大头儿,第五代蓝千岁跟第一代西门闹是同一人在不同轮回中的肉身。从这个意义上讲,这段对话又是西门闹作为第一代人跟蓝解放作为第三代人的对话。作为第五代人的蓝千岁(全书最重要的叙述者)——大头娃娃——出生于 2000 年底,源文本以他的出生收尾,作为全书结局,而他肉身的第一代则是源文本全书的开端,即整个叙事以西门闹于 1950 年 1 月 1 日第一人称"我"的自述开始,叙述是以西门闹投胎伊始,全书以六次生死轮回连成一线。其五,本案例源文本中,[2]、[4]第一人称叙述者"我"是指蓝千岁,[3]的"我"是蓝解放。值得注意的是,蓝解放生于 1950 年 1 月 1 日傍晚,蓝千岁作为驴的肉身出生于 1950 年 1 月 1 日上午,也就是说西门闹生死轮回的第一次转变是从此时开始,驴和蓝解放是同一天出生的第三代与第五代,恰好相差半个世纪,50 年整。

　　再来看目标文本,同样,译者并未在译文中将叙述者补充出来,且亦省略了引号。然而,有趣的是,本案例[1]中蓝解放第一次出现,译者采用音译法。可是到了[2]第二次出现叙述者蓝解放时,译者这里采用双管齐下法(couplets)①,加上了文中注,先音译为"Lan Jiefang",再夹注将蓝解放这个名字意译出来,译为"Liberation Lan"。笔者认为,译者这样处理有他独具匠心之处,因为这样的翻译法只用于最重要的叙述者。从整本书叙事结构看来,西门闹这个全书最重要的叙述者,作为第一人称叙述者于 1950 年 1 月 1 日的投胎伊始,具有人的肉

---

①　Newmark, P., *A Textbook of Translation*. Shanghai: Shanghai Foreign Language Education Press, 2001, p.91.

身的叙述者一共五代，分别是西门闹、蓝脸、蓝解放、蓝开发、蓝千岁，以蓝千岁于 2000 年岁末的出生收尾。而从 1950 年 1 月 1 日上午开始，这一肉身又同时以动物的肉身投胎，先后转生为驴、牛、猪、狗、猴。所以，1950 年是分界线，整本书叙事时间跨度为 100 年，从此时开始，同一灵魂分别以动物和人的肉身投胎，同时又与主要人物有着密切的联系，比如投胎为驴时，其身份由长工蓝脸的主人兼养父西门闹变成了蓝脸养的牲口——刚出生的小驴。

四、目标文本的叙事特征

故事外的叙述者或受述者任何擅入故事领域的行动（或者说，故事人物任何擅入元故事领域的行动），都会产生滑稽可笑或荒诞不经的奇特效果，这便是转叙（metalepsis）。[①] 目标文本中出现的转叙现象，跟古典修辞学中的违规现象一样，平常且无伤大雅。利用故事和叙述的双重时间性做文章，仿佛叙述与故事齐头并进，故事停顿的时间也就填满了。将叙事学中的转叙放置于翻译学中，可用曲径翻译（oblique translation）来解释。曲径翻译是与直接翻译（direct translation）相对的概念。因源文本与目标文本之间存在结构与概念上的差异，不打乱文本的句法与词法顺序，就难以令人满意地把一些文体效

---

① Genette, G., *Narrative Discourse*. Trans. J. E. Lewin. New York：Cornell University Press，1980. pp.234 - 237.

果翻译出来。在此种情况下,用对应的目标语单位直接替换源语单位是不可能的,因为那样只会生成一个意义、结构或风格上都不可接受的译文。[①] 曲径翻译大致有四种类型,包括调适(modulation)、改编(adaptation)、置换(transposition)与对等(equivalence),能使译者生成读起来自然且基本上没有翻译腔的目标文本。以下就目标文本中呈现的调适、改编、置换的翻译叙事学特征进行描述。

1. 调适

作为曲径翻译的一种,调适指不使用相似的源语和目标语范畴[②],信息形式的变化由观念变化引起[③]。换言之,调适涉及思想操纵而非语法范畴的操纵(与置换相反)[④],它反映出说不同语言的人看待真实事物和现象角度的细微差别。在此意义上,当字面翻译(literal translation)或置换会引起在语法上正确但在目标语中听起来不自然的表达时[⑤],采用调适方法就有道理了。

案例二

源文本:我继续喊叫着,话语重复,一圈圈轮回。阎王与身边的判官低声交谈几句,然后一拍惊堂木……[⑥]

---

① Vinay, J. P. & Darbelnet, J., *Comparative Stylistics of French and English: A Methodology for Translation*. Translated and edited by J. C. Sager & M. J. Hamel. Amsterdam and Philadelphia: John Benjamins Publishing Company, 1958/1995, pp.34 - 35.

② *Ibid.*, p.31.

③ *Ibid.*, p.36.

④ *Ibid.*, p.88.

⑤ *Ibid.*, p.36.

⑥ 莫言,《生死疲劳》,北京,作家出版社,2006 年,第 4 页。

目标文本：So I shouted，repeating myself，the same thing over and over，until one of the judges leaned over and whispered something in LordYams' ear. He banged his gavel to silence the hall.①

评析：本案例中，目标文本中的聚焦人物相互关系被调适成了"判官弯腰在阎王旁边低声交谈"。

案例三

源文本：阳光灿烂，空气清新，鸟在天上叫，兔在地上跑，沟渠和河道的背阴处，积雪反射出刺目的光芒。②

目标文本：The sun shone brightly，the air was fresh and clean；birds flew in the sky，rabbits hopped along the ground.③

评析：

源文本中，莫言用鸟鸣兔跑营造出的欢腾场面，与沟渠和河道的背阴处积雪反射出刺目光芒形成视觉、听觉的反差，从而反衬第一人称叙述者"我"的矛盾心理："我"被阎罗王放回了人间，本值得庆幸，然而，"我"却是带着仇恨、复仇、痛楚的心态和情绪回去的，且回去的路上还被两个鬼卒挟持着，卡着脖子发不出声。目标文本中，鸟在天上飞，似乎失去了声音的效果。

① Goldblatt，H.，*Life and Death Are Wearing Me Out：A Novel*. New York：Arcade Publishing，2008，p.4.

② 莫言，《生死疲劳》，北京，作家出版社，2006年，第7页。

③ Goldblatt，H.，*Life and Death Are Wearing Me Out：A Novel*. New York：Arcade Publishing，2008，p.7.

2. 置换

置换是"将一种词性替换为另一种词性,而不改变信息意义"①的过程。置换可以是强制性的(obligatory),也可以是选择性的(optional),它不涉及源语和目标语平行范畴和平行概念之间的直接转移。②

案例四

源文本:一个白发苍苍的老婆婆,伸出白胖细腻与她的年龄很不相称的手,从一只肮脏的铁锅里,用乌黑的木勺子,舀了一勺洋溢着馊臭气味的黑色液体,倒在一只涂满红釉的大碗里。③

目标文本:... where a white-haired old woman reached out with a fair, smooth-skinned arm that did not befit her age, scooped out a black, foul-smelling liquid from a filthy steel pot with a black wooden spoon, and emptied it into a red-glazed bowl. ④

评析:

此例译者采用"置换"的方式,将源文本"手"置换成"手臂",看似

---

① Vinay, J. P. & Darbelnet, J., *Comparative Stylistics of French and English: A Methodology for Translation*. Translated and edited by J. C. Sager & M. J. Hamel. Amsterdam and Philadelphia: John Benjamins Publishing Company, 1958/1995, p.36.

② *Ibid.*, p.31.

③ 莫言,《生死疲劳》,北京,作家出版社,2006年,第6页。

④ Goldblatt, H., *Life and Death Are Wearing Me Out: A Novel*. New York: Arcade Publishing, 2008, p.6.

只是一词之差,但文化意象却被扭曲了。在此案例中,此置换方式似不可取。在源文本中的"白发苍苍的老婆婆",作者虽一直未言明是谁,知晓中国神怪传说的人或许都知道,在鬼魂出了阎王殿,准备投胎到人世之前,会在奈何桥上遇到孟婆,这个老婆婆便是孟婆。原作《生死疲劳》是根据中国民间传说进行创作的,在中国民间传说中,人会生生世世轮回反复,小说中的聚焦人物共经历了六度轮回。这一世的终结不过是下一世的起点。生生世世循环的人无法拥有往世的记忆,只因为每个人在转世投胎之前都会在奈何桥上喝下忘记前尘往事的孟婆汤。所以,走在奈何桥上时,是一个人最后拥有今世记忆的时候。这一刻,很多人还执着于前世未了的意愿,却又深深明白这些意愿终将无法实现,于是便会发出一声长长的叹息,这也是这座连接各世轮回的桥命名为奈何桥的原因。读到这一段,原文读者眼前呈现的意象是:两个身材修长的蓝脸鬼卒,挟持着叙述者"我"经过奈何桥,遇到了孟婆。孟婆的穿戴一定也是中国古代的装束,在中国传统文化中,无论年纪几何,只要是女人,除了脸和手,都是包裹遮蔽着的,不会暴露在外面。所以,在目标文本中,老婆婆露出白皙、光滑皮肤的手臂是不符合中国传统文化的,似乎跟原作所要营造的文化意象不相匹配。

案例五

源文本:我将它铲起来,用力撇到了墙外,与马粪驴屎混合在一起,但愿这东西有肥力,能使七月的玉米,长出象牙般的大棒子,能使八月的谷子,抽出狗尾般的大穗子。①

目标文本:I scooped it up and flung it over the wall, where it

---

① 莫言,《生死疲劳》,北京,作家出版社,2006 年,第 13 页。

could lie with the horse shit and donkey <u>urine</u>, hoping that it might be good as fertilizer, so <u>the early summer corn</u> would grow in ears like ivory and <u>the late summer wheat</u> would have tassels as long as dog tails.[①]

评析：

源文本中所有单独出现的"粪"都译为"dung"，前面若有类别词，如"马粪"，便译为"shit"，"屎"则换词，译为"urine"（尿），以避免重复。"七月的玉米"被置换成"the early summer corn"（初夏的玉米），"八月的谷子"则被置换成"the late summer wheat"（夏末的小麦）。

案例六

源文本：接手家业时虽逢乱世，既要应付游击队，又要应付<u>黄皮子</u>，但我的家业还是在几年内翻番增值……[②]

目标文本：I had taken over the family business during chaotic times. I had to cope with the guerrillas and <u>the puppet soldiers</u>, but my family property increased...[③]

评析：

源文本基调讽刺，将游击队和日伪军并在一起，暗示在地主看来，

① Goldblatt, H., *Life and Death Are Wearing Me Out：A Novel*. New York：Arcade Publishing, 2008, p.15.

② 莫言，《生死疲劳》，北京，作家出版社，2006 年，第 10 页。

③ Goldblatt, H., *Life and Death Are Wearing Me Out：A Novel*. New York：Arcade Publishing, 2008, p.11.

游击队跟日伪军没什么两样,都是造成内乱的原因,而且都与作为土地所有者的地主为敌。源文本中的第一人称叙述视角给原作者带来了安全,因为所有这些反动言论都看似是出自地主之口,即使言论离经叛道,甚至是危险的。若脱离语境,按词典意义来说,黄皮子通常指黄鼬,俗名黄鼠狼。放于源文本中,却是指通常着黄色军装的日伪军,为俏皮语。目标文本将"黄皮子"置换成"the puppet soldiers"(傀儡军/日伪军),生动形象且准确地传达了言外之意。

案例七

将源文本中的神与妖魔鬼怪分别进行置换。如将"妖精"分别置换成"monster""goblin""demon""ghost""god","阴曹地府"在目标文本中置换成"hell underworld""Yama's underworld","毒蛇"置换为"viper snake"。对于"太岁"的翻译,将"碰上太岁"置换为"to bump up against <u>the Wandering God</u>","冲撞了太岁"置换为"to stir up <u>the Wandering God</u>",又如,将"琉璃世界"[①]置换为"Crystal Realm"[②],"免得被野狗吃掉"[③]置换成"to keep the wild dogs away"[④]。

---

① 莫言,《生死疲劳》,北京,作家出版社,2006 年,第 10 页。
② Goldblatt, H., *Life and Death Are Wearing Me Out: A Novel*. New York: Arcade Publishing, 2008, p.12.
③ 莫言,《生死疲劳》,北京,作家出版社,2006 年,第 10 页。
④ Goldblatt, H., *Life and Death Are Wearing Me Out: A Novel*. New York: Arcade Publishing, 2008, p.12.

3. 改编

改编指不拘泥于源语与目标语结构与概念上对应形式的翻译程序。① 改编是一种策略,当目标文化中不存在源文本所描述的状况,或没有与源文本相同的意义或内涵时,通常采用改编这种曲径翻译。同时,改编也是一种"情景对等"(situational equivalence)②,它用某些方面功能相同的目标语成分来替代源语成分,因此这些成分也就彼此"对等"。例如,英格兰人喜欢的运动板球(cricket)译成法文时可用环法自行车赛(Tour de France)一说来代替③。改编代表了"翻译的极限"④,因为其中包括了大量改写。避免采用改编方式可以获得完全正确的文本,然而译本却会十分清楚地显现出作为译本的特征,即翻译腔。⑤

案例八

源文本:好了,西门闹,知道你是冤枉的……⑥

目标文本:All right, Ximen Nao, we accept your claim of innocence.⑦

---

① Vinay, J. P. & Darbelnet, J., *Comparative Stylistics of French and English*: *A Methodology for Translation*. Translated and edited by J. C. Sager & M. J. Hamel. Amsterdam and Philadelphia: John Benjamins Publishing Company, 1958/1995, p.31.

② *Ibid.*, p.39.

③ *Ibid.*

④ *Ibid.*

⑤ *Ibid.*

⑥ 莫言,《生死疲劳》,北京,作家出版社,2006年,第4页。

⑦ Goldblatt, H., *Life and Death Are Wearing Me Out*: *A Novel*. New York: Arcade Publishing, 2008, p.5.

评析：目标文本中，故事外叙述者"我们"突然进入所叙述的情景与事件，于是构成了转叙。

案例九

源文本：我听到胳膊上发出酥脆的声响，似乎筋骨在断裂，我发出一声尖叫。①

目标文本：A brittle sound, like bones breaking, drew a shriek from me.②

评析：目标文本中的意象发生转变，第一人称叙述者"我"主动发出尖叫，在目标文本中，被改编成了"酥脆的声响"让"我"发出尖叫声。

案例十

源文本：……脱下棉袍，将他包裹起来。沿着大街，迎着太阳，手托着这冻僵的孩子往家里走。③

目标文本：I took off my lined coat and wrapped him in it, then picked him up and carried him home. ④

评析：目标文本中增加了"picked him up"，并删去"手托着这

① 莫言，《生死疲劳》，北京，作家出版社，2006年，第4页。

② Goldblatt, H., *Life and Death Are Wearing Me Out：A Novel*. New York：Arcade Publishing，2008，p.5.

③ 莫言，《生死疲劳》，北京，作家出版社，2006年，第11页。

④ Goldblatt, H., *Life and Death Are Wearing Me Out：A Novel*. New York：Arcade Publishing，2008，p.12.

冻僵的"。

案例十一

源文本:……巨大的耻辱,毒蛇信子一样的<u>怒火</u>,<u>在我心中燃</u>
<u>起</u>。我要杀人,我要骂人,我要<u>将蓝脸剁成肉泥</u>。[1]

目标文本:How Humiliating! <u>A flame</u> like the tongue of a
poisonous viper <u>snaked up in my heart.</u> <u>I had murderous urges</u>, <u>at</u>
<u>minimum needed to curse someon</u>. I could have chopped Lan Lian
into pieces.[2]

评析:"怒火"被改编为"a flame"(火焰),去掉"怒"。译文回译为
"毒蛇信子一样的火焰在我心中蛇形而动。我有<u>杀人</u>的冲动,<u>至少要</u>
<u>诅咒某人</u>。我早该把蓝脸剁碎的"。

五、结语

在某种程度上,文学文体学与叙事学的学科界限被模糊化,很多
时候很难分清彼此,相应地,翻译文体学与叙事学的壁垒也已基本被
打破,在此背景下形成的翻译叙事文体学研究,在翻译学范畴内更趋

[1]　莫言,《生死疲劳》,北京,作家出版社,2006 年,第 14 页。
[2]　Goldblatt, H., *Life and Death Are Wearing Me Out : A Novel.* New York:
Arcade Publishing, 2008, p.16.

复杂化,弥补了单一学科之不足。在中国原文读者看来,源文本《生死疲劳》跟莫言以往的叙事特点也许差别不大,都是"历史-家族"民间叙事模式,人畜混杂、阴阳并存的叙事结构,或者说是历史的民间表现建构。然而,若从经典叙事学的角度看来目标文本,葛浩文的英译本中所体现的转叙特色或是吸引西方目标读者的重要因素之一。

(原载《山东外语教学》2012 年第 6 期)

下编　专题探讨

《红与黑》事件回顾
——中国当代翻译文学史话之二

赵稀方

  《红与黑》在中国的第一个译本是 1947 年由上海作家书屋出版的赵瑞蕻译本,这也是 1949 年以前的唯一一个译本。1949 年后,出现了另外一个译本,即 1954 年由上海平明出版社出版的罗玉君译本,1949 年至"文革"结束这一时期也只有这一个译本。"文革"结束之后,译本骤然增加,截至 1995 年,先后有以下多种译本面世:郝运译本(上海译文,1986)、闻家驷译本(人民文学,1988)、郭宏安译本(译林,1993)、许渊冲译本(湖南文艺,1993)、罗新璋译本(浙江文艺,1994)、臧伯松译本(海南,1994)、赵琪译本(青海人民,1995)、亦青译本(长春,1995)。围绕着众多的译本,开始出现不同的评论。

  早在 1982 年,作为《红与黑》第一个译本的译者,赵瑞蕻就写出了《译书漫忆——关于〈红与黑〉的翻译及其他》一文,这篇文章在检讨了自己的译文的同时,主要批评了罗玉君出版于 1957 年的第二个译本。赵文说:"我从头到尾就原著仔细地校对了罗译本(1957 年上海新文艺版),发现错误实在惊人,甚至一页竟会有二三个误译。后来 1979 年,上海译文出版社出了一个新版;1982 年,又说'重版时曾作了一些修改'。但我再次校对时,仍然看到许多错误并未一一订正。"赵文颇不客气地认为"这是一种极不负责任的态度",特别是考虑到罗译本销路极大,至 1982 年已经印了一百多万册,"错误这么多,这怎样能说得过去呢"?①

按说,既然罗玉君译本的翻译错误已经被揭示出来,接下来的译本就应该在汲取前者教训的基础上更为完善才对,但在王子野看来,闻家驷的译本却似乎还不如前者。他在发表于 1991 年《读书》第 3 期的《后来未必居上》一文中说:"当我捧读这部新出的、装帧美观的《红与黑》新译本时,心情是喜悦的。可是一字一句读下去,读了几十页,疑问一大堆,越读越糊涂,有的简直不知所云,这时回想起来 50 年代读罗玉君的译本给我的印象并不是这样坏。"而且比较了闻家驷和罗玉君的译本后,王子野的结论是:闻译只是罗译的改译本,闻译本改正了一部分罗译本的错误,但留下很多没有改正,最不应该的是闻译将罗译本中正确的部分改错了。此文发表后,引起了不同的看法。施康强的《何妨各行其道》和孙迁的《也谈〈红与黑〉的汉译》都不太同意王子野对于闻译的刻意贬低,以为两种译本还是各有所长。在谈论罗玉君和闻家驷译本的时候,两篇文章都谈到它们体现了两种不同的翻译风格。施康强指出:"罗译善发挥,往往添字增句,译文因此有灵动之势,但是有时稍嫌词费,司汤达似没有这般啰嗦。闻译比较贴近原文句型,但处理不尽妥当,有些句子太长,显得板滞,司汤达本人好象也没有这个毛病。"②孙迁在文章中则明确指出"笔者的感觉是,罗译偏重意译,闻译则多用直译"③。

---

①　赵瑞蕻,《译书漫忆》,载许钧主编,《文字·文学·文化——〈红与黑〉汉译研究》,南京,南京大学出版社,1996 年 2 月第 1 版,第 265 页。

②　施康强,《何妨各行其道》,载《读书》,1991 年第 5 期。

③　孙迁,《也谈〈红与黑〉的汉译——和王子野先生商榷》,载《四川外国语学院学报》,1992 年第 3 期。

直接的冲突是由北大知名翻译家许渊冲先生引起的。许渊冲于1993 年重新翻译出版了《红与黑》，并写了一个"译者前言"。在这个"译者前言"中，他通过对比他的译本与此前译本的差异，申述了自己偏于"意译"的翻译思想。他的主要翻译思想是："文学翻译的最高目标是成为翻译文学，也就是说，翻译作品本身要是文学作品"，"翻译是两种语言的竞赛，文学翻译更是两种文化的竞赛。译作和原作都可以比做绘画，所以译作不能只临摹原作，还是临摹原作所临摹的模特"。简单地说，他认为翻译要成一种"文学翻译"，而不是"文字翻译"，意思是不必过于拘泥于字句，应该发挥汉语的优势传达出原作的精神。许渊冲从《红与黑》中挑出了几段，将自己的译本与罗玉君、闻家驷、郝运几种译本（赵瑞蕻译本则因为没有看到而付之阙如）进行了比较，说明自己译文的高明之处。

　　施康强对于许渊冲的翻译理论不无担心，他在文章中引用了钱钟书评论林纾的话："一个能写作或自信能写作的人从事文学翻译，难保不像林纾那样的手痒：他根据个人的写作标准和企图，要充当原作者的'净友'，自信有点铁成金、以石攻玉或移桔为枳的义务和权利，把翻译变成借体寄生的、东鳞西爪的写作"。而许渊冲说到的临摹原作的模特，施康强以为并非易事，"假如斯当达①心目中有于连、索纳尔夫人和玛蒂德的原形，许先生想必没有见过他们，即使他们的工具更称手，又何从临摹起？除非'想当然尔'"。施康强还不无讽刺地来了一句"'译'者'臆'也"。至于译文，施康强显然并不喜欢与原文竞赛的过度的译文发挥。他特别提出了《红与黑》的最后一句，比较了诸家译本（增加了后出的郭宏安译本和罗新璋译本），对许渊冲的译法提出了批

---

　　①　"斯当达"即"斯汤达"，下同。

评。施康强认为，斯汤达运用了法文词"elle mourut"，相当于英文"she died"，表示了一种不带感情色彩的风格。许渊冲以《红楼梦》中的诗句"魂归离恨天"相译，与原文竞赛，但"他把原文力求避免的哀艳慷慨赠与原文，斯当达会乐意接受吗？假如说'惊奇'较之'大惊小怪'是'言过其实，不符合原作的风格'，那么，对'魂归离恨天'又该怎么说呢"？[①]

施康强的这篇题为《红烧头尾》的文章发表在 1995 年第 1 期的北京《读书》上。与此同时，韩沪麟在 1 月 17 日的上海《文汇读书周报》上发表了《从编辑角度漫谈文学翻译》批评许渊冲，形成了南北夹击之势。韩沪麟同样不同意许渊冲过于强调"化""美""青出于蓝而胜于蓝"的说法。有趣的是，施康强批评的是许译《红与黑》的最后一句，韩沪麟则挑出了《红与黑》的第一句，在比较中批评了许渊冲的翻译。许渊冲的译文是："玻璃市算得是方施-孔特地区山清水秀，小巧玲珑的一座市镇。"韩沪麟认为，从字面上看，许译是最潇洒漂亮，但对照原文看，却并不准确，反倒是其他译本较为严谨。许译给人的印象，似乎这个地区就只有维埃里小城最美了，其实原意不过是美丽的小城"之一"而已。许渊冲将简单的法语 belle 译成"山清水秀，小巧玲珑"，与原文不等值，已经不是翻译，而像是创作了。韩沪麟语带讽刺地说："有点像林纾先生那样，听人说了一段故事，再根据大意再创作。我想许先生精于法语，决不会借用林先生的方法从事翻译吧。"与此相关的是，他反对滥用中文成语。另外，韩沪麟认为"玻璃市"的译法也没根据。

施康强、韩沪麟的评论获得了《红与黑》第一个译者赵瑞蕻的支持。1995 年 4 月 1 日，上海《文汇读书周报》上发表了翻译学者许钧对赵瑞蕻的访谈。在这一访谈中，赵瑞蕻表达了自己的翻译理念："我觉

---

① 施康强，《红烧头尾》，载《读书》，1995 年第 1 期。

得最重要的一点就是要'忠实'，要竭力做到'忠实'，也就是严复所说的'信'"。由这一"直译"立场出发，赵瑞蕻很自然地认为许渊冲的一些译法发挥过当："比如第一章一开头，就用了'山清水秀，小巧玲珑'这两对四字成语，我看就是不可取的，原文没这个意思。'小巧玲珑'是说东西精巧细致，决不可形容一个小小的城市。再举个简单不过的例子：第二章上市长说：'我喜欢树荫'（J'aime l'ombre），为什么许先生会译成'大树底下好乘凉'呢？这种例子多极了"。至于《红与黑》结尾的翻译，赵瑞蕻觉得更离谱："让我开个玩笑说，最后那一句'elle mourut'，许先生译作'魂归离恨天'，《红楼梦》里的词句都上去了，何不再加一句'泪洒相思地'呢？原文里就是'她死了'，多少种外国语言的译本中都只有两个字：Elle mourut——she died（英文），Ella mori（意大利文），Verschied sie（德文）"。

许渊冲先生不但敢于大胆地批评前人，同时也不避讳称赞自己。他在文章中借湖南文艺出版社之口，声称只有他的译文能够超越傅雷。他还借由自己的中国古诗词集《不朽的诗》获企鹅公司好评，在英、美、加、澳等地出版之事，宣称中国译者即将"走向世界译坛顶峰"①。这些自然都很容易受到别人非议。著名翻译家方平就曾撰文对许渊冲的做法表示疑问，"借他人之口，声称自己还未问世的译本将胜过傅译，似乎为时过早了吧"。"如果他能够学会给予对方更多的尊重——不仅仅是对同行，也包括对原作者，我们自然也会相应地越发看重这样一位翻译界前辈"。许渊冲却不以为然，他反问："方平先生在重译莎士比亚，如果不能胜过朱生豪的译文，请问有重译的必要么？

———————————

① 许渊冲，《从〈红与黑〉谈起》，载《文汇读书周报》，1995 年 5 月 6 日。

如果能胜出,为什么不可向读书界宣布,长自己的志气,灭武大郎的威风呢?"①

如此有个性的许渊冲,既然敢于"目无他人",当然并不害怕别人的批评。对于每种批评,他都一一予以直接的回击。关于施康强批评许渊冲将《红与黑》结尾译为"魂归离恨天"是"把原文力求避免的哀艳慷慨赠与原文",许渊冲解释说,翻译不应该仅仅局限于"elle mourut"一词,如果回到结尾前43章,我们能看到"于连心醉神迷的幸福感说明他原谅了她。他从来没有这样爱得如醉如狂"这样的句子,这说明于连和德·瑞那夫人的感情是十分"哀艳"的,因此用"魂归离恨天"不能算是言过其实。他评价自己的译文"不但精彩,而且精确;虽然不是文字翻译,却是文学翻译"。他进一步借题发挥:"这似乎是自吹自擂、得意忘形了!但是我认为:如果武大郎说自己打过老虎,那是吹牛;如果武二郎说,那却是不卑不亢,不必少见多怪!"②关于韩沪麟批评许译《红与黑》的开头"山清水秀,小巧玲珑"与原文不等值,因而不"严谨"的说法,许渊冲也不以为然。他反驳说:《红与黑》这第一句的后面接着描写这座蜿蜒的杜河和巍峨的韦拉山,"山清水秀,小巧玲珑"的译法全面表现了小城的美丽,不但包括建筑,也包括山水,因此它恰恰是"等值"和"严谨"的。③ 对于赵瑞蕻关于为什么将"我最喜欢树荫"译成'大树底下好乘凉'的批评,许渊冲也进了反批评。据许渊冲的解释,之所以译成"大树底下好乘凉",而没有直译为"树荫",是因为这里反

---

① 许渊冲,《文字翻译与文学翻译——读方平〈翻译杂感〉后的杂感》,载许钧主编,《文字·文学·文化——〈红与黑〉汉译研究》,南京,南京大学出版社,1996年2月第1版,第73页。

② 许渊冲,《四代人译〈红与黑〉》,载《读书》,1995年第4期。

③ 许渊冲,《从〈红与黑〉谈起》,载《文汇读书周报》,1995年5月6日。

映的意思是市长将自己比作能遮荫蔽的大树,这样译才真正反映出市长"高傲得有分寸"。针对赵瑞蕻关于他"加了许多不该加进去的东西"的说法,许渊冲反唇相讥,认为赵瑞蕻是"没有加进'应该加进去的东西'"①。

在论争中,许渊冲显得孤立,不过也不是完全没有人支持他。《红与黑》另一译者罗新璋就赞成许渊冲。他在致许渊冲的信中说:"没有创造力的译文,总没有生命力。生命就是创造。创造,才是生命。'魂归离恨天',曲终奏雅,我就没想到。想到,我也会用上。"②这种危难中的支持让许渊冲十分感动,他感慨:"俗话说,'千军易得,一将难求'。听了这'一士之谔谔'就不必管'千夫之诺诺'的了。"③

不同的意见相互冲突,相持不下。作为主要评论阵地的上海《文汇读书周报》和南京大学西语系翻译研究中心联合起来,做了一个问卷调查,即《〈红与黑〉汉译读者意见征询》,发表于 1995 年 4 月 29 日的《文汇读书周报》上。问卷还列出了 7 段《红与黑》的译文,明确标出"等值"和"再创造"两类,前者选取的是郭宏安和郝运的译文,后者选取的是罗新璋和许渊冲的译文,征求读者的看法。

这次问卷调查在社会上引起广泛的响应,在问卷发出的短短 3 个星期内,《文汇读书周报》收到了除台湾、西藏之外的全国各个地区的读者回函。回函涉及的面很宽,包括各个年龄层次和文化层次,职业有工人、职员、老师、机关干部,等等。答卷者的态度也相当认真,西北

---

① 许渊冲,《应该加进去的东西……》,载《文汇读书周报》,1995 年 6 月 3 日。

② 《关于〈红与黑〉汉译的通信》,参见许钧主编,《文字·文学·文化——〈红与黑〉汉译研究》,南京,南京大学出版社,1996 年 2 月第 1 版,第 62—63 页。

③ 许渊冲,《文字翻译与文学翻译——读方平〈翻译杂感〉后的杂感》,载许钧主编,《文字·文学·文化——〈红与黑〉汉译研究》,南京,南京大学出版社,1996 年 2 月第 1 版,第 71 页。

工业大学的巫耀堂老人患了眼疾，却仍坚持填完问卷，一笔一画地表达了自己的意见；武汉大学三年级学生冯凤阁写下了长达28页的文字，全面思考了问卷中涉及的翻译问题。有的意见还不仅仅代表个人，而且是家人、同学乃至同事们的共同看法，有的答卷者甚至在他社交的范围内进行了调查。① 如此大规模的群众与翻译家、学者的互动应该是中国当代翻译史上很值得书写的一章。

据《文汇读书周报》透露，这次调查的结果是：78.3％的人支持"等值"类，仅21.7％的人支持"再创造"类，而读者喜欢的译文作者依次为：郝运、郭宏安、罗新璋、许渊冲和罗玉君。可以说"直译"派获得大胜，而以许渊冲为代表的"意译"派则落败而归。1995年7月1日，《文汇读书周报》专门发表了许钧、袁筱一撰写的《为了共同的事业——〈红与黑〉汉译读者意见综述》一文，对这次调查结果予以公布和总结。这份倾向性明显的"综述"，借读者之口对"意译"派进行了清理和批评。"等值"派的获胜和"再创造"派的落败其实是必然的，因为两派在价值上其实早已有高下之分，这当然不仅仅是指鲁迅的传统，还有许渊冲指出的，早在问卷之前，《文汇读书周报》就片面地发表了不少主张"等值"、批评"再创造"的文章，它们早已给读者造成了"等值"派优先的印象。读者的回答只是被问卷带入了预定的问题，然后被这一问题的先在传统话语规定了答案。

多数没有读过外文原著的读者受到"等值""再创造"划分的影响，想象"等值"就是"与原文结构贴近"，而"再创造"就是背离原文的发挥，读者的意见建立在这一前提之上，这是受了问卷二元对立式的提

---

① 许钧、袁筱一，《为了共同的事业——〈红与黑〉汉译读者意见综述》，载《文汇读书周报》，1995年7月1日。

问方法的误导。毫无疑问,所有的《红与黑》的中文译本都是以中文句式翻译原文,遵从外文原句的结构翻译从根本上说是不可能的事。所有的翻译都是以中文调谐原文,成功的翻译都是将中文写得较顺而又不背离原意。就此而言,所谓"直译"/"意译"、"等值"/"再创造"、"文字翻译"/"文学翻译"之类的区别并不是绝对的,它在一定程度上只是人为地"制造"出来的。早在1982年,赵瑞蕻在批评罗玉君译本的时候就曾指出:"至于我们历来所说,也曾长期争论着的'直译'和'意译'的问题,我不想在这里多讨论了。因为依我看来,真正优秀的翻译是不存在这个矛盾的。"①许钧后来在编《文学·文学·文化——〈红与黑〉汉译研究》一书时,则也明确地谈到这一问题。他在比较了《红与黑》结尾的5段译文后指出:"对比原文,这五种译文没有一种是'逐字逐名的直译,甚至硬译',也没有一种百分之百的'意译'。"而且许钧还注意到,从翻译实践看,并不存在所谓"等值"与"再创造"的区分。如果从上面所引的《红与黑》的开头和结尾来说,似乎许渊冲是"再创造"的代表,而郝运、郭宏安等是"等值"的代表,但如果考察译文全文的话,根本不是这么回事,应该说基本上每个译本都是"等值"与"再创造"的混合。

如此看来,这场争论似乎从一开始就是一场误会。许渊冲明确地将"文字翻译"与"文学翻译"对立起来,又明确标出"再创造",这就绝对化了两者的区别,易于引起误解。但我们必须注意到,许渊冲的翻译原则其实是以"信"字为根本原则的。而仔细观察许渊冲与施康强、韩沪麟、赵瑞蕻诸人的争论,我们会发现,许渊冲并没有怀疑"信"或

---

① 赵瑞蕻,《译书漫忆》,载许钧主编,《文字·文学·文化——〈红与黑〉汉译研究》,南京,南京大学出版社,1996年2月第1版,第265页。

"等值"的原则,相反,他所论证的是他自己的译文较别人更"信",更"等值"。例如,许渊冲认为《红与黑》的开头一句中的"美丽"包括建筑和山川两个部分,故而译为"山清水秀、小巧玲珑",所以他认为译文并不像韩沪麟批评的那样"不等值","不严谨",而恰恰相反是"等值"和"严谨"的。同样,认为市长在内心有将自己比作能遮荫蔽的大树的意思,许渊冲认为"大树底下好乘凉"的译文较"我喜欢树荫"的直译更为准确。由此看来,许渊冲强调在翻译一个句子的意思时更多地考虑到译文的上下语境,予以综合理解。如果说许渊冲的说法易于引起误解,那么《文汇读书周报》和南京大学西语系翻译研究中心的问卷《〈红与黑〉汉译读者意见征询》则最后"定型"了这一误解。问卷设计了一组二元对立的问题:是"等值"还是"再创造"? 是"异国情调"还是"归化"? 是"精确"还是"精彩"? 是"欧化"还是"汉化"? 这种二元对立在很大程度上都是虚构出来的,所谓"完全归化""纯粹汉化""原文结构比较贴近"等说法根本都不能成立。问题的导向是绝对地强化两者之间的截然对立,它们很容易误导读者的思路,即将"等值"理解为准确再现的译文,而"再创造"是离开原文的发挥,从而导致了对后者的批评。这种概括离两者的事实都相差甚远,尤其歪曲了许渊冲派的翻译思想和实践。

有关"直译"和"意译"的问题自汉译佛经以来一直有人议论,但始终没什么结果。到了20世纪90年代中期,居然又出现了这样一次大规模的争议,其中折射出的根本问题是中国翻译研究的落后。

我们发现,"直译"与"意译"看起来十分对立,其实双方在立场上是高度一致的。这种立场就是"信",即最大限度地忠实原文,所争论的不过是何种手段、谁更忠实自己。这种被中国翻译论述奉为最高目标的"原著中心主义"事实上恰恰是中国翻译研究落后的标志。如果作为一种应用翻译技巧的研究,忠实于原作自然是可以的;如果在翻译理论的层次上将"原著中心"视为前提则早已过时,在西方当代翻译的文化研究中,恰恰是翻译之"背离"被视为论述的当然前提,所需讨论的是"背离"的原因、条件、结果等。

国内学界对于西方翻译理论的介绍偏重于语言学。20 世纪 80—90 年代我国翻译出版了 9 部外国译论著作,其中 7 部是语言学理论著作,尤为重视奈达。谭载喜的《西方翻译简史》(1991)在"新时期的翻译理论"一节中,几乎只涉及了语言学派的翻译理论。而 20 世纪 70 年代,在西方兴起的势头强劲的翻译研究学派的理论却不为人注意。

巧合的是,正是在"《红与黑》事件"发生的 1995 年,开始有学者在国内介绍翻译研究学派的思想。在这一年的《中国翻译》第四期上,香港学者张南峰发表了题为《走出死胡同,建立翻译学》的文章。在这篇文章中,作者提及 20 世纪 70 年代詹姆斯·霍姆斯(James S. Holms)关于描述翻译学、理论翻译学和应用翻译学的分类,并简略介绍了翻译研究学派的理论,同时大力抨击了中国当下的唯原著独尊的思想。遗憾的是,这篇提醒中国翻译界的文章却立即受到了批评。劳陇在《中国翻译》1996 年第 2 期上发表了一篇大批判式的文章《丢掉幻想,联系实践——揭破"翻译学"的迷梦》,批判张南峰"建立翻译学"的主张。文章很不屑一顾地认为"那个劳什的'翻译学'至今仍杳不踪影……而翻译实践中的基本问题一个都没有解决,甚至最为根本的'什么是翻译'的问题也搞不清楚"。

更为重要的文章是,上海外国语大学谢天振教授在 1995 年《外国语》第 4 期上发表的《建立中国译学研究的文艺学派》一文。据张南峰评价,谢天振所倡导的"文艺学派"的翻译研究强调描述,反对规范,与埃文-佐哈尔的多元系统论有许多相似之处,在中国来说是"开创性"

的,可惜一直未成为主流。① 谢天振的思想之所以"未成为主流",是因为国内翻译界的落后。谢天振认为"当代西方翻译研究的一个最本质的进展是越来越注重从文化层面上对翻译进行整体性的思考,诸如共同的规则、读者的期待、时代的语码,探讨翻译与译入语社会的政治、文化、意识形态等的关系,运用新的文化理论对翻译进行新的阐述,等等,这是当前西方翻译研究中最重要、最突出的一个发展趋势"。他还指出,"今天,几乎世界上所有国际大师级的文化理论家,从德里达、福科,到埃科、斯皮瓦克等等,都在大谈特谈翻译,翻译不仅成为当今国际学术界最热门的话题,而且也被提高到前所未有的众所注目的地步"②。在这种情形下,国内翻译界仍然在低水准地讨论"《红与黑》直译意译"问题,这不能不让人深思。

(原载《东方翻译》2010 年第 5 期)

---

① 张南峰,《中国译论传统剖析》,载《中西译学批评》,北京,清华大学出版社,2004年,第 24 页。

② 谢天振,《国内翻译界在翻译研究和翻译理论认识上的误区》,载《中国翻译》,2001 年第 4 期。

理论意识与理论建设

——《红与黑》汉译讨论的意义

许　钧

  1995 年,围绕《红与黑》多个汉译本的问世,中国翻译界展开了一次范围很广的讨论,我积极参与了整个讨论,在某些环节上,还起到了组织、沟通的作用。同年,我在许多同行的支持下,把讨论中的有关文章、书信、对谈、读者调查等文字结集出版,题为《文字・文学・文化——〈红与黑〉汉译研究》。

  时间过得很快,一晃 16 个年头过去了,有的往事已经淡忘,但那场大讨论却常常被译界的同行提起。在 1996 年于香港举办的一次学术会议上,冯亦代先生谈到这次讨论,说这是新中国成立之后最重要的一次翻译讨论。方平先生则撰文,对这次讨论的重要意义做了充分肯定。他们已经离开我们走了,他们对翻译事业的关心、对译界后辈的鼓励,一直印在我的心中。对这次讨论的意义,翻译学术界和文化界确实是充分肯定的,国内近年出版的一些有关翻译批评和文学翻译史的著作,多有有关这次讨论的评述。在今年初出版的由方梦之先生主编的《中国译学大辞典》中,《文字・文学・文化——〈红与黑〉汉译研究》一书被列入中外"译论百部",关于《红与黑》汉译的讨论也被该辞典作为重要的历史事件载入"翻译史",做了重点介绍。同时,译林出版社也在年初推出了《文字・文学・文化——〈红与黑〉汉译研究》

的增订本。有关这次讨论所发表的一些思考性文章，不仅对国内翻译研究起到了拓展和启迪的作用，而且在国际翻译界也产生了影响。法国大学出版社出版的《翻译》一书中，有关翻译理论研究一章专门提及了这次讨论，作为文学翻译批评理论探索的代表性成果加以评介。加拿大 Meta 杂志第 49 卷第 4 期发表了由笔者和刘和平合作撰写的有关这次讨论的理论贡献的论文，题为《文学翻译的经验与理论升华》。

对这次大讨论，也有不同的意见，许渊冲先生是我特别尊重的译界前辈，他跟我说，我当年组织的读者调查，有些不公平，舆论引导在先，读者调查在后，有"误导"之嫌。是否误导，暂且不论，但我承认，就我当时的理论倾向而言，我是主张译文不要离原文太远的。我的理论倾向对我主持的读者问卷调查的设计自然是有影响的。最近，赵稀方出版了《二十世纪中国翻译文学史》一书，其中有一篇幅很长的章节，谈到这次讨论，说"如此大规模的群众与翻译家、学者互动，应该是中国当代翻译史上很值得书写的一章"。在肯定的同时，他对这次讨论所涉及的问题提出了不同的看法，说诸多翻译家争论的是"直译"和"意译"的问题，说所谓的"等值"和"再创造"的区分是场误会，甚至说"有关'直译'和'意译'的问题，自汉译佛经以来到本世纪，一直有人议论，但始终没有结果。到了 90 年代中期，居然又出现了这样一次大规模的争议，其中折射出的根本问题，是中国翻译研究的落后"①。他的看法，引起了我的思考，把我的目光又引向了当年的那场大讨论。

1995 年中国翻译界在《文汇读书周报》《读书》《中国翻译》等报刊的支持下，围绕着"读书界所关注的名著复译问题，不失时机地发起了

---

① 赵稀方，《二十世纪中国翻译文学史》（新时期卷），天津，百花文艺出版社，2009年，第 235 页。

一场面向社会、有读者参加、历时半年的关于《红与黑》汉译的讨论和争鸣。它规模大，历时长，涉及面广，讨论热烈，可说是我国解放以来文学翻译界前所未有的盛举"，有着"深远的影响"。① 有关这场讨论，冯亦代先生在1996年4月香港中文大学翻译系举办的"外文中译研究与探讨"翻译学术会议上，做过题为《一九九五年翻译界的一场大辩论》的报告，指出："改革开放以后译事大兴，但不合格的翻译太多，引起出版翻译作品质量的混乱，应当建立翻译的理论，提高翻译质量。1995年的争论，对于提高翻译的质量，极为重要"②。

有关《红与黑》汉译的讨论，是在外国文学名著复译潮高涨的背景之下展开的。据我们所掌握的材料，《红与黑》的第一个汉译本发表于1944年，是青年诗人赵瑞蕻执译的，由重庆作家书屋出版，译文只有十五章，薄薄的一册，很不完整。从它的问世到开展讨论的1995年，有半个世纪了。在这半个世纪中，相继有十几个译本问世，如：赵瑞蕻（作家书屋，上海，1947），罗玉君（上海平明出版社，1954），黎烈文（台湾远景出版事业公司，1978），郝运（上海译文出版社，1986），闻家驷（北京人民文学出版社，1988），郭宏安（译林出版社，南京，1993），许渊冲（湖南文艺出版社，1993），罗新璋（浙江文艺出版社，1994），臧伯松（海南出版社，1994），赵琪（青海人民出版社，1995），亦青（长春出版社，1995），邹心胜、王征（北京燕山出版社，1995），杨德庆、刘玉红、李宗文、粟晓燕（九洲图书出版社，1995），等等。在我们这个时代，无论是译事，还是译理，值得探讨的东西很多，但是大众舆论偏偏选中了《红与黑》，这是有其必然的原因的。若回顾一下《红与黑》这部法国文

---

① 方平，"序二"，谢天振，《译介学》，上海，上海外语教育出版社，1999年，第3页。

② 冯亦代，《一九九五年翻译界的一场大辩论》，载《翻译学术会议——外文中译研究与探讨》，1998年，第40页。

学古典名著在中国的翻译历史,思考一下它在中国的命运,我们可以看到,起作用的不仅仅是文学方面的因素,还有政治、意识形态和经济方面的种种因素。首先是政治和意识形态方面的原因。据中国莎士比亚学会会长、著名翻译家方平先生在《历史将会给予充分的肯定——评〈文字·文学·文化——《红与黑》汉译研究〉》一文中介绍,在上个世纪60年代初,"我国思想战线上展开了一场声势浩大的批判修正主义运动。在外国文艺领域里三部古典名著:巴尔扎克的《高老头》、托尔斯泰的《复活》和斯丹达尔的《红与黑》被押上受审席,成了集中批判的重点对象"[①]。后来,在"文化大革命"中,江青又对《红与黑》中的人物,所谓的"野心家于连"做了猛烈的政治批判。直到1978年改革开放,外国文学园地才迎来春天,饥渴的读者迫不及待地汲取外国文学养分,当时发行的唯一的《红与黑》中译本(罗玉君译)在短短的几年时间内累计印数超过100万册。然后到了90年代初,商品经济大潮冲击了文化市场,随着我国加入《伯尔尼公约》,外国精神产品的输入受到了版权的限制,不少出版社不约而同地把目标指向了已不受版权保护的外国古典文学名著,掀起了一场复译潮。在1993年至1997年的短短三年时间里,就有十几个《红与黑》译本出世,不可否认,这一现象的产生,明显有着经济因素所起的作用。面对这一现象,不少学者进行了思考,提出了一系列的问题,广大读者也对文学名著复译的必要性提出了不同看法。同时,有学者指出在《红与黑》的十几个版本中,出现了非常复杂的情况:有在名利驱动之下抄袭、剽窃的译本,有不负责任、粗制滥造的译本,但更有把文学翻译视为生命,追求

---

① 方平,《历史将会给予充分的肯定—— 评〈文字·文学·文化——《红与黑》汉译研究〉》,《博览群书》,1999年第7期。

与原作相媲美的理想译本的严肃译家。如郝运先生几十年如一日,按他"对原著的理解,兢兢业业,尽心尽力去译"①;罗新璋先生"朝译夕改,孜孜两年,才勉强交卷"②;许渊冲先生为使译文"脱胎换骨,借尸还魂,青出于蓝而胜于蓝"③,在理论和实践上都大胆而不懈地追求;郭宏安先生在读中学时,第一次读了罗玉君译的《红与黑》,大学二年级"便有些迫不及待,跟头把式地读了原文的《红与黑》",对《红与黑》的那份喜爱,使他在"心里翻译不止一遍",无意中为翻译《红与黑》准备了三十年。④

如上所述,翻译不是一个简单的语言转换活动,也不是一个简单的翻译方法问题。《红与黑》的汉译出现了复杂现象,涉及社会、经济、政治和文学等多个层面。这在以往的文学翻译讨论或研究中,是比较少见的。我们意识到,《红与黑》在中国具有很大的读者面,如果能抓住这些问题,展开讨论,无论对理论建设,还是对翻译实践,应该都具有启迪的意义。于是,我们借助读书界和翻译界对《红与黑》复译情况的关注,有意识地做了以下几个方面的有益尝试。

一、对那些有抄袭、剽窃之嫌的译本,从维护翻译事业神圣性的高度出发,进行了揭露与批判。在笔者与《红与黑》第一个译者赵瑞蕻先生的谈话中,赵瑞蕻先生就明确指出在复译高潮中,"个别本子竟有抄译的现象,就是抄郝运的译本,许多地方一句一句,一行一行地抄,有

---

① 许钧,《文字·文学·文化——〈红与黑〉汉译研究》(增订本),南京,译林出版社,2011年,第44页。

② 同上,第256页。

③ 同上,第249页。

④ 同上,第128页。

时只改动了几个字,这是不可容忍的"①。我本人也在《出版广角》1995年第 3 期,以《复译还是抄译》为题,分析了海南出版社出版的《红与黑》译本,指出该译本的前十章与上海译文出版社郝运译本的文字相同率在 80% 以上,是个抄袭本。正是本着这次讨论所提倡的积极的批判精神,我还在《中华读书报》撰文,指出青海人民出版社出版的译者署名为赵琪的《红与黑》译本明显是从几个版本中各"取"一段,拼凑而成的。比如第一章的第一段一字不差地"取自"郭宏安的译本,第二段取自郝运的译本……长春出版社出版的《红与黑》同样也有严重的剽窃行为。我们的工作引起了翻译界同行和媒介的普遍关注。《光明日报》发表了署名文章《世界名著译作虚火太盛》(1996 年 8 月 7 日),对困扰着翻译市场的抄袭、剽窃之风所带来的消极影响进行分析;《新华日报》发表了《偏食、重版、剽窃、侵权——外国文学翻译出版问题多》(1996 年 8 月 9 日)一文,呼吁出版管理部门制定出必要的法规条例,加强对翻译出版物版权市场的管理。德语文学翻译家杨武能先生也在《出版广角》发表文章,题目为《窃贼心态初窥》(《出版广角》1997 年第 2 期),披露了长江文艺出版社出版的一套"世界文学名著新译"中的黄某某、马某某所"译"的《少年维特之烦恼》纯属抄袭之作。我们知道,面对受利益驱使的抄译、剽窃之风,道德批评的力量虽然显得很单薄,但其积极作用是不可忽视的。我始终认为,在学术领域,道德批评始终不能少,而《红与黑》讨论所提倡的批评精神,是值得发扬光大的。

二、在外国文学名著复译潮中,翻译批评工作者理应负起责任来,对复译现象进行实事求是的分析,从理论和实践上澄清人们对翻译的

---

① 许钧,《文字·文学·文化——〈红与黑〉汉译研究》(增订本),南京,译林出版社,2011 年,第 32 页。

模糊认识。《红与黑》汉译讨论引起了读书界的关注,为了扩大影响,在接受美学理论的启发下,由我主持的南京大学西语系翻译研究中心得到《文汇读书周报》编辑部的支持,围绕《红与黑》汉译所提出的一些值得特别探讨的问题,展开了读者意见征询活动。意见征询表刊登在《文汇读书周报》1995 年 4 月 29 日那一期上,包括两个部分。第一部分是"对《红与黑》汉译的基本看法",共提出 10 个问题:1.《红与黑》多次复译,现已有十几个版本,您对此现象怎么看? 2. 文学翻译应着重于文化交流还是文学交流? 3. 翻译外国文学名著,是否应尽量再现原作风格?译者是否应该尽量克服自己的个性,以表现原作的个性? 4. 文学翻译语言应该带有"异国情调",还是应该完全归化? 5. 有人认为文学翻译首先应该求精彩而不应求精确,您认为对不对? 6. 有人认为文学翻译可多用汉语四字词组,您的看法如何? 7. 文学翻译是否应该发挥译语优势,超越原作? 8. 有人认为文学翻译是再创造,再创造的最高标准是"化境",主张一切都应该汉化,您怎么看? 9. 您喜欢与原文结构比较贴近,哪怕有点欧化的译文,还是打破原文结构,纯粹汉化的译文? 10. 您主张译文与原作的等值,还是对原作的再创造? 第二部分选择了罗玉君、郝运、郭宏安、许渊冲和罗新璋五位较有代表性的译家的五段译文,调查读者"比较喜爱哪一种译文",了解读者在新的历史时期对译文的审美期待。在截稿期内的短短三个星期里,除台湾、西藏之外,全国其他各省市自治区都有读者来信,我们共收到 316份意见表和长信。不少读者在信中说,他们的信不仅仅代表个人意见,有的是同学共同的看法,有的是综合了几位同事的观点,甚至有一家三代人商讨的结果。浙江平湖机床厂徐祖望读者说:"我在我的社交范围(工人、职员、医生、教师、学生)内做了调查,就如何看待翻译作品这个问题交换过意见"。可以说,这 316 封信所带来的,绝不仅仅是

316 位读者的意见。参加讨论的读者,最小的是 14 岁的初一学生,最年长的是 75 岁的退休老人。西北工业大学的巫耀堂老人患了眼疾,看不清楚,仍坚持寄来了他一笔一画写下的意见。武汉大学的三年级学生冯凤阁写下了长达 28 页的文字,对涉及文学翻译的一些基本问题进行了认真的思考。这一次征询调查活动,几乎覆盖了各个年龄层次和文化层次,不论是稚嫩的中学生,还是已具有相当鉴赏审美能力的研究生、学术造诣深厚的专家,不论是工人、职员、教师,还是机关干部、科研人员,每个人都在调查答卷里表明了自己的态度和观点,尽管多是自发的经验累积和直觉指导下的漫谈,却恰恰为我们象牙塔里的专家学者们提供了许多新的视角、新的思路、新的层面,其中不乏颇有见地的论述。通过调查,根据读者的意见和选择,我们归纳出一些具有代表性的看法:1. 读者的审美习惯和要求是多元的,《红与黑》的多种译本在一定程度上满足了不同层次读者的需要;2. 从我们提供讨论的五个译本看,译文各有千秋,各具特色,后面出的几个版本较之罗玉君的译本,质量有所改进,更受欢迎,说明严肃的复译是值得肯定的;3. 从读者对译文语言的要求看,大多数读者比较喜爱与原文结构较为贴近的译文。译者的动机和追求与读者的反应不尽一致,这一现象值得深入探讨。此外,在翻译理论方面,众多读者对名著复译、文学翻译再创造的"度"、异国情调与"归化"、四字词组的使用等问题提出的许多见解具有重大的理论价值,给翻译研究工作者在以后的研究探索中提供了新的思路。

三、突破了翻译批评经常出现的"是非判别"的简单化倾向。参与《红与黑》汉译批评的学者没有限于对翻译结果的正误性判别,而是通过不同译文的对比,对不同翻译者的立场、方法和审美旨向进行深刻的剖析。如翻译家施康强在《红烧头尾》(《读书》1995 年第 1 期)一文中,通过比较罗玉君、罗新璋、许渊冲等译家对《红与黑》开篇第一句的不同处理和罗玉君、郝运、闻家驷、郭宏安、罗新璋、许渊冲等译家对《红与黑》最后一句的传译,结合不同译家对翻译的不同主张,对不同译家不同的翻译观、翻译主张和方法进行了分析与批评,如针对许渊冲先生提出的与原文竞赛,"而竞赛中取胜的方法是发挥译文的优势"的主张,明确指出许渊冲先生的"这个理论和这个理论指导下的实践,或者说支撑这个理论的实践"令人困惑。[①] 又如译林出版社编审、翻译家韩沪麟从编辑的角度,对文学翻译,特别是对名著复译中提出的问题进行了探讨,认为不同的译文有不同的价值,前辈的"译本该受到更多的尊重才是,后译对前译该抱有最大限度的宽容才对"。同时,他还结合目前翻译中美化译文的倾向,就"美"的问题提出了自己的见解:"就单从文学品味而言,所谓美文也决不在于辞藻的绚丽多彩,而在于蕴育于文字之中的一种底气,或曰文气,在于通篇文字的节奏感;同样是稀松平常的字,有人把它们连缀在一起,就成了很美的文章;反之,单独看是很美的,如把它们堆砌在一起,就令人生厌,不忍卒读。傅雷译本、杨绛译本、李健吾的《包法利夫人》之所以给我留下极深的印象,决不是因为他们的译文里有多少华丽的辞藻,有多少四字成语,而因为他们由深厚的中外文功力、文学素养,乃至高尚人品所形成的译文,具有一种整体的统一、连贯、匀称与和谐,这种厚实的底蕴和文采,是成熟和臻于完美的标志。"[②]这些批评文字在理论上加深了人们对文学翻译的认识,在实践上为文学翻译提供了参考依据。

四、对《红与黑》汉译的讨论,拓展、丰富了文学翻译批评的形式。

---

① 许钧,《文字·文学·文化——〈红与黑〉汉译研究》(增订本),南京,译林出版社,2011年,第5页。

② 同上,第16页。

以往文学翻译批评,往往局限于译文与原文的静态对比,对涉及或影响翻译过程的因素很少加以考虑。在有关《红与黑》汉译的讨论中,与翻译有关的许多因素都被纳入了探讨范围,如上面我们已经谈到的读者因素、编辑因素,以及译者的主体因素,等等,从而开阔了批评视野,开拓了批评疆界,把对静态的翻译结果的分析扩展为对动态的翻译过程的讨论,确立了原作作者(包括原作历史环境)-原作-(原作读者)译者-译作-译作读者(包括译作历史环境)的翻译系统,将不同时代的审美因素、社会因素容纳在文学翻译理论的研究范围之内,就这样完成了从点到面到立体的理论的初步构建。特别需要提出的是,将讨论作为批评的一种方式,这本身就开拓了文学翻译批评的视野。和单纯的文学批评不同,文学翻译批评好像从来就是理论家,或是语言学家的事情——读者因为大多不通原文,一向被婉拒在批评之外。但是作为译作的直接消费者,读者既然是译作生产的决定因素之一,那么他们对译文有着怎样的审美期待就不能不引起我们所谓翻译家或者翻译批评家的深思。《红与黑》的汉译讨论不仅考虑进了读者的因素,而且将其作为讨论批评的重要的一部分,对他们的意见做了理论性的梳理。这样,从形式上来看,讨论既接受了中国传统的批评手段,如译者与译者之间、批评者与译者之间、读者与译者之间的书信和对谈,保留了许多译者(特别是不太从事翻译理论研究的译者)和读者的直接感性经验,也采用了一些新的方法,例如借助《文汇读书周报》开展的读者意见征询,之后又在理论的指导下,对读者意见加以整理、归纳,在此基础上完成了《为了共同的事业——〈红与黑〉汉译读者意见综述》(《文汇读书周报》1995 年 7 月 1 日),更有学术意义上的专论,如笔者运用翻译层次论的观点,借助语言学、社会语言学及文化等不同途径对文学翻译中的风格、语言、形象以及文学翻译的实质进行了探讨。

五、文学翻译批评是一项非常严肃的工作,它需要批评者有敏锐的批评意识、深厚的学术素养、严谨的学风和实事求是的精神。但在很长一个时期内,文学批评和文学翻译批评实践中出现了两种不好的倾向:一是无原则的吹捧,一味说好话;二是恶意的攻讦,根本达不到批评的目的。《红与黑》的讨论中,无论是读者对译者的批评,还是批评者与译者的交锋,虽然有时也有过偏激的言辞,但从总体上来说,组织者和参与者一直注意营造一种健康的学术交锋与有利于发展翻译事业的批评氛围。翻译家罗国林在《出版广角》1996 年第 2 期上曾发表过《批评不等于否定》一文,他这样写道:"去年七月在北京参加亚洲翻译家论坛会议之余,许钧约我去许渊冲教授家聚会,参加者还有罗新璋和施康强。这是一次不寻常的聚会,因为许钧公开批评过罗新璋、许渊冲教授所译的《红与黑》,尤其撰专文批评过罗新璋的译本,而这一次他又是带着尚未发表的新批评文章来的,请许、罗二位过目,当面征求意见。批评者和被批评者聚在一起,有友好诚挚的倾谈,严肃认真的探讨,也有慷慨激昂的争论。双方都虚怀若谷,把个人置之度外,进行真正的学术讨论。这应该称得上翻译界的一段佳话,作为圈内人和见证者,我深受感动。我认真读过许钧批评罗新璋译《红与黑》的文章,觉得他的确是以求真求是的态度,进行翻译的探索,一扫文人之间以批评之名行相互攻讦之实的积习。这是值得称道和提倡的。反过来说,罗新璋的译本受到不少赞扬(包括许钧的赞扬),也受到一些批评,这正说明他的译本特色突出,受到人们广泛的关注"[1]。我认为,罗国林的观点绝不是对个人的一种赞扬,而是对健康的翻译批评

---

[1]　许钧,《文字·文学·文化——〈红与黑〉汉译研究》(增订本),南京,译林出版社,2011 年,第 202 页。

的一种肯定。在组织与参与《红与黑》翻译讨论的活动中,我本人也深深感受到了老一辈翻译家的广阔胸怀、他们对翻译事业的关心以及他们对真理的探索精神。我曾在书信、谈话和文章中多次对译界前辈许渊冲先生的翻译主张和实践提出了不同的看法,如在致许渊冲先生的长信(《文汇读书周报》1995 年 5 月 6 日)中,对许先生的翻译诗学、翻译哲学和翻译美学主张提出了质疑。在《"借尸还魂"与形象变异——德·瑞那夫人形象比较》和《"化"与"讹"——读许渊冲译〈红与黑〉有感》(分别参见《文字·文学·文化——〈红与黑〉汉译研究》,译林出版社,2011 年,第 163—171 和 172—180 页)中,对许先生的翻译目的、翻译方法和具体翻译提出了不同看法和批评。许先生没有把我的批评视作对他的"不敬",而是从学术的角度,采取严肃的态度,提出了反批评,撰写了《文学翻译改革刍议——"形似"还是"神似"》和《谈重译——兼评许钧》(《外语与外语教学》1996 第 6 期)等文章,进一步澄清了他的翻译主张,并明确地指出了他在翻译认识论、方法论与目的论三个方面与我的分歧,他指出:"我看我和许钧有三大分歧:第一,在认识论方面,他认为翻译是科学,我认为翻译是艺术,他要用科学方法来解决翻译问题,认为翻译的公式是 $1+1=2$,一个字只有一个'等值'的译法;他只重视词的表层形式,更重'形似',更重'直译',结果成了他自己说的斤斤计较于'微观细节'的'文字翻译匠'。我却要用艺术方法来解决翻译问题,认为文学翻译的公式是 $1+1>2$,译字句都要发挥译语的优势(许钧称之为'讹'),更重深层含义,更重'神似',更重'意译',这是我们的第一个分歧。第二,在方法论方面,他强调'再现原作风格',我却提出'三化'(深化、等化、浅化)的艺术。他认为'化无定法','深浅无常'难以掌握,我却认为只要自问译文是否使自己'知之、好之、乐之'就能掌握,所谓'知之',就是知道原作说了什么;所谓

'好之',就是喜欢译文怎么说法;所谓'乐之',就是'说什么'(what)和'怎么说'(how)使你感到乐趣。这种乐趣如果引起共鸣,就把一国创造的美转化为全世界的美,与全世界共享,那是世界上最高级的善(叔本华语)。第三,在目的论方面,他认为翻译的目的是交流文化,我却认为交流的目的是双方都得到提高,共同建立新的世界文化。所以就该欢迎译文胜过原文,重译胜过原译。庞德把汉武帝的哀歌译成意象派的新诗,得到了国际声誉;我们也就应该把'魂归离恨天'送上国际文坛,(杨宪益夫妇在《红楼梦》中译成 return in sorrow to Heaven,我在《西厢记》中把'休猜做了离恨天'译为 is this a paradise or a sorrowless sphere?)这样,重译就可以使国际文坛变得越来越丰富多彩,越来越灿烂辉煌!"① 客观地说,这种严肃的批评态度是值得倡导的。

六、在有关《红与黑》汉译的整个讨论中,我们始终有一种清醒的理论意识,通过对《红与黑》汉译的讨论,针对译界翻译探讨与翻译实践往往相脱节的状况,以实际例子来说明两点:一是翻译是有理论的,而且不仅有理论,还有不同的理论与观点;二是翻译理论是有指导性的,在不同的理论与观点的指导下,会有不同的实践。历史上就翻译的实质、标准、功能、目的有过不少争论,不少译家发表了不同的看法,但因时间、空间的关系,探讨不够集中,也不够深入。《红与黑》的汉译,折射出许多共性的问题,因此讨论《红与黑》的翻译,其意义远远超过《红与黑》汉译本身,可以就《红与黑》汉译所遇到的问题扩展开去,对文学翻译的一些具有共性的基本问题进行探讨。《红与黑》汉译讨论对文学翻译理论的建设无疑是有益的,它几乎牵涉到文学翻译所能

---

① 许钧,《文字·文学·文化——〈红与黑〉汉译研究》(增订本),南京,译林出版社,2011 年,第 218—219 页。

牵涉到的所有基本原则：文学翻译中实践与理论的关系问题（实践与理论谁先谁后？）、文学翻译的目的、文学翻译的功用、翻译与创作的关系（它在何种意义上可以被称为"再创作"？再创作有没有应有的度？）、翻译的语言问题、翻译的风格问题（译者有没有自己的风格，应不应该有自己的风格？），等等，无一不被涵盖在内。更为重要的是，从横向上来看，它使文学翻译理论的研究在实践的基础上迈向了文化的背景。在整个讨论中，有小到人名、地名运用的细节探讨，亦有大到文本风格乃至文本风格之后的时代、历史背景和社会文化因素对翻译的影响的专门研究。作为讨论的一个阶段性总结，我们主编了《文字·文学·文化——〈红与黑〉汉译研究》一书，如书名所揭示的那样，一切都被包容在这三者的和谐统一之上。我们认为，"文学翻译，有其特殊性。文学，是文字的艺术，文化的一个重要组成部分，而文字中，又有文化的沉淀。因此，文字、文学、文化是一个难以分割的整体"①。文学翻译中一个词的运用，有时会超出它的语言层面，涉及文化的内涵，因此，文学翻译批评一方面不应该排斥对词汇或句式的考察及正误判别，但是另一方面，文学翻译批评应该拓展视野，因为，"译介与接受问题，确实不是钻文字转换层面进行考察就可以解决的问题，我们应该将之置于广阔的文化交流和历史语境中加以探索"②。有关《红与黑》汉译的这次讨论，在很大程度上扩大了译者和研究者的眼界，文学翻译是一种跨文化交流和文化传播的重要途径，站在这个高度，有助于我们看到文学翻译中所包含的一些更为本质的东西。

---

① 许钧，《文字·文学·文化——〈红与黑〉汉译研究》（增订本），南京，译林出版社，2011年，第16页。

② 高方，《从翻译批评看中国现代文学在法国的译介和接受》，《外语教学》，2009年第1期，第99页。

关于《红与黑》汉译的讨论已经过去十多年了,但是它的意义应该是深远的。我们今天有机会再旧话重提,目的正是要探讨与总结这场讨论给文学翻译与文学翻译批评带来的多重启迪,进一步加强文学翻译批评的理论建设,探讨文学翻译批评的途径和方法,给我国的文学翻译事业指明一个方向,使其能健康而繁荣地发展。

(原载《外语教学理论与实践》2011 年第 2 期)

对《红与黑》汉译大讨论的反思

谢天振

赵稀方教授发表在《东方翻译》上的一篇《〈红与黑〉事件回顾——中国当代翻译文学史话之二》，让我这个当年《红与黑》汉译大讨论事件的亲历者，不由又回想起那个中国当代翻译史上最激动人心的时刻。尽管时间已经过去了十五六年，但当年由南京大学西语系翻译研究中心和《文汇读书周报》联合发起的对《红与黑》十余种汉译本的大讨论和读者意见大调查的盛况却依然历历在目。尽管我自己并没有直接参与这场大讨论，但当时每个星期都是怀着迫不及待的心情，期待着、关注着文汇读书周报上发表的每一篇相关翻译家和读者的文章和意见反馈。每当读到与自己观点相同、相近的文章时，我都会由衷地击节赞赏，而当读到与自己观点相左的文章时，我也会有一种冲动，很想写篇文章与该作者辩论个明白。那段时间可以说有不少翻译家乃至翻译文学爱好者都处于一种难得的兴奋之中。

事实也是如此，这场大讨论和大调查的影响，实际上已经远远超出了翻译界自身和高校与翻译有关的翻译教师这个小圈子，而几乎触及了中国社会的各个阶层。正如这场大讨论和大调查的主要策划者和主持人许钧教授后来总结时所说的，"这一次征询调查活动，几乎覆盖了各个年龄层次和文化层次，无论是稚嫩的中学生，还是已具有相当鉴赏审美能力的研究生、学术造诣深厚的专家,无论是工人、职员、教师,还是机关干部、科研人员,每个人都在调查答卷里呈明了自己的态度和观点,尽管多是自发的经验累积和直觉指导下的漫谈,却恰恰为我们象牙塔里的专家学者们提供了许多新的视角、新的思路、新的层面,其中不乏颇有见地的论述"①。这样的盛况在中国现当代翻译史上绝对是空前的,这场大讨论和大调查的历史意义也是显而易见的。

然而今天,当时间已经让我们与当年的这场大讨论和大调查隔开了一定的历史距离,当当年的兴奋和激动已经逐渐被冷静和理智所取代,我们站在当代中国翻译文学史的角度来回顾这一事件,并对之进行反思时,我们必须跳出当年的"云遮雾挡",去发现并总结出当年"身在此山中"时所没能发现和认识到的东西。

毋庸讳言,当稀方教授以文学史家冷峻的目光回顾这一事件,并把这场大讨论的内容归结为"一个耸人听闻的结论"时,一开始不仅当年这场大讨论的组织者和策划者,甚至我这个事件的"亲历者"都为之一震,因为稀方教授在他的《二十世纪中国翻译文学史》(新时期卷)中得出的"结论"是:"沸沸扬扬的'《红与黑》事件'所争议的似乎是一个假问题。'假'问题的说法似乎有点过分,但这个问题的确是没有什么意义的。有关'直译''意译'的问题,自汉译佛经以来到本世纪,一直有议论,但始终没什么结果。到了 90 年代中期,居然又出现了这样一次大规模的争议,其中折射出的根本问题,是中国翻译研究的落后。"②

---

① 许钧,《文字·文学·文化——〈红与黑〉汉译研究》,南京,南京大学出版社,1996 年,第 89 页。

② 赵稀方,《二十世纪中国翻译文学史》(新时期卷),天津,百花文艺出版社,2009 年,第 235 页。

然而冷静一想,却又不能不同意稀方教授的这个"耸人听闻的结论"。事实上,这场大讨论的组织者和策划者许钧教授自己当时也已经意识到了这个问题的存在,如上所述,他在总结这场讨论时也已经指出,所谈的内容"多是自发的经验累积和直觉指导下的漫谈"。后来在另一个场合(并非针对这场大讨论),他甚至还明确提到,"中国当代翻译理论研究,认识上比西方起码要迟 20 年"[①]。这与赵稀方教授的结论可谓是异曲而同工了。

其实,对这场大讨论所涉问题意义的质疑,并不影响今天我们对这场大讨论作为当代中国翻译史上的一个重大事件的评价。在我看来,这场《红与黑》汉译大讨论的意义,主要不在于当时参与者所讨论的内容,而在于该事件的本身,以及该事件给我们带来的启迪。因此,我们今天对这场大讨论进行回顾和反思,应该可以从中提炼出许多对当前中国翻译研究有益的经验和教训。

首先,这场大讨论的组织者和策划者非常敏锐也非常及时地发现了一个可以调动社会上各个层次的读者积极参与并展开讨论的话题,从而让翻译问题一时成为中国社会众所关注的一个热门话题,翻译也因此受到中国社会各阶层前所未有的热切关注。

上世纪八九十年代,中国迎来了中国历史上第四次翻译高潮,外国文学翻译呈现出前所未有的活跃和繁荣。但与此同时,外国文学翻译界在翻译时选题的重复与"撞车",同一名著的良莠不齐的复译乃至"抄译",也为学界以及广大读者所诟病。按说当时有较多复译本的外国文学名著其实远不止《红与黑》一本,更多的其实集中在英美文学领

---

① 许钧,《一门正在探索中的科学——与 R·阿埃瑟朗教授谈翻译研究》,载《中国翻译》,1996 年第 1 期。

域。但是,一方面当然与这场大讨论的组织者和策划者本人的学术背景有关——许钧教授本人即出色的法国文学研究者兼翻译家,另一方面,《红与黑》的复译集中了较多的翻译名家,除50年代的首译者罗玉君外,其余如许渊冲、罗新璋、郭宏安、郝运、闻家驷等,均一时之选。他们的译本也许风格各异,但他们的翻译态度都很认真,严谨,在翻译的理念和目标上又各有追求,这就为讨论不同的复译本提供了一个比较坚实的平台。相对而言,在英美文学名著的复译本中,当时就较少有如此之多的翻译名家集中翻译同一部原著的情况。

总之,这场《红与黑》汉译大讨论,从讨论对象的选择、讨论问题的设计乃至对社会各层面的参与者的组织和调动,都是比较成功的。它把一场原本也许只局限于翻译界小圈子内的对一部外国文学名著的复译本的讨论,演化成一桩令全社会众多阶层的学者和读者关注的大事件,从而大大提升了文学翻译事业的被关注度。

其次,围绕《红与黑》汉译大讨论所进行的读者意见大调查,特别是在收集读者的反馈意见的数量方面也是比较成功的。许钧、袁筱一两人在《读者意见综述》一文中曾提到这次意见大调查所收到的读者反馈结果:"就在截稿期内的短短三个星期里,除台湾、西藏之外,全国其他各省市自治区都有读者来信,316份意见和长信在我们翻译研究中心的桌子上堆成了一座小山"①。正如赵稀方教授所言:"如此大规模的群众与翻译家、学者的互动应该是中国当代翻译史上很值得书写的一章"②。我想,我们今天在回顾当年的《红与黑》汉译大讨论时,都

---

① 许钧,《文字·文学·文化——〈红与黑〉汉译研究》,南京,南京大学出版社,1996年,第88页。

② 赵稀方,《〈红与黑〉事件回顾——中国当代翻译文学史话之二》,载《东方翻译》,2010年第5期。

不会忽视这一点。

至于具体的读者反馈意见和结果，即"直译派"获得大胜，而以许渊冲为代表的"意译派"则落败而归——"78.3%的人支持'等值'类（翻译），仅21.7%的人支持'再创造'类（翻译），而读者喜欢的译文作者依次为：郝运、郭宏安、罗新璋、许渊冲和罗玉君"，在赵稀方教授看来，这与调查之前在《文汇读者周报》上已经发表了不少主张"等值"、批评"再创造"的文章有关，更与调查组织者有意设计的一组组二元对立的问题（是"等值"还是"再创造"？是"精确"还是"精彩"？是"欧化"还是"汉化"？）有关，"读者的回答只是被问卷带入了预定的问题，然后被这一问题的先在传统话语规定了答案"①，这无疑是击中问题肯綮的，同时也会引起人们对此次大调查结果的公正性的质疑。事实上，许渊冲教授当时就已经对此结果表示了强烈的不满。不过从这场调查的组织者和策划人许钧教授后来所表现出来的译学理念和翻译实践追求看，并联系在上世纪的80年代及90年代初国内翻译界粗制滥译的现象比较严重这一现实，这场大调查的背后恐怕还存在另一种可能，即组织者意在通过这样的大调查的问卷设计，推行自己的译学理念，以引导译文尽可能"贴近原文"。这当然只是我个人的一种猜测，但与赵稀方教授的观点和结论并不矛盾。

最后，今天我们回顾这场《红与黑》汉译大讨论，最应该引起我们深刻反思的，就是我国译界译学观念的滞后及其背后的深层原因。这是赵稀方教授在回顾这场《红与黑》汉译大讨论时一再强调指出的，也是最能引起我共鸣的方面。

---

① 赵稀方，《〈红与黑〉事件回顾——中国当代翻译文学史话之二》，载《东方翻译》，2010年第5期。

其实，只要对中西翻译史进行一下比较，我们就应该可以发现，及至上世纪 50 年代以前，中西译界在译学观念方面并无实质性的差异：西方自古罗马时期的西塞罗起，直至 18 世纪末英国的泰特勒，他们对翻译的思考基本上也都是局限在翻译的实践层面，其讨论的核心就是解决"怎么译"的问题，或者说得具体些，也就是"怎样译才能译得更好"的问题。譬如西塞罗提出，译者在翻译的时候"不应当像数钱币一样把原文词语一个个'数'给读者，而是应当把原文的'重量''称'给读者"①，其立场显然就是主张自由翻译，反对"字当句对"的"逐字"翻译。而 17 世纪法国著名翻译家和翻译思想家于埃则认为，翻译的最好方式就是，"首先要不违背原作者的意思，其次要忠实于原文的遣词造句，最后尽可能地忠实展现原作者的风采和个性，一分不增，一分不减"②，从而表现出明显的直译倾向。18 世纪末英国的泰特勒标举"出色的翻译"，提出了著名的"翻译三原则"：第一，译本应该完全转写出原文作品的思想；第二，译文写作风格和方式应该与原文的风格和方式属于同一性质；第三，译本应该具有原文所具有的所有流畅和自然。③　由此不难发现，泰特勒的"三原则"全面地融汇了"直译""意译"两派的意见，实际上已经为西方翻译史上各执一词、长达千余年的"直译""意译"之争画上了一个较为圆满的句号。在他之后，虽然也出现了诸如庞德、克罗齐等对翻译思想有所阐释的诗人、美学家，但从总体上看，西方翻译思想仍旧按照既有的传统发展，在基本理论范式方面没有大的突破，关注的仍然是翻译的方法（如直译和意译）、翻译的要

---

① Robinson, D., *Western Translation Theory: From Herodotus to Nietzsche*. Beijing: Foreign Language Teaching and Research Press, 2006, p.9.

② *Ibid.*, p.169.

③ *Ibid.*, p. 210.

求、翻译的功能、翻译的风格、翻译的内容和形式以及可译性和不可译性等问题,讨论问题的方式也仍然未摆脱经验总结的套路。

与西方相比,中国见诸文字的翻译讨论的历史要略短一些,不过也有一千七百多年了。罗新璋把三国时期支谦(约公元 3 世纪)的《法句经序》视作中国最早讨论翻译的文字,支谦在此序中提出的"因循本旨,不加文饰"①八个字,言简意赅地道出了中国古代佛经翻译家主张"直译"的立场。而东晋后秦时期著名僧人和译经大师鸠摩罗什(344—413)"依实出华"的译文,以及他的妙喻"但改梵为秦,失其藻蔚,虽得大意,殊隔文体,有似嚼饭与人,非徒失味,乃令呕哕也"②,则让读者极其形象地看到了古代佛经翻译中"意译"派对"直译"派的不屑。与西方一样,中国翻译史上的"直译""意译"之争同样也绵延了千余年之久。不过在我看来,至清末严复提出"信达雅"三字以后,这场争论也可视作已基本告一段落。有意思的是,严复的"信达雅"三字说与泰特勒的"三原则"时隔百年,地去千里,但其根本的译学理念却是丝丝入扣,不谋而合,有人甚至因而怀疑严复在英国留学时是否读到过泰氏著述而得其真传,不过并无实据。严复之后尽管也有鲁迅、赵景深的"信顺"之争,也有傅雷的"神似"说、钱钟书的"化境"说传世,但如深究其内涵,则大都不脱严复"信达雅"三字的窠臼,无非是换一种形式论说"直译""意译"的关系而已。

从以上所述我们可以发现,直至上世纪上半叶,中西译界在翻译观念及其研究上确实并无太大差距,基本上都停留在传统的译学研究范畴之内。但是进入 50 年代以后,中西方的翻译研究,特别是在译学

---

① 罗新璋、陈应年,《翻译论集》(修订本),北京,商务印书馆,2009 年,第 22 页。
② 同上,第 34 页。

观念方面拉开了比较明显的差距。

造成这种差距的原因，我觉得是多方面的。首先是中西方译学传统的差异。尽管如上所述，中西方在很长时间内的译学观念大同小异，但西方译学界从 19 世纪起即开始有较强的语言哲学和宗教阐释学的元素注入，如洪堡的语言哲学思想、施莱尔马赫的古典阐释学思想，以及上世纪初本雅明的解构主义思想，等等。这就为西方译学界在上世纪下半叶发生翻译研究的"语言学转向"和"文化转向"，提供了丰富的思想资源和坚实的理论基础。而中国翻译界长期以来在翻译研究领域重视的是翻译的"术"，而相当轻视甚至忽视"学"的层面，因此中国翻译界的大多数人直到现在都往往以通"术"为豪，而对"学"不屑一顾，这也就使得中国翻译界的理论建设显得非常薄弱。其次，则与国家政权的变更有关。众所周知，从上世纪 50 年代起，新生的中华人民共和国在国际上奉行向苏联和社会主义阵营一边倒的外交政策，而对西方世界关上了大门，对于西方的社会科学、人文科学研究成果，更是采取了坚决排斥的态度。这样，在 50 至 70 年代整整 30 年时间里，中国翻译界引进的唯一一本外国翻译理论著作，就是前苏联翻译理论家费道罗夫的那本薄薄的小册子《翻译理论概要》，而对西方翻译界最新的翻译理论进展一无所知。

按理说，进入 80 年代以后，也即在我们国家开始实行改革开放的国策以后，随着我国从事翻译教学与研究的专家学者一批批走出国门并接触到了国外最新的翻译理论著作，我们国家的翻译研究面貌应该有一个根本性的改观。事实上，在上世纪 80 年代，随着对以奈达为代表的西方语言学派学者的著述及相关理论的大力译介和引入，"等值论"等当代西方翻译理论也确实曾经在中国翻译界热闹过一时。然而不无遗憾的是，奈达等人的翻译理论的引入并未能撼动中国翻译界重

"术"轻"学"的传统,于是"等值"云云只是成了某些翻译家为自己的翻译方法辩解的时髦话语,而其背后更具实质性意义的翻译研究的理论意识,却并未能引起国内翻译界的重视。

正是在这样的背景下,发生在 90 年代中期的《红与黑》汉译大讨论,也同样难以突破中国翻译界重"术"轻"学"的传统框架,而注定只能在"术"的框框里打转。之所以如此,这里还有一个重要的原因,那就是这场讨论的话语主体大多都是翻译家,而鲜见理论家的踪影。我想这也是我们今天反思《红与黑》汉译大讨论时可以得到的一个重要启迪:要真正解决翻译的问题,提高翻译研究的档次,要切实缩小中国译学研究与西方译学研究之间的差距,就必须尽快组建起一支严谨的翻译理论家队伍,必须尽快确立起中国翻译界的理论意识,并切实有效地搞好翻译学的学科建设。否则,中国的译学观念,包括我们的翻译事业,将继续滞后。

谓予不信,眼下正好有一个现成的例子。去年三年一度的鲁迅文学奖评选优秀翻译文学奖,送选参评的翻译作品无一得奖,一时引得舆论哗然,众说纷纭。对此结果,人们有各种猜测和分析,但有一个原因似并未见人提及,那就是:评选优秀翻译文学奖的评委都是翻译家(但愿不是翻译匠),而无一人是翻译理论家。这些翻译家评委只知道盯着看送评作品中个别句子翻译得对不对,个别表达得确切不确切,却根本没有考虑什么样的作品才能算是"优秀的翻译文学作品"。于是在他们的眼中,参选送评的作品都是"硬伤累累",最后自然无一得奖。然而,这些评委中有谁对"翻译文学"的概念进行过研究?有谁对"什么是优秀的翻译文学"这个问题进行过研究?如果对这些重要的基本问题毫无研究,你又怎么能指望他们会评选出"优秀的翻译文学作品"来呢?①

　　《红与黑》汉译大讨论已经过去了十多年。今天我们旧话重提,希望对这场大讨论的反思,能对已经处于 21 世纪第二个十年的中国翻译研究乃至中国翻译学的学科建设,有所启迪,有所促进。

(原载《外语教学理论与实践》2011 年第 2 期)

---

　　①　对此问题有兴趣的读者可参见拙文《文学翻译缺席鲁迅奖说明了什么?》,载《东方翻译》,2010 年第 6 期。

"《红与黑》事件"的历史定位：

读赵稀方《〈红与黑〉事件回顾——中国当代翻译文学史话之二》有感

王东风

　　近读赵稀方在《东方翻译》上连续发表的三篇与中国翻译史有关的文章(《译名之争："God"的汉译》《名著重译：中国新时期人道主义的源头》《〈红与黑〉事件回顾——中国当代翻译文学史话之二》)，深为作者严密的史学方法论所吸引。赵稀方是中国社会科学院文学所研究员，虽是学中文出身，但也是一个实实在在的翻译家，翻译过多部艰深的学术著作，如狄尔泰的《人文科学导论》(2004)、罗斯特的《黄金法则》(2000)，他同时也是一个著述颇丰的翻译理论家，除发表了一系列翻译研究的论文之外，还出版了两部很有分量的翻译研究专著，即《翻译与新时期的话语实践》(2003)和《新时期卷：二十世纪中国翻译文学史》(2009)。从他的论文和专著看，文学史的研究显然是他的一个利器，而他近期的研究则显然偏向中国的翻译文学史。作为一个以史学见长的学者，他的论著有着史学研究所特有的严谨，文献与史料都来自第一手，几乎看不到二手的转引；同时，与仅仅依赖于史料堆积甚至二手史料堆积的所谓翻译史研究不同，赵稀方的翻译史研究难能可贵的地方在于他有着史学家高屋建瓴的眼光，能在特定历史断层处独具慧眼地发现具有标本价值的文献，借此还原出那个特定时期的历史风貌。在上述三篇文章中，我最有感触的就是第三篇文章《〈红与黑〉事件回顾——中国当代翻译文学史话之二》(以下简称《回顾》),该文在回顾这一"事件"时,对所牵涉的一系列问题做了颇为深刻的反思。拜读之后,在一些问题上,笔者很有同感,同时在有些问题上也觉得有点意犹未尽,故想借题发挥,谈一谈我对这一事件的看法。

一、"事件"回放

《回顾》一文主要回顾了上世纪末围绕直译与意译的一场大辩论,起因是上海《文汇读书周报》和南京大学西语系翻译研究中心联合发起的一个对《红与黑》若干译本的读者调查。《回顾》对这一活动的评价不可谓不高,"如此大规模的群众与翻译家、学者的互动应该是中国当代翻译史上很值得书写的一章"。

1995年,《文汇读书周报》将若干个《红与黑》的汉译本中的若干个片段,采用平行对照的方式刊出,并配以一个读者调查问卷,围绕"等值"和"再创造"这两个方面要求读者给出自己喜爱与否的价值判断。许钧将相关文献、论文、调查结果以及对结果的分析汇编成了一本书——《文字·文学·文化——〈红与黑〉汉译研究》。那次调查的结果,拿赵稀方的话说是,"'直译派'获得大胜,而以许渊冲为代表的'意译派'则落败而归"。但《回顾》认为这个结果和结论并不可靠:

> "等值"派的获胜和"再创造"派的落败其实是必然的。因为两派在价值上其实早已有高下之分,这当然不仅仅是指鲁迅的传

统，还有许渊冲指出的，早在问卷之前，《文汇读书周报》就片面地发表了不少主张"等值"、批判"再创造"的文章，它们早已给读者造成了"等值"派优先的印象。读者的回答只是被问卷带入了预定的问题，然后被这一问题的先在传统话语规定了答案。

多数没有读过外文原著的读者受到"等值"、"再创造"划分的影响，想象"等值"就是"与原文结构贴近"，而"再创造"就是背离原文的发挥，读者的意见建立在这一前提之上，这是受了"问卷"二元对立式的提问方法的误导。[①]

因此，《回顾》认为，这场由《红与黑》引发的争论，"似乎从一开始就是一场误会"。

二、"误会"中的误解

反思当时的问卷调查，确实有一些容易造成"误会"的地方，最突出的地方是对关键词未做明确的定义，如"异国情调""完全归化""化境""汉化""纯粹汉化""欧化""等值""再创造"，即便是其中一些表面上看很常见的术语，如"风格""个性"，其实在广大读者心目中并非就有一个清晰的定义，而建立在这些概念上的二元对立，要么是让读者

---

① 赵稀方，《〈红与黑〉事件回顾——中国当代翻译文学史话之二》，载《东方翻译》，2010 年第 5 期。

太容易选择，要么是太不容易选择，如"异国情调"vs"完全归化"、"文化交流"vs"文学交流"、"欧化"vs"汉化"、"等值"vs"再创造"，等等。

从今天的角度看，最容易引起"误会"的应该就是"等值"。如果不加特别定义，翻译学界一定会以为这个术语来自美国著名翻译理论家奈达（Eugene Nida）的"dynamic equivalence"，常简化为"equivalence"。这个术语名气太大，中国翻译学界使用这个术语绝不是凭空而来的，因此如果使用这个著名的术语，却又不同于奈达的意思，则应该对这个词做个重新定义才是，否则概念不同而术语相同，不引起"误会"才怪呢。而《回顾》一文和《文汇读书周报》的问卷调查显然都把这个词当作"直译"的同义词了。

《文汇读书周报》的问卷中把"等值"和"再创造"作为一个二元对立，对这两个概念虽没有明确定义，但从问卷中的措辞还是不难看出这两个概念的差别的，如问卷（一）中的第 9 点："你喜欢与原文结构比较贴近，哪怕有点欧化的译文，还是打破原文结构，纯粹汉化的译文？"①显然，在"等值"vs"再创造"的语境下，"与原文结构比较贴近"是指"等值"，其对立面是"再创造"。于是乎，"等值"与"再创造"就成了"直译"与"意译"的同义词了。

如此说来，这个"等值"就已经不是奈达所说的等值了。从奈达对"等值"的定义上看，他的"等值"非但不是许渊冲式的"再创造"的对立面，反而是一回事。换言之，奈达式的等值实际上就是许渊冲式的再创造。奈达式等值的关键并非看译文是否"与原文结构比较贴近"，而是看译文读者的反应是否与原文读者的反应一致。奈达的这个意思

---

① 《文汇读书周报》编辑部、南京大学西语系翻译研究中心，《〈红与黑〉汉译读者意见征询》，载许钧，《文字·文学·文化——〈红与黑〉汉译研究》，南京，南京大学出版社，1996 年，第 79 页。

如果说在上世纪 90 年代的中国翻译学界还并不广为人知的话，今天似乎已是入门知识了，故无须在此赘述。奈达的翻译理论在圈内被公认是归化或意译翻译的代表。归化翻译的一个突出的特点就是目标取向或译文读者取向，也就是施莱马赫（Friedrich Schleiermacher）所说的那种让读者不动作者动的翻译策略①。许渊冲式的"再创造"在中国翻译学界同样是众所周知，他的"竞赛论"和"优势论"显然也是目标取向的（但是不是读者取向的还得另说），出发点与奈达至少是差不多。尤其看他们具体的翻译，可以说是如出一辙。如奈达认为汉语的"雨后春笋"译成英语应该译成"like mushrooms"（像蘑菇一样）②，斯奈尔-霍恩比（Mary Snell-Hornby）调侃说，按奈达的等值理论，把英语的"lamb of God"（上帝的羔羊）译成爱斯基摩语，就应译成"seal of God"（上帝的海豹）了③，因为爱斯基摩人没见过"羔羊"。拿许渊冲的话来说，这叫发挥译文语言的优势。这种译法与许渊冲译文中的"魂归离恨天"可谓是异曲同工。由此可见，"等值"并非是"再创造"的对立面，反而是同盟军。

《文汇读书周报》没有对"等值"做明确的定义，其行文让人把"与原文结构比较贴近"的翻译误会为"等值"或直译。不过，话又说回来，从调查的结果上看，这种误会并没有误导《文汇读书报》的调查，因为当时翻译学在中国还不像今天这样发达，否则的话，劳陇也不会说"那

---

① Schleiermacher, F., On The Different Methods of Rranslating, in *The Translation Studies Reader* (2nd Edition), translated by Bernofsky, S. New York: Routledge, 2002.

② Nida, E. A., *Language, Culture, and Translating*. Shanghai: Shanghai Foreign Language Education Press, 1993, p.121.

③ Snell-Hornby, M., *Translation Studies: An Integrated Approach*. Amsterdam/Philadelphia: John Benjamins, 1988, p.19.

个劳什的'翻译学'至今仍杳无踪影……"①了，因此被调查对象基本上都"误会"地把"等值"理解成了直译，理解成"再创造"式翻译的对立面了。《回顾》一文所说的一句话放在这里似乎也挺合适——"如此看来，这场争论似乎从一开始就是一场误会"。

虽然在今天看来，"等值"如此使用是有问题的，是对这个国际通行的翻译学概念的一种误解，但我们同样也都很清楚，《回顾》一文、《文汇读书周报》乃至该报的被调查者们实际上都知道他们在谈的是什么——他们都是在讨论直译和意译的问题。《回顾》进一步指出：

> 有关"直译"和"意译"的问题自汉译佛经以来一直有人议论，但始终没有结果。到了20世纪90年代中期，居然又出现了这样一次大规模的争议，其中折射出的根本问题是中国翻译研究的落后。

不错，中国学人自从汉译佛经以来就一直在讨论翻译问题。佛经翻译时期讨论得最多的是文质问题，很多学者（包括我本人）在很长一段时间内，都把文质之争当作早期的直译和意译之争。其实，严格地说来，佛经翻译时期的文质之争与20世纪中国翻译界所争论的直译和意译是完全不同的概念。文质之说来自孔子的"质胜文则野，文胜质则史"一语，被用在翻译研究中，其关注的焦点实际上是译文语言的风格问题。佛经翻译界用这对术语并不是当今直译与意译所讨论的译形还是译意的问题。文质与直译/意译是两个性质很不相同的问

---

① 转引自赵稀方，《〈红与黑〉事件回顾——中国当代翻译文学史话之二》，载《东方翻译》，2010年第5期。

题。直译还是意译考虑的是原文的形与意问题，根本上是源语文本取向的，而文译还是质译考虑的已不纯粹是原文的形与意的问题了，而更多的是在考虑目标语言文化的审美价值取向问题，其目标语取向或译文读者取向的意识非常明显。道安一语道破天机："胡经尚质，秦人好文，传可众心，非文不合"①。他的整个"五失本，三不易"基本上都没有涉及具体词语的语义体现问题。慧远也参透了文质之争的目标语取向及隐含其中的左右为难，他说"若以文应质，则疑者众；以质应文，则悦者寡"②，这里的"疑者"也好，"悦者"也罢，毫无疑问都是指译文读者，其读者取向由此可见一斑。表面上看，质译似乎也是源语文本取向的，实则不然。佛经翻译时期，很多的经书都是由从天竺和西域过来的僧人翻译的，这些人由于汉语能力不济，译出来的语言往往"质直"而没有文采，支谦在读了外来的和尚竺将炎的译经之后，大呼"不雅"，其实，这并不是译者的翻译策略选择的结果，完全是语言能力问题，因为竺将炎"虽善天竺语，未备晓汉"③。尽管质译和文译都是照着原文翻译，但译者的语言能力自然而然地就体现在其译笔之中。汉语好的译者，照着原文译，也不会译出"质直"而"不雅"④的译文来，汉语不好的人，想文也文不起来。释僧佑就一针见血地指出，"义之得失由乎译人，辞之质文系于执笔。或善胡义而不了汉旨，或明汉文而不晓

---

① 道安，《摩诃钵罗若波罗蜜经抄序》，载释僧佑，《出三藏记集》，北京，中华书局出版社，1995年，第290页。

② 慧远，《大智论抄序》，载释僧佑，《出三藏记集》，北京，中华书局出版社，1995年，第391页。

③ 支谦，《法句经序》，载罗新璋、陈应年，《翻译论集》（修订本），北京，商务印书馆，2009年，第22页。

④ 同上。

胡意"①。此言足见,文质只是对译文语言风格的一个评价或定位,并不是直译和意译所关心的原文的"意"。于是,在佛经翻译时期就出现了优势互补的合作翻译模式,即外来的和尚和本土的僧俗合作翻译,借以取长补短。此模式竟成了佛经翻译时期的一大景观,并从此形成了一个传统,直至明末清初的第二次翻译高潮时徐光启的翻译,清末民初第三次高潮时林纾的翻译,乃至当代的杨宪益的翻译,走的都是中外合作的路子。

佛经时期的翻译也不是不关心"意"的问题,但这个问题主要不是体现在文质之争之上,而是体现在对"格义"的取舍上。但格义有明显的宗教元素,与当今所讨论的意译又有所不同,同时也不是佛经翻译时期争论的焦点。所以,《回顾》说"有关'直译'和'意译'的问题自汉译佛经以来一直有人议论",此言没错,但若将此语理解成在那时就有"热议",就是误会了。《回顾》一文虽没有这么说,但实际上,这种误会在圈内是存在的,即把佛经翻译时期的文质之争简单地看成直译和意译之争的另一种说法。

其实,在中国译坛,真正意义上的直译和意译之争发生在上世纪初,真正的"热议"则发生在以鲁迅为代表的直译派和以梁实秋为代表的意译派之间的大辩论。那场辩论的社会影响力和知名度前无古人后无来者。虽然《回顾》认为,"有关'直译'和'意译'的问题自汉译佛经以来一直有人议论,但始终没有结果",但同时也承认,"两派在价值上其实早已有高下之分",而且特别指出"这当然不仅仅是指鲁迅的传统"。话说到此,有一些历史问题需要做进一步推敲。

---

① 释僧佑,《胡汉译经文字音义同异记》,载释僧佑,《出三藏记集》,北京,中华书局出版社,1995 年,第 14 页。

首先，"鲁迅的传统"是什么？是鲁迅那犀利的批判精神所留下的传统，还是鲁迅的翻译实践所留下的传统？在讨论直译与意译的语境中提到"鲁迅的传统"，恐怕很容易让人理解为鲁迅翻译实践所留下的传统，因为这里不是在讨论批判精神或其他诸如此类的精神。挑开了说，中国翻译界对鲁迅的翻译实践或他的硬译的精神，一直都是敬而远之的，无论是他早期的几乎是"完全归化"的翻译实践，还是晚期的字比句次的硬译，都没有几个提起来大家都知道的追随者。鲁迅早期的小说翻译采用的都是章回体。以下译文摘自他的译作《地底旅行》（1903）：

第一回
寄书照眼九地路通 流光逼人尺波电谢

溯学术初胎，文明肇辟以来。那欧洲人士，皆沥血剖心，凝神竭智，与天为战，无有已时；渐而得万汇之秘机，窥宇宙之大法，人间品位，日以益尊。······

却说开明之欧士中，有技术秀出，学问渊深，大为欧、美人士所钦仰之国曰德意志。鸿儒硕士，蔚若牛毛。······①

这种近乎"完全归化"的译法不是鲁迅的翻译传统，因为鲁迅自己后来都抛弃了这种译法。他甚至说，"其实世界上也不会有完全归化的译文，倘有，就是貌合神离，从严辨别起来，它算不得翻译"②。鲁迅之后的中国译坛，用章回体来做小说翻译也完全没有形成"传统"，因

---

① 鲁迅，《地底旅行》，北京，人民文学出版社，1958年，第97—98页。
② 鲁迅，《"题未定"草（一至三）》，载《鲁迅全集·且介亭杂文二集》第六卷，北京，人民文学出版社，2005年，第364页。

此这不能算是鲁迅的传统。那么,鲁迅的翻译传统是不是指他后期的翻译方法呢?且看他的后期翻译代表作之一的《毁灭》(1931)中的一个片段:

> 两人贪婪地吸了没有盐的刁弥沙。一看见乏透了的可怜的毕加的模样,美谛克总不得不记起曾使他心醉的坐在幽静的苇荡旁边的那闲静的,爽朗的老人的形相来。毕加就好像用了自己的压碎了似的神情,在映发没有休息和救援的这寂寞的不安和空洞。①

这就是鲁迅式的直译,在当年那场直译意译大辩论中,被梁实秋称为"硬译"。鲁迅不愧是新文化运动的斗士,对于迎面而来的攻击,毫不避讳:这就是硬译,怎么着?还写了一篇《"硬译"与"文学的阶级性"》奋起反击。我们再来比较一下鲁迅的对手梁实秋 1928 年翻译的《阿伯拉与哀绿绮思的情书》中的一段:

> 你的名声足以打动我们妇人的虚荣,你的神情态度,以及表示心中敏捷的双目炯炯,言谈犀利,娓娓动听,总而言之,件件都足为你生色!你和一般仅仅是学者的不同,他们学识渊博,并不见得能议论风生,智慧过人,亦不能赢得一个妇人的欢心,虽然妇人的才智远不及他们。②

---

① 鲁迅,《毁灭》,北京,人民文学出版社,1973 年,第 82 页。
② 梁实秋译,《阿伯拉与哀绿绮思的情书》,台北,九歌出版社,1987 年。

当年那场文坛兼译坛的争斗,背后实际上是两大政治势力的争斗,其结果绝非在文坛或译坛上即可见分晓这么简单。最终的结果颇为有趣,表面上看,政治上的胜利导致鲁迅一方给人的感觉是占了上风,但实际上,无论是鲁迅前期的归化翻译,还是后期的"硬译",都没有在中国译坛形成传统。从这个"结果"上看,当年那场辩论实际上还是有了些结果的。更有趣的地方还在于,鲁迅之后的中国译界的译文,看上去更接近梁实秋译文的风格。随着当年那场辩论的政治硝烟渐渐散去,中国翻译界对于直译和意译其实早已形成比较统一的价值观:直译不是死译、硬译,意译不是胡译、乱译;直译是形义兼顾,只是形义不能兼顾时,才考虑采用意译。因此在翻译方法上,一般是能直译者直译,不能直译者,意译。当然有些译者并不认同这个观念,如许渊冲就认为:

> ……我就要打破一条几乎是公认的规律:能直译者就直译,不能直译时再意译。我的经验却是:文学作品的翻译,尤其是重译,能意译就意译,不能意译时再直译。[①]

从许渊冲的话中首先可以看出,直译与意译之争还是有一个"公认的规律"的,只不过他不认罢了。话又说回来,人文学科之所以号称是软科学,就是因为这个"软"字可以随圆就方,不可能像硬科学那样一是一二是二。在硬科学里,对"公认的规律"就不是想不认就不认的了。

---

① 许渊冲,《译者前言》,载许钧主编,《文字・文学・文化——〈红与黑〉汉译研究》,南京,南京大学出版社,1996年,第287页。

而在《红与黑》的翻译论战中,大家所讨论的译文,无论是最归化的,还是最异化的,都没有达到鲁迅那种两极分化的地步。从这个不是结果的结果上也可以看出,鲁迅的翻译实践完全没有在中国译坛形成先在传统。如果撤销了这个先在传统的假定,那么上个世纪末的那场辩论的结果是不是就能少了一份先在的价值干扰呢? 其结果的信度是不是就能更高一些呢?

三、"落后"中的先进

答案可能也不会那么简单,因为鲁迅的翻译实践虽然没有形成传统,但鲁迅的翻译思想却因为其积极的政治文化意义,而被上个世纪末开始流入中国的西方后学及后学翻译思想所激活,几乎被冷落超过半个世纪的鲁迅翻译思想又重新进入了我们的视野。我们在充满好奇地领略了西方所谓后学翻译思想之后,突然意识到,那个曾被中国学者称为解构主义翻译理论家的韦努蒂(Lawrence Venuti)所说的翻译理论怎么跟鲁迅在半个多世纪之前所说的话那么相似。随便列上几条:

鲁迅把翻译区分为归化和洋气,韦努蒂把翻译区分为 domesticating 和 foreignizing(今译:归化和异化);

鲁迅说,"洋气"或带有"异国情调"的翻译可以有"古的"表达方式,韦努蒂也说,异化翻译的一个突出的特征是古语化;

鲁迅说"至于供给甲类的读者的译本,无论什么,我是至今主张

'宁信而不顺'的"①,韦努蒂也说翻译要针对精英阶层,而且也说,"我的译文拒绝通顺"②;

鲁迅说这样的翻译对本土文化来说是一种"进攻",可以用来医治本土文化的病,韦努蒂则说异化的翻译是对本土的语言文化价值观的一种"抵抗",是要纠正英美霸权文化的自恋情结——一种心理病。③

如此看来,发生在中国上个世纪初的那场直译和意译大辩论,相比较西方的翻译理论而言,要超前许多,也就是先进许多。西方翻译学界那时候连结构主义转向都还没有开始呢,更别说带有鲜明后结构主义色彩的文化转向了。鲁迅时代的西方主流翻译理论界还仅仅在讨论翻译的语言问题,而中国的翻译界则除了在讨论翻译的语言问题之外,已经把翻译与民族发展大计联系起来了:西方翻译学界在上世纪70年代才开始关注的翻译与政治、与权力、与文化、与民族存亡等问题,早已经包括在中国文坛的那场大辩论之中了,甚至早在上个世纪之交就已经体现在严复、林纾、梁启超等有识之士的翻译及翻译思想中了。只是后来由于长时间的战乱和动乱,中国人忙于生存,才暂时告别了译坛争斗。待改革开放之后,我们才发现,我们相对于西方的落后,已经是全方位的了,何止翻译研究?

因此,上个世纪末由《文汇读书周报》所发起的关于《红与黑》翻译的那场论战,相比较当时的西方翻译理论来说,是落后了很多,以致个别术语的使用都没有和国际接轨。人家都已经在谈翻译与权力、与后

---

① 鲁迅,《关于翻译的通信》,载《鲁迅全集·二心集》第四卷,北京,人民文学出版社,2005年,第391页。

② Venuti, L., *The Translator's Invisibility*. London and New York: Routledge, 1995, p.290.

③ 以上讨论详见王东风,《韦努蒂与鲁迅异化翻译观比较》,载《中国翻译》,2008年第2期。

殖民、与女性主义了，我们还在谈直译与意译的问题。我记得，就连那场论战的总导演许钧在当时也说，中国的翻译研究在观念上要落后于西方20年。许渊冲在1999年还是2000年在南京大学的一次讲座上，还当众质问那话是不是我说的，我连忙否认。如此敢为天下先的话，不是我说的，我可不敢冒领。有意思的是，许钧当时也在场，却笑而不语。许渊冲接着说，谁说咱们中国翻译理论落后了？中国翻译理论是世界上做得最好的。不过，话又说回来，在老先生们营造的这种我是最好我怕谁的优越气氛中，能敢言自己落后的人，必有敢言的底气和勇气，没准就是最先突出重围的人。而《文汇读书周报》发起的那场大辩论也正是许钧一手策划的。

《回顾》说得没错，"到了20世纪90年代中期，居然又出现了这样一次大规模的争议，其中折射出的根本问题是中国翻译研究的落后"。这个落后，许钧早在20世纪90年代就已经明确地提出来了。中国有句老话，知耻而后勇。对于中国翻译学界来说，知道自己落后，正是开始奋起直追的起点。正是胸怀着这强烈的忧患和危机意识，中国翻译学界自改革开放伊始就一直不遗余力地积极引进西方先进的翻译理论，同时还积极地把先进的观念消化吸收进自己的研究，那场辩论正是这种引进吸收的一个演示。

但值得注意的是，历史地看，那场大辩论背后的翻译学观念，如果放在世界范围内，也许是落后了一点（因为国际翻译学早在20世纪70年代中期就开始文化转向了），但如果放在中国，则还是挺先进的。其先进之处，主要有三点。

第一，读者关怀，问卷调查。从中国当代翻译理论史来看，20世纪80年代，差不多是个言必称奈达的时代。这个观念顺着惯性自然会滑到90年代。而奈达的翻译观，相对于中国传统翻译观来说，不啻是一个革命，因为他在考察译文与原文是否等值时，更多地是关注译文读者的反应。虽然中国早在佛经翻译时代就非常关注读者的反应，但像奈达那样使用问卷调查的方式来获取读者反应的做法，在中国是从来没有过的。中国翻译家对读者虽然一向都很重视，但对于读者究竟会做何反应，完全都是在凭自己的想象，因此往往把个人的审美好恶强加给读者，而《文汇读书周报》的调查则颠覆了某些译者自以为是的读者观。该报所策划的辩论是建立在实证的问卷调查基础之上的，其背后的研究思路正是要根据这一田野调查的结果来得出某种理论上的结论，其背后的理论意识是当时尚未为"落后的"中国翻译理论界所了然的读者理论、接受理论，因此其方法论的意义在当时的中国翻译学界来说，毫无疑问，是先进的。在根据这次调查所编写出来的论文集《文字·文学·文化——〈红与黑〉汉译研究》中，我们可以看到读者的期待、译者的心声、论者的思考，这为拓展我们的研究思路、展开更深层次的研究，提供了宝贵的第一手资料。这样的成果无论是在中国，还是在外国，都是不多见的。此外，由于这项调查并不仅仅是让读者根据理论术语的字面意义去做价值判断，而且实实在在地附上了不同的译文，因此我们不能假定读者是只看术语不看译文来做出选择的。至于《文汇读书周报》在调查前所发的文章是否是支持"等值"译法的，我没有做调查，因此没有发言权，但我可以有把握地说，《中国翻译》及其前身《翻译通讯》在那之前发表了大量支持意译、支持在翻译中用四字格的文章，而且作者都是当时最著名的翻译家和翻译理论家，如许渊冲、罗新璋、劳陇、孙致礼，等等。我想，考虑到《中国翻译》和《翻译通讯》上发表的那些支持意译的文章，以及一大批以意译为主的著名翻译家的译著（如傅东华、傅雷、王佐良等）的巨大影响，即便是《文汇读书周报》在调查前发表过一些支持"等值"翻译的文章，其影响力也被抵消了不少。从这个角度看，《文汇读书周报》的调查结果还是有相当高的信度的。

第二，同一原著，不同译著。该调查的另一个先进之处，是吸取了在当时来说正处于国际翻译研究前沿的一种研究方法，即对翻译采取一对多式的比较研究，即对同一原著的不同译本之间展开所谓的"译本研究"（Translation Studies），考察译本之间的差异及其背后的文化成因。这种方法正是国际翻译研究在 20 世纪 70 年代中期开始文化转向后的一种典型的研究方法，这本是比较文学惯用的文本研究的方法。后来，比较文学界的学者意识到，他们的文本研究实际上是译本研究，从而开始以"Translation Studies"为名，加入翻译研究阵营。正是这一支生力军的加入，极大地加快了翻译学的发展速度，一个跨学科的翻译学应运而生。《文汇读书周报》组织的那场调查可以说是中国翻译研究之文化转向的第一炮。这倒不是因为它是这一方向在中国的第一项研究，但与在那之前的一些悄然出现的翻译的文化研究相比，那场辩论及所产生的研究毫无疑问是这一领域在当时动静和反响最大的一项研究，故称之为第一炮。在此之前，中国翻译理论界的典型研究方法不是一对多，而是一对一，如在中国翻译理论界具有范式意义的钱钟书的《林纾的翻译》。不可否认，有关《红与黑》翻译的调查与研究对差异的关注至今仍是国际人文学科的核心课题。该调查时值 1995 年，当年美国著名翻译理论家韦努蒂的著作《译者隐形》刚刚问世，还没有传到中国，该作主张的正是《文汇读书周报》的调查结果所支持的直译，韦努蒂称之为异化。1998 年他的另一著作《翻译的丑闻》问世，其主题就是差异与伦理，提出翻译的伦理就是差异的伦理。韦努蒂的研究融结构主义与解构主义的积极成分为一体，至今仍被公认为国际翻译学研究前沿的代表。由此可见，在中国，《文汇读书周报》所做之调查及根据这一调查所做之研究，即便说在今天不是先进的，至少在 1995 年，也已是很先进的了；而且这种通过报纸采取开放式调查的做法，在国际上，即便不是首例（我不知道还有没有第二例），至少也是关注度最大的。

第三，关注文化与社会，在中国译学界开启译者转向。《红与黑》调查的另一个在当时中国翻译学界堪称先进的地方就是对于社会和译者的关注。国际翻译学界在经历了 20 世纪 60 年代的语言学转向之后，在 70 年代中期开始文化转向，到 90 年代又开始了一个规模不大但影响不小的新的转向，即译者转向，其标志性的著作是美国学者罗宾逊（Douglas Robinson）1991 年出版的专著《译者转向》（*The Translator's Turn*，另译《译者登场》)。翻译研究领域里的语言学转向的标志性成果是把语言学理论引入翻译研究，文化转向的标志性成果是揭示了翻译与文化之间的互动，而译者转向则把研究焦点转向了译者，开始关注译者的主体性对翻译过程的影响，如译者的文化政治价值观、受教育程度、审美倾向、生平经历，等等。《红与黑》的调查，表面上看是对中国境内的翻译读者的调查，但由调查组织方发起的译者辩论却把研究者的注意力更多地吸引到了译者的主体性之上，由此而引发了学界长时间的关注。这场大辩论正反双方的主角都是译者，正方是主张直译的译者，反方是主张意译的译者，而辩论的组织者许钧则充当了一个主持人兼评论员的角色。辩论充分展示了正反双方对于翻译的认识，以及对具体翻译过程的极具个性化的见解，为中国翻译学界的译者研究提供了最直接也最丰富的第一手资料。这种访谈式的调查背后的方法论实际上是人类学的田野调查的路子，这正是当今主体性研究的典型方法之一。虽然《红与黑》的调查者们没有打出译者转向和主体性研究的旗号，但这个调查及辩论中所展示出来的方法论毫无疑问已经有了自己清晰的学术定位。此外，许钧的调查报告中把翻译与文化、政治和社会相联系，这在当时的中国翻译学界也同样是很超前的，至少代表了前沿的研究倾向，尤其是对社会和政治的关注，即便在当时的国际译学界也是很靠前的，其中对翻译与社会关系的探讨，至今仍是国际译学界的热点。

四、结语

新的千年转眼就过去了它的第一个十年。十几年前《红与黑》调查那阵子，翻译研究是不是一门独立的学科在国内还争得死去活来，如今虽然还有些许否定翻译学的声音，但历史的车轮已然没有更多的耐心来倾听高速行进中不可避免的噪音。如今在外语学科，即便是翻译学的反对派，也无法否认翻译学是该学科里发展得最快的分支，不仅有了若干独立的翻译学刊物，设立了独立的翻译学本科、硕士和博士学位，有了独立的翻译系和翻译学院，有了成千上万的翻译学研究者，还吸引了许许多多别的学科的学者参与，作为一个学科所需的所有参数都有了。如今可以毫不夸张地说，中国翻译研究的规模是世界上最大的，观念上基本上与国际接轨，这主要得益于几乎无限的学术开放和中国学人刻苦奋发的进取精神。如今的国际译学论坛上，我们已不再无语和失语，而我们这一代人可以说是这一学科从低点向高点反弹的见证者。如何评价过去的百年，尤其是我们所见证的翻译学科的地位反弹，我们这一代人理应责无旁贷。尽管克罗齐说过，一切历史都是当代史，但我们既然从那个过程中走来，我们的笔下自然会尽可能地还历史以客观。虽然每个人的客观都不可避免地带上自己的主观，但大家都来讨论，那客观的轮廓也就自然会更清晰一些。赵稀方的论文勾起了笔者对那段历史的回顾，有感而发地写了以上这些文字，客观也好，主观也罢，皆是一个过来人留存于记忆底层的点点滴滴。

《红与黑》事件的历史意义还不止本文所说的这些，细读《文字·文学·文化——〈红与黑〉汉译研究》中所收录的文章，我们还会发现很多"值得书写"的东西。但因篇幅所限，本文就此打住，容以后另述。

（原载《外语教学理论与实践》2011 年第 2 期）

从《红与黑》汉译讨论到村上春树的林译之争

——两场翻译评论事件的实质

邹东来　朱春雨

一、从《红与黑》的汉译到村上春树的汉译

现在回想起来,中国翻译界的最近一波热闹似乎就是从 1995 年的《红与黑》汉译讨论开始的。当然以前也不乏对翻译零星的指责,但是对于包括译者在内的大多数人来说,翻译的"错误"或者说"问题"倘若不是自己所为,都与自己无关。《红与黑》的汉译是一个比较好的契机:首先是从 80 年代开始,中国迎来了新的翻译高潮;其次,我国于1992 年才加入《世界版权公约》,于是各大出版社为了抢占市场,纷纷进驻名著复译的领域——其中还不乏鸡鸣狗盗之流,仅仅是抄抄改改,换个不存在的译者名,在街头卖个三文两文的;再次,仿佛是约定一般,法文界的名家都应各大出版社的邀请,加入了《红与黑》的复译行列,其中有为翻译界所熟知的郝运、罗新璋、郭宏安、许渊冲等。

当然,最关键的原因并不在这里。翻译从生产过程的性质上来

说,基本上是一项个人的工作,翻译结果形成之后的接受一般是不为翻译文本的创造者所左右的。因此,《红与黑》的汉译之所以能够形成轰轰烈烈的讨论,最关键的原因还是有人策划,并且策划者有理论建设的意识。让潜在的热闹成为真正能形成"问题"的讨论,这绝不会是译者自发、自觉的行为。在翻译的领域,理论与实践的鸿沟一向存在,因此,安托万·贝尔曼才认为,用"思考"和"经验"代替"理论"与"实践"更为合适①。所以,《红与黑》的汉译之所以能够在十七年前构成翻译界的一个重大"问题式",并且引起翻译界、文学界乃至整个文化界的关注,正是由于在翻译的"思考"和"经验"之间形成了一个有机的互动,我们才认识到,翻译虽然是一个具体的、文本的实践,但在具体的、文本的实践之外所隐藏的问题却是文化的,甚至是哲学的。

然而这样的契机并不像我们想象的那么多。虽然从《红与黑》汉译讨论当中我们得到的一个有益的经验是,翻译版本的比较是一项饶有趣味的工作,但是这个工作往往很难进行。因为在翻译上的比较可能多少意味着"高低"之分,但凡做过翻译这种工作的,都不愿意去蹚这种浑水,而且像《红与黑》的汉译这样牵涉到多名译家有意识、有立场的工作的事件实在是少之又少。的确,我们在《红与黑》汉译讨论之后的十六年里,基本上没有发生较成气候的翻译评论事件,更少看到翻译评论——真正的评论工作——所应该带来的对翻译的思考。

所以,大多数的翻译评论仍然跳不出"对原文和译文进行比较,挑出其理解错误"的范围,再不就是不通原文的读者直接批评"汉语不好"。很多诸如傅雷这样的大翻译家也纷纷成了这类个案性的、没有

---

① 袁筱一,《从翻译的时代到直译的时代——基于贝尔曼视域之上的本雅明》,载《外语教学理论与实践》,2011 年第 1 期。

太大意义的翻译评论的牺牲品。如果到了译本比较的层面,翻译评论偶尔也会成为译家之争,这算是比单纯的"原文译文比较"要上一个层次,因为至少已经从"文字"的层面到了"文本"的层面。

因村上春树的作品翻译而引发的争论就属于这个层面,这也是自《红与黑》汉译讨论以来一个较大的翻译评论事件,并且同样跳出了翻译界的范围,因为媒体与出版社的加入而变得复杂起来。与《红与黑》汉译讨论所不同的是,该事件完全是自发的,没有理论的策划,更像是媒体时代和网络时代的一场口水战。自从加入《世界版权公约》之后,村上春树的大部分中文简体版权在上海译文出版社,和其他作品的翻译不同,该出版社基本上将林少华定为自己的"御用"译者,十几年来没有改变过。同时,作为翻译家,林少华也有颇多拥趸。事件的开始可以追溯到 2004 年孙军悦用日文发表的《误译中的真理》,第一次对林少华的翻译风格提出了质疑。2009 年,村上春树新作《1Q84》的简体中文版权拥有者,新经典文化出版公司选择了施小炜作为译者,认为其翻译"更为准确",在某种程度上打破了林少华对村上的"垄断"。争论于是从译家扩展到读者,进而扩展到翻译界。除了相关的译者之外,王成、于桂玲、林璋等日语界的学者分别在《日语学习与研究》上发表了一系列学术文章,就文本、文体、译者与作者的关系等问题对村上春树在中国的翻译进行了探讨。

就事件本身而言,村上春树的汉译讨论(或者说是争论)终究还是与《红与黑》汉译讨论具有本质差异,因为前者并不存在真正意义的译本比较:不同的译者翻译的是村上春树不同的作品,这场讨论因而无法在文字的层面上进行。但是,全民皆作者的网络时代同样有着纸质媒体时代不能够具备的优长,那就是,村上春树的汉译讨论是从接受反溯到文本的。

追溯村上春树的汉译讨论，我们可以发现该事件的不少特点。其一，因为历史的原因，从《挪威的森林》开始，村上春树的简体中文版基本上只有一个译者：林少华。这在中国的翻译史上——尤其是在今天的翻译领域中——并不多见。大多数中国读者眼中的村上就是林少华笔下的村上，基本上相当于大多数读者眼中的巴尔扎克就是傅雷笔下的巴尔扎克，译者从默默无闻的后台到了喧哗的前台。其二，《挪威的森林》是少数在中国得到广泛接受的日本当代作品，而村上春树也就成了少数在中国得到广泛接受的日本当代作家。在外国翻译文学中，与此大致平齐的也就是杜拉斯的《情人》与昆德拉的《不能承受的生命之轻》，这个形势使得村上春树的汉译在读者接受层面的争论成为可能。其三，和《红与黑》汉译讨论中的某些译家一样，林少华虽然认为自己不涉理论，却是一个经常在公开场合（包括报纸、杂志和博客）谈及自己翻译立场的译家。正是他坚持不懈的澄清与表达使得他的翻译立场与施小炜的翻译立场成为意译与直译立场的二元对立。最后，在村上春树的汉译争论中，一个特殊人物，东京大学文学部教授藤井省三的出场让这场争论从译本的比较过渡到了"村上春树究竟是谁"以及译者的合理身份问题，从而也从个案过渡到了翻译的基本问题。

二、两场争论的相似之处

　　实际上，翻译评论的尴尬处境就在于，它的发生动机和波及范围再不同,途径却无一例外地要落回到文字以及文本中。即便村上春树的汉译争论针对的不是一个文本,其比较却依然能够围绕三个翻译评论的基本问题展开:1.原作者是谁? 2.译者如何阐释他所理解的原作者? 3.译者基于什么立场确立了他的翻译方案,形成了他的翻译结果?

对于第一个问题,《红与黑》汉译争论的多个译家似乎并没有太大的分歧。这得归功于司汤达已经作古很久,对于司汤达的研究也趋于成熟。所有的译家基本上都接受了《红与黑》的作者在创作之前,用《民法》为自己的叙事风格定调子的说法。这也就意味着,不论我们怎样定义风格问题,我们都可以说,《红与黑》的基本特点是简洁朴实的文字和现实主义的风格。为此,无论是站在直译立场的郭宏安从旧译中"卸掉了五万个汉字",还是站在意译立场的罗新璋"力求字字不闲;凡可有可无的字,一概删却净尽,以求一种洗练明快的古典风格"①,其依据概出于此。

但是村上春树的问题要复杂很多。村上至今仍然活跃于文坛,而当今的文坛又是无法用流派进行抽象的总结与概括的。当然,文学研究者与译者也都从不同的角度试图从村上的作品中剥离出一定的创作规律。这些也的确为译者的"再创作"提供了依据,或者说,为译者视域的形成奠定了相当重要的基础。美国哈佛大学教授杰·鲁宾(Jay Rubin)认为,村上作品的文体特色可以归结为三点——简约、韵律、幽默。鲁宾认为,尽管幽默是村上小说得以跨越种族藩篱的重要

---

① 许钧,《文字·文学·文化——〈红与黑〉汉译研究》,南京,南京大学出版社,1996年,第177页。

元素,但最重要的则是"村上能够控制你的思绪、激发各种不可思议的意念"①。德国日本研究所的 Jurgen Staalph 说,村上的长短篇语调淡静,"淋漓酣畅地挥洒着来去无踪的睿智的火花。不时令人哑然的新鲜的隐喻又织就极其斑斓的色彩"②。同以往的日本小说相比,村上的小说"用非日本的视角来审视和解读日本社会,用非日本的语言来诘问日本当代话语"③。或许,对于村上春树的文体,无论是译家,还是日本当代文学的研究者,结合村上春树的创作经历,大家所能达到的共识是,他既保留了日本的小说传统,却又在叙事的语言和结构上有明显的西化痕迹,受到西方小说很大的影响。

然而文体不免流于抽象,它很难为译者在确定其翻译方案的时候提供量化标准。所以,对于翻译批评而言,原作的文体也是个仁者见仁、智者见智的事情。它最根本的作用在于能够为第二个问题,亦即如何阐释译者所理解的原作者提供依据。

我们知道,《红与黑》汉译讨论中,一位很有个性的译者许渊冲为我们带来许多著名案例,从"玉臂"到"玻璃城",到法语仅"jolie"一词翻译出来的"山清水秀、小巧玲珑",再到《红与黑》结尾部分的"她也吻着孩子,魂归离恨天了",这位著名的翻译家实现了从词汇到句式、从文字到风格的立场坚定。

饶有趣味的是,如果我们做一个从翻译文本到译者翻译方案的回

---

① 杰·鲁宾,《倾听村上春树:村上春树的艺术世界》,上海,上海译文出版社,2006年,第210页。

② 林少华,《总序:村上春树的小说世界及其艺术魅力》,载《舞! 舞! 舞!》,上海,上海译文出版社,2004年,第2页。

③ 林少华,《比较中见特色——村上春树作品探析》,载《外国文学评论》,2001年第4期。

溯,我们会看到,林少华的翻译立场与许渊冲的翻译立场竟然很是相似。在林少华的笔下,我们经常看到这位译者将「冷ややかな雨」(冷雨)译作"砭人肌肤的冷雨",将「不完全」译作"百孔千疮",将「風の強い」(大风)译作"秋风阵阵",将「巧妙」译作"不动声色",将「風景の中にしっかりと焼き付けられているのだ」(牢牢地烙刻风景中)译作"同那风景混融一体了",等等,比村上春树着实要"美"了很多,也颇符合当年许渊冲提出的"深化法"。

而从修辞角度来看,林少华同样应该认为"翻译是再创作"。经常,原文中未用拟人的,林译中使用拟人,「もう夕暮れに近く、日の光はずいぶん弱くなります」(已经接近傍晚,日光弱了很多)被译为"夕阳垂垂西坠,斜晖奄奄一息";原文中未用比喻的,林译中使用比喻,「真っ赤な鳥」(赤红的鸟)译作"火团样的小鸟";原文中使用的是明喻,而林译中转为拟人,「波はまるで怒り狂ったように」(海浪好像发狂了似的)译为"海浪大发雷霆"等等。

与此相反,施小炜的译文相较于原文,似乎变化要小得多。在《1Q84》的译文中,像"疲惫公然泄露在外""微妙地扇动着几片鳍""摇曳着浓密的阴影""展示着那毁灭性的齿列"这类明显异于汉语表达,带有浓重日语表达习惯的例子不胜枚举。

虽然村上春树的汉译讨论没有像《红与黑》汉译讨论那样牵连进那么多的著名译者,并且在讨论的组织者暗示下自动归进两类不同的立场——例如,以罗新璋和许渊冲为代表的"意译派"和郝运、郭宏安为代表的"直译派"——但是施小炜与林少华所代表的不同立场与《红与黑》诸多译家所代表的不同立场却并无分别。施小炜的"更为准确"的译文与当年《红与黑》中郝运、郭宏安等人代表的译家一样,是"自设藩篱,循迹而行"①的实践结果。而这,也就是尽管没有人组织策划,村上春树的汉译讨论却得以像《红与黑》的讨论一般热烈的根本原因所在。能够称之为真正的批评的翻译批评可能有不同的发生动机,但得以形成,并且在翻译史上留下印记,却都是因为触及了(文学)翻译的本质问题。

三、讨论中的翻译本质问题

本雅明将翻译与哲学相提并论,一个重要的原因就在于,如果说哲学的本质问题只涉及存在——无论是从什么样的角度,用什么样的方法,指向的却是同一个问题——那么翻译的本质问题同样也只有一个。

这个本质问题的表现形式是我们再熟悉不过的一组二元对立概念:直译与意译。当然,从最初的直译与意译到文化转向后的翻译理论或后殖民翻译理论中所提出的"陌生化翻译"与"本土化翻译"或"异化翻译"与"归化翻译",这个本质问题与哲学的发展一样,也是在不同的语境、不同的角度中被提出的。和哲学一样,这个问题的关键不在于其结论,而在于问题本身。

理解了这一点,我们自然也就能够理解,为什么出发语不同,翻译

---

① 许钧,《文字·文学·文化——〈红与黑〉汉译研究》,南京,南京大学出版社,1996年,第165页。

理论发展的时间段不同,讨论的发生状况不同,而《红与黑》汉译讨论与村上春树的汉译讨论还是显示了惊人的相似性。

的确,在解释自己的翻译方案时,《红与黑》的诸多译家显示出了不同的立场。我们应该都还记得,许渊冲在各种场合都自觉地、激情澎湃地表达了自己的立场:

> 总而言之,我认为文学翻译是艺术,是两种文化之间的竞赛,这是我对文学翻译的"认识论"。在竞赛中要发挥优势,改变劣势,争取均势;发挥优势可以用"深化法",改变劣势可以用"浅化法",争取均势可以用"等化法",这"三化"是我再创作的"方法论"。①

林少华虽然不曾振臂高呼"试看今日之译坛,竟是谁家天下",却也鲜明地阐述了自己的看法,而他的看法几乎是另一种形式的"竞赛论":

> 我非常热爱中文,始终留意中文表现方式的可能性、尤其微妙语感的传达方式。我为汉语言近乎无限的表现力和感染力感到惊讶和自豪。……可以说,翻译是一种再创作,是艺术,是跟着感觉走的东西。"运用之妙,存乎一心"。……翻译这东西——我是指文学翻译——大体说来,三分外语,六分汉语,一分天赋。适当汲取古汉语中有生命力的语汇和行文范式以促进现代汉语的

---

① 转引自许钧,《文字·文学·文化——〈红与黑〉汉译研究》,南京,南京大学出版社,1996年,第291页。

工丽、简约和洗练，可以说是我一个小小的追求。①

可见，在对翻译的"目的性"的理解上，林少华并不认为应当通过"异化"的，带有出发语语言文化因素的目的语语言来实现其发展与变化，而是要用"古汉语中有生命力的语汇和行文范式"来促进现代汉语的变革，这与我们对于翻译的理解可谓大相径庭，同时也超出了当年成为争论焦点的许渊冲的"竞赛论"。因而，藤井省三批评林译是"汉语民族主义"，"不无过剩的文化民族主义"。② 我们可以换一个更为普遍的，为今天的翻译理论界广泛接受的词，即后殖民理论一直致力批判的"民族中心主义"，因为翻译中的"民族中心主义"的定义是："将一切化为目的语的文化，按照目的语文化的标准和价值，将位于目的语文化之外的'异'视作是否定性的，或者说认为'异'只有在作为附属、调整，以增加目的语文化的丰富性才是好的。"③这让村上春树的汉译讨论一下子染上了理论时代的色彩，并且，在距离《红与黑》汉译讨论十六年之后的今天，让我们发现了汉译中存在的"民族中心主义"的问题。如果说到直译与意译问题在《红与黑》汉译讨论中与在村上春树汉译讨论中的不同，这是极为重要的一点。

这一点不同当然与翻译理论这些年的进展有关，因为后殖民翻译理论已经让翻译的本质问题与强势语言对于各国政治文化的改写挂上了钩。实际上，如果我们回顾中西翻译史，我们不难发现，各翻译高潮虽然处在不同的时期、不同的目的语语境中，同时也处在中西翻译

---

① 林少华，《落花之美》，北京，中国工人出版社，2006年，第239页。

② 林少华，《翻译："贞洁"与"漂亮"之间》，载《外国文艺》，2010年第1期。

③ 袁筱一，《从翻译的时代到直译的时代——基于贝尔曼视域之上的本雅明》，载《外语教学理论与实践》，2011年第1期，第89页。

理论发展的不同时期,却无一例外都是围绕直译和意译的问题展开的。无论是道安与鸠摩罗什所代表的不同翻译立场,还是德国浪漫主义时代施莱尔马赫与施莱格尔的不同翻译主张,再或从林纾的转译到鲁迅的硬译,直至今天文化转向的众译家重新找出本雅明,高举陌生化翻译的大旗,我们从中能够看到的事实是,在一次又一次的讨论当中,直译与意译之争早已超越了翻译的方法问题。并且,直译与意译的定义也是在不断的讨论之中。我们很清楚地看到,不同的翻译家或是翻译理论家从不同的角度和不同的层面给予直译与意译以不同的解释。反过来说,也正是不同定义的直译与意译之争推动翻译的理论探讨从文字的层面扩展至文学、文化、政治乃至哲学的层面。概念的不断再定义与不同翻译实践案例的相同指向和翻译实践的文本依归有着莫大的关系。

而通过相距十多年,分别发生在汉译法国古典文学领域和汉译日本当代文学领域的两个翻译评论事件,我们也再次证明了这一点。前不久,赵稀方在《东方翻译》上发表了《〈红与黑〉事件回顾——中国当代翻译史话之二》,在谈到《红与黑》汉译讨论时,认为"有关'直译'和'意译'的问题自汉译佛经以来一直有人议论,但始终没有结果。到了20 世纪 90 年代中期,居然又出现了这样一次大规模的争议,其中折射出的根本问题是中国翻译研究的落后"①。这个结论的得出似乎有些问题,因为看样子,只要翻译的问题有人讨论下去,直译与意译的问题就一定还会讨论下去,这难道注定的是中国翻译研究永远都不能改变的落后状况?《红与黑》汉译讨论事件告诉我们的恰恰是一个我们从

---

① 赵稀方,《〈红与黑〉事件回顾——中国当代翻译文学史话之二》,载《东方翻译》,2010 年第 5 期。

翻译理论研究中历经论证的艰辛才得到的朴素道理:"直译和意译从来都是翻译的立场,而不是翻译的方法"①。直译与意译作为方法是互补的,一方并不排斥另一方的存在。而只有作为立场,二者才是一组二元对立的悖论。也正是在这个意义上,林少华的译文无论是被读者追捧,还是被翻译理论界所质疑,都不失其存在的价值。

（原载《外语教学理论与实践》2011 年第 2 期）

---

① 袁筱一,《从翻译的时代到直译的时代——基于贝尔曼视域之上的本雅明》,载《外语教学理论与实践》,2011 年第 1 期,第 89 页。

也议《红与黑》汉译大讨论

许渊冲

　　《外语教学理论与实践》2011年第2期发表了一组关于《红与黑》的文章，第一篇出自南京大学许钧之手，论述"《红与黑》汉译大讨论"的意义。在提要中，作者认为大讨论在文学翻译理论与实践的结合等方面做出了贡献，有积极作用和指导意义。是不是这样呢？我觉得要看讨论的结果如何，才能确定。

　　第二篇文章是上海外国语大学谢天振对《红与黑》汉译大讨论的反思。文章说："至于具体的读者反馈意见和结果，即'直译派'获得大胜，而以许渊冲为代表的'意译派'则落败而归——78.3％的人支持'等值'类（翻译），仅21.7％的人支持'再创造'类（翻译），而读者喜欢的译文依次为：郝运，郭宏安，罗新璋，许渊冲，罗玉君"①。这个结果有没有积极作用和指导意义？我看先要回答几个问题：第一，"等值"和"再创造"是什么意思？第二，郝运和郭宏安可以算是"等值派"吗？第三，许渊冲"落败而归"了吗？

　　所谓"等值"，一般认为是奈达提出来的翻译理论，他说：翻译是在

---

① 谢天振，《对〈红与黑〉汉译大讨论的反思》，载《外语教学理论与实践》，2011年第2期，第13页。

译入语中用最切近的、最自然的对等语再现原语的信息,首先是语义上的对等。1983 年奈达来北京大学讲学时,我们曾经面谈。我认为他的等值论可以应用于西方语文之间的翻译,因为据电子计算机统计,英法德俄等西方国家语文之间,大约 90％有对等语,而在中西语文之间,只有 45％有对等语,所以用等值论就不容易解决问题。我认为西方语文之间存在的均势很大(90％),所以互译可以用等值法;中西语文之间的均势不那么大(45％),没有均势的时候,那译入语不是处在优势,就是处在劣势。我认为在均势的情况下,翻译可以用对等语,如果不是均势,那就应该避免劣势,最好是发挥优势。既然找不到对等语,或者是对等语不太自然,那就要用再创法,来再现原语的信息,甚至原语的感情,也就是传情达意。这样看来,我提出再创法,并不排斥等值法,无怪乎中山大学王东风说:"从奈达对'等值'的定义上看,他的'等值'非但不是许渊冲式的'再创造'的对立面,反而是一回事。换言之,奈达式的等值实际上就是许渊冲的再创造"①。这话只说对了一半,因为我说的"创译"是指,在找得到自然的对等语时就用"等值法",找不到时"再创造";还要补充一点,即使找得到自然的对等语,如果能够找到比对等语更好的表达方式,那还是要用再创法,这就是我提出的"创译"和"等值法"的同和异。如果不了解"等值"和"再创"的基本异同,就来乱加评论,横加指责,那恐怕会犯大错误。

《红与黑》汉译大讨论的组织者有没有了解"等值"和"再创"的意义?他在《文汇读书周报》意见征询表上向读者提出了十个问题,最后一个总结性的问题是:"您主张译文与原作的等值,还是对原作的再创

---

① 王东风,《"〈红与黑〉事件"的历史定位:读赵稀方"〈红与黑〉事件回顾——中国当代翻译文学史话之二"有感》,载《外语教学理论与实践》,2011 年第 2 期,第 18 页。

造?"这就把"等值"和"再创造"完全对立起来了,不知道奈达的"等值"也包含有"再创"的意思(如把"雨后春笋"译成"like mushrooms"),我的"创译"包括找得到对等语时用"等值法",但找不到时要用"再创法",找得到对等语又能找到比对等语更好的表达方式时,也可以用"再创法"。下面就来举例说明。

在《红与黑》第四十四章中,于连谈到生死问题的两种译文如下:

1. 因此死、生、永恒,对器官大到足以理解它们者是很简单的。

2. 就是这样,死亡、生存、永恒,对人是非常简单的事,但对器官太小的动物却难以理解。

第一种是郝运的译文,这能算是等值的译文吗?"器官大到足以理解它们者"是最自然的对等语吗?我看不是。因此,我认为郝运不能代表"等值派"。第二种是我的译文,我认为郝译不是自然的对等语,所以就用再创造的方法,把郝运的"者"分别译成"人"和"动物",从形式上看,这不是原文的对等语,但从内容上看,却传达了原文的信息。两种译文哪种更好呢?《文汇读书周报》调查的结果是78.3%读者更喜欢郝译。那是不是说郝译更好?并不一定。因为解放军外国语学院法文系翻译班1995年做了一个调查,比较了郝译和许译,结果90%以上认为许译远远胜过郝译。究竟谁是谁非,那就需要研究了。

《文汇读书周报》提出的第二个问题是:"文学翻译应着重于文化交流还是文学交流?"这个问题提得似是而非。文化交流应该是指文学艺术的交流,应该包括文学交流在内,二者基本是一致的,有什么矛盾呢?从上面两个例子看来,提问者大约是把保留原作形式当作文化交流,把传达原作内容当作文学交流了。他认为应该着重保留原文形式,所以认为郝译更好;我认为内容重于形式,"器官大到足以理解它们者"根本不是文学语言,不能传达原作内容,不但不是文学交流,而且也不是文化交流。我们难道要用这种不通的翻译腔来改造我们的文化语言吗? 不要!

《文汇》提出的第三个问题是:"翻译外国文学名著,是否应尽量再现原作风格? 译者是否应该克服自己的个性,以表现原作者的个性?"什么是原作的风格? 什么是译者的个性? 这个问题太大,不容易说清楚。只好举例说明。许钧在《文字·文学·文化——〈红与黑〉汉译研究》一书第 14 页第一段说:"郭(宏安)译的成功之处正在于他再现原作的风格上所作的可贵努力和取得的良好效果。"可见他认为郭宏安再现了原作的风格,而我却是不克服自己个性的译者。那下面就来比较《红与黑》第二十一章第十段的两种译文吧。

3. 心肠硬构成了外省全部的人生智慧,由于一种恰如其分的补偿,此刻德·莱纳先生最怕的两个人正是他的两个最亲密的朋友。(郭译)

4. 外省人的处世之道是外强中干,口是心非,现在,报应落到德·雷纳先生头上了,他内心最害怕的两个人却是他原来口头上最亲密的朋友。(许译)

许钧认为郭宏安再现了原作的风格,但原作的风格是这样莫名其妙,叫人不知所云的吗? 心肠硬怎么成了人生智慧? 害怕朋友怎么成了补偿? 而且是恰如其分的补偿? 斯汤达会说些这样叫人听不懂的话吗? 连意思没有理解,还谈什么风格? 再比较一下另一种译文,才可以知道"心肠硬"原来是指"外强中干，口是心非"。"人生智慧"原来应该是说"处世之道"，"补偿"应该改成"报应"，没有理解原文，是不可能再现原作风格的。许钧认为我没有克服自己的个性，随意增加文字。但"口是心非"是随意增加的嘛？不增加"口是心非"，那和下文的内心害怕，口头亲密有什么联系呢？可见我加词不是表现自己的个性，而是更清楚地表达原作的内容。从这个例子可以看出许钧对风格的看法是错误的。

前面引用奈达的话说：对等语"首先是语义上的对等，其次是风格上的对等"。郭宏安的译文（如"补偿"）连语义上的对等都没有做到，哪里谈得上风格对等呢？郝运的译文（如"大到足以理解它们者"）虽然不能说语义上不对等，但是风格上又很不自然。所以两个译者都不能算是"等值派"的代表。而许钧却认为读者喜欢他们的译文，胜过"再创派"的译文，这个结论根据不足，是错误的。下面我们再来看其他问题。

《文汇》提出的第四个问题是："文学翻译语言应该带有'异国情调'，还是应该完全归化？"这不是一个应该不应该的问题，而是一个读者喜欢不喜欢的问题。喜欢是因人而异的，不是一件应该做或不该做的事情。提问者为什么要用"应该"呢？这也暴露了他的水平和他内心的思想。他想赢得读者支持他的观点，就把主观的爱好说成客观的责任了。其实，归化和异化是一个程度的问题。用译入语就是最起码的归化，讲外国的事就是起码的异化。带有异国情调的对立面不是归化，而是纯粹的译入语。郝运的"器官大到足以理解它们者"不是"异国情调"，而是洋泾浜中文；郭宏安的"一种恰如其分的补偿"既不是异国情调，也不是完全归化，而是和原文语义不对等的误解。提问者本人喜欢洋泾浜中文，就用好听的字眼来美化错误的译文了。现在再看下面的问题和译例。

第五个问题是:"有人认为文学翻译首先应该求精彩而不应该求精确,您认为对不对?"精彩和精确是罗新璋提出来的,但他的原话是:"精确,非精彩之谓。"这只是说:精确的译文不一定精彩。提问者为什么要歪曲成"首先应该求精彩"呢? 罗新璋还说了:"精彩未必不精确。"这也只是说:精彩的译文也可能是精确的。提问者为什么要歪曲成:"不应该求精确"呢? 罗说的分明是精彩的译文不一定不精确嘛。下面再举《红与黑》第四十五章倒数第十二段的两种译文为例。

5. 我有好几次跟你讲过,夜里躲进这个山洞,极目远眺法国那些最富庶的省份,野心燃烧着我的心,那时候这就是我的激情……总之,这个山洞对我是很珍贵的,不能不承认它的位置令一个哲学家的灵魂羡慕不已。(郭译本第 477 页)

6. 我对你讲过,多少个夜晚我藏在这个山洞里,我的眼睛远望着法兰西的锦绣山河,雄心壮志在我心中燃烧;那时,我的热情奔放……总而言之,那个山洞是我钟情的地方,它居高临下,哪个哲学家的灵魂不想在那里高枕无忧地安息呢? (许译本第535页)

比较一下两种译文,就可以发现第一种译文精彩的文字不多,不精确的文字却不少。第二种译文不但是精彩的地方比第一种多,而且第一种译文中不精确的地方,第二种也改过来了。这段译文是于连对一个第一次到山洞中来看望他的朋友所说的话,既然是第一次来,怎么可能讲过好几次呢? 所以"好几次"不是修饰"讲过",而是修饰"藏躲"的。因此,第二种译文不但比第一种精彩,而且更精确。"极目远眺"怎能看到几个"省份"呢? 这里"provinces"就不是省份,而是泛指外地了,所以译成"锦绣山河"不但精彩,而且比郭译更精确。"野心"有贬义,"野心"怎能"燃烧我的心"呢?这又不是纯粹的中文,"雄心壮志"却既精彩又精确。"热情奔放""居高临下""高枕无忧",都是一样,这里就不重复解释了。

《文汇》提出的第六个问题是:"有人认为文学翻译可多用汉语四字词组,您的看法如何?"用四字词组使译文精彩,但并不见得不精确,如(第一章第三段):

7. 这种劳动看上去如此艰苦,却是头一次深入到把法国和瑞士分开的这一带山区里来的旅行者感到惊奇的劳动。(郝译)

8. 这种粗活看来非常艰苦,头一回从瑞士翻山越岭到法国来的游客,见了不免大惊小怪。(许译)

"翻山越岭"非常精彩,以少许胜多许;"大惊小怪"更加精确。

第七个问题是:"文学翻译是否应该发挥译语优势,超越原作?"发挥译语优势就是选最好的译语表达方式,如第8例的"翻山越岭",第4例的"报应落到市长头上"。前者胜过原作,后者胜过郝译。译文一般不能超越原作,如能胜过,岂不更好?提问人把超越原作当作发挥译语优势的目的,那就歪曲了发挥优势或优化的原意。

第九个问题是:"您喜欢与原文结构比较接近,哪怕有点欧化的译文,还是打破原文结构,纯粹汉化的译文?"这个问题其实是直译和意译的矛盾,关键是欧化到什么程度,与原文结构接近到什么程度的问题。如第1例"对器官大到足以理解它们者"是"有点欧化"还是有点硬译呢?我看不只是有点欧化,而完全是硬译的产物。提问者把硬译说成有点欧化,其实是美化郝译的缺点,引诱读者去上当受骗而已。

于是提问人（即组织者）就把风格和原文不对等的郝译，又把语义和原作不对等的郭译（如把"报应"译成"补偿"，"雄心"说成"野心"等）都说成是等值派，取得读者的信任，结果读者果然喜欢"等值"的郝郭，多于"再创"的罗许。但郝译和郭译都不能代表"等值派"，如果说多数读者喜欢郝郭"等值派"译文，这个结论还要研究。下面我们再来看"再创派"的许译是如何受到批评的。

《二十世纪中国翻译文学史》第 224 页上说，赵瑞蕻认为许渊冲的一些译法发挥过当："比如第一章一开头，就用了'山清水秀，小巧玲珑'这两对四字成语，我看就是不可取的，原文没这个意思。""第二章市长说：'我喜欢树荫'（J'aime l'ombre.），为什么许先生会译成'大树底下好乘凉'呢？""最后那一句'Elle mourut'许先生译作'魂归离恨天'，《红楼梦》里的词句都上去了，何不再加一句'泪洒相思地'呢？原文就是'她死了'。"

第一章一开头，郭宏安的译文是"维里埃算得弗朗什-孔泰最漂亮的小城之一"。"最漂亮的小城"使人看到的只是漂亮的城市房屋，并不包括城外的山水在内。而第一章接着就描写了蜿蜒的杜河和巍峨的韦拉山，所以译成"山清水秀"，不但精彩，而且比郭译精确，因为郭译只使读者看到小城的建筑，而原文的漂亮却是包括山水在内的。这样既精彩又精确的译文为什么"不可取"呢？第二章市长带着高傲的口气说"J'aime l'ombre"，如果只按照字面译成"我喜欢树荫"，那口气有什么高傲呢？原文接着又有几句市长自比大树的语言，说明市长高傲地把自己比作保护市民的大树。那么，用再创法把这句译成"大树底下好乘凉"，不是既精彩又精确，表现了市长的高傲么？为什么脱离了原文形式而表达了原文内容的译文应该受到批评呢？最后一句市长夫人含恨而死，如果只译成"她死了"或"去世"了，那表示的是正常死亡,使读者留下错误的印象。而如果要表现女主角含恨而死,还有比"魂归离恨天"更能"余音绕梁,不绝于耳"的么?

"魂归离恨天"还受到了施康强的批评。《二十世纪中国翻译文学史》第221页上说:"许渊冲说到的临摹原作的模特,施康强以为并非易事。'假如斯汤达心目中有于连等的原型,许先生想必没有见过他们,即使他的工具更称手,又何从临摹起? 除非想当然耳。'施康强还不无讽刺地来了一句'译者臆也',……'译者呓也'。"施康强的讽刺不禁使我想起了庄子和惠子看鱼的故事。庄子说到游鱼之乐,惠子却说:你不是鱼,怎么知道鱼乐? 庄子则反驳说:你不是我,怎能知道我知不知游鱼之乐呢? 想不到两千年前的往事,今天还有现实意义。我的确没有去过维里埃(玻璃市),其实,斯汤达本人也没有去过,因为这是个虚构的小城。但我在《红与黑》电影中见过演市长夫人的女明星,也就可以"如见其人"了。这虽然可以说是"想当然耳",但是总比"学而不思"高出一头吧!

"学而不思"的人看来不少。韩沪麟批评我不该把"漂亮"美化为"山清水秀,小巧玲珑",他自己却把"漂亮"的原文"jolie"看成是"belle",不知道"jolie"和"belle"的不同,正是前者带有小巧玲珑的意思。还有一位已经去世的语言学家,没有翻译过什么文学名著,居然也表示反对"魂归离恨天"。还有一位俄文翻译家,并不懂法文,却也要说郝运是最好的翻译家。这样锣鼓喧天地对"再创派"进行了围剿。但是炮声隆隆,并没有杀伤力的是已故的文联作协负责人冯亦代,他在1995年香港翻译学术会议上说我有五大罪状:1. 四字词组,文坛遗少;2. "魂归离恨天",偷窃《红楼梦》;3. 提倡乱译,千古罪人;4. 强加于人,恶霸作风;5. 王婆卖瓜,自卖自夸。这样铺天盖地的围剿"创译",无怪乎《翻译文学史》第235页上说:"这样一次大规模的争议,其中折射出来的根本问题,是中国翻译研究的落后"(文联《中国艺术报》2011年9月21日已经平反)。

中国翻译研究怎么落后呢? 据许钧说:"中国当代翻译理论研究,认识上比西方起码要迟二十年。"(《外语教学理论与实践》2011年第2期第13页左起第3行)为什么落后呢? 第14页上又谈到:因为"讨论的核心就是解决'怎么译'的问题,或者说得更具体些,也就是'怎样译才能译得更好'的问题"。王东风在同期第22页上说:许钧的大调查"先进之处是吸取了在当时来说正处于国际研究前沿的一种研究方法,即对翻译采取一对多式的比较研究,即对同一原著的不同译本之间展开所谓的'译本研究',考察译本之间的差异及其背后的文化成因……那场调查可以说是中国翻译文化转向的第一炮"。"此外,许钧的调查报告中把翻译与文化,政治和社会相联系,这在当时的中国翻译学界也同样是相当超前的。"这就是说,中国翻译研究落后,因为还在研究'怎么译'的问题。而所谓许钧和国际研究的先进,是因为他们把翻译和文化、政治和社会联系起来了。对不对呢? 在我看来,翻译研究主要应该是研究"怎么译",翻译和文化、政治、社会的关系,无论如何,也只不过是处在次要的地位。如果研究了翻译和文化等的关系,结果却是把坏译文说成好译文,如许钧调查的结果那样,把风格不对等的郝译和语义不对等的郭译,说成是得到读者欢迎的译文,那无论如何,也是颠倒黑白,混淆是非的结果,是翻译界的冤假错案。

幸亏十五年后,2009年赵稀方在《二十世纪中国翻译文学史》第235页开始为这一假案平反。他说:"沸沸扬扬的'《红与黑》事件'所争议的似乎是一个假命题。"但是在同一页,他又说道:"事实上'精确'与'精彩'都是许渊冲提出来的,据许渊冲看来,他们是翻译的不可分割的部分。"对不起,"精确"和"精彩"不是我,而是罗新璋提出来的,我不过是引用而已,不敢掠人之美。我也不认为"它们是翻译的不可分割的部分",正相反,我认为文学译文在做不到精确的时候,应该力求精彩;即使能够做到,如能找到更精彩的译法,那也可以用精彩来取代精确。用我的原话来说,就是文学翻译在找不到对等语的时候,应该选用最好的译语表达方式;即使找得到对等语,如果对等语不是最好的译语表达方式,那还是应该选用译语的最好表达方式。这就是我的"创译原则",发挥译语优势的原则。这个原则和奈达的"等值"有同有异:相同的是找得到语义和风格对等语的时候,译文就用对等语;不同的是找不到对等语的时候,我就发挥译语优势,用再创法创出最好的译语表达方式。奈达不懂中文,他从事西方语文之间的翻译,而西方语文90%以上可以找到对等语,只有不到10%的找不到,因此解决也不困难,所以他并没有提出解决非对等的原则,只要译文切近而又自然,那就行了。而中西语文距离太大,只有45%可以找到对等,所以一定要提出解决非对等问题的理论。这就说明了西方翻译家和译论家如果不懂中文,无论如何提不出解决中西互译问题的理论,所以直到今天,没有一个西方翻译家用当代的中文出版过一本文学名著。这就是我和奈达的异同,也是我的译论能超越奈达的原因。如果按照奈达的等值论,赵瑞蕻批评我《红与黑》中的三句,只要译成"漂亮的小城","我喜欢树荫","市长夫人去世了",也就可以算是"等值"。但是严格说来,"漂亮的小城"不包括山水,"我喜欢树荫"不表示高傲,"夫人去世了"不表示含恨而死。所以我要求的"等值",比奈达的"等值"可能要高一级,这是我和奈达的同中之异,这也许是赵稀方没有看到的吧。许钧和施康强都认为"魂归离恨天"不合乎原作者的风格。风格的问题主观性很强,但是"去世"并不表示"含恨而死",奈达认为语义是第一位的,风格是第二位的,所以语义比风格更重要。英国桂冠诗人艾略特（钱钟书译为"爱利恶德"）说过：个人的风格远远不如民族的文化重要。而含恨而死的文化内容绝不是"去世"可以表达的。总而言之，"魂归离恨天"等三个译例说明"再创论"比"等值论"更能解决中西互译的问题，而没有中西互译的实践，是提不出解决问题的理论的。

那么，许钧主持的在《文汇读书周报》进行的大调查，为什么得出的结论是读者更喜欢"等值"的，而不是"再创"的译文呢？这有几个原因。首先，许钧不是从实践中得出理论，而是先有结论，再去实践中找支持的。其次，《文汇读书周报》在调查前，已经发表了几篇支持"等值"，反对"再创"的文章，使读者先有了偏见。据许钧告诉我：在六句调查的译文中，喜欢"山清水秀"和"魂归离恨天"两句的几乎是零。其他四句，则"等值"和"再创"的界限并不分明。因此，我的译文是以四句的得分和别人的六句进行比较的，这种调查结果很不公平。还有，我问许钧每句的得分情况，许钧却说没有统计。这样的调查能够说明我失败了吗？

最近，上海外国语大学英语博士生曹迎春写了一篇研究"再创论"的论文，是关于《牡丹亭》的许译和白之（Cyril Birch）英译本的对比研究（即将发表）。文中比较了一段《诗经》的英译和注释。原文和两种译文如下：

1."关关雎鸠，在河之洲。窈窕淑女，君子好逑。"好者好也，逑者求也。

2. 许译：

By river side are cooing

A pair of turtledoves

A good young man is wooing

A fair maiden he loves.

("Cooing" is the soft sound made by the gentle birds and "wooing" is winning over by saying or doing nice things.)

3. 白译：

Guanguan cry the ospreys

On the islet in the river.

So delicate the virtuous maiden,

A fit mate for our prince.

("Fit" that is to say "fit", "mate" that is to say "seeking".)

白译可以说是字面翻译；许译却是"再创造"或"创译"，说"一对斑鸠鸟，河边咕咕叫。青年追少女，定要把她追到手"。"关关"是斑鸠的叫声，"逑"是用美好的言语行动来追求。白译还原大约是说：水鸟关关叫，在河中小岛上；如此美妙的贤惠少女，是王子合适的伴侣。

曹迎春也向上海外国语大学四十个外国教师和留学生做了调查，征求他们对两种译文的意见，回收到三十五份答案，全说许译胜过白译。这说明如果调查方法正确，结果也就正确。许钧方法不对，结果也就不正确了。所以他说郝译郭译胜过罗译许译，这个结论是不可信的。

再举一个例子。中国留美学者都森出版了一本《古韵新声》，代序中比较了王维诗《观猎》的两种英译。第一句"风劲角弓鸣"，写大风劲吹，但猎人弯弓射箭的响声却盖过了劲吹的大风。这个"鸣"字，美国哈佛大学欧文（Owen）教授译成"Sing"（唱歌），虽然不能算错，但是比起"再创派"的英译文"ring louder"（响声更加嘹亮），就显得水平低了一个档次。由此可见"创译"无论是中英或中法互译，无论是散文或诗,小说或戏剧,都胜过了西方的直译。不但是实践,在理论上,"创译"也是更加先进。为什么呢?

《第18届世界翻译大会论文集》第392页有一篇《中国学派的文学翻译理论》,论文说明中国译论源自孔子思想,比西方的西塞罗(Cicero)还早四百年,而"再创论"的根据就是《论语》中说"从心所欲不逾矩"。朱光潜说:这是"一切艺术的成熟境界",自然也是翻译艺术的最高境界。"从心所欲"是"创译"的充分条件,就是发挥主观能动性,优化创新,进入自由王国;"不逾矩"却是翻译的必需条件,只要不违反规律,切近自然就行,这只是在必然王国奋斗。中国的"再创论"或"优化论"(Excellence)已经进入自由王国,西方的"对等"或"等值论"(Equivalence)还在必然王国挣扎。这说明中国译论不但不落后于西方二十年,反而比西方先进了两千多年。我们认为民族文化高于个人风格,这种创新译论是新世纪中国建成文化强国的先声。

(原载《外语教学理论与实践》2012年第2期)

背叛之背叛

陈众议

意大利谚语说:"翻译即背叛。"这句谚语的产生时间难以查考,姑且把它视作"古人云"吧。不仅古人这么说,现代语言学派亦当如是观。乔治·穆南的经典说法是"如果我们接受现代语言学派关于词汇、语法及句法的流行观念,那么我们几乎可以肯定地说,翻译是不可能的"。然而,与此相悖的翻译理论却层出不穷,翻译实践更是古今未绝。

根据罗新璋先生主编的《翻译论集》,我们大致可以断定我国的翻译理论有过几次重大变迁,这些变迁与翻译高潮相伴而生。第一次是自汉至唐,它是中国翻译理论和实践的第一个"黄金时期"。支谦的"因循本旨,不加文饰"可能是我国最早的翻译理论,之后道安在论及佛经翻译时又提出了"案本而传"。这些无疑是"直译"说的最早版本。到了唐朝,随着佛教的进一步普及,玄奘大师发展了魏晋翻译理论,谓"既须求真,又须喻俗",这就在"案本"的基础上兼顾了接受的层面。而"喻俗"("通俗易懂")带来的巨大"变革"也许就是后人归纳的玄奘诸法,尽管它们本质上并未脱离"直译"传统。到了明清时期,随着翻译领域的不断扩大,翻译理论也有了新的发展,尤其是在近现代,几乎每一位翻译大家都有一说。严复有"信达雅"三字经。林纾虽未明确提出"意译说",但他所谓"天下文人之脑力,虽欧亚之隔,亦未有不同者",也就是"人同此心,心同此理"吧;既然"人同此心,心同此理",重要的便不是形式,而是内容了。之后是鲁迅的"直译"理论,他如此推崇"直译"(有人称之为"硬译"),一定与"五四"运动推广白话文有关,也一定与先生"别求新声于异邦"有关。再之后则是茅盾的"神韵"说,郭沫若的"风韵"说、"气韵"说,傅雷的"神似"说,钱钟书的"化境"说,等等。

罗新璋先生把这复杂的翻译理论(其实也是翻译实践)沿革史概括为"案本—求信—神似—化境"四部曲。这就是说,其实我国的翻译理论一直没有偏离"直译"和"意译"这个一而二、二而一的"太极心",而外国翻译理论又何尝不是如此?文艺学派多倾向于"归化",而语言学派则往往比较讲求"异化"。一如有人在"直译"和"意译"的基础上提出"神似""形似"合一,即"神形兼备"的万全良策,"异化"和"归化"这两种针锋相对的理论或许也可以在尤金·奈达等语言文化学者笔下演变为玄而又玄的时鲜妙论。奈达从物质文化、社会文化、宗教文化以及文化生态(或生态学)等不同视角或方面(也即文本的一切自然因素和人文因素)来考量语言文化,其涵盖性足以令人望而生畏。

但奈达们没有错,主张"神形兼备"或者"两化合一"的人也没有错,而且话说回来,译家们在具体实践中也未必都是"忠贞不渝""一以贯之"地坚守某一理论的。举个例子,鲁迅先生可是有名的"直译"派,而他30年代又是怎么讽刺赵景深教授的呢?赵教授"依样画葫芦",把"Milky Way"("银河")译成了"牛奶路",鲁迅就讽刺他说:"可怜织女星,化为马郎妇。乌鹊疑不来,迢迢牛奶路"。可见,鲁迅的"直译"观并非没有保留,而按真正的"直译"或"异化"标准看来,赵教授也没有错啊,当然注释是少不了的。这种例子还有很多,它们必定在"归

"化"和"异化"中分化。其中较为经典的有"说曹操,曹操到"和俄国人的"说狼到,狼就到"(英国人的"说魔鬼,魔鬼到",西班牙人的"说国王,国王到",等等);或者"项庄舞剑,意在沛公"和法国人的"吻的是侍从,爱的是骑士"(德国人的"吻的是孩子,想的是孩子的妈",俄国人的"摸孩子的手,想孩子的妈",等等)。更极端的例子则是我们的点头和印度人的摇头,或者我们的东风和英国人的西风。

　　杨绛先生的"一仆二主"说,除了说明翻译的艰难,多少蕴含着"两化合一"的意图,即译者这个"仆人"不仅要忠实于原著这个"主人",还要忠实于读者这个"主人"从而达到理想的"化境"。但多数译者恐怕因为有两个"主人"而可能为了其中一个"主人"(比方说"原汁原味")去稍稍怠慢另一个"主人",或者相反(比方傅东华先生所说的"舍弃一枝一节"以求"全书趣味精神")。同时,也正因为有两个"主人",多数译者都会有意无意地在具体翻译过程中暂时背弃某种理论,不拘一格。或者,他(她)在甲处用的是"归化",而在乙处却倾向于"异化"了。举个例子:杨绛先生在《堂吉诃德》第二十五章中"原汁原味"地移植了桑丘对堂吉诃德"意中人"的不屑:"我可以告诉您,她会掷铁棒,比村子里最壮的大汉还来得。天哪,她多结实啊!身子粗粗壮壮,胸口还长着毛呢!"但在另一处,她却比较眷顾读者,把一个长长的小标题译成了"何必追根究底"。同样是这两个地方,另一位《堂吉诃德》译者董燕生教授却进行了不同的处理。于是,桑丘的话变成了"告诉您吧,玩起铁棒来,她敢跟村上最壮的小伙子比试比试。真是个难得的姑娘,堂堂正正,有股丈夫气。"很明显,董教授把"胸口长毛"意译成了"有股丈夫气"。而在杨先生翻译的"何必追根究底"处,董教授却恨不能字字对应,以至连冠词都保留了:"这里讲到一个死气白赖想知道究竟的人"。倘使叫我来译,或许我会把("Donde se cuenta la novela del curioso impertinente")这个小标题译成"过分好奇的故事"或者"无事生非的故事"。这就是说,无论是翻译理论还是翻译实践,都提供了彼此殊异的可能性。因此,套用歌德的那句老话,"一千个译者,就有一千个莎士比亚",而客观的莎士比亚却永远只有一个,谁更接近他,谁就是好译者(所谓受众语言在变,译文当"与时俱进"的说法是站不住脚的。《红楼梦》不能为了让所有人读懂而不断改写。时代只能把普及的任务交给缩写者、影视剧和卡通画),完全一样是不可能的。因此,博尔赫斯说了,翻译是值得怀疑的,"莎士比亚脱离了他的语言,也就不是莎士比亚了"。但无论如何,博尔赫斯自己又一直是个勤勉的文学翻译者。

(原载《中华读书报》2003 年 6 月 11 日)

莫把错译当经典

林一安

　　从全面的角度来考量,我们西班牙语文学翻译界有一位堪称大师级的翻译家,那便是年逾九秩的杨绛先生。杨先生从西班牙文原文译的两部西班牙文学名著《小癞子》和《堂吉诃德》至今依然受到业内人士的尊重。杨先生原本即精通英、法等多国文字,年近天命又以极其坚强的毅力始学西班牙文,志在攻下《堂吉诃德》这一文学堡垒,精神可敬可佩。据中国社会科学院外文所德语文学研究专家张黎先生回忆,杨绛先生的《堂吉诃德》直译本部分原稿在十年动乱时期遗弃在所内一无人问津的办公室里。不经意间,被心地善良、爱护知识财富的张黎先生发现,他便立即将这一险遭埋没的译稿交呈人事处。于是,这一稀世瑰宝才得以完整地保存下来,几经磨难于 1978 年顺利面世,开创了我国由原文翻译《堂吉诃德》的先河,成为我国西班牙语文学翻译界的一件大事,也是中西文化交流史上的一件大事。杨绛先生也因此获得了西班牙国王胡安·卡洛斯一世颁发的智者阿方索十世大十字勋章。

　　杨先生的译本,我国西班牙语文学翻译界也极为重视,当时几乎人手一部,作为教材范本恭读学习。应该承认,其历史功绩是不可磨灭的。然而,不可否认的是,像李健吾先生等前辈翻译家一样,杨先生的译本也难免若干缺憾或漏洞,也需要有人民文学出版社那样的编辑家加以补苴罅漏,使之更臻完美。

恕笔者斗胆直言,若论汉语功底,迄今为止,《堂吉诃德》的译者尚无一人可与杨先生比肩;但倘论对原文的理解,则后起之秀中已有多人超越。应当认为,这是我国译界的可喜现象,因为经过40余年的国家培养,毕竟出了一批高质量的宝贵的西班牙语人才。

近日,有人撰文引用了杨绛先生在《堂吉诃德》中的一段译文,将之与另一位译者的译文进行比较,要得出"翻译彼此殊异可能性"的结果。[①] 不错,翻译的确可能会彼此殊异的,即所谓"一千个译者,就有一千个莎士比亚",但大前提是对原文的理解必须正确,否则就没有可比性。

杨先生那段被引用的译文是:"我可以告诉您,她会掷铁棒,比村子里最壮的大汉还来得。天哪,她多结实啊,身子粗粗壮壮的,胸口还长着毛呢!"[②]据陈众议称,这是"杨绛先生……'原汁原味'地移植了桑丘对堂吉诃德'意中人'的不屑"。但笔者认为,恰恰是杨译的最后一句话"胸口还长着毛呢"扭曲了原文的本意,因而是一处败笔。

注意,"胸口还长着毛呢"的原文是"de pelo en pecho"。查词典,"de pelo en pecho"乃一句习语,作"dícese de la persona fuerte y valiente"解,即指"结实而勇敢的人"。原来,这是西班牙极其普通的一句习语,我们千万不能望文生义。

咱们中国也有一句成语,叫做"胸有成竹"。跟西班牙文的"de pelo en pecho"一样,也失去了原有的词意,或典故意义,仅有成语意

---

① 陈众议,《背叛之背叛》,载《中华读书报》,2003年6月11日。
② 塞万提斯,《堂吉诃德》,杨绛译,北京,人民文学出版社,1987年第2版,第212页。

义,作"有把握"解。此成语西文可译成"tener bien pensado un plan",但切不可按字面直译,成"tener bam-búes en el pecho",闹出外国人看了会莫名其妙的大笑话。诸如此类的习语还有一个,曰"tomar el pelo"。这一习语,就曾被一位相当知名的译家按字面意思译成"抓头发",其实它的正确习语意义是"取笑,开玩笑"。

我们再来看看其他几位译家是如何处理"de pelo en pecho"这一习语的。北京外国语大学西班牙语教授董燕生先生译为:"告诉您说吧,玩起扔铁棒来,她敢跟村上最壮的小伙子比试比试。真是个难得的姑娘,堂堂正正,有股丈夫气。"①《新西汉辞典》主编、新华社西班牙语译审张广森先生译为:"我知道,掷铁棒比得上村里最壮的小伙子。上帝保佑,她是个有主意的女人,没得可说,有股子男子气概……"②

这里,"de pelo en pecho"被分别译为"有股丈夫气"和"有股子男子气概",词殊意同,几位译家是按习语意义译出的。

当然,也有一些译家是与杨绛先生的译法接近的。如南京大学西班牙语系教授孙家孟先生就译为:"……我可以告诉您,她玩掷棒游戏就跟村里最棒的小伙子一样。天啊,那可是个结实的姑娘,长得粗粗壮壮,胸口上都长着毛……"③

该大学另一位西班牙语教授屠孟超先生的译笔也大同小异,他译为:"……我告诉您,她会掷铁棒,掷得和全村最棒的小伙子一样远。好家伙,她可是个货真价实的铁姑娘,胸口还长毛呢。"④和杨先生一样,上述两位教授都犯了望文生义的毛病,把"de pelo en pecho"译成

---

① 塞万提斯,《堂吉诃德》,董燕生译,杭州,浙江文艺出版社,1995年。
② 塞万提斯,《堂吉诃德》,张广森译,上海,上海译文出版社,2001年。
③ 塞万提斯,《堂吉诃德》,孙家孟译,北京,十月文艺出版社,2001年。
④ 塞万提斯,《堂吉诃德》,屠孟超译,南京,译林出版社,1995年。

"胸口长毛"了,笔者不敢苟同。其实,"de pelo en pecho"只用来形容一个人的禀性脾气,不指具体的形体,不是真的胸口一定就长毛。就语感而言,这是任何一位西语读者一看便知的。笔者以为,名家译作中的失误乃至败笔,是应该而必须指出并加以改正的,这是对名家更大的尊重和爱护,也是对读者的高度负责。否则,任其蔓延和流传,影响将不会是有益的和积极的,甚至会是负面的。上世纪 80 年代初期,博尔赫斯的著名短篇小说《小径分岔的花园》(El jardín de senderos que se bifurcan)曾被一位知名翻译家误译为《交叉小径的花园》。不但小说篇名被译错,博氏在小说里借人物之口说的一句话"……时间永远分岔,通向无数的将来",也被误译为:"……时间是永远交叉着的,直到无可数计的将来……"分岔,才能通向无数;交叉,只能通向一个,如何通向无数呢?很明显,译者根本没有吃透原文,意思满拧了。此篇小说后来虽经西班牙文功底深厚的王永年先生重译,但是先入为主,误译影响了一大批博尔赫斯读者,特别是热切向博氏学习借鉴的中国中青年作家。时至今日,甚至还有人撰文著书,大谈博氏的时间"交叉"理论呢! 无奈何似!

(原载《中华读书报》2003 年 8 月 6 日)

向林一安先生请教

张逢昕

我不敢自称杨绛先生的朋友，我是后辈，偶去拜访，她总是接待的。最近，我读到《中华读书报》上林一安议论杨绛翻译的两篇文章（《堂吉诃德及其坐骑译名小议》载 2003 年 3 月 5 日《中华读书报》，《莫把错译当经典》载 2003 年 8 月 6 日《中华读书报》），特去访问了杨先生，听听她的意见。在谈到第一篇关于"驽马辛难得"译名的问题时，杨先生说："林君无中生有，编造事实，诬我抄袭他们师生协力翻出的译名，这对读者是欺蒙和愚弄，对我是诬蔑。"不过，杨先生认为，这是林君的个人品德问题，她可以不予置理。① 至于第二篇《莫把错译当经典》，林君强调名家译作的失误乃至败笔，是应该而且"必须指出并加以改正的"。杨先生说：林君此举的确是对名家更大的尊重和爱护，也是对读者的高度负责，这种态度值得赞扬；但是，"错误乃至败笔"，究竟是否错误乃至败笔，涉及学术问题，我怎么翻译，自有我的道理，请你仔细记下来，公开向林君请教。

我的西班牙文是自习的，没有老师指导，只好勤查字典，细读原文本的注释，"de pelo en pecho"这句成语，按西班牙大词典有二义：

---

① 参见纪红，《在不疑处有疑》，载《中华读书报》，2003 年 3 月 26 日。

一、valiente，指某人不畏危险和艰难；二、指某人对别人的痛苦或恳求无动于衷。这里我取第一义，valiente。据我根据的马林编注本，注释指出，桑丘对那位姑娘的三个形容词，都带着男人气味，用于男人合适，用在女人身上就不那么合适，那第三个形容词就是"de pelo en pecho"，如译"勇敢"，女人可以和男人同样勇敢，所以我不取这个形容词。译"有男子汉的气概"或"有大丈夫气概"都行，但是在桑丘嘴里，按成语直译，更切合桑丘的口吻。"胸口生毛"，是男子汉的具体形象，成语，指的是男子汉的气概，是男子汉的抽象概念，按字面直译不失原意，而在桑丘嘴里，会显得更现成，更自然，也更合适。我曾核对英法译文，确有译者译作"胸上生毛"。如果这是歪曲了原意的败笔，那么，毕竟是国家培养出的"后起之秀"，怎会像我一样"望文生义"，重复我歪曲原意的败笔呢？

林君认为"成语切不可按字面直译"，否则会闹出外国人看了莫名其妙的大笑话，诸如此类的习语还有一个曰"tomar el pelo"。按西班牙大词典，诸如此类的习语何止一个，有四五十个呢。其中不可直译的有好些，如"venir a pelo""gente de pelo""en pelo"等，如按字面翻译就成笑话。但是，可以按字面翻译的也不少，这里不举例了。单说我"望文生义"的败笔吧。紧挨着前一"望文生义"又一"望文生义"，都在原文的同一句里。林君竟视而不见。"sacar la barba del lodo a uno"也是成语，指"困难中能予帮助"，这句成语也是具体形象的概括。按字面直译能把意思表达得更具体生动，桑丘的趣谈就越加有声有色。"成语切不可按字面直译"吗？我希望林君能说出"切不可"的定律有何根据。

林君俨然以大权威自居，一口断定：我"对原文的理解，后起之秀中已有多人超越"。显然，林君是其中之一，或竟是其中佼佼者。据他的说法,我中文根底还行,理解原文的能力却不如人,因为我毕竟不是"国家培养出来的高质量的宝贵的西班牙语人才"（而他自己毕竟是这种人才），所以我难免有错失。他举出的一个错误就证明我不识成语,望文生义,以致歪曲原文而译出错误或败笔来。林君"斗胆直言",把自学西班牙语的人理解原文的能力一笔抹杀,未免太夜郎自大了吧？

我向来是一个虚心的译者,愿向西语界专家求教。如果确实是错误,我应当改正;不仅心悦诚服,还深深感激。如果林君认为我对西班牙文的理解还不如他,他却说我"堪称大师级的翻译家",不是开玩笑吗？

我记下了杨先生的原话,并遵她嘱咐,公开向林一安先生请教。

（原载《中华读书报》2003 年 8 月 27 日）

评《莫把错译当经典》

——与林一安先生商榷

陈众议

　　《中华读书报》(2003 年 8 月 6 日第 18 版)《莫把错译当经典》一文批评笔者错把杨绛先生的一处译笔当成了"经典",实在令人诧异。在《堂吉诃德》中,桑丘指杜尔西内娅(堂吉诃德的意中人)说:"Bien la conozco, y sé decir que tira tan bien una barra como el más forzudo zagal de todo el pueblo. Vive el Dador, que es moza de chapa, hecha y derecha y de pelo en pecho... "杨绛先生译作:"她是我很熟悉的。我可以告诉您,她会掷铁棒,比村子里最壮的大汉还来得。天哪,她多结实啊!身子粗粗壮壮,胸口还长着毛呢!"批评者却认为把"de pelo en pecho"译成"胸口长毛"是"望文生义"。

　　事实果真如此?当然不是。批评者引经据典,却回避了问题的关键,即"胸口长毛"用在一个勇力过人的女人身上不仅贴切,而且形象。谓予不信,我不妨举西班牙语著名作家罗慕洛·加列戈斯为例。他在长篇小说《堂娜芭芭拉》中是这样(借人物之口)描写女主人公堂娜芭芭拉的:"事实是,这个女人不过胸口长着毛罢了。这块土地上所有企图博得被人尊重的人,都是这样的。""讲到胸脯上长毛,您的话很有道理……但是,请您听着我对您说的话:不仅仅是显示出有毛的人才有毛,因为有许多人觉得把它掩盖起来反而更加方便些,这就是人们为什么穿衣服的道理。""这时候堂娜芭芭拉在窗口出现了,身上还穿着睡衣……"①这里所说的"胸脯上长着毛"就是"de pelo en pecho":"Lo que pasa es que esa mujer es de pelo en pecho, como tienen que serlo todos los que pretenden hacerse respetar en esta tierra. " "En eso de pelo en pecho tiene usted mucha razón... pero, óigame lo que le voy a decir:no sólo los que andan enseñándolo son los que lo tienen, porque a muchos puede ser que les convenga tapárselo y para eso están en los trapos. " "se asomó doña Bárbara, a la ventana del su cuarto, todavía en paños menores... "

虽说并非所有成语都可直译,但杨绛先生这里的直译不仅没有译错,而且是运用之妙,存乎一心。当然,把"de pelo en pecho"翻译成"有股丈夫气"或"有股男子气"也不是不可以。

此外,文学翻译不同于文字翻译,这是尽人皆知的道理。比如西班牙文学名著《小癞子》(杨绛译),原文题目是长长的一串(*La vida de Lazarillo de Tormes y de sus fortunas y adversidades*),却并没有"小癞子"之意。译者分明是按义索词,借人物特征以作书名,既简洁又生动。这样堪称经典的例子在文学翻译史上并非绝无仅有,有一点文学修养和翻译实践的人恐怕都会心慕手追。但在翻译批评中却总有人拿词典画地为牢,生搬硬套。

《莫把错译当经典》一文的作者对杨先生如此,对别人也不客观。比如他指王央乐先生错把"小径分岔"("los senderos que se bifurcan")译成了"交叉小径",还说"误译影响了一大批博尔赫斯读者,特别是热

---

① 罗慕洛·加列戈斯,《堂娜芭芭拉》,白婴、王相译,北京,人民文学出版社,1979年,第80—81页。

切向博氏学习借鉴的中国中青年作家。时至今日，甚至还有人撰文著书，大谈博氏的时间'交叉'理论呢……"分岔和交叉原是不同，但译者又何以把分岔译作交叉呢？原来博尔赫斯并非只有时间分岔观，他在《交叉小径的花园》（又译《小径分岔的花园》《小径交叉的花园》等）中还说"时间有无数系列，背离的、汇合的和平行的时间织成一张不断增长、错综复杂的网。由互相靠拢、分歧、交错或者永远互不干扰的时间织成的网络包含了所有的可能性"①。而且，这篇小说中至少并存着两个谜：主人公之谜（间谍工作）、祖先之谜（作品或人生的迷宫）。主人公之谜的谜底也即祖先之谜的谜底：那个叫阿贝尔的汉学家（他既是祖先之谜的破解者，也是主人公之谜的终极谜底——那座德国军队必须轰炸的城市名称）。"博尔赫斯的这篇故事把人生即迷宫的想法表现得极为透彻。在作者看来，迷宫的关键是其隐秘的中心，找到了那个秘密就是走到了迷宫的终点，或是说明白了一种安排与设计，而人生也是如此，当人到达终点，看清了自己走过的路时，便是到了死亡的时刻。博尔赫斯的许多小说都有这样的一个结尾：主人公明白了全局，或'顿悟'了自己最终的命运，也同时到达了生命的终点。在'小径交叉的花园'中，当主人公明白了他祖先那座迷宫的真谛时，也就到了不得不打死为他解惑的对手的时刻……"②

正所谓淮橘为枳。显然，"交叉"不是空穴来风。它似乎更接近两个谜（迷宫）的关系，或者也是一种按义索词吧。

总之，任何文学翻译若不注意形象、意蕴的移植或转换，读来必定是味同嚼蜡或者不得要领，因此，在翻译批评中既不能词典主义，也不

---

① 博尔赫斯，《博尔赫斯全集·小说卷·小径分岔的花园》，王永年译，林一安主编，杭州，浙江文艺出版社，第 132 页。

② 盛力，《阿根廷文学》，北京，外语教学与研究出版社，1999 年，第 171 页。

能望文生义。至于由"de pelo en pecho"的翻译引申出"若论汉语功底，迄今为止，《堂吉诃德》的译者尚无一人可与杨先生比肩；但倘论对原文的理解，则后起之秀中已有多人超越"，或者（一竿子打翻一船人）"像李健吾等前辈翻译家一样，杨先生的译本也难免若干缺憾或漏洞"云云，就很难令人信服。

（原载《外国文学》2004 年第 3 期）

"胸毛"与"瘸腿"

——试谈译文与原文的牴牾

林一安

　　对于"de pelo en pecho"这句西班牙文习语的汉译,笔者认为"千万不能望文生义","切不可按字面直译",译成"胸口还长着毛呢",因为这是西班牙极其普通的一句习语,仅有习语意义,而失却了原有词"pelo"(毛)和"pecho"(胸)的词意,作"结实而勇敢的人"解。[①] 而且,这句话没有任何的冠词和形容词,无定指,更是泛指的习语无疑。

　　杨绛先生与鄙意截然相反,认为"按字面直译不失原意,而在桑丘嘴里,会显得更现成,更自然,也更合适"[②]。

　　笔者与杨先生的分歧是由杨译《堂吉诃德》里的一段话引起的。为了分析与判断的方便,现将这段译文照录如下,好在还不算太长:

　　　　"我可以告诉您,她会掷铁棒,比村子里最壮的大汉还来得。天哪,她多结实啊,身子粗粗壮壮的,胸口还长着毛呢!"[③]

---

　　① 林一安,《莫把错译当经典》,载《中华读书报》,2003 年 8 月 6 日。
　　② 张逢昕,《向林一安先生请教》,载《中华读书报》,2003 年 8 月 27 日。
　　③ 塞万提斯,《堂吉诃德》,杨绛译,北京,人民文学出版社,1987 年第 2 版,第212 页。

既然是译文，为琢磨作者原意，当然要读读西班牙文原文：

"… y sé decir que tira tan bien una barra como el más forzudo zagal de todo el pueblo. Vive el Dador，que es moza de chapa，hecha y derecha y de pelo en pecho… "①

这里，"de pelo en pecho"被杨先生按字面直译成"胸口还长着毛呢"。笔者坚持认为，此译为一处败笔，不宜学习借鉴，理由是译者扭曲了原文的本意；而杨先生则自认为佳译，道理是"更切合桑丘的口吻"。那么，究竟谁是谁非呢？笔者无意与杨先生一争西班牙文水平的高低，重要的是要探讨文学翻译的质量。

根据西班牙习语的用法惯例，"de pelo en pecho"只用来形容一个人的禀性脾气，不指具体的形体，不是真的胸口一定就长毛。我们不能把一个女子的性格特征变成她的体貌特征。试想，如若端庄正派的闺秀杜尔西内亚小姐真的"胸口长着毛"，还不把堂吉诃德老爷吓得倒抽冷气，晕了过去？再试想，难道一个姑娘家，会当众袒胸敞怀，被桑丘窥个正着，让他瞧见小姐"胸口长着毛"不成？从简单的情理来推断，人们是不会感到这么说"更现成、更自然、更合适"的，反倒会感到逻辑上的可笑！再说，"de pelo en pecho"是一句固定不变的习语，不管什么性格的人（粗俗的桑丘也好，荒唐的堂吉诃德也罢，桑丘也并不拥有专利）都可使用，其西班牙文原意都是相同的，决不会因为从不同性格特征的人口中说出而原意会有所变更。就跟咱们中国的成语"胸有成竹"一样，不管出自谁人之口，都是"有把握"之意。所以，杨先生所

---

① Cervantes，*Don Quijote*，Madrid：Ediciones Cátedra S. A.，1994，p.310.

译"胸口长毛"是她自己对原文误解的表述,而并非塞万提斯的本意,当然也不是桑丘的口吻。窃以为,翻译家的任务是老老实实地把作者的原意传达给语言输入国的读者,而绝不能越俎代庖,自作主张。钱钟书先生曾经说过:"其为译笔,不啻自道。"大概诟病的就是译者妄自作主。而且,"胸口还长着毛呢"这句译文,在不懂外文的中国读者看来,会真的认为这位小姐胸口长毛了,我们的翻译家怎么就一定有把握让读者从中得出"男子汉的抽象概念"呢?何况,"胸口长毛"的人不一定都很勇敢,有男子气概。我们常常在影视作品里见到古时的刽子手,他们胸口倒一个个地都长着浓密的黑毛,但劫法场的好汉们一到,他们不是又都一个个地胆小如鼠,吓得屁滚尿流了吗?因此,笔者认为,董燕生等诸位先生把"de pelo en pecho"译成"有股丈夫气"或"有股男子气概"是确切的,可取的。如若嫌之稍显文气,则似可译为"跟老爷们似的",未审诸位译家尊意若何?

杨先生还说,她"曾核对英法译文,确有译者译作'胸口长毛'"。不错,外国也有多派译家,当然水平也有所高低。不过,这样的译文我无缘拜读,倒是在中国社会科学院图书馆馆藏英法译本中看到了另一种译法。读读英语和法语的译家对这一习语的处理,该是非常有趣的:

英译者彼得·莫托克斯是这样译这一段话的:

> "...'tis a strapping Wench. I'faith, and pitches the Bar with e'er a lusky young Fellow in our Parish. By the Mass, 'tis a notable, strongbuilt, sizable, sturdy, manly Lass ... "①

---

① Cervantes, *Don Quijote*, translation of Peter Motteux, New York: Airmont Publishing Co., Inc., 1967, p.175.

通过西英这两段文字的比较，我们可以看出，莫托克斯的译文虽不似原文词组整齐，简练且朗朗上口，稍嫌啰唆，但他把"de pelo en pecho"这句习语译成了一个词："manly"（男子气概）。虽太过简单，且味道不足，但译者倒没有望文生义，所以译文无碍大局，不致产生歧义；读者亦一目了然，可谓到位。

法语与西班牙语同属拉丁语系，文字比较接近。法译者又是如何显神通的呢？我们不妨也找来读一读。法译者莫里斯·巴东是这么处理的：

"... et je puis dire qu'elle jette aussi bien la barre que le plus vigoureux garçon de tout le village. Tudieu! c'est une fille de tête, faite et parfait, et de poil à l'estomac... "[①]

从中我们可以知道，巴东把我们关心的西班牙习语"de pelo en pecho"译成"de poil àl'estomac"（"胃里长毛"，意即勇敢，有男子气）了。不难判断，第一，法译者也没有望文生义，把这个习语按字面直译；第二，为了符合法语读者的习惯，采取了不失词意、略作变通而保留韵味的译法。应该说，这样的译法是可以为读者接受的。

从上面介绍的英法两位译家的处理办法来分析，我们大概可以得出这样的结论：译文必须忠于原文，不能与原文相抵触，而且要让本国或本语种的读者看得明白。试想，如果我们从法译本转译《堂吉诃德》，把"de poil à l'estomac"按字面汉译成"胃里长毛"，岂非又要让读

---

① Cervantes, *Don Quichotte de la Manche*, traduction de Maurice Bardon, Paris: Editions Garnier Frères, p.221.

者一头雾水了吗?

杨先生对《堂吉诃德》中俯拾皆是的西班牙文习语的处理,好像偏爱直译的办法。用什么办法,杨先生自有她自己的"道理",读者无权过问,但是,他们有权要求译家提供忠于原意的产品。这里,不妨顺手再举一个例子。

《堂吉诃德》第一部第五章里写到,堂吉诃德碰到一群去穆尔西亚购买丝绸的商人,可他因中了骑士小说的邪,却认为这帮人是对他心上人杜尔西内亚不敬的坏蛋。于是,他怒火中烧,端起长矛就向这帮人群冲去,结果不仅一败涂地,还挨了一顿痛打,之后,他狼狈回家。管家婆见了,就嚷嚷着说了这么一段话:

"Mirá, en hora maza... si me decía mí bien mi corazón del pie que cojeaba mi señor !... "[1]

杨绛先生译为:"瞧,真倒霉! 我早看透我们东家瘸了哪一条腿!"[2]

这里,杨先生故伎重演,把西班牙文习语"cojear el pie"按字面直译为"瘸腿"了。据查原文词典,该词语有两个主要的含意,一是"andar inclinado el cuerpo más a un lado que a otro por no poder sentar con regularidad ambos pies",即"由于身体不能正常支撑双腿而一侧倾向另一侧地行走",也就是说"瘸腿";但另一个含义却是"adolecer de algún vicio o defecto",即"有恶习或有缺点"。

---

[1] Cervantes, *Don Quijote*, Madrid : Ediciones Cátedra S. A., 1994, p.128.

[2] 塞万提斯,《堂吉诃德》,杨绛译,北京,人民文学出版社,1987 年第 2 版,第 39 页。

面对一词多义的现象,译家应该根据上下文提供的信息做出正确的判断,决定取舍,这是最起码的翻译准则,任何望文生义的举措,可以说都犯了译事的大忌。从《堂吉诃德》所介绍的情况来分析,堂吉诃德虽然挨了一顿打,甚至可能鼻青脸肿,但还没有达到给打断或打瘸一条腿的严重程度。我们不妨设想,塞万提斯如果真的把堂吉诃德描绘成打瘸了一条腿,后文必有所表述交代,但是关于这件事,后文却一字未提。何况,紧接着,杨先生还译道:"……他们随即抬他上床,检点他身上的伤痕,可是一点没找着。……"①如果东家的腿都给打瘸了,难道会不留下伤痕? 岂非前后矛盾? 由此足见,塞万提斯想要批评的,就是堂吉诃德迷恋骑士小说这个毛病,作家通过管家婆之口说出来了。在管家婆眼里,这是他真正的"病根儿",而并非如杨绛先生错误地传达的信息那样,让人打"瘸了一条腿",这是显而易见的,因为"伤痕"……"一点没找着"嘛!

　　笔者高兴地注意到杨译之后的其他诸译家对这段话的正确处理。董燕生先生译为:"你们瞧瞧,真是晦气透了。叫我一下子说准了老爷的毛病出在哪儿……"②张广森先生译为:"你们瞧,巧了吧,我这心里还真把老爷的病根儿给说准啦!"③孙家孟先生译为:"你们瞧,真是倒了大霉! 我家老爷病在何处,不幸被我言中了。"④屠孟超先生译为"啊,真糟糕! 我早就预感到我家老爷要出事……"⑤

　　可见,诸译家词殊意同,而且几乎众口一词。他们把"cojear el

---

①　塞万提斯,《堂吉诃德》,杨绛译,北京,人民文学出版社,1987 年第 2 版,第39 页。

②　塞万提斯,《堂吉诃德》,董燕生译,杭州,浙江文艺出版社,1995 年,第 41 页。

③　塞万提斯,《堂吉诃德》,张广森译,上海,上海译文出版社,2001 年,第 35 页。

④　塞万提斯,《堂吉诃德》,孙家孟译,北京,十月文艺出版社,2001 年,第 50 页。

⑤　塞万提斯,《堂吉诃德》,屠孟超译,南京,译林出版社,1995 年,第 33 页。

pie"均意译为"出了毛病"。应该认为,他们认真汲取了前辈的教训,从而大大地向前进了一步,这是后浪超前浪的又一有力佐证。

加西亚·马尔克斯曾经说过:"对于一切先辈大师,我尊敬,学习,借鉴,甚至模仿,但我更敢于超越。"笔者认为,对于前辈翻译家,我们当然要学习求教,但不能一味地恭维赞颂,甚至不辨真伪,把他们的败笔或谬误当作经典来盲目吹捧;重要的倒是借鉴他们的经验,特别是失败的经验,从而少走歪路,进而超越,以求译事整体的提高。

(原载《外国文学》2004 年第 3 期)

图书在版编目(CIP)数据

翻译批评研究之路:理论、方法与途径 / 刘云虹,
许钧主编.—南京:南京大学出版社,2015.7
(翻译理论与文学译介研究文丛/许钧主编)
ISBN 978－7－305－15072－2

Ⅰ.①翻… Ⅱ.①刘… ②许… Ⅲ.①翻译理论—文
集 Ⅳ.①H059－53

中国版本图书馆 CIP 数据核字(2015)第 090622 号

出版发行	南京大学出版社
社　　址	南京市汉口路 22 号　　　　邮　编 210093
出 版 人	金鑫荣

丛 书 名	翻译理论与文学译介研究文丛/许钧总主编
书　　名	**翻译批评研究之路:理论、方法与途径**
主　　编	刘云虹　许　钧
责任编辑	陈蕴敏
照　　排	南京紫藤制版印务中心
印　　刷	江苏凤凰扬州鑫华印刷有限公司
开　　本	635×965　1/16　印张 39.5　字数 458 千
版　　次	2015 年 7 月第 1 版　2015 年 7 月第 1 次印刷
ISBN	978－7－305－15072－2
定　　价	78.00 元

网址:http://www.njupco.com
官方微博:http://weibo.com/njupco
官方微信号:njupress
销售咨询热线:025－83594756

＊ 版权所有,侵权必究
＊ 凡购买南大版图书,如有印装质量问题,请与所购
　 图书销售部门联系调换